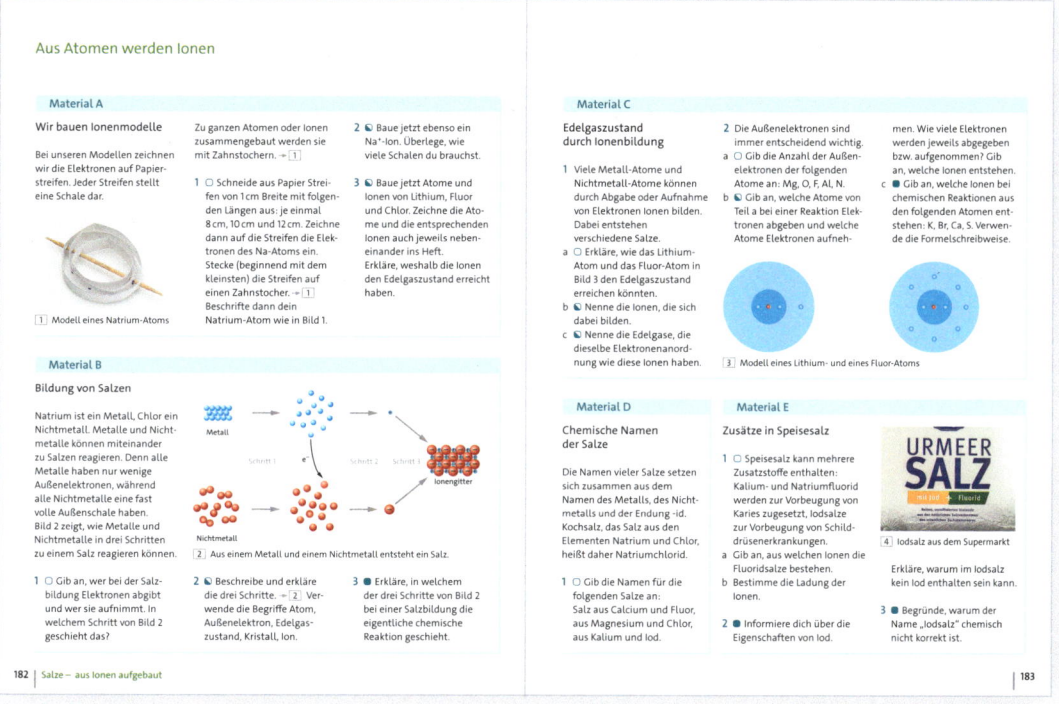

Materialseiten

... vor allem zum Forschen und Bearbeiten

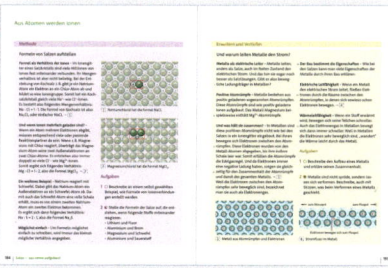

■ **Methodenseiten** zeigen Schritt für Schritt, wie man eine Sache sinnvoll angeht.

■ **Erweitern und Vertiefen** bietet Informationen an, die über das Grundlegende hinausgehen.

Die **Zusammenfassung** gibt einen Überblick über den Lernstoff des Kapitels.

Die Aufgaben auf den **Teste-dich-Seiten** beenden das Kapitel. Sie helfen dir, dein Wissen selbst einzuschätzen. Die Lösungen der Aufgaben findest du im Anhang.

BADEN-WÜRTTEMBERG

Natur und Technik

Chemie

Cornelsen

NATUR UND TECHNIK
Chemie

Autorinnen und Autoren:
Barbara Barheine (Bruchsal), Markus Gaus (Empfingen), Anita Gutmann (Zell im Wiesental),
Carsten Kuck (Rheinfelden), Martin Löffelhardt (Tübingen), Ralf Weinert (Esslingen)

Redaktion:
Dr. Angelika Fallert-Müller, Dr. Ulrich Strunk

Grafik und Illustration:
Matthias Pflügner, Detlef Seidensticker

Umschlaggestaltung:
SOFAROBOTNIK GbR, Augsburg & München

Layout und technische Umsetzung:
Typo Concept GmbH, Hannover

Begleitmaterialien zum Lehrwerk:
ISBN 9783-060-15393-0   Handreichungen
ISBN 9783-060-15397-8   Kopiervorlagen
ISBN 9783-060-15690-0   Gefährdungsbeurteilungen
ISBN 9783-060-15696-2   Begleitmaterial auf USB-Stick

www.cornelsen.de

Dieses Werk enthält Vorschläge und Anleitungen für Untersuchungen und Experimente.
Vor jedem Experiment sind mögliche Gefahrenquellen zu besprechen.
Beim Experimentieren sind die Richtlinien zur Sicherheit im Unterricht einzuhalten.

1. Auflage, 1. Druck 2017

Alle Drucke dieser Auflage sind inhaltlich unverändert und können
im Unterricht nebeneinander verwendet werden.

© 2017 Cornelsen Verlag GmbH, Berlin

Das Werk und seine Teile sind urheberrechtlich geschützt.
Jede Nutzung in anderen als den gesetzlich zugelassenen Fällen bedarf der vorherigen
schriftlichen Einwilligung des Verlages. Hinweis zu den §§ 46, 52a UrhG:
Weder das Werk noch seine Teile dürfen ohne eine solche Einwilligung eingescannt
und in ein Netzwerk eingestellt oder sonst öffentlich zugänglich gemacht werden.
Dies gilt auch für Intranets von Schulen und sonstigen Bildungseinrichtungen.

Soweit in diesem Buch Personen fotografisch abgebildet sind und ihnen von der Redaktion
Namen, Berufe, Dialoge und Ähnliches zugeordnet oder diese Personen in bestimmten
Situationen dargestellt werden, sind diese Zuordnungen und Darstellungen fiktiv und dienen
ausschließlich der Veranschaulichung und dem besseren Verständnis des Buchinhalts.

Druck: Firmengruppe APPL, aprinta Druck, Wemding

ISBN 978-3-06-015636-8

PEFC zertifiziert
Dieses Produkt stammt aus nachhaltig
bewirtschafteten Wäldern und kontrollierten
Quellen.

www.pefc.de

Inhaltsverzeichnis

Rundgang durch den Fachraum — 8

Sicherheit im Fachraum 10
Das Protokoll 14
   Methode: Wir erstellen ein Versuchsprotokoll 15
Der Gasbrenner 16
Arbeitsgeräte der Chemie 18
   Methode: Glas bearbeiten 22
Zusammenfassung – Teste dich! 24

Eine Welt aus Stoffen — 26

Nicht verwechseln: Stoff und Gegenstand 28
Wie sich Stoffe unterscheiden 30
   Methode: Das Aussehen der Stoffe beschreiben 31
Zu jedem Stoff ein Stoffsteckbrief 34
   Erweitern und Vertiefen:
   Die Dichte – typisch für jeden Stoff 36
   Erweitern und Vertiefen: Rekorde bei Stoffen 37
Stoffgemische und Trennverfahren 38
   Methode: Vier wichtige Trennverfahren 39
   Erweitern und Vertiefen: Abwasserreinigung 43
Wärme ändert den Zustand von Stoffen 44
   Erweitern und Vertiefen: Arten von Gemischen 48
   Erweitern und Vertiefen: Da bewegt sich was 49
Stoffe lösen sich in Wasser 50
Luft ist ein Gasgemisch 52
Viele Stoffe sind brennbar 56
Feuer und Brandbekämpfung 60
Zusammenfassung – Teste dich! 62

Chemische Reaktion – was ist das? — 64

Chemische Reaktionen im Alltag 66
Chemische Reaktion – was passiert da? 70
Was ist Kohlenstoffdioxid? 76
   Methode: Mit der peumatischen Wanne arbeiten 79
Zusammenfassung – Teste dich! 80

Chemische Reaktionen und Energie 82

Was ist eigentlich Energie? 84
Manche Reaktionen setzen Energie frei 88
Manche Reaktionen brauchen Energie 92
Woher habe ich meine Energie? 94
Wie kommt die Energie in die Nahrung? 98
Zusammenfassung – Teste dich! 100

Metalle – wertvoll und wichtig 102

Was genau sind Metalle? 104
   Erweitern und Vertiefen: Vier wichtige Metalle 108
Man findet eigentlich nur Erze 110
Eisen aus dem Hochofen 114
   Erweitern und Vertiefen: Eisen von der Ostalb 117
Legierungen 118
   Erweitern und Vertiefen: Vom Roheisen zum Stahl 121
   Erweitern und Vertiefen: Berufe im Bereich „Metalle" 122
Zusammenfassung – Teste dich! 124

Die Ordnung der Elemente 126

Aus was besteht unsere Welt? 128
   Erweitern und Vertiefen:
   Wie groß sind eigentlich Atome? 130
   Erweitern und Vertiefen: Modell gleich Modell? 131
Kugelteilchen, Kuchenteilchen oder …? 132
Die Atomhülle unter die Lupe genommen 136
   Methode: Das Multi-Interview 138
   Erweitern und Vertiefen: Elektronen abspalten 139
Atomsorten und ihre Eigenschaften 140
Das Periodensystem sorgt für Ordnung 142
   Erweitern und Vertiefen: Vier wichtige Elemente 146
Beschränkung auf das Wesentliche 148
Ein Weg zum Edelgaszustand 150
Zusammenfassung – Teste dich! 154

Wasser – genau untersucht 156

Element oder Verbindung? 158
   Erweitern und Vertiefen:
   Die erste Zerlegung von Wasser 161
   Methode: Formeln verstehen 162
   Methode: Symbolgleichungen aufstellen 163
Wasserstoff – Energieträger der Zukunft? 164
   Erweitern und Vertiefen:
   Wasserstoff in der Raketentechnik 167
Wasser – immer noch rätselhaft? 168
   Erweitern und Vertiefen:
   Nicht bindende Elektronenpaare 172
   Erweitern und Vertiefen: Dipol oder nicht? 173
Zusammenfassung – Teste dich! 174

Salze – aus Ionen aufgebaut 176

Kochsalz – das weiße Gold 178
Aus Atomen werden Ionen 180
   Methode: Formeln von Salzen aufstellen 184
Die Eigenschaften der Salze 186
   Erweitern und Vertiefen:
   Wir vergleichen Salzbildner und Salze 188
Die Eigenschaften der Salze erklären 190
   Erweitern und Vertiefen: Salze lösen sich ganz einfach 192
   Erweitern und Vertiefen:
   Und warum leiten Metalle den Strom? 193
Vielfältige Salze – das Beispiel Nitrate 194
Vom Ion zum Atom – die Elektrolyse 198
Zusammenfassung – Teste dich! 202

Säuren und Laugen – ätzende Flüssigkeiten? 204

Säuren und Laugen – zwei Stoffgruppen 206
Die entscheidenden Teilchen 206
Ein Multitalent – die Schwefelsäure 214
   Erweitern und Vertiefen: Vielfach nützlich 217
Die Kohlensäure 218
Salze der Kohlensäure 220
Salzsäure und andere Säuren 224
   Methode: Analytik – wir identifizieren Ionen 227
Die Laugen 228
   Erweitern und Vertiefen: Ammoniak 232
   Erweitern und Vertiefen:
   Geben und Nehmen von Protonen 233
Zusammenfassung – Teste dich! 234

Kohlenstoff – der Molekülbauer 238

Methanmoleküle – sehr energiereich 240
Methan und seine „Verwandten" 244
Verwandt und doch so unterschiedlich 246
   Erweitern und Vertiefen:
   Wasser und Alkane – getrennte Welten 249
Doppelt und dreifach gebunden 250
Verzweigte Ketten 252
   Methode: Kohlenwasserstoffe benennen 253
   Erweitern und Vertiefen: Auch Ringe sind möglich 255
Erdöl – zu schade zum Verbrennen 256
   Erweitern und Vertiefen:
   Von der Lagerstätte zur Tankstelle 260
Kohlenstoffdioxid und Treibhauseffekt 262
Was steckt im Alkohol? 266
   Erweitern und Vertiefen: Alkohol ganz alltäglich? 270
   Erweitern und Vertiefen: Gewinnung von Alkohol 271
Weitere funktionelle Gruppen 272
   Methode: Struktur-Lege-Technik 276
Zusammenfassung – Teste dich! 278

Fit für den Chemie-Job? 280

Katalysatoren ermöglichen Reaktionen 282
Chemische Reaktionen planen 284
    Methode: Lösungen verdünnen 287
Konzentrationen ermitteln 288
Hightechchemie 290
    Erweitern und Vertiefen:
    Nanotechnologie – heute und morgen 293
Batterie – chemische Energie mal anders 294
Zusammenfassung – Teste dich! 296

Anhang 298

Berufe mit Chemie 298
Übersicht über die Bindungsarten 300
Informationen zu den ersten 18 Elementen 302
Lösungen der Testaufgaben 307
Gefahrstoffhinweise, Gefahrstoffliste 314
Stichwortverzeichnis 322
Bildquellenverzeichnis 327

Rundgang durch den Fachraum

Experimentieren ist spannend.
Damit es nicht gefährlich wird,
gelten bestimmte Regeln.
Kennst du sie?

Ein Gasbrenner ist praktisch. Aber wie wird er bedient? Und ist er auch sicher?

Was schreibt man in ein Versuchsprotokoll und wie zeichnet man Laborgeräte?

Sicherheit im Fachraum

1 Wichtige Experimentierregeln

Im neuen Unterrichtsfach Chemie kommen viele neue Dinge auf dich zu. Viele spannende Experimente erwarten dich. Um dich und deine Mitschüler dabei zu schützen, gibt es aber einige Regeln zu beachten.

Verhaltensregeln • Da im Fachraum mit allerlei Chemikalien und Geräten gearbeitet wird, ist es wichtig, bestimmte Regeln einzuhalten, um sich keinen unnötigen Gefahren auszusetzen.
Folgende Regeln gelten im Fachraum:
• Nicht essen und trinken!
• Der Fachraum darf nur mit Erlaubnis der Lehrerin oder des Lehrers betreten werden.
• Den Anweisungen der Lehrerin oder des Lehrers folgen.
• Den Raum sauber verlassen.

Experimentierregeln • Neben den Verhaltensregeln gibt es zahlreiche Vorschriften, die ein sicheres Experimentieren gewährleisten sollen. → 1

Zehn grundlegende Regeln
1. Die Versuchsanleitung vor dem Experiment genau durchlesen.
2. Die Schutzbrille immer tragen!
3. Lange Haare zusammenbinden.
4. Nicht im Sitzen, sondern im Stehen arbeiten.
5. Reagenzgläser sollten immer schräg und nicht auf Personen gerichtet erhitzt werden.
6. Geruchsproben werden nur durch Zufächeln genommen, keine Geschmacksproben!
7. Immer mit kleinen Mengen arbeiten.
8. Stolperfallen, z. B. Schultaschen, dürfen Fluchtwege nicht blockieren.
9. Chemikalien werden gesondert entsorgt. Beachte die Anweisungen deines Lehrers oder deiner Lehrerin.
10. Alle verwendeten Geräte werden nach dem Versuch geputzt und wieder an ihren Aufbewahrungsort gebracht.

> Zur eigenen und zur Sicherheit anderer gibt es im Fachraum besondere Regeln zu beachten.

der **Not-Aus-Schalter**
der **Gefahrstoff**
das **Gefahrensymbol**

Sicherheitseinrichtungen • Im Fachraum befinden sich für den Notfall zahlreiche Sicherheitseinrichtungen. → 2
Bei Unfällen wird als Erstes die Lehrerin oder der Lehrer informiert, der dann mit dem Erste-Hilfe-Kasten die Verletzungen versorgt. Sollten Chemikalien ins Auge gelangen, findet man am Waschbecken eine Augenbrause. Diese Einrichtungen sind grün markiert.
Zur Brandbekämpfung werden eine Löschdecke, Feuerlöscher und evtl. Löschsand bereitgestellt. Diese Löschmittel erkennst du an der roten Farbe der Aufbewahrungsorte.
Um den Strom und die Gasversorgung zu unterbrechen, befinden sich an mehreren Stellen rote Not-Aus-Schalter. Diese dürfen auch Schüler betätigen.

> Zu den Sicherheitseinrichtungen des Fachraums zählen: Erste-Hilfe-Kasten, Augenbrause, verschiedene Löschmittel und Not-Aus-Schalter.

Gefahrstoffe • Chemikalien werden entsprechend ihren Eigenschaften in Gefäßen aus Kunststoff oder Glas aufbewahrt. Die Gefäße müssen eindeutig beschriftet sein, sodass es nicht zu Verwechslungen kommen kann. Zusätzlich werden bei einigen Stoffen Gefahrensymbole verwendet. → 3
Diese helfen, die Gefahren einzuschätzen und Sicherheitsvorkehrungen, z. B. das Tragen von Handschuhen, zu treffen.

> Gefahrstoffe sind mit Gefahrensymbolen gekennzeichnet.

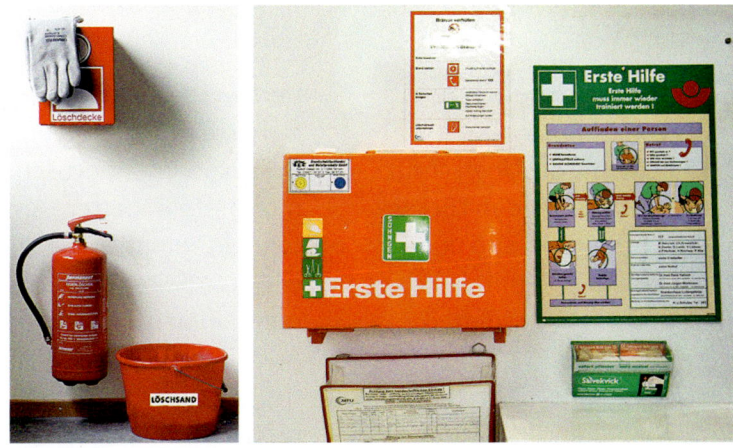

2 Sicherheitseinrichtungen im Fachraum

3 Gefahrensymbole (siehe dazu auch die Seiten ab Seite 314)

Aufgaben

1 ○ Nenne Verhaltensregeln im Fachraum.

2 ◐ Finde Gründe für die Experimentierregeln.

3 ◐ Zeichne einen Grundriss deines Chemieraums. Trage alle Sicherheitseinrichtungen darin ein.

4 ◐ Beschreibe den Nutzen von Gefahrensymbolen.

Sicherheit im Fachraum

Material A

Sicher experimentieren

1 ◯ Schreibe die Überschrift und den folgenden Lückentext in dein Heft ab und ergänze die ? mit den gegebenen Begriffen.

Im Chemieunterricht darf man im Fachraum nicht ? und ? und auch keinen Kaugummi kauen. Vor jedem Experiment muss die ? gründlich gelesen werden, um Fehler zu vermeiden. Lange Haare werden zur eigenen Sicherheit immer ? . Bei jedem Experiment muss man eine ? tragen. Mit ? Material darf nicht experimentiert werden. Frage deinen Lehrer, wo du es entsorgen kannst. Den Experimentiertisch muss man stets ? halten. Am besten teilt man sich den Tisch ein: eine Seite für das Experiment und eine Seite für das ? . Auch die Fluchtwege müssen frei gehalten werden. Schultaschen dürfen keine ? sein. Deshalb verstaut man sie am besten unter dem ? . Experimentiert wird im ? , nicht im ? .
Am Ende des Experiments werden alle verwendeten Geräte ? und wieder an ihren Aufbewahrungsort ? . Danach wird das ? angefertigt.

sauber – kaputtem – gebracht – Versuchsanleitung – trinken – Protokoll (2x) – Stehen – Schutzbrille – essen – Sitzen – Stolperfallen – zusammengebunden – Tisch – gereinigt

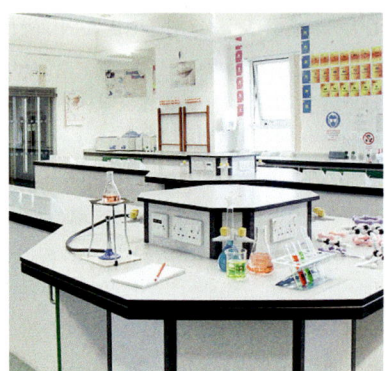

1 Ordentlich eingeteilter Tisch

Material B

Gefahrensymbole

Im nebenstehenden Bild siehst du einige Gefahrensymbole.

1 ◯ Zeichne die Symbole in dein Heft ab.

2 ◯ Ordne diesen Gefahrensymbolen die richtige Gefahrenbezeichnung zu.

3 ◗ Finde für jedes Gefahrensymbol ein Beispiel aus der Chemie und aus dem Alltag.

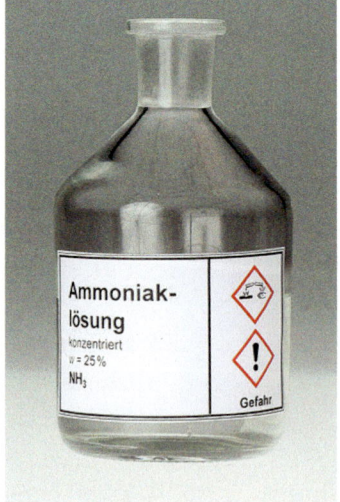
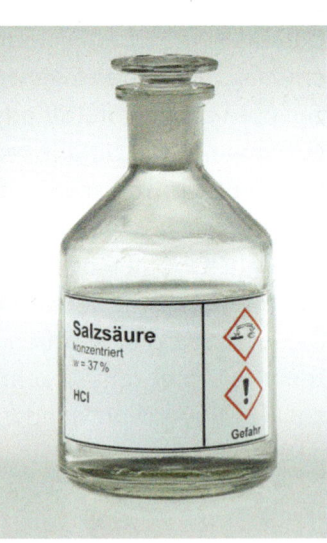

2 Gefahrensymbole

Material C

Hier läuft einiges schief

Micky freut sich wahnsinnig auf den Chemieunterricht, weil er nun endlich selbst experimentieren darf. Eifrig stellt er seinen Rucksack im Gang zwischen den Tischen ab und krempelt die Ärmel seines Kapuzenpullis hoch. Die langen Bändel lässt er hängen. Auf seinen Tisch stellt Micky seine Safttüte ab, damit er sie griffbereit hat, falls er während des anstrengenden Experiments Durst bekommt.

Endlich geht es an den ersten Versuch. Er liest die Anleitung flüchtig durch, schnappt sich alle benötigten Materialien und Chemikalien und stellt sie auf seinen Tisch. Die Schutzbrille findet er uncool und setzt sie gar nicht erst auf. Um Zeit zu sparen, öffnet Micky alle Chemikalienflaschen gleichzeitig. Dann entnimmt er der

ersten Flasche mit einem Spatel eine große Menge graues Pulver und gibt es in ein Reagenzglas. Die Hälfte geht daneben und landet auf dem Tisch neben der Safttüte. Da hat er doch ein bisschen zu viel genommen. Doch Mickys Chemielehrer scheint ein Angsthase zu sein, die doppelte Menge wird schon gehen. Deshalb kratzt er das Pulver vom Tisch und füllt es in das Reagenzglas.

Die zweite Chemikalie ist ein gelbes Pulver und riecht ziemlich übel. Micky hält seine Nase an die Flasche, um herauszufinden, um was es sich handelt. Mit demselben Spatellöffel von eben entnimmt er dann das gelbe Pulver. Leider wieder zu viel, sodass er diesmal den Überschuss zurück in die Flasche gibt. Schließlich hat die Schule das Geld auch nicht so locker sitzen, um dauernd neue Chemikalien zu kaufen.

Nun wird es spannend. Micky dreht das Gasventil des Brenners voll auf und hält sein Reagenzglas mit der Hand senkrecht über die Flamme. Da passiert ja gar nichts. Das Warten nervt Micky, deshalb holt er sein Pausenbrot aus der Tasche und beißt genüsslich davon ab. Oh, nun tut sich doch was im Reagenzglas! Vor Schreck lässt er sein Brot auf den Tisch fallen.

Als es zur Pause läutet, entsorgt Micky schnell seine Versuchsmaterialien in den Mülleimer und schnappt sich sein Pausenbrot vom Tisch. Er will schließlich nicht die Pause verpassen.

1 Lies den Text.
Erstelle eine Tabelle, in der du alle Fehler auflistest, die dir aufgefallen sind. Notiere in einer weiteren Spalte in der Tabelle die richtigen Verhaltensweisen.

Das Protokoll

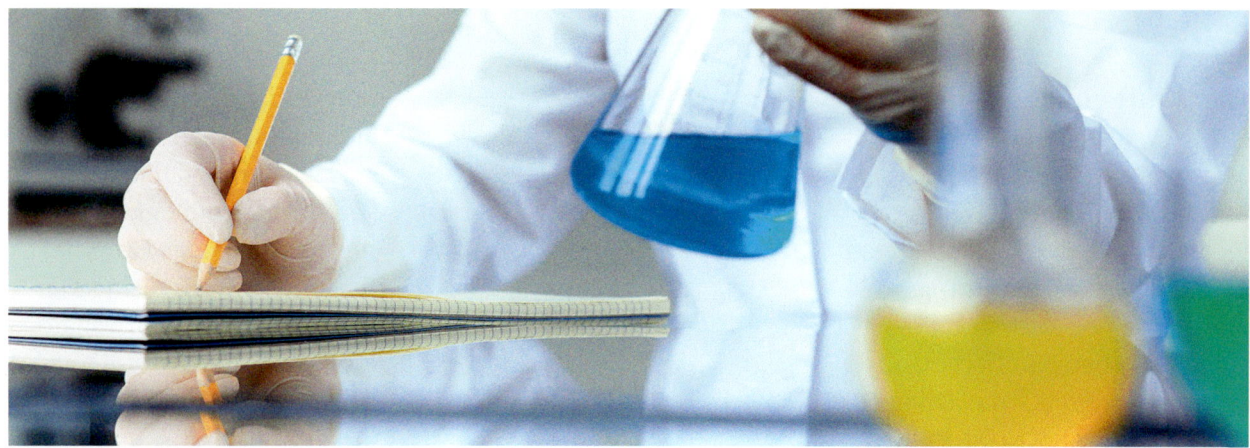

1 Protokoll schreiben

2 Tagebuch schreiben

„Liebes Tagebuch, heute stand Wandern auf dem Programm im Schullandheim. Bei bestem Wetter machten wir uns zum 10 Kilometer entfernten Grillplatz auf und sahen auf unserem Weg viele andere Wanderer, außergewöhnliche Pflanzen und sogar eine Schlange ..."

Wie ein Tagebuch • In einem Tagebuch notiert man die Beobachtungen und Erlebnisse eines Tages. So kann man sich später daran erinnern. Auch in den Naturwissenschaften braucht man eine Methode, um Beobachtungen und Ergebnisse aus Versuchen festzuhalten. Dieses „naturwissenschaftliche Tagebuch" nennt man Protokoll. Das Protokollieren ist in der Wissenschaft besonders wichtig. Mit einem Versuchsprotokoll können andere Menschen den Versuch noch einmal durchführen. Oder sie können die gewonnenen Erkenntnisse anhand dieses Aufschriebs später nachvollziehen und eventuell erweitern.

Die Form • Ein Protokoll hat eine bestimmte Form. Am Anfang steht das Thema oder die Frage, die man mit dem Versuch beantworten möchte. Als Nächstes beinhaltet es die für den Versuch nötigen Materialien und Stoffe sowie Sicherheitshinweise. Auch eine Skizze vom Versuchsaufbau kann enthalten sein, damit man sich den Versuch besser vorstellen kann. Als genaue Anleitung wird in der Durchführung Schritt für Schritt beschrieben, was genau gemacht wird. Anschließend werden die Beobachtungen während des Versuchs und eventuell Messwerte festgehalten. Dabei ist wichtig, dass man nur das beschreibt, was man sieht, hört oder riecht. Zum Schluss wird ein Ergebnis formuliert, das die Anfangsfrage beantwortet.

> Ein Protokoll beinhaltet Thema/Frage, Angaben zu Material und Sicherheit, eine Versuchsskizze, die Durchführung, Beobachtungen und das Ergebnis.

Methode Wir erstellen ein Versuchsprotokoll

Ein Protokoll in 7 Schritten

Es ist nicht immer leicht, ein richtiges Protokoll zu einem Versuch zu schreiben. Eine Hilfe bietet die Vorlage in Bild 3.
Beachte, dass man ein Protokoll Schritt für Schritt schreibt, sodass man bei jedem Schritt genug Platz zum Schreiben hat.
Zur Übung führen wir folgenden Versuch zur Frage „Wann siedet Wasser?" durch.

Anleitung • Für den Versuch brauchst du einen Gasbrenner, ein Stativ mit Klemme, einen Dreifuß mit Drahtnetz, einen kleinen Erlenmeyerkolben, ein Thermometer und Wasser. Gib in den Erlenmeyerkolben ca. 100 mL Wasser und stelle ihn auf das Drahtnetz des Dreifußes. Entzünde nun den Gasbrenner und schiebe ihn unter das Drahtnetz. Stelle anschließend das Thermometer in den Erlenmeyerkolben und rühre während des Versuchs dauernd um.
Wann beginnt das Wasser zu sieden? Lies die genaue Temperatur am Thermometer ab und notiere den Wert.
Lass den Versuchsaufbau abkühlen, bevor du das Material wieder aufräumst.

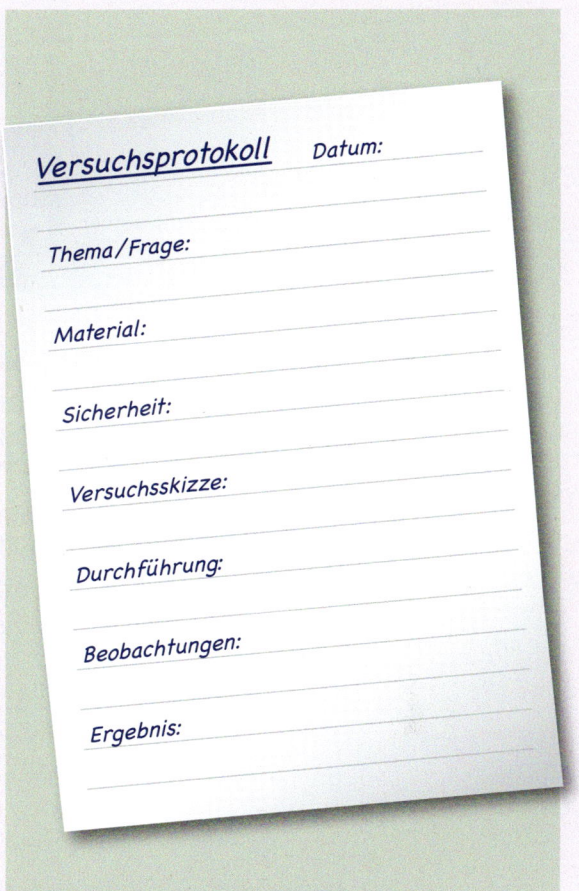

3 Diese Form soll ein Protokoll haben.

Aufgaben

1 ◗ Überlege dir, welche Sicherheitsregeln bei diesem Versuch beachtet werden müssen. Notiere sie im Protokoll unter „Sicherheit".

2 ◗ Fertige mithilfe von Bild 3 ein Protokoll zum Versuch „Wann siedet Wasser?" an.

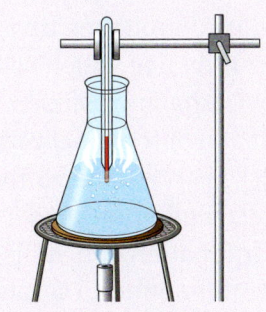 

4 Aufbau des Versuchs   5 Siedendes Wasser

Der Gasbrenner

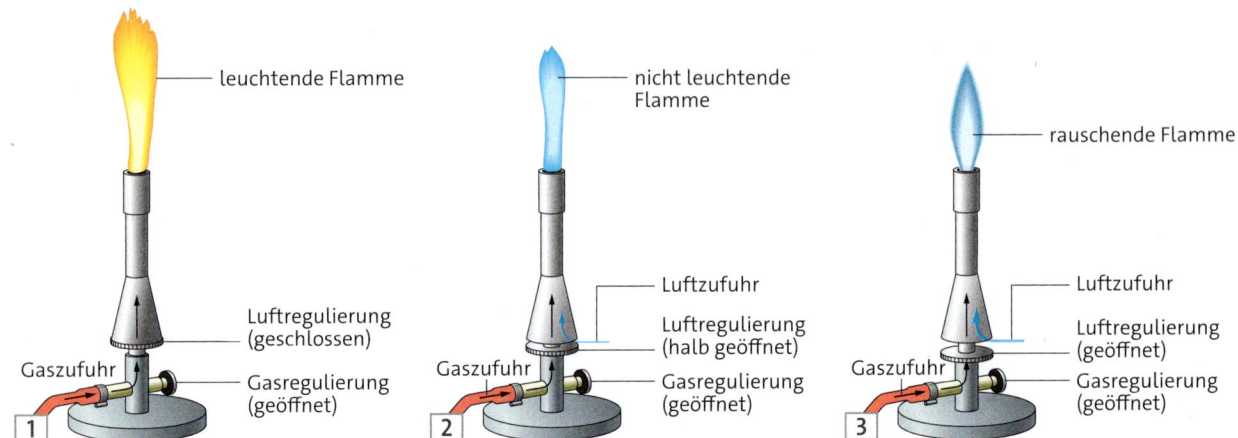

Für viele Experimente braucht man hohe Temperaturen. Im Labor erreicht man dies mit einem Gasbrenner.

Aufbau • Ein Gasschlauch verbindet den Brenner mit dem Gashahn. Mit zwei Stellschrauben kann man die Gas- und die Luftzufuhr regeln. → 1

Sicherheitsregeln • Immer Schutzbrille tragen, lange Haare zusammenbinden und Kordeln von Pullovern nach innen stecken. Schals ablegen!

Bedienung • Folgende Punkte sind der Reihe nach durchzuführen:
1. Stellschrauben für Gas- und Luftzufuhr kontrollieren und schließen.
2. Gaszufuhr über einen Schlauch mit dem Gashahn verbinden.
3. Gashahn durch gleichzeitiges Drücken und Drehen öffnen.
4. Feuerzeugflamme an den Flammenaustritt halten und Stellschraube für Gaszufuhr öffnen. Das ausströmende Gas entzündet sich sofort.
5. Stellschraube für Luftzufuhr öffnen.

Abstellen • Der Brenner soll in folgender Reihenfolge abgestellt werden: Luftzufuhr schließen, Gaszufuhr schließen, Gashahn schließen, abbauen.

> Der Gasbrenner wird unter Beachtung von Sicherheitsregeln in festgelegter Reihenfolge von Arbeitsschritten in Betrieb genommen.

Aufgaben

1 ○ Begründe, warum man bei der Arbeit mit dem Brenner seinen Schal ablegen muss.

2 ◐ Erkläre, warum man das austretende Gas immer sofort entzünden soll.

3 ◐ Man spricht von leuchtender, nicht leuchtender und rauschender Flamme. Erkläre, wie man die rauschende Flamme einstellen kann.

der Gasbrenner
die Luft- und Gaszufuhr

Material A

Betriebsanleitung für Gasbrenner

Nebenstehender Text ist die Betriebsanleitung für Gasbrenner.

1 ○ Schreibe den nebenstehenden Text in dein Heft. Ersetze die ? durch folgende Begriffe:

Gas – Gashahn – Gashahn – Gaszufuhr – Gaszufuhr – geschlossen – Luftzufuhr – Luftzufuhr - Feuerzeugflamme.

Zuerst kontrolliert man, ob die Stellschrauben für die ? und die ? ? sind. Als Nächstes wird der Brenner mithilfe eines Gasschlauchs an den ? angeschlossen. Jetzt wird zunächst der ? geöffnet. Danach wird die ? an den Flammenaustritt gehalten und die ? geöffnet. Sofort entzündet sich das nun ausströmende ? . Zum Abschluss noch die ? öffnen.

4 Anleitung für die Inbetriebnahme eines Gasbrenners

Material B

Vergleich der Brennerflammen

Materialliste: Gasbrenner, 2 Reagenzgläser, Reagenzglashalter, Stoppuhr, Porzellanschale, Tiegelzange

5 Von der leuchtenden zur rauschenden Brennerflamme

1 Nimm den Brenner wie auf der Seite zuvor beschrieben unter Beachtung der Sicherheitsregeln in Betrieb.

a ○ Halte den Boden einer Porzellanschale mithilfe der Tiegelzange für etwa 10 Sekunden in die rauschende Brennerflamme. Sieh dir den Boden der Schale an.

b ○ Schließe die Luftzufuhr und wiederhole den Versuch. Betrachte den Boden der Schale.

c ○ Erstelle ein Versuchsprotokoll.

Achtung • Öffnung des Reagenzglases nie auf Mitschüler richten!

2 Befülle 2 Reagenzgläser jeweils 2 cm hoch mit Wasser.

a ○ Stoppe, wie lange es bis zum Sieden des Wassers dauert, wenn du das Reagenzglas in die rauschende Flamme hältst.

b ○ Wiederhole den Versuch mit dem zweiten Reagenzglas unter Verwendung der leuchtenden Flamme.

c ○ Erstelle ein Versuchsprotokoll.

d ◐ Begründe, welche der beiden Brennerflammen heißer ist.

e ● Versuche mithilfe des oben beschriebenen Versuchsprinzips herauszufinden, ob es in der rauschenden Flamme unterschiedliche Temperaturzonen gibt.

Arbeitsgeräte der Chemie

1 Becherglas, Reagenzgläser, Messzylinder, Rundkolben, Erlenmeyerkolben, Pipette

2 Reagenzglas im Ständer mit Halter

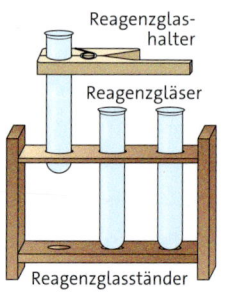

3 Zeichnung eines Reagenzglases im Ständer mit Halter

Für Versuche braucht man die passenden Werkzeuge. Du sollst lernen, wie sie heißen, wie man sie verwendet und wie man sie einfach zeichnen kann.

Arbeiten mit dem Reagenzglas • Sehr häufig verwendet man ein Reagenzglas. Zum Abstellen und Halten des Reagenzglases gibt es Hilfswerkzeuge: den Reagenzglasständer und den Reagenzglashalter. → 2 3

Glasgefäße und Messen • Neben dem Reagenzglas gibt es eine Reihe weiterer Gefäße für Stoffe: Erlenmeyerkolben, Becherglas, Messzylinder und Pipette. → 1
Erlenmeyerkolben und Becherglas eignen sich, wenn Stoffe gemischt werden sollen. Eine grobe Messskala für Flüssigkeitsmengen ist aufgedruckt. Will man genauere Abmessungen vornehmen, so sollte man einen Messzylinder verwenden.

Will man Flüssigkeiten ganz genau abmessen, so nimmt man eine Pipette. Mit diesem Gerät kann man auf 0,1 mL genau abmessen.
Alle diese Geräte gibt es in verschiedenen Größen.

Erhitzen und Temperaturen messen • Es gibt Versuche, bei denen man Stoffe erhitzen will. Dabei soll dann die Temperatur bestimmt werden.

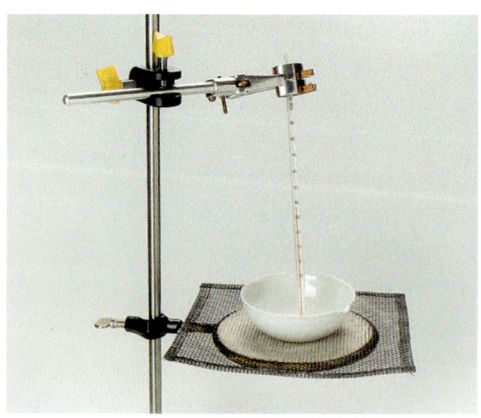

4 Apparatur zum Erhitzen von Stoffen

der Erlenmeyerkolben
der Messzylinder
die Pipette
die Abdampfschale

Dazu eignet sich eine Versuchsapparatur wie in Bild 4. Sie besteht aus einem eingespannten Ring (oder Dreifuß) mit Netz, Abdampfschale, Stativ (bestehend aus Fuß, Stativstange, Doppelmuffe und Kolbenhalter) und Thermometer.

Tiegel sind sehr hitzebeständig. Allerdings darf man sie nach dem Erhitzen nicht sofort unter Wasser abspülen, da sie sonst zerbrechen. Einen heißen Tiegel hält man mit der Tiegelzange.

Gase auffangen • Komplizierter wird der Versuchsaufbau, wenn man entstehende Gase auffangen will. Für einige Gase eignet sich dazu eine mit Wasser gefüllte pneumatische Wanne. Das Gas wird über einen Schlauch in einem mit Wasser gefüllten Messzylinder aufgefangen. → 6 7

> Es gibt für verschiedene Versuche geeignete Werkzeuge.
> Bei Versuchszeichnungen werden diese vereinfacht dargestellt.

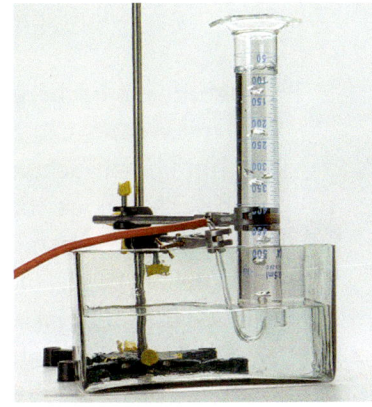

6 Möglicher Versuchsaufbau zum Auffangen von Gasen

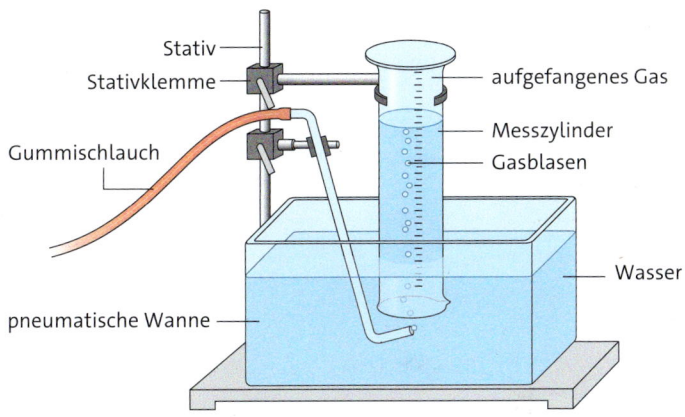

7 Beschriftete Zeichnung von Bild 6

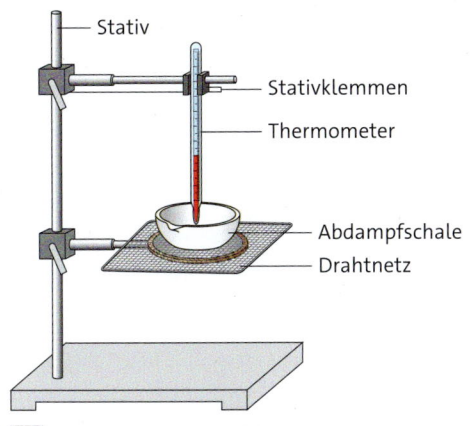

5 Zeichnung von Bild 4

Aufgaben

1 ○ Erkläre, welche Werkzeuge sich zum Abmessen von Flüssigkeiten eignen.

2 ○ Nenne die Bauteile, aus denen ein Stativ besteht. Erkläre, wofür das Stativ verwendet wird.

3 ◐ Exakt 10 mL Wasser sollen erhitzt werden, bis das Wasser siedet. Zähle auf, welche Geräte du für diesen Versuch benötigst.

Arbeitsgeräte der Chemie

Material A

Schwenken von Flüssigkeiten

Bei einigen Versuchen ist es notwendig, Flüssigkeiten zu schwenken. Um nichts zu verschütten, muss man geeignete Gefäße nehmen und die richtige Technik anwenden.

Materialliste: Becherglas, Erlenmeyerkolben, Reagenzglas

1. ○ Befülle ein Becherglas zu $\frac{3}{4}$ mit Wasser. Gib 2 Tropfen Tinte hinzu. Schwenke es nach der Methode von Bild 1. Wiederhole den Versuch nach der Methode, die in Bild 2 dargestellt ist. Welche Methode ist geeigneter?

2. ○ Schwenke nacheinander jeweils ein zu $\frac{3}{4}$ gefülltes Becherglas, einen Erlenmeyerkolben und ein Reagenzglas. Welche Gefäße sind zum Schwenken geeignet?

[1] Möglichkeit, Flüssigkeiten zu schwenken

[2] Eine weitere Möglichkeit, Flüssigkeiten zu schwenken

Material B

Abmessen von Flüssigkeiten

Verschiedene Werkzeuge eignen sich unterschiedlich gut zum Abmessen von Flüssigkeiten. Weiß man, dass 100 mL Wasser 100 g wiegen, kann man dies nutzen, um abgemessene Wassermengen zu überprüfen.

Materialliste: 2 Bechergläser, Erlenmeyerkolben, Messzylinder, Pipette mit Pipettierhilfe, Waage

1. ○ Stelle ein leeres Becherglas auf die Waage und bestimme das Gewicht des Glases. Notiere es.

2. ○ Miss mit einem zweiten Becherglas so genau wie möglich 100 mL Wasser ab und gib es in das Becherglas auf der Waage. Bestimme die Masse des Wassers. Wie viel mL waren es tatsächlich?

3. ○ Wiederhole den Versuch aus Aufgabe 2 nacheinander mit einem Erlenmeyerkolben, einem Messzylinder und einer Pipette.

4. ○ Welches Werkzeug eignet sich am besten zum Abmessen von Flüssigkeiten? Welche sind für präzises Abmessen nicht geeignet?

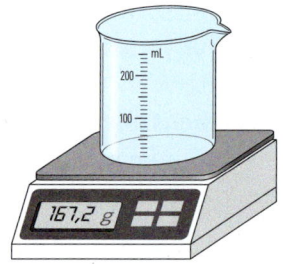

Masse (Wasser): 269,4 g − 167,2 g = 102,2 g
Volumen (Wasser): 102,2 g ≙ 102,2 mL

[3] Bestimmung der Menge von Wasser mithilfe einer Waage

Material C

Versuchsaufbauten zeichnen

Zu jedem Versuchsprotokoll gehört eine Zeichnung des Versuchsaufbaus.

1 ○ Zeichne den Versuchsaufbau aus Bild 4. Nutze die vereinfachten Zeichnungen, die du auf den Seiten 16 bis 19 kennengelernt hast. Beschrifte anschließend deine Zeichnung.

2 ◐ Zeichne den Versuchsaufbau von Bild 5 und beschrifte ihn.

4 Erhitzen einer Flüssigkeit im Reagenzglas

5 Erhitzen eines Stoffs im Wasserbad

Material D

Versuche planen und skizzieren

Plant man einen Versuch und will diese Planung jemandem vorstellen, so hilft eine Versuchszeichnung. Für folgenden Versuch sollst du die Planung mithilfe einer Zeichnung machen: Mineralwasser enthält Kohlensäure. Erhitzt man das Mineralwasser, so entweicht die Kohlensäure in Form eines Gases. Dieses Gas soll aufgefangen und die Menge des Gases gemessen werden.

1 Skizze und Beschreibung
a ◐ Erstelle eine Versuchsskizze zum geplanten Versuch. Beschrifte deine Skizze.
b ◐ Schreibe eine Versuchsbeschreibung zur Durchführung des Versuchs.
Tipp: Nummeriere die einzelnen Schritte.

2 ◐ Nachdem die Lehrkraft deine Planung gesehen hat, kannst du den Versuch durchführen.
Was zeigt der Messzylinder an, nachdem kein Gas mehr entweicht?
Kannst du die Ergebnisse erklären?

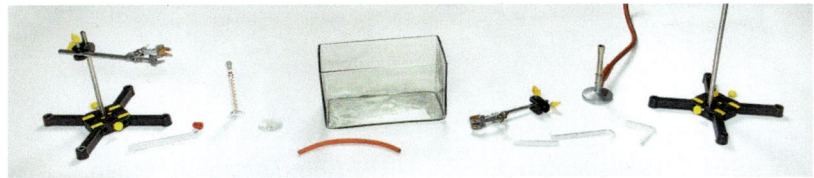

6 Werkzeuge zur Umsetzung des Versuchs

Arbeitsgeräte der Chemie

Methode

Glas bearbeiten

Was ist Glas? Der Ausgangsstoff von Glas ist Siliciumdioxid. Gewöhnlicher Sand besteht überwiegend daraus. Auch der schön geformte Bergkristall ist aus Siliciumdioxid. Um Glas herzustellen, muss man Siliciumdioxid bis zum Schmelzen erhitzen und dann schnell abkühlen lassen.
Vorher werden aber je nach Glassorte noch weitere Stoffe hinzugefügt, um die Qualität zu erhöhen.

Glasgeräte In der Chemie arbeitet man sehr viel mit Glasgeräten. Einige davon kann man selbst herstellen. Alles, was man dazu braucht, sind Glasrohre als Rohling und das passende Werkzeug.

Glasrohre kürzen Als Rohling verwendet man Glasrohre mit verschiedenen Durchmessern und Wandstärken. Die Rohlinge werden zunächst in die richtige Länge gebracht. Dazu ritzt man sie mit einer Feile an einer Stelle vorsichtig an. → 1
Zum Brechen wird das Glasrohr dann so gehalten, dass die angeritzte Seite vom Körper weg zeigt. Mit leichtem Zug kann dann das Glasrohr gebrochen werden. → 2

Rundschmelzen der Enden Um sich beim Arbeiten mit den Glasgeräten nicht zu verletzen, müssen alle Kanten abgerundet werden. Dazu hält man die Enden des Glasrohrs in die rauschende Flamme des Brenners und dreht das Glasrohr gleichmäßig hin und her. → 3

Umgang mit heißem Glas Heißes Glas lässt sich leicht verformen. Allerdings kann man sich daran sehr leicht verbrennen. Heißes Glas sieht nicht anders aus als kaltes Glas. Daher ist es am sichersten, wenn heiße Glasrohre nicht umhergereicht werden.
Heißes Glas darf man nicht mit Wasser abkühlen, weil es dabei zerspringen kann. Zum Abkühlen legt man es am besten auf Holz. Auf der gefliesten Arbeitsplatte kühlt es zu schnell ab und kann dann leicht zerspringen.

Aufgaben

1 ○ Erkläre, wie man heißes und kaltes Glas unterscheiden kann. → 4

2 ◐ Begründe, warum Glas auf Holzklötzen abkühlen soll und nicht auf Keramiktischen.

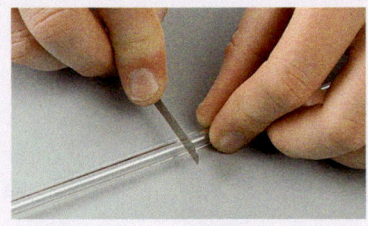

1 Ein Glasrohr anritzen

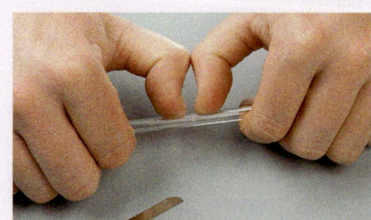

2 Das Glasrohr brechen

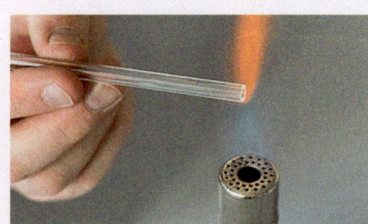

3 Die Enden rundschmelzen

Material E

Heiß oder kalt?

Heißes Glas ist ein schlechter Wärmeleiter und bleibt ziemlich lange warm.

1 ○ Betrachte die Bilder und beschreibe, was du siehst.

2 ◐ Erstelle eine Übersicht für den sicheren Umgang mit heißen Glasgeräten.

4 Überprüfen der Temperatur

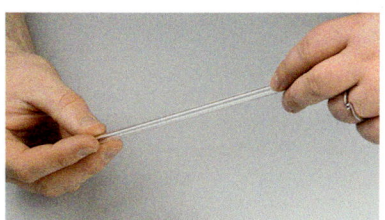

5 Weiterreichen mit drei Fingern

6 Heißes Glasrohr auf Papier

Material F

Pipetten ziehen

Nimm ein vorbereitetes Glasrohr und halte es mit der Mitte in die Flamme. Drehe es gleichmäßig hin und her. Wenn das Glas glüht, nimmst du es aus der Flamme und ziehst es gleichmäßig auseinander. Nachdem du die gewünschte Länge erreicht hast, kannst du das Glas in der Mitte brechen. Du erhältst auf diese Weise zwei Pipetten. Zur Sicherheit kannst du die dünnen Enden noch in der Flamme rundschmelzen.

1 ◐ Stelle mehrere Pipetten mit unterschiedlichem Querschnitt her.

2 ○ Stelle deine Pipetten in gefärbtes Wasser. Beschreibe die Beobachtungen.

7 Pipette ziehen

Material G

Glaskugeln blasen

Halte ein Ende eines Glasrohrs in die Flamme. Drehe es dabei gleichmäßig. Wenn sich am Ende eine glühende Kugel gebildet hat, kannst du das Glasrohr aus der Flamme nehmen. Blase gleichmäßig in das andere Ende hinein und drehe dabei das Glasrohr. Es kann sein, dass du das Glasende mehrfach in die Flamme halten musst.

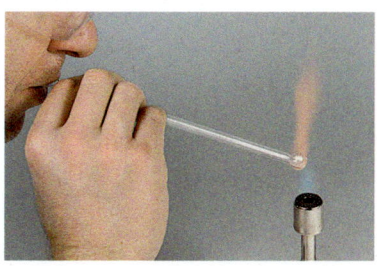

8 Herstellung einer Glaskugel

1 ◐ Lass dir von deinem Lehrer ein Gärröhrchen zeigen. Beschreibe die einzelnen Arbeitsschritte, um ein solches Gerät herzustellen.

Rundgang durch den Fachraum

Zusammenfassung

Verhaltensregeln • Im Fachraum ist es wichtig, einige Regeln zu beachten. Man darf den Fachraum nicht ohne Lehrkraft betreten. Das Essen und Trinken ist in diesen Räumen nicht erlaubt. Speziell beim Experimentieren ist den Anweisungen der Lehrkraft Folge zu leisten. Verschiedene Sicherheitseinrichtungen wie Not-Aus-Knopf oder Feuerlöscher dürfen nur im Notfall bedient werden.
Um Gefahrstoffe schnell einschätzen zu können, gibt es verschiedene Gefahrensymbole.

1 Gefahrensymbole für giftige und ätzende Stoffe

Das Versuchsprotokoll • Beim Experimentieren ist es wichtig, dass man im Nachhinein überprüfen kann, was beim jeweiligen Versuch abgelaufen ist. Daher wird das Vorgehen in Form eines Versuchsprotokolls festgehalten. Das Versuchsprotokoll umfasst folgende Punkte:
- Frage/Thema
- Material
- Sicherheit
- Versuchsskizze
- Durchführung
- Beobachtungen
- Ergebnis

2 Die sieben Punkte des Versuchsprotokolls

Der Gasbrenner • Der Gasbrenner ist ein wichtiges Arbeitsmittel. Für den sicheren Umgang ist einiges zu beachten. So müssen lange Haare zusammengebunden werden und es ist eine Schutzbrille zu tragen. Der Brenner wird in einer feststehenden Reihenfolge von Arbeitsschritten in Betrieb genommen. Man arbeitet oft mit der rauschenden Flamme, die dann entsteht, wenn die Luftzufuhr geöffnet ist. Die rauschende Flamme ist heißer und rußt nicht.

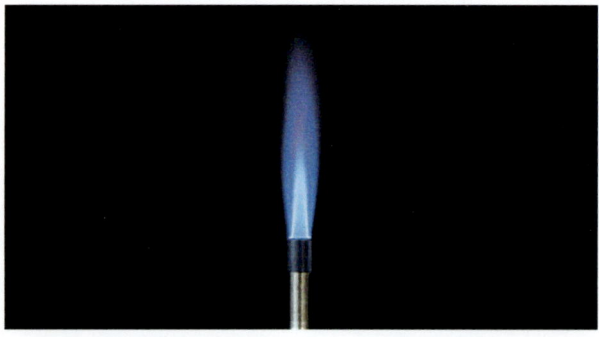

3 Die rauschende Brennerflamme ist bläulich.

Teste dich! (Lösungen im Anhang)

1 ○ Nenne mindestens fünf grundlegende Regeln für das Verhalten im Fachraum.

2 ○ Schreibe die in Bild 4 notierte Betriebsanleitung für Gasbrenner in der richtigen Reihenfolge ab.

3 ○ Mit einigen Glasgeräten kann man Flüssigkeiten abmessen. Sortiere folgende Geräte danach, wie präzise man mit diesen messen kann. Beginne mit dem genauesten Gerät: *Becherglas – Messzylinder – Pipette.*

4 ◐ Gib die Bedeutung der Gefahrensymbole in Bild 5 an.

5 ◐ Beim Arbeiten mit dem Gasbrenner muss man vorher Schals ablegen oder Kordeln von Pullovern nach innen stecken. Begründe, warum diese Regel sinnvoll ist.

6 ◐ Peter behauptet: „In hoch gelegenen Dörfern im Himalaja kocht Wasser bei niedrigeren Temperaturen als auf Meereshöhe." Erstelle eine beschriftete Versuchsskizze eines Aufbaus, mit dem man die Temperatur bestimmen kann, bei der Wasser kocht.

7 Zum Auffangen von Gasen kann man einen Versuch wie in Bild 6 aufbauen.
a ◐ Erstelle eine beschriftete Skizze des Versuchsaufbaus von Bild 6.
b ● Skizziere einen Versuchsaufbau, mit dem du die Menge an Kohlensäure in verschiedenen Mineralwasserproben vergleichen kannst.

- Gashahn durch gleichzeitiges Drücken und Drehen öffnen.
- Stellschraube für Luftzufuhr öffnen.
- Stellschrauben für Luft- und Gaszufuhr kontrollieren und gegebenenfalls schließen.
- Gaszufuhr über einen Schlauch mit dem Gashahn verbinden.
- Feuerzeugflamme an den Flammenaustritt halten und Stellschraube für Gaszufuhr öffnen.

4 Durcheinandergeratene Betriebsanleitung für Gasbrenner

5 Gefahrensymbole

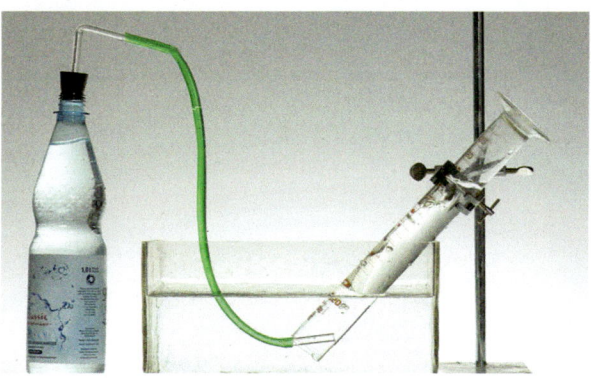

6 Auffangen von Sprudelgas

Eine Welt aus Stoffen

Honig ist eine Flüssigkeit – und doch ganz anders als Wasser. Wie könnte man diese Unterschiede beschreiben?

Manche Flüsse enthalten pures Gold – allerdings nur als ganz kleine Körnchen. Wie könnte man es dort herausholen?

Holz kann brennen – wenn man es entzündet. Worauf kommt es an, wenn man ein Lagerfeuer entzünden will?

Nicht verwechseln: Stoff und Gegenstand

1 Ein Steg aus Holz, ein Boot aus Holz, ein Haus aus Holz ...

Der Steg, das Boot oder auch die Bäume auf dem Bild haben eine Gemeinsamkeit: Alle bestehen aus dem Material Holz.

Stoffe • Naturwissenschaftler haben einen eigenen Begriff für Materialien: Materialien werden Stoffe genannt. Aus einem Stoff können unterschiedliche Gegenstände hergestellt werden. Diese unterscheiden sich in ihrem Verwendungszweck. Der Steg und das Boot sind Beispiele dafür.

Gegenstände • Gegenstände bestehen immer aus einem Stoff. Es muss aber nicht immer der gleiche Stoff sein, aus dem ein Gegenstand besteht. So kann man beispielsweise einen Trinkbecher aus Porzellan, aus Kunststoff oder aus Glas herstellen. → 2

> Naturwissenschaftler bezeichnen Materialien mit dem Begriff Stoff.

2 Verschiedene Trinkbecher

Aufgaben

1 ○ Übernimm die Tabelle in dein Heft. Trage die im Text genannten Stoffe und Gegenstände ein.

Stoff	Gegenstand

2 ◐ Nenne jeweils drei weitere Beispiele für einen Stoff und einen Gegenstand.

Eine Welt aus Stoffen

der **Stoff**
der **Gegenstand**

Material A

Baum   Sand   Wasser   Auto   Gold   Holz
Tisch   Tasse   Kette   Silber   Regal
Luft   Buch   Papier   Schere

3

Stoff oder Gegenstand

1 ○ Sortiere die oben stehenden Begriffe nach Stoff und Gegenstand. Trage das Ergebnis in eine Liste oder Tabelle ein.

2 ◐ Erstelle eine eigene Liste mit zehn Begriffen, die entweder Stoffe oder Gegenstände bezeichnen. Tausche die Liste mit einem Mitschüler aus und sortiere die Begriffe anschließend.

3 ◐ Suche fünf Gegenstände, die in dem Raum sind, in dem du dich gerade befindest. Gib an, aus welchem Stoff oder aus welchen Stoffkombinationen der jeweilige Gegenstand besteht.

Material B

Gemeinsamkeiten

4 Mehrere Teller

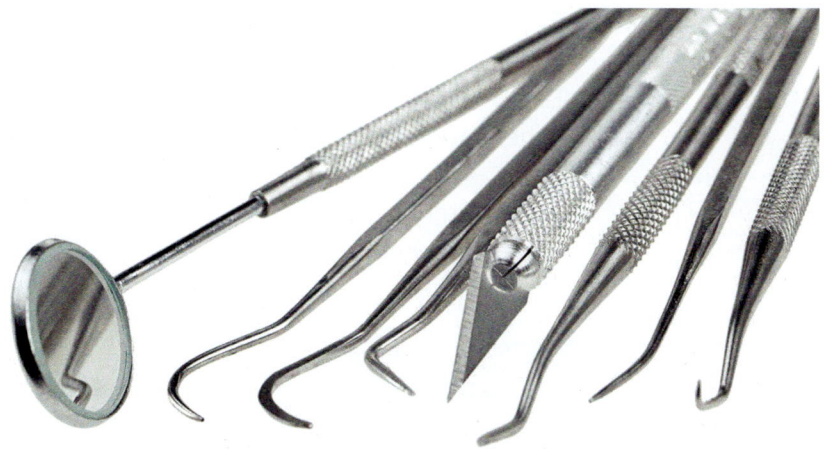

5 Unterschiedliche Gegenstände beim Zahnarzt

1 ◐ Welche Gemeinsamkeiten haben die Dinge auf den Abbildungen 4 und 5?

2 ● „Ein Glas ist ein Gegenstand, Glas ein Stoff." Erläutere diese Aussage.

Wie sich Stoffe unterscheiden

1 Wie lassen sich Stoffe unterscheiden?

Es gibt eine riesige Zahl von verschiedenen Stoffen. Teilweise ist es schwierig, sie zu unterscheiden.

Stoffe beschreiben • Man kann vor allem das Aussehen der Stoffe beschreiben. Dabei geht es um die Farbe, um die Zustandsform und um die Oberfläche der Stoffe. Das Schema rechts soll dabei helfen.

Es gibt aber auch Stoffe mit ganz ähnlichem Aussehen, z. B. Eisen und Aluminium. → 2 In einem solchen Fall muss man weitere Eigenschaften der Stoffe durch Experimente ermitteln, z. B.:

Ist der Stoff magnetisch? Leitet er den elektrischen Strom? Schwimmt er auf Wasser?

> Um Stoffe zu unterscheiden, muss man sie beschreiben: Man beschreibt das Aussehen und nennt Eigenschaften, die man im Experiment ermittelt hat.

Aufgaben

1 ○ Nenne drei Punkte, die man bei der Beschreibung des Aussehens eines Stoffs berücksichtigen sollte.

2 ◐ Warum meint die Schülerin in Bild 1, dass die Beschreibung des Stoffs nicht eindeutig sei?

3 ◐ Erläutere, wie man untersuchen könnte, ob es sich in Bild 1 bei den Proben 4 und 5 um denselben Stoff handelt.

2 Besteht dieses Handygehäuse aus Eisen oder aus Aluminium?

Eine Welt aus Stoffen

die **Stoffeigenschaft**
das **Experiment**
die **Zustandsform**
der **Kristall**

Methode

Das Aussehen der Stoffe beschreiben

Farbe

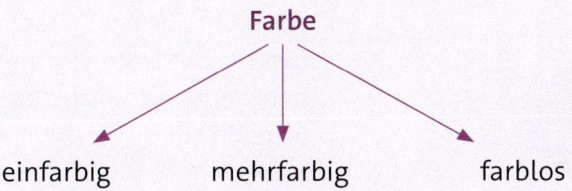

einfarbig   mehrfarbig   farblos

Du kannst auch Vergleiche anwenden, z. B. „rot wie Blut" oder „himmelblau".

Zustandsform

fest   flüssig   gasförmig

Wieder kannst du Vergleiche nutzen, z. B. „dickflüssig wie Honig".

Oberfläche

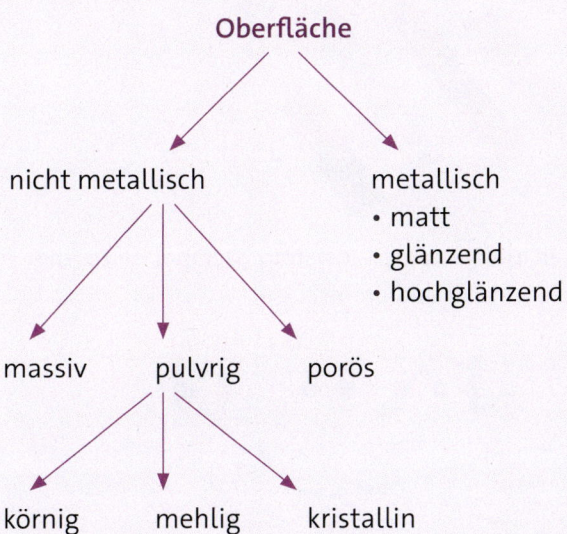

nicht metallisch   metallisch
- matt
- glänzend
- hochglänzend

massiv   pulvrig   porös

körnig   mehlig   kristallin

Kristalle sind harte Stoffe mit glatten und scharfen Kanten.

3 Ein poröser Stoff (Beispiel: Schaumstoff)

4 Ein körniger Stoff (Beispiel: Linsen)

5 Ein mehliger Stoff (Beispiel: Backpulver)

6 Ein kristalliner Stoff (Beispiel: Zucker)

Wie sich Stoffe unterscheiden

Material A

1 Stoffproben beschreiben

Stoffproben beschreiben

1 ○ Beschreibe das Aussehen der abgebildeten Stoffproben. Verwende dazu das Schema auf der vorherigen Seite.

2 ◐ Erinnere dich an einen Stoff, den du gut kennst, und beschreibe sein Aussehen genau. Dein Mitschüler soll erraten, welchen Stoff du meinst. Danach tauscht ihr die Rollen.

Material B

Stoffeigenschaften im Experiment ermitteln

Manche Stoffeigenschaften kann man nicht sehen – aber durch Experimente ermitteln.

1 ○ Bild 3 zeigt eine Versuchsanordnung zur Überprüfung, ob Stoffproben den elektrischen Strom leiten. Probiere aus, wie diese Anordnung funktioniert.

2 ○ Untersuche die Stoffproben daraufhin, ob sie magnetisch sind, ob sie auf Wasser schwimmen und ob sie den elektrischen Strom leiten.

2 Aluminium, Eisen, Holz, Kupfer, Kunststoff, Styropor® – welcher der Stoffe ist magnetisch, welcher schwimmt?

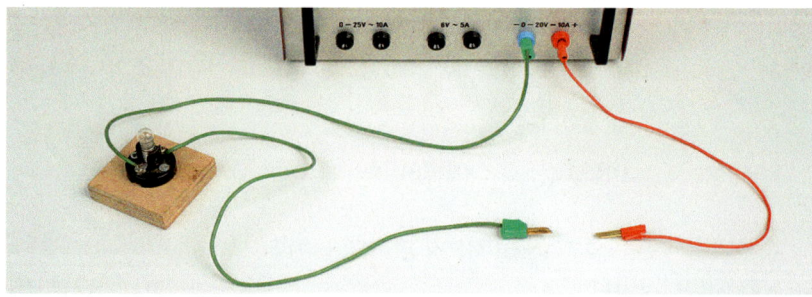

3 Versuchsanordnung zur Untersuchung der elektrischen Leitfähigkeit

Eine Welt aus Stoffen

Material C

Die Härte der Stoffe

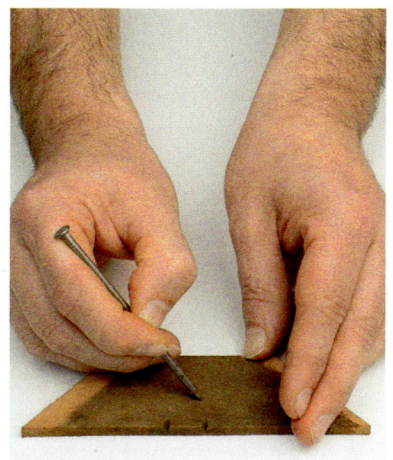

4 Hier wird die Härte eines Stoffs überprüft.

1 ○ Nimm ein Stück Holz und fahre mit der Spitze eines Nagels mehrmals an verschiedenen Stellen darüber. Drücke dabei unterschiedlich stark auf das Holzstück. Was stellst du fest?

2 ◐ Untersuche mit einem Stahlnagel die Härte verschiedener Stoffe. Was musst du bei dieser Ritzprobe beachten?

> **Friedrich Mohs** (1773–1839) war der erste, der die Härte von Stoffen wissenschaftlich untersuchte. Er verglich viele Stoffe und versuchte dabei, einen Stoff mit dem anderen zu ritzen – und umgekehrt. So stellte er eine Härteskala auf, die auch heute noch genutzt wird. Sie geht von Härte 1 (Talk) bis Härte 10 (Diamant).

Material D

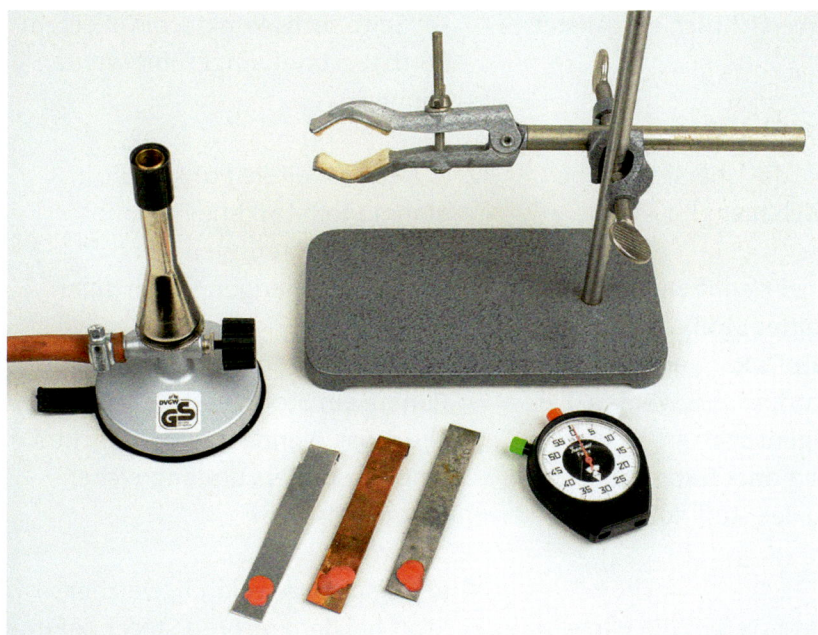

5 Mit diesen Materialien lässt sich herausfinden, welcher Stoff Wärme am besten leitet.

Eigene Versuchsplanung

Alle Metalle sind gute Wärmeleiter. Doch es gibt Unterschiede. Diese lassen sich durch ein geschickt geplantes Experiment herausfinden.

1 ● Erkläre mit eigenen Worten, was man unter Wärmeleitfähigkeit versteht.

2 ● Plane einen Versuch, mit dem man Aluminium, Eisen und Kupfer nach ihrer Wärmeleitfähigkeit sortieren kann. Führe den Versuch durch und erstelle ein Versuchsprotokoll.

Zu jedem Stoff ein Stoffsteckbrief

1 Steckbriefe geben übersichtlich wichtige Eigenschaften an.

Manchmal werden Personen mit Steckbriefen gesucht. Durch die klare Darstellung können dabei alle wichtigen Eigenschaften übersichtlich aufgelistet werden.

Stoffsteckbriefe • Steckbriefe helfen auch bei Stoffen, die Übersicht zu behalten. Denn auch hier gibt es eine große Vielfalt.
Ein Stoffsteckbrief nennt wichtige Eigenschaften eines Stoffs. Neben dem Aussehen des Stoffs können weitere Eigenschaften aufgeführt werden, z. B. magnetische Eigenschaften, elektrische Leitfähigkeit oder Informationen zu der Frage, ob der Stoff auf Wasser schwimmt.

> Stoffsteckbriefe stellen die wichtigsten Eigenschaften von Stoffen in übersichtlicher Weise dar.

Aufgaben

1 ○ Nenne mithilfe des Texts auf dieser Seite sechs Punkte, die in einem Stoffsteckbrief aufgeführt werden können.

2 ○ Nenne weitere Punkte, die in einem Stoffsteckbrief genannt werden könnten. Sieh dir dazu auch die vorherigen Seiten durch.

3 ◐ Es ist nicht festgelegt, wie viele Punkte ein Stoffsteckbrief aufweisen muss. Nenne Vor- und Nachteile eines besonders umfangreichen Steckbriefs.

4 ◐ Versuche zu erraten, welcher Stoff bei dem rechten Steckbrief in Bild 1 gemeint ist. Gibt es sogar mehrere Möglichkeiten?

Eine Welt aus Stoffen

der Stoffsteckbrief

Material A

Erstellen von Stoffsteckbriefen

Für Mehl und Kochsalz sollen Stoffsteckbriefe erstellt werden.

1 ○ Lege neben der Beschreibung des Aussehens drei zu beschreibende Eigenschaften fest, die du im Experiment ermittelst. Führe die Versuche durch.

2 ◕ Erstelle Stoffsteckbriefe für Mehl und Kochsalz. Eventuell kannst du deine Steckbriefe z. B. mit selbst gemachten Fotos besonders schön gestalten.

Material B

Um welchen Stoff handelt es sich?

	Schwimmt?	Elektrisch leitfähig?	Wird vom Magneten angezogen?
Probe 1	ja	nein	nein
Probe 2	nein	ja	nein
Probe 3	nein	ja	ja
Probe 4	nein	nein	nein

2 Ergebnisse einer Stoffuntersuchung

1 Es wurden vier Stoffproben untersucht. Dabei ergaben sich die Ergebnisse, die in der Tabelle gezeigt sind.

a ○ Bei den vier untersuchten Stoffproben handelte es sich um Aluminium, Eisen, Holz und Stein. Ordne die Stoffe den Proben 1–4 zu.

b ○ Erstelle zu den vier Stoffen Steckbriefe.

Material C

Stoffe haben ein typisches Gewicht

Eine wichtige Stoffeigenschaft ist das Gewicht einer festgelegten Menge des Stoffs. Dies lässt sich bei Flüssigkeiten recht einfach ermitteln.

1 ◕ Wie aber wiegt man Flüssigkeiten? Man kann sie ja nicht einfach auf die Waage schütten.

Dazu ein Tipp: Wiege zuerst das leere Gefäß! Wie viel wiegen 10 mL Wasser?

2 ● Sortiere Apfelsaft, Cola, Spiritus ⚠ und Wasser nach ihrem Gewicht. Achte darauf, immer dieselbe Menge der Flüssigkeiten zu verwenden.

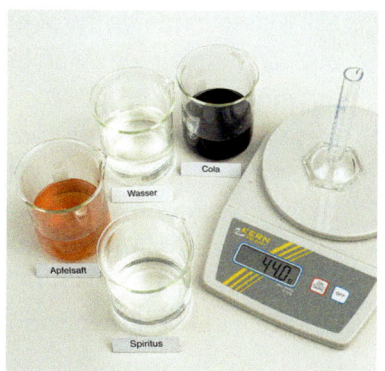

3 Flüssigkeiten unterscheiden sich bei gleicher Menge in ihrem Gewicht.

Zu jedem Stoff ein Stoffsteckbrief

Erweitern und Vertiefen

Die Dichte – typisch für jeden Stoff

Leichte und schwere Stoffe • Im Alltag sagen wir oft, dass Stoffe leicht oder schwer sind. Beispielsweise ist Eisen schwerer als Holz. Fairerweise muss man dabei aber Stoffproben gleicher Größe vergleichen.

Beispiel Eisen • Ein kleiner Würfel mit einer Kantenlänge von 1 cm hat eine Größe von 1 cm³. Bei Eisen wiegt ein solcher Würfel 7,9 g. Eisen wiegt folglich 7,9 g je cm³.
Ein Eisenwürfel mit der Kantenlänge 2 cm hätte ein Volumen von 8 cm³ und ein Gewicht von 63,2 g. Wenn man nun die Masse durch das Volumen teilt, passiert Folgendes: 63,2 g : 8 cm³ = 7,9 $\frac{g}{cm^3}$.
Auch dies zeigt, dass Eisen 7,9 g je cm³ wiegt.

Die Dichte berechnen • Egal, welches Volumen eines Stoffs man nimmt: Wenn man Masse und Volumen ermittelt und dann durcheinander teilt, erhält man immer denselben, für den Stoff typischen Wert. Dieser wird als seine Dichte bezeichnet.
Die Masse einer Stoffprobe kann man oft ganz einfach bestimmen: Man legt die Stoffprobe auf eine Waage.
Das Volumen zu bestimmen ist nicht immer so einfach. Eine Möglichkeit ist in Bild 2 gezeigt: Dort waren 30 mL Wasser in einem Messzylinder. Man hält einen Stein hinein – und der Wasserpegel steht bei 37 mL. Also hat der Stein ein Volumen von 7 mL.

> Unter der Dichte versteht man die Masse einer 1 cm³ großen Stoffprobe.

Metall	Dichte in $\frac{g}{cm^3}$ (25 °C)	Metall	Dichte in $\frac{g}{cm^3}$ (25 °C)
Aluminium	2,70	Gold	19,32
Blei	11,35	Kupfer	8,96
Eisen	7,86	Magnesium	1,74

[1] Dichte verschiedener Metalle

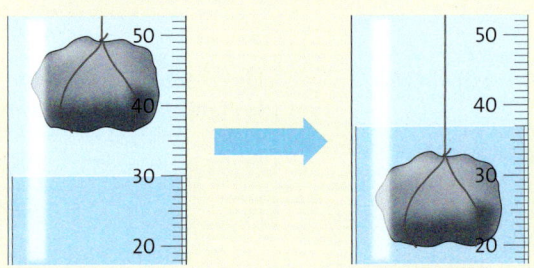

[2] Messung des Volumens eines Steins

Aufgaben

1 ○ Sortiere die Metalle von Bild 1 nach ihrer Dichte. Beginne mit der geringsten.

2 ◐ Gib die Dichte von Wasser an.

3 ◐ Bei einem Goldnugget wurden Masse und Volumen ermittelt: Der 4,6 cm³ große Nugget wog 88,78 g. Gib die Dichte von Gold an.

4 ● Ermittle die Dichte von Stoffproben aus Holz, einem Kunststoff, Stein und Eisen. Führe anschließend einen Schwimmtest in Wasser durch. Formuliere eine Regel über die Schwimmfähigkeit von Stoffen.

Erweitern und Vertiefen

Rekorde bei Stoffen

[3]

Du weißt nun einiges über verschiedene Stoffeigenschaften. Im Unterricht hast du es aber nicht immer mit den Rekordträgern unter den Stoffen zu tun. Daher jetzt die Sieger in verschiedenen Kategorien:

Schmelztemperatur • Feste Stoffe werden bei Erwärmung irgendwann flüssig. Rekordhalter dabei ist Tantalhafniumcarbid. Es wird erst bei 4215 °C flüssig. Das ist ungefähr so heiß wie an der Oberfläche der Sonne.
Das andere Extrem in dieser Kategorie ist Wasserstoff. Fester Wasserstoff schmilzt schon bei −259 °C. Dies ist nahe an der tiefstmöglichen Temperatur überhaupt.

Dichte • Der Stoff mit der größten Dichte ist Osmium mit einem Wert von 22,6 $\frac{g}{cm^3}$. Wenn du eine Stoffprobe Osmium in der Größe eines Tetrapaks Milch hättest, würde diese 22,6 kg wiegen.
Wissenschaftler haben kürzlich den Feststoff mit der bislang geringsten Dichte hergestellt: einen Schwamm aus Siliciumdioxid mit einer Dichte von 0,003 $\frac{g}{cm^3}$.

Elektrische Leitfähigkeit • Der Stoff, der die elektrische Strömung am besten leitet, ist Silber. Knapp dahinter folgt Kupfer. Warum werden dann Elektrokabel aus Kupfer hergestellt und nicht aus Silber? Ganz einfach – Silber ist viel teurer als Kupfer.
Eine äußerst geringe elektrische Leitfähigkeit weist reinstes Wasser auf. Diese ist noch 10 000-mal geringer als die von Leitungswasser, da im Leitungswasser immer Stoffe gelöst sind.

Härte • Der härteste bekannte Stoff ist Diamant. Wegen der extremen Härte nutzt man Diamanten in Bohrköpfen. Vom Bohrer in der Zahnarztpraxis bis zu Bohrern bei der Erdölförderung werden sie verwendet.
Geschliffene Diamanten sind wertvoll und dienen als Schmucksteine. Der größte jemals gefundene Diamant wog 621,3 g. Er wurde in mehrere Diamanten aufgetrennt, die nun Teil der britischen Kronjuwelen sind.

[4] Diamant – Schmuckstein und Werkzeug

Heißeste Flamme • Die heißeste Flamme erreicht man beim Verbrennen des giftigen Dicyans: bis zu 4800 °C.
Die Flamme aus dem Laborbrenner erreicht dagegen nur etwa 1400 °C, eine Kerzenflamme an der heißesten Stelle bis zu 1000 °C.

Stoffgemische und Trennverfahren

1 Manchen Stoffen sieht man an, dass sie Gemische sind. Andere scheinen Reinstoffe zu sein.

Zum Frühstück gibt es oft Müsli. Darin sind enthalten: Haferflocken, Nüsse, Rosinen …

Stoffgemische und Reinstoffe • Bei Müsli handelt es sich um ein Stoffgemisch. Wer z. B. keine Rosinen mag, kann das Stoffgemisch durch Auslesen der Rosinen leicht trennen. Die Rosinen selbst lassen sich dagegen nicht weiter aufteilen.
Es gibt viele andere Stoffgemische, z. B. nasse Erde, eine Suppe oder ein Eintopf. Um solche Gemische zu trennen, braucht man andere Trennverfahren.
Wenn sich ein Stoff nicht weiter auftrennen lässt, so hat man einen Reinstoff vorliegen.
Es gibt auch Stoffgemische, denen man gar nicht ansieht, dass es sich um Gemische handelt. Doch mit dem passenden Verfahren lassen sich auch diese Stoffgemische in Reinstoffe auftrennen.

Man unterscheidet bei Stoffen zwischen Reinstoffen und Stoffgemischen. Stoffgemische lassen sich durch passende Trennverfahren aufteilen. Stoffe, die sich nicht mehr trennen lassen, sind Reinstoffe.

Aufgaben

1 ○ Selbst Kinder im Sandkasten trennen schon Stoffgemische. Welches Trennverfahren wenden sie an? Welche Stoffe werden dabei getrennt?

2 ◐ In einer Müllsortieranlage sollen bei Metallabfällen Eisen und „Nichteisen" getrennt werden. Wie könnte eine Maschine dies tun?

3 ◐ Meerwasser ist ein Stoffgemisch. Nenne die Stoffe, aus denen es besteht.

der Reinstoff
das Stoffgemisch
das Trennverfahren
das Filtrieren
das Eindampfen

Methode

Sedimentieren

- für Stoffgemische aus Flüssigkeiten und groben Feststoffen
- Gemisch stehen lassen und flüssigen Anteil vorsichtig abnehmen, z. B. mit einer Pipette.

2

Trennen mit dem Scheidetrichter

- für Stoffgemische aus Flüssigkeiten, die zwei Phasen bilden
- Gemisch in Scheidetrichter geben. Den Hahn so lange öffnen, bis die untere Phase komplett abgelassen ist.

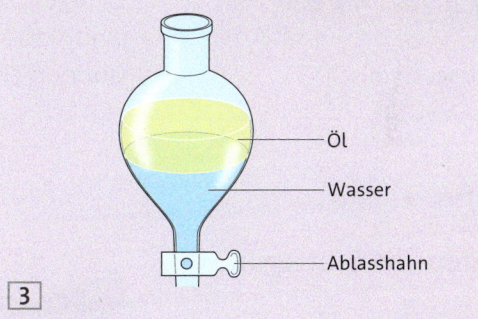
3

Eindampfen

- für Stoffgemische aus Flüssigkeiten und Feststoffen, die feinst verteilt sind
- Schutzbrille tragen! Gemisch in Porzellanschale geben und diese auf Dreifuß platzieren. Mit Brenner erhitzen, bis der flüssige Anteil verdampft ist.

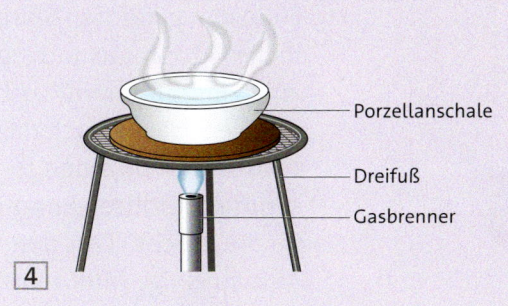
4

Filtrieren

- für Stoffgemische aus Flüssigkeiten und Feststoffen
- Rundfilter durch zweifaches Falten zu Viertelkreis knicken, dann in Trichter einlegen. Stoffgemisch nun in den Trichter geben.

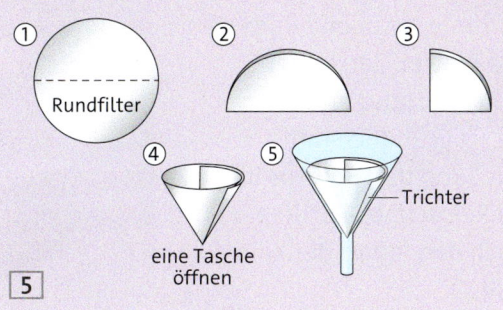
5

Stoffgemische und Trennverfahren

Material A

[1] Öl-Wasser-Gemisch

Trennen mit dem Scheidetrichter

Materialliste: Becherglas, Scheidetrichter, Stativ mit Kolbenhalter, Stoffgemisch aus Speiseöl und Wasser

1 ○ Schüttle das Stoffgemisch und stelle es anschließend auf den Tisch. Beobachte es etwa 5 Minuten. Notiere deine Beobachtungen.

2 ◐ Trenne das Stoffgemisch und erstelle ein Versuchsprotokoll.

3 ● Beschreibe, wie man in der Küche mit einem Scheidetrichter fettarme Soßen herstellen kann.

Material B

Extrahieren von Blattgrün

Ein aufwendigeres Trennverfahren ist das Extrahieren. Dabei wird ein Stoff aus einem Stoffgemisch herausgelöst.

Materialliste: Becherglas, grüne Pflanzenblätter, Filterpapier, Petrischale, Reibschale mit Pistill, Sand, Spiritus ⚠, Stativ mit Stativring, Trichter

1 ○ Sammle draußen einige grüne Blätter. Zerkleinere sie mit der Hand und zerreibe sie gründlich mit etwas Sand und Spiritus in einer Reibschale. Filtriere danach den Inhalt der Reibschale.
Kannst du die Verfärbung des Spiritus erklären?

[2] Reibschale und Pistill

[3] Vorrichtung zur Auftrennung des Farbstoffs

2 ◐ Auch im Alltag wird extrahiert. Wobei handelt es sich um Extraktionen?
Kartoffeln kochen – Tee kochen – Kaffee kochen – Eier kochen

3 ● Handelt es sich bei dem extrahierten Farbstoff um einen Reinstoff oder um ein Stoffgemisch?
Begründe deine Antwort mit einen Experiment. → [3]
Fülle den gefärbten Spiritus in die Petrischale und lege einen Rundfilter mit Loch auf die Schale. Durch das Loch steckst du einen zusammengerollten Rundfilter als „Docht". Lass den Aufbau einige Minuten stehen und beobachte. Formuliere ein Versuchsprotokoll.

Eine Welt aus Stoffen

Material C

Filtrieren oder Eindampfen?

Materialliste: Becherglas, Brenner, Dreifuß mit Netz, Filterpapier, Messzylinder, 2 Porzellanschalen, Schutzbrille, Stativ mit Stativring, Stoffgemisch aus Kochsalz und Wasser, Tiegelzange

Achtung • Schutzbrille tragen! Haare zusammenbinden! Nach der Arbeit die Porzellanschalen erst etwa 10 Minuten abkühlen lassen und dann erst reinigen!

1. ○ Miss 10 mL des Stoffgemischs ab und gib diese in eine Porzellanschale. Stelle die Schale auf den Dreifuß und erhitze das Stoffgemisch nun, bis das Wasser komplett verdampft ist. Notiere, was sich jetzt in der Schale befindet.

2. ○ Filtriere nun 10 mL des Stoffgemischs. Nimm das Filtrat und verfahre mit diesem wie unter Aufgabe 1 beschrieben. Kannst du Unterschiede nach dem Eindampfen erkennen?

3. ○ Fertige für beide Versuche ein Versuchsprotokoll an.

4 An manchen Seen bilden sich dicke Salzkrusten.

4. ◐ Welches Verfahren ist geeignet, um ein Stoffgemisch aus Kochsalz und Wasser zu trennen – Filtrieren oder Eindampfen? Begründe deine Antwort.

5. ● Kannst du erklären, was beim Filtrieren passiert ist? Welche der beiden Möglichkeiten in Bild 5 beschreibt den Vorgang besser? Erkläre.

6. ● Durch Eindampfen kann man das Salz als Reinstoff gewinnen. Doch wo ist das Wasser?
Hast du eine Idee, wie man das Wasser ebenfalls als Reinstoff auffangen könnte?

7. ● Formuliere einen Plan, wie du ein Gemisch aus Wasser, Sand, Salz und Eisenspänen in seine Bestandteile trennen könntest.

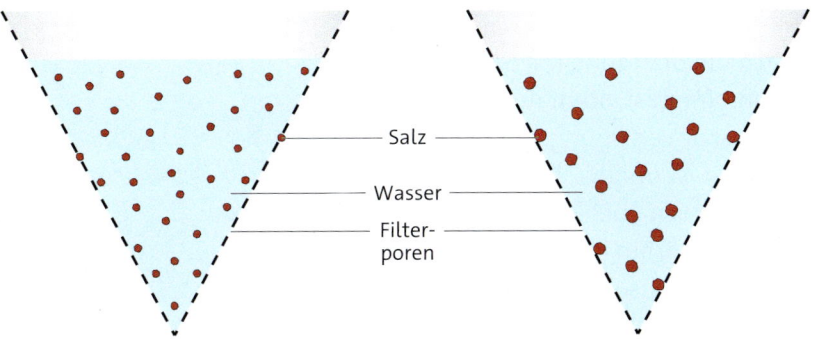

5 Zwei mögliche Zeichnungen für das Filtrieren von Salzwasser

Stoffgemische und Trennverfahren

Material D

[1] Robin Son ist auf einer einsamen Insel gestrandet.

Gerettet – aber woher bekommt man Trinkwasser?

Robin Son war im tropischen Pazifik unterwegs auf einem Forschungsschiff. Unglücklicherweise ist das Schiff in einem Sturm in Seenot geraten. Doch Robin hat Glück im Unglück — er ist auf einer Insel gestrandet. Zu seinem Pech gibt es auf der Insel kein Trinkwasser. Nur Salzwasser, das durch die Brandung mit Sand verunreinigt ist, steht ihm am Strand zur Verfügung. Die Insel ist unbewohnt und hat natürlich auch kein Klärwerk. Immerhin ist aber die Holzkiste mit seiner Laborausrüstung angeschwemmt worden.

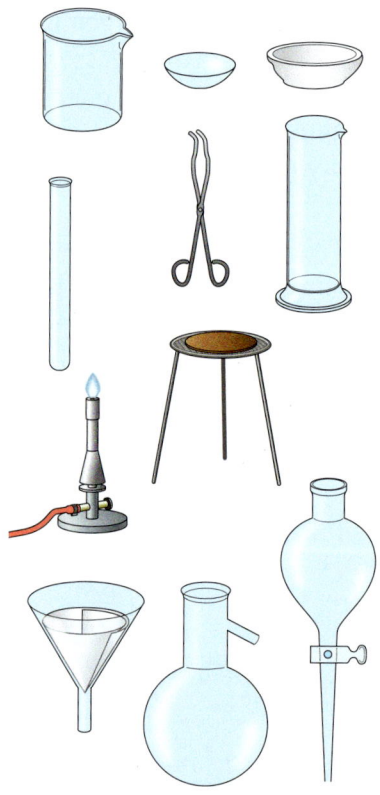

[2] Diese Geräte befinden sich in der angeschwemmten Holzkiste.

1 ◐ Plane einen Versuch, mit dem Robin Son den Sand aus dem Wasser entfernen kann. Erstelle dazu eine beschriftete Versuchsskizze.

2 ◐ Wie lassen sich Salz und Wasser trennen? Erkläre auch mithilfe einer beschrifteten Skizze.

3 ● Wie kann Robin das salzfreie Wasser auffangen? Überlege dir dazu einen Versuch. Schreibe eine passende Versuchsanleitung.

4 ● Könntest du salzfreies Wasser auch mit Gegenständen gewinnen, die sich in eurer Küche befinden? Beschreibe, wie du vorgehen würdest.

Eine Welt aus Stoffen

Erweitern und Vertiefen

Abwasserreinigung

Wohin mit dem Schmutzwasser? • Täglich verwenden wir sauberes Wasser zum Duschen, Geschirrspülen, Wäschewaschen oder beim Spülen in der Toilette. Doch was passiert danach mit dem Schmutzwasser? So darf es nicht in die Umwelt gelangen!

Mechanische Reinigung • Das schmutzige Abwasser fließt durch den Abfluss über die Kanalisation zu einer Kläranlage, wo es wieder gereinigt wird. → 3 4 Nacheinander strömt das Abwasser durch drei große Becken:
- Im ersten Becken kämmen Rechen größere Gegenstände aus dem Abwasserstrom.
- In das zweite Becken (Sandfang) wird Luft gepumpt, um Sand und Öle leichter zu trennen. Die Öle schwimmen danach oben auf dem Wasser und werden entfernt.
- Durch das dritte Becken (Vorklärbecken) fließt das Wasser nun etwas langsamer. Feine Schwebstoffe setzen sich am Boden ab und bilden eine Schlammschicht. Der Schlamm wird abgepumpt und in Faultürme geleitet. Dort entsteht ein Gas, das man zur Energiegewinnung verbrennt.

3 Sandfang, dahinter Faultürme

Rechen, Sandfang und Vorklärbecken bilden zusammen die mechanische Reinigung, die erste Stufe der Abwasserreinigung. Danach folgen weitere Reinigungsstufen, bis das Wasser wieder sauber ist. Am Ende kann es wieder in einen Bach geleitet werden.

Aufgaben

1 ○ Beschreibe die Trennverfahren während der mechanischen Reinigung.

2 ◐ Benenne die Trennverfahren beim Sandfang und im Vorklärbecken mit Fachbegriffen.

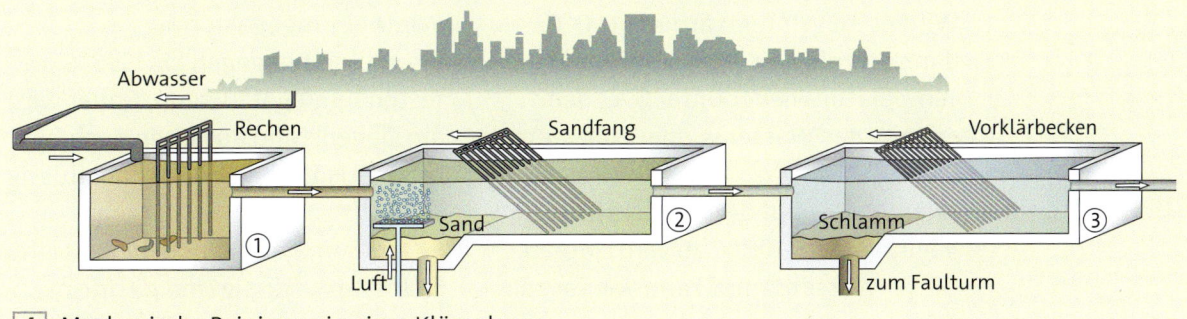

4 Mechanische Reinigung in einer Kläranlage

Wärme ändert den Zustand von Stoffen

1 Ein Vulkanausbruch: Flüssiges Gestein fließt die Berghänge herunter.

Steine sind fest, Wasser ist flüssig und Luft ist ein Gas. Aber das ist nicht immer so: In einem Vulkan können Steine flüssig sein, Wasser gefriert im Winter zu Eis und Luft ist in Druckgasflaschen flüssig.

Aggregatzustände • Die drei Zustandsarten fest, flüssig und gasförmig nennen wir die Aggregatzustände der Stoffe.

Welchen Aggregatzustand ein Stoff einnimmt, hängt von der Temperatur und vom Druck ab.

Wird es im Winter wärmer als 0 °C, dann schmilzt Eis zu Wasser. Sinkt die Temperatur wieder unter 0 °C, dann erstarrt das Wasser wieder zu festem Eis.

Wird Wasser auf dem Herd erhitzt, beginnt es bei 100 °C zu verdampfen. Dieser Wasserdampf kann wieder zu flüssigem Wasser werden, wenn er an einer kalten Glasscheibe kondensiert.

Schmelz- und Siedetemperatur • Die Temperatur beim Übergang vom festen in den flüssigen Aggregatzustand (und umgekehrt) heißt Schmelztemperatur (bzw. Erstarrungstemperatur). Die Temperatur beim Übergang vom flüssigen in den gasförmigen Zustand heißt Siedetemperatur.

Schmelztemperatur und Siedetemperatur hängen natürlich auch von der Art des Stoffs ab:

Sauerstoff geht schon bei −183 °C in den gasförmigen Aggregatzustand über. Daher ist Sauerstoff auch im Winter immer gasförmig.

Eisen bleibt dagegen bis 1536 °C im festen Aggregatzustand. Daher wird ein Gegenstand aus Eisen auch bei größter Hitze im Sommer nie flüssig.

> Die Aggregatzustände von Stoffen sind fest, flüssig und gasförmig. Sie hängen von der Temperatur und vom Druck ab.

der Aggregatzustand
die Schmelztemperatur
die Siedetemperatur
das kleinste Teilchen

Kleinste Teilchen • Man nimmt an, dass alle Stoffe aus einzelnen kleinen Teilchen bestehen. Diese sind so winzig, dass man sie nicht sehen kann.

Im Feststoff • Im festen Aggregatzustand halten die kleinsten Teilchen eines Stoffs stark zusammen. Sie sind daher nahe beieinander und bewegen sich kaum. → 2

In der Flüssigkeit • Wenn die Temperatur steigt, beginnen die Teilchen sich stärker zu bewegen. Sie werden schneller. Dabei wird ihr Zusammenhalt schwächer. Wenn das mit vielen Milliarden solcher Teilchen geschieht, sehen wir, dass der Stoff flüssig wird.

Im Gas • Bei noch höherer Temperatur werden die kleinsten Teilchen so schnell, dass sie sich im gasförmigen Zustand ohne Zusammenhalt durch den ganzen Raum bewegen.

Aufgaben

1 Betrachte Bild 2.
a ○ Nenne die drei Aggregatzustände von Stoffen.
b ○ Wovon hängen diese Aggregatzustände ab?

2 ◐ Benenne folgende Vorgänge mit Fachbegriffen: Wäsche trocknet, Brille beschlägt, Pfütze gefriert, Morgentau bildet sich, Eiszapfen verschwindet. Schokolade wird im Sonnenlicht weich.

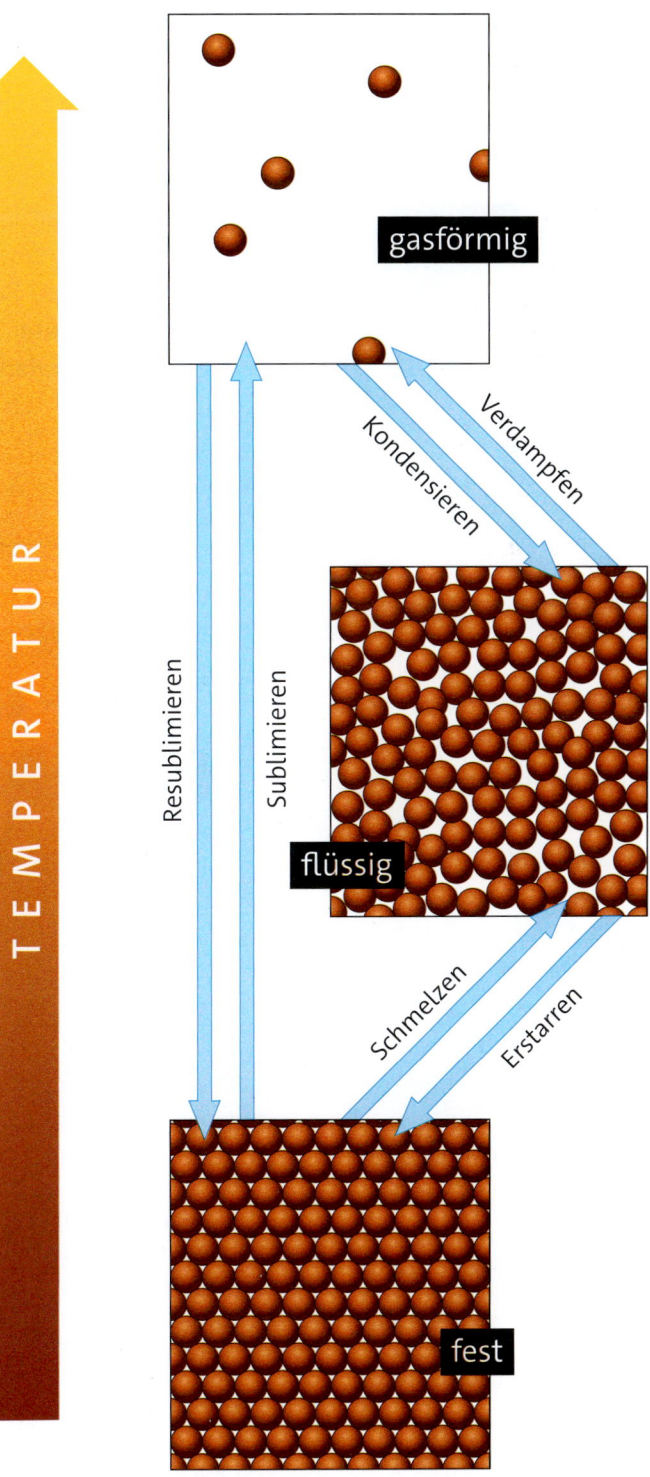

2 Die Übergänge zwischen den drei Aggregatzuständen

Wärme ändert den Zustand von Stoffen

Material A

Die Kerze genauer betrachtet

Bei einer brennenden Kerze ist Wachs in allen drei Aggregatzuständen vorhanden.

1. ○ Erkläre einem Mitschüler die folgenden Begriffe mit eigenen Worten: Schmelzen, Erstarren, Verdampfen, Kondensieren.
Kannst du auch jeweils Beispiele dazu nennen?

2. ○ Beschreibe für das Kerzenwachs die Übergänge zwischen den Aggregatzuständen mit den passenden Fachbegriffen.

3. ● Erläutere, was bei den Übergängen der Aggregatzustände mit den kleinsten Wachsteilchen geschieht.

Material B

Schmelztemperaturen bestimmen

Materialliste: Dreifuß mit Drahtnetz, Gasbrenner, Becherglas (250 mL), 3 Reagenzgläser, Thermometer, Spatel, Margarine, Schokolade, Gelatinepulver

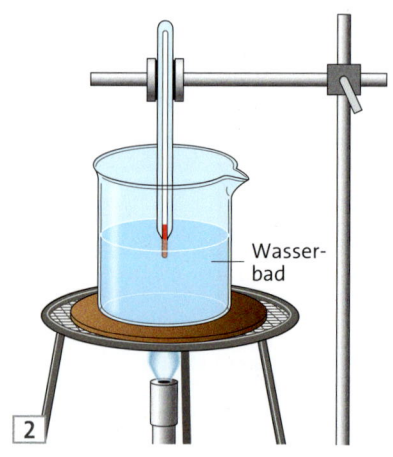

Baue den Versuch wie in der Zeichnung auf.
Gib dann nacheinander Fett, Schokolade und Gelatine in je einem Reagenzglas in das Wasserbad. Verwende immer wieder kaltes Wasser.
Sobald dein Stoff schmilzt, notierst du die Temperatur.

1. ○ Halte deine Ergebnisse in einer Tabelle fest.

2. ○ Erstelle ein Säulendiagramm mit deinen Messergebnissen.

3. ○ Du hast ein Teelicht und ein Thermometer. Wie kannst du damit die Schmelztemperatur von Wachs bestimmen?

Material C

Tabellen mit Schmelztemperaturen auswerten

Schmelztemperaturen verschiedener Stoffe	
Wasser	0 °C
Sauerstoff	−218 °C
Gold	1064 °C
Blei	327 °C
Kohlenstoff	3527 °C
Quecksilber	−39 °C

1. ○ Erkläre, was die Schmelztemperaturen in der Tabelle bedeuten.

2. ○ Entscheide, welche der Stoffe in der Tabelle bei Zimmertemperatur (20 °C) gasförmig, flüssig oder fest sind.

3. ○ Welche der Stoffe kannst du mit dem Gasbrenner (ca. 1000 °C) flüssig machen?

Eine Welt aus Stoffen

Material D

Die Schmelztemperatur von Stearinsäure

Baue den Versuch wie in Material B auf, jetzt aber mit Stearinsäure. Miss dabei die Temperatur im Reagenzglas und notiere sie alle 30 s in einer Tabelle.

1 Die Schmelztemperatur kann aus einem Diagramm herausgelesen werden.
a ◘ Zeichne mithilfe deiner Tabelle ein Diagramm (Temperatur/Zeit) ähnlich wie in Bild 3.
b ◘ Erläutere, wie man die Schmelztemperatur im Diagramm erkennt.

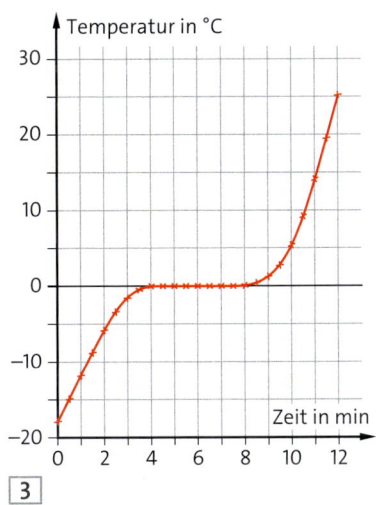

Temperatur-Zeit-Diagramm beim Erhitzen von Eis

3

2 ● Beschreibe, was mit den kleinsten Teilchen der Stearinsäure geschieht, während die Temperatur gleich bleibt.

Material E

Wasser beim Verdampfen beobachten

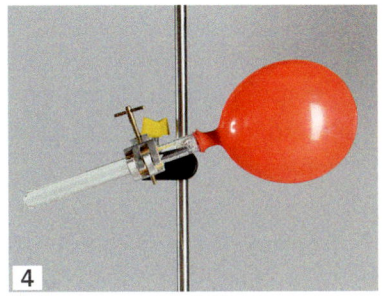

4

Hier wurde etwas Wasser erhitzt. Das Reagenzglas war zuerst mit einem leeren Luftballon verschlossen.

1 ● Erkläre mit den kleinsten Teilchen, warum der Luftballon aufgeblasen wird.

Material F

Luft beim Abkühlen beobachten

Materialliste: Glasflasche, Luftballon, heißes Wasser

Fülle die Flasche mit heißem Wasser. Wenn die Flasche dadurch sehr warm geworden ist, gießt du das Wasser schnell aus. Stülpe nun sofort einen Luftballon über die Öffnung der Flasche und beobachte.

1 ◘ Schreibe ein komplettes Versuchsprotokoll, auch mit Zeichnungen.

2 ● Erkläre deine Beobachtungen mit dem Modell der kleinsten Teilchen.

3 ● Man kann den Luftballon auch wieder aus der Flasche holen – und zwar ohne ihn zu berühren. Nenne eine Idee, wie das funktionieren könnte.

Material G

Teilchenbewegung in einer Flüssigkeit

Fülle ein Becherglas mit kaltem Wasser. Gib dann einen Tropfen Tinte dazu und lass es einige Minuten völlig ruhig stehen.
Wiederhole dann den Versuch mit heißem Wasser.

1 ● Erkläre deine Beobachtungen mit den kleinsten Teilchen.

Wärme ändert den Zustand von Stoffen

Erweitern und Vertiefen

Arten von Gemischen

Nicht nur das Müsli – die meisten Stoffe in der Natur kommen als Gemische vor. Daher hat man Gemische nach bestimmten Merkmalen geordnet. Zunächst werden alle Gemische in
5 homogene und heterogene Gemische unterschieden.

Homogene Gemische • Bei homogenen (einheitlichen) Gemischen sind die einzelnen Bestandteile nicht zu erkennen – weder mit
10 bloßem Auge noch unter dem Mikroskop. Ein Beispiel dafür ist eine Salzlösung (Salzwasser). Sie sieht an jeder Stelle gleich aus. Nur eine Geschmacksprobe zeigt, dass im Wasser ein zweiter Stoff, das Salz, gelöst ist.

15 **Heterogene Gemische** • Bei heterogenen (uneinheitlichen) Gemischen sind bestimmte Bereiche zu unterscheiden. Bei Gartenerde oder Granit z. B. kann man mit bloßem Auge verschiedene Bestandteile erkennen.
20 Heterogene Gemische werden nach den Aggregatzuständen ihrer Bestandteile weiter unterteilt:

Name	Aggregatzustände	Beispiel
Suspension	fest – flüssig	Schmutzwasser
Emulsion	flüssig – flüssig	Essig-Öl-Salatsauce
Rauch	fest – gasförmig	Kaminabgase
Nebel	flüssig – gasförmig	Wolke

4 Arten von heterogenen Gemischen

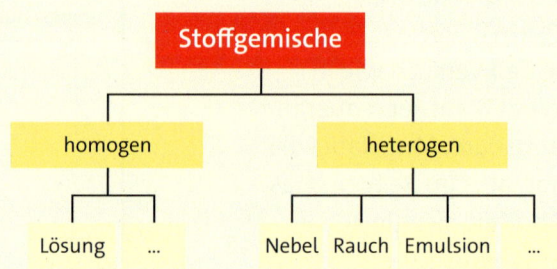

1 Einteilung von Stoffgemischen

2 Meerwasser – ein homogenes Gemisch

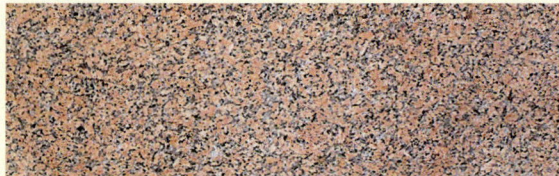

3 Granit – ein heterogenes Gemisch

Aufgaben

1 ○ Erläutere, wie man Gemische unterteilt.

2 ◐ Unterteile und benenne folgende Gemische möglichst genau: Meerwasser, Luft, Brausepulver, Milch, Limonade, Abgase einer Ölheizung, Wein, Schokolade, Zigarettenrauch.

3 ● Zeichne verschiedene heterogene Gemische als Modell mit Kugelteilchen.

Eine Welt aus Stoffen

Erweitern und Vertiefen

Da bewegt sich was

Die Bewegung der Teilchen kann man nicht sehen. Dafür sind die Teilchen viel zu klein. Indirekt kann man die Teilchenbewegung aber doch beobachten.

Die Beobachtungen des Mr Brown • Im Jahr 1827 machte der schottische Biologe Robert Brown eine Entdeckung. Er beobachtete unter dem Mikroskop, dass sich Blütenpollen in einem Wassertropfen ständig ein wenig hin- und herbewegen. Erklären konnte er diese Bewegungen nicht.
Später machte man ähnliche Beobachtungen, z. B. bei Fetttröpfchen in Milch oder bei feinem Aluminiumstaub in Wasser. Diese Bewegungen nennt man brownsche Bewegung.

Ursache der brownschen Bewegung • Heute weiß man, dass sich z. B. die Wasserteilchen in einem Wassertropfen ständig chaotisch hin- und herbewegen. Dabei stoßen sie immer wieder an die größere Blütenpolle. Diese wird auf diese Weise zufällig in verschiedene Richtungen bewegt. → 5

Diffusion • Angenommen, man gibt Zucker in eine Tasse Tee, rührt aber den Tee nicht um, sondern lässt ihn völlig ruhig stehen. Dann schmeckt nach einiger Zeit dennoch der ganze Tee süß. Die Zuckerteilchen haben sich selbstständig im ganzen Tee verteilt.
Diese selbstständige Verteilung von Teilchen nennt man Diffusion. Auch ihre Ursache liegt in der ständigen Bewegung der Teilchen.
Diffusionen spielen in der Natur eine große Rolle, z. B. wenn Wasser allmählich in Pflanzenwurzeln eindringt oder wenn sich Stoffe in unseren Körperzellen verteilen.
Wie schnell die Diffusion erfolgt, hängt vom Aggregatzustand und der Temperatur der Stoffe ab: je höher die Temperatur, desto schneller die Diffusion.

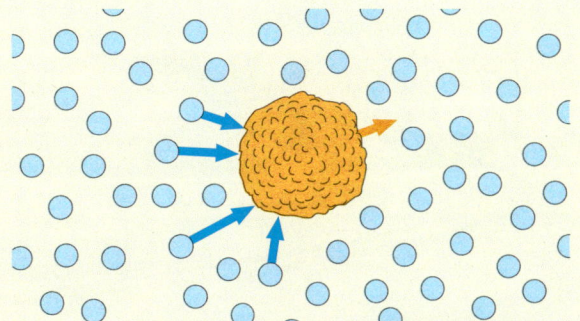

5 Die Blütenpolle (orange) wird durch Zusammenstöße mit Wasserteilchen (blau) bewegt.

> Die brownsche Bewegung wird durch die Bewegung der kleineren Teilchen in einer Flüssigkeit verursacht. Die Durchmischung verschiedener Stoffe durch Bewegung ihrer Teilchen heißt Diffusion.

Aufgaben

1 ○ Nenne die Ursache der Diffusion.

2 ◐ Schichte Kirsch- und Bananensaft in einem Glas ganz vorsichtig übereinander. Lass es einen Tag lang völlig ruhig stehen und beschreibe dann die Beobachtungen.

3 ● „Pflanzen nehmen Nährstoffe aus dem Boden durch Diffusion auf." Erkläre.

Stoffe lösen sich in Wasser

[1] In heißen Ländern, wie z. B. hier in Indien, gewinnt man Salz direkt aus Meerwasser.

Salz löst sich in Wasser. Was geschieht dabei mit dem Salz?

Der Lösevorgang • Im Salzkristall hängen die kleinsten Teilchen eng und
5 fest zusammen. Beim Lösen in Wasser werden sie von den Wasserteilchen angestoßen und weggerissen. Sie schwimmen dann zwischen den Wasserteilchen herum.

10 Das Wasser schmeckt nun salzig. Daran sieht man, dass die kleinsten Teilchen beim Lösen nicht verloren oder kaputtgegangen sind. Wir können sie nur nicht sehen, weil sie
15 zu klein sind. Erst wenn das Wasser verdunstet, sieht man die gelösten Stoffe wieder als Kristall. → [1]

Gelöste Gase • Auch Gase, z. B. Kohlenstoffdioxid, können in Wasser gelöst
20 werden. So wird z. B. Sprudelwasser hergestellt.

Lösen und Schmelzen • Lösen und Schmelzen sind verschiedene Vorgänge. Wenn ein Stoff schmilzt, ent-
25 steht eine Flüssigkeit. Das ist aber kein Lösevorgang, da kein anderer Stoff im Wasser gelöst ist. Ein Eiswürfel wird z. B. beim Schmelzen nur zu reinem Wasser.

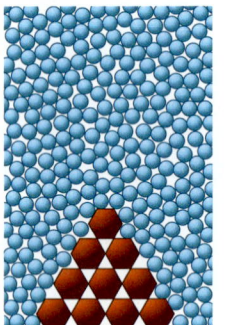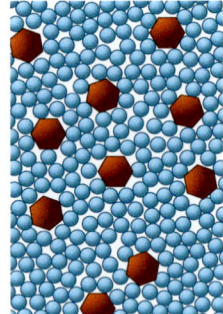

[2] Zucker vor und nach dem Lösen in Wasser

Eine Welt aus Stoffen

der Lösevorgang
die Löslichkeit
der Bodensatz

Material A

In ruhigem Wasser

Materialliste: Becherglas, Pinzette, Kaliumpermanganat

Wirf mit der Pinzette einen einzigen Kristall Kaliumpermanganat in das Becherglas mit Wasser. Lass dann das Becherglas einige Stunden ganz ruhig stehen.

1 ○ Beschreibe, was mit dem Kristall geschieht.

2 ● Erkläre, was mit den kleinsten Teilchen des Kristalls geschieht. Zeichne die Teilchen des Kristalls und des Wassers in mehreren Schritten.

3 Kaliumpermanganat ist ein intensiv farbiger Stoff.

Material B

Die Löslichkeit von Gasen in Wasser

Materialliste: Becherglas (250 mL), Dreifuß, Gasbrenner, Thermometer, Mineralwasser

Fülle das Becherglas halbvoll mit Mineralwasser. Erhitze bis zu einer Temperatur von etwa 70 °C und beobachte.

1 ◐ Was zeigt dir der Versuch über die Löslichkeit von Gasen in Wasser?

Material C

Eine Grenze beim Lösen?

Du sollst herausfinden, wo beim Lösen von Salz in Wasser die „Grenze" ist. Diese Grenze ist erreicht, wenn trotz des Rührens noch ein Bodensatz Salz ungelöst liegen bleibt.

Materialliste: Becherglas (250 mL), Salz, Rührstab, Löffel, Waage

Wiege einen Löffel Salz. Gib dann 100 mL Wasser in das Becherglas. Gib nun Löffel für Löffel Salz ins Wasser, zähle die Löffel und rühre um, bis alles Salz gelöst ist.

1 ◐ Berechne das Gewicht an Salz, das sich gerade noch im Wasser löst.

2 Betrachte Bild 4.
a ○ Erläutere, was für ein Zusammenhang dargestellt ist.

b ○ Lies ab, wie viel Zucker sich bei 80 °C in 100 mL Wasser löst.

c ◐ Berechne, wie viel Zucker man in einer Kanne Tee von 500 mL bei 60 °C lösen könnte.

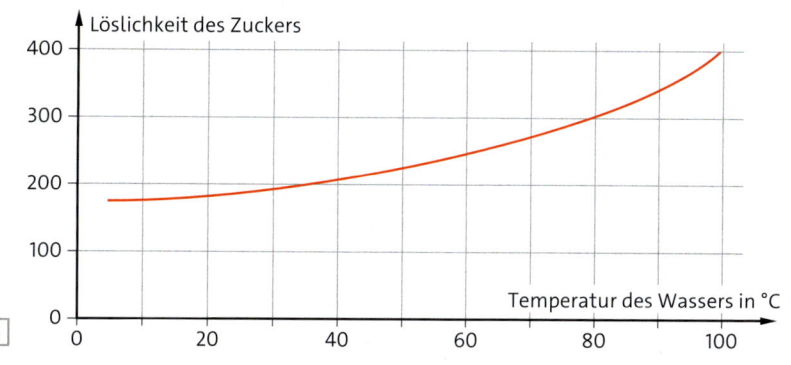

4 Löslichkeit von Zucker in g je 100 g Wasser

Luft ist ein Gasgemisch

1 Hier sieht man Luft in Aktion.

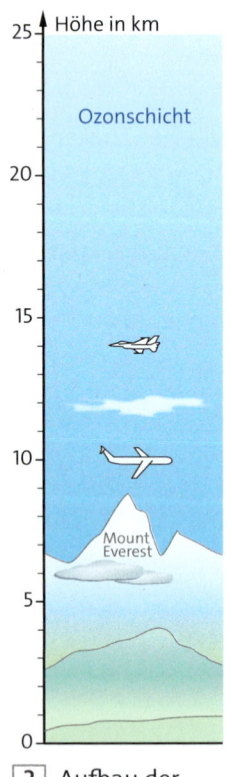

2 Aufbau der Atmosphäre

Luft ist ein ganz besonderer Stoff. Man sieht sie nicht, man riecht sie nicht und trotzdem umgibt sie uns überall. Ohne Luft würden wir ersticken. Die Lufthülle der Erde ist die Atmosphäre. Sie schützt uns vor Strahlung aus dem Weltraum. Sie verhindert eine zu starke Abkühlung, aber auch eine zu starke Erwärmung der Erde.

Luft ist nicht nichts • Luft ist unsichtbar. Trotzdem kann man sie indirekt sehen, z. B. als Luftblase in Wasser oder in einem Schaum. Man kann sie auch spüren, etwa wenn man einen Drachen steigen lässt: Die Luft drückt den Drachen nach oben. Auch wenn man bei Gegenwind Fahrrad fährt oder sich mit dem Föhn ins Gesicht bläst, spürt man die Luft. Bei einem Sturm kann man sehen, dass Luft gegen die Bäume prallt. Man kann Luft auch einsperren, z. B. in einer Luftmatratze. Wenn die Luft dann dort herauszischt, kann man sie wahrnehmen.

Lebensnotwendig • Wenn der Mensch in Regionen vordringt, in denen es zu wenig oder keine Luft gibt, muss er sie mitnehmen. Daher braucht man Gasflaschen beim Tauchen im Meer oder beim Klettern im Himalaja.

Stoffgemisch • Eine Kerze kann auch unter einem Glas brennen. Dabei verbraucht sie einen Teil der Luft und geht dann aus. Trotzdem ist dann aber noch ein Rest an „Luft" im Glas vorhanden. Das lässt vermuten, dass Luft aus mindestens zwei Gasen besteht: Ein Gas unterstützt die Verbrennung, das andere erstickt die Flamme. Inzwischen weiß man, dass Luft aus mehreren Gasen besteht:

Eine Welt aus Stoffen

der Stickstoff
der Sauerstoff
das Edelgas
das Kohlenstoffdioxid

Stickstoff • Mit einem Volumenanteil von 78 % ist Stickstoff der Hauptbestandteil der Luft. Er ist farblos und geruchlos. Flammen erlöschen in reinem Stickstoff. Flüssiger Stickstoff wird z. B. zum Schockgefrieren benötigt.

Sauerstoff • Menschen und Tiere atmen ständig Sauerstoff ein. Ohne ihn könnten wir nicht leben. Auch Sauerstoff ist geruchlos und farblos. Sauerstoff brennt nicht. Allerdings kann keine Verbrennung ohne ihn ablaufen.

Edelgase • Nur 1% der Luft besteht aus Edelgasen. Die Edelgase blieben lange Zeit unentdeckt. Sie brennen nicht. Außerdem sind sie geruchlos und geschmacklos. Heute werden sie z. B. in Leuchtstoffröhren verwendet. Dort spenden sie dann buntes Licht. → 4

Kohlenstoffdioxid • Kohlenstoffdioxid macht nur einen ganz geringen Teil (0,04 %) der Luft aus. Trotzdem ist es von großer Bedeutung. Für Pflanzen ist es lebensnotwendig. Sie nehmen es auf. Zusammen mit Wasser und mithilfe von Sonnenenergie können sie dann Kohlenhydrate und Sauerstoff daraus herstellen.

Wasser • Luft enthält auch Wasserdampf. Auch dieses Gas ist völlig unsichtbar. Nur wenn der Wasserdampf kondensiert, wird das Wasser sichtbar.

> Luft ist ein Stoffgemisch. Die Hauptbestandteile sind Stickstoff und Sauerstoff.

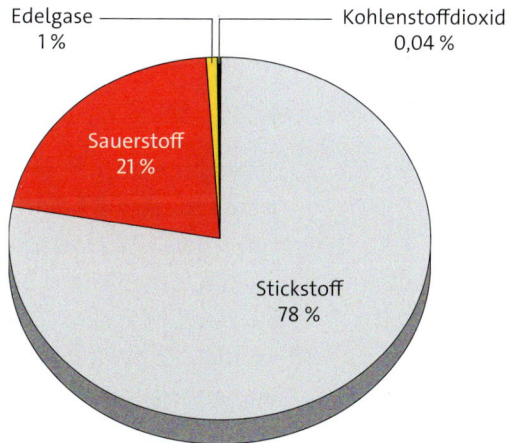

3 Hauptbestandteile von trockener Luft

4 Bunte Werbung mit Leuchtstoffröhren

Aufgaben

1 ○ Gib die Bestandteile der Luft an und nenne zu jedem Bestandteil eine Eigenschaft.

2 ○ Gib den Bestandteil der Luft an, der für die Verbrennung notwendig ist.

3 ● Beschreibe, was mit einer Flamme geschieht, wenn sie in Edelgase getaucht wird.

Luft ist ein Gasgemisch

Material A

Stickstoff

Stickstoff macht den größten Teil der Luft aus.

1 ○ Lies den nebenstehenden Text. Nenne die Eigenschaft von Stickstoff, die man in der Lebensmittelindustrie nutzt.

2 ◐ Bei −196 °C kondensiert Stickstoff. In welchem Aggregatzustand liegt er dann vor?

3 ● Schlage ein Vorgehen vor, wie du im Schullabor aus Luft ziemlich reinen Stickstoff gewinnen könntest.

Verwendung von Stickstoff

Stickstoff wird z. B. in der Lebensmittelindustrie genutzt. Da Lebewesen Sauerstoff brauchen, wird reiner Stickstoff zur Konservierung verwendet. Mikroorganismen können sich dann kaum ausbreiten und die Lebensmittel bleiben länger frisch.

Stickstoff wird als „Zusatzstoff E 941" auch z. B. in Eis und Sahne verwendet. Er dient dort dazu, das Volumen zu erhöhen. Das Eis oder die Sahne wirken dann leichter und lockerer.

Auch Flugzeugreifen werden mit Stickstoff befüllt. Durch die starke Reibung, die beim Starten und Landen auftritt, werden die Reifen sehr heiß. Da aber in den Reifen kein Sauerstoff ist, entzünden sie sich nicht so leicht.

[1] Heiße Reifen bei der Landung

Material B

Verbrennung in reinem Sauerstoff

Du weißt bereits, dass Sauerstoff für eine Verbrennung notwendig ist.
In reinem Sauerstoff brennen Stoffe daher viel besser als in Luft. Das siehst du in Bild 2 am Beispiel einer brennenden Zigarette.
Auf diese Weise kann man auch reinen Sauerstoff nachweisen: Ein Holzspan, der nur glimmt (glüht), flammt in reinem Sauerstoff wieder auf. → [3]

Lass die Lehrkraft Sauerstoff und Kohlenstoffdioxid in je ein Reagenzglas füllen.
Führe dann die Glimmspanprobe durch: Holzspan anzünden und löschen (dann glimmt er) – dann in das Reagenzglas halten.

1 ○ Beschreibe deine Beobachtungen.

2 ◐ Begründe, warum der Glimmspan nach einiger Zeit auch in dem Reagenzglas mit reinem Sauerstoff erlischt.

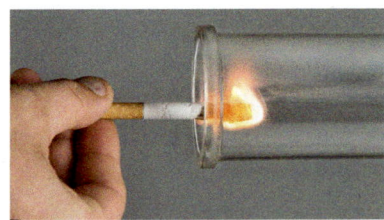

[2] Zigarette in reinem Sauerstoff

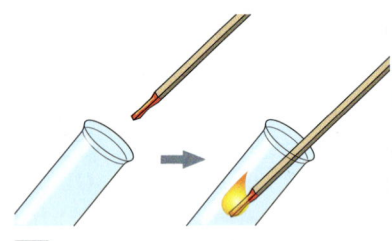

[3] Glimmspanprobe

Material C

Struktur-Lege-Technik

4 Begriffe rund um das Thema „Luft"

1 ● Bildet Zweiergruppen und schaut euch die Begriffskärtchen links an. Bringt gemeinsam die aufgeführten Begriffe in einen sinnvollen Zusammenhang. Zeichnet diese Struktur in eure Hefte bzw. in eure Ordner.

2 ● Erstellt für die fünf fett gedruckten Begriffe jeweils einen kurzen Infotext.

Material D

Eisen rostet

Materialliste: 3 Reagenzgläser, großes Becherglas, Spatel, Eisenwolle, Speiseöl

Teile die Eisenwolle in drei gleich große Teile. In das erste Reagenzglas kommt unbehandelte Eisenwolle. Die zweite Portion Eisenwolle befeuchtest du mit Wasser und schiebst sie in das zweite Reagenzglas. In das dritte Reagenzglas füllst du Eisenwolle, die du in Speiseöl getunkt hast.
Fülle das Becherglas 2 cm hoch mit Wasser. Stelle dann die drei Reagenzgläser (ohne dass dabei die Luft entweicht!) mit der Öffnung nach unten in das Becherglas.

1 ○ Beschreibe, was du nach zwei Tagen beobachten kannst.

2 ◐ Erkläre deine Beobachtung.

Material E

Wasser in der Luft

Neben den Gasen Stickstoff, Sauerstoff, Edelgase und Kohlenstoffdioxid befindet sich auch gasförmiges Wasser in der Luft.

5 Kondensiertes Wasser

1 ○ Beschreibe die Abbildung.

2 ◐ Nenne weitere Vorgänge, bei denen das gasförmige Wasser in der Luft flüssig wird.

Viele Stoffe sind brennbar

1 Lagerfeuer

Seit Urzeiten nutzt der Mensch das Feuer. Es verbreitet Wärme und Behaglichkeit und hilft bei der Zubereitung von Nahrung. Es bringt aber auch Gefahren mit sich, die man nicht unterschätzen sollte.

Geschichtlicher Rückblick • Man nimmt heute an, dass unsere Vorfahren zuerst nur durch Blitzeinschläge oder glühende Lava an Feuer kamen. Mit der Zeit konnte der Mensch Techniken entwickeln, um selbst Feuer zu entzünden. Bei einer dieser Techniken wurde ein Feuerstein gegen eine Markasit-Knolle geschlagen. Dabei entstehen Funken, die einen sogenannten Zunderschwamm entzünden. Das ist ein besonderer Baumpilz, der mit Urin getränkt und anschließend getrocknet wurde.

2 Feuerstein (oben) und Markasit (unten)

Feuerzeuge • Die ersten Vorläufer unserer Streichhölzer gab es vermutlich ab dem 6. Jahrhundert. Beim Döbereiner-Feuerzeug von 1823 entsteht durch eine chemische Reaktion ein brennbares Gas. Dieses Gas strömt an Platin entlang und entzündet sich dabei. Heute haben manche Feuerzeuge ein Reibrad. Das Reibrad erzeugt Funken. So entzündet sich das Feuerzeuggas beim Ausströmen.

Brennstoff • Wird von Brennstoffen gesprochen, denken wir oft nur an Holz oder Heizöl. Aber auch Kunststoffe und sogar Metalle können brennen. Bei diesem Vorgang wird Energie als Licht und Wärme freigesetzt. Die Ausgangsstoffe werden dabei in andere Stoffe umgewandelt, die neue Eigenschaften haben.

der Brennstoff
die Zündtemperatur
die Flammtemperatur
der Zerteilungsgrad

Sauerstoff • Wie du weißt, ist Luft ein Stoffgemisch. Ein Bestandteil ist der Sauerstoff, ohne den es keine Verbrennung gibt. Wenn kein Sauerstoff vorhanden ist, erlischt das Feuer.

Zündtemperatur • So nennt man die Temperatur, bei der sich ein Stoff ohne Zündquelle selbst entzündet. Verschiedene Stoffe haben unterschiedliche Zündtemperaturen. So würde sich weißer Phosphor schon entzünden, wenn man ihn nur in der Hand hält. → 4

Flammtemperatur • Von Flammtemperatur spricht man, wenn ein Stoff verdampft und sich dieses Dampf-Luft-Gemisch mit einer Zündquelle entzünden lässt. Die Flammtemperatur von Benzin liegt deutlich unter der Raumtemperatur. Daher sind Benzindämpfe so gefährlich. Ein Funke genügt, um die Dämpfe zu entzünden.

Zerteilungsgrad • Sicherlich ist dir schon aufgefallen, dass feine Äste schneller brennen als ein ganzer Baumstamm. Dieses Phänomen wird unter dem Begriff Zerteilungsgrad zusammengefasst. Je kleiner die einzelnen Materialteile sind, desto besser verbrennt der Stoff. Ursache hierfür ist die vergrößerte Oberfläche.

> Um ein Feuer zu entzünden, benötigt man einen Brennstoff, ausreichend Sauerstoff sowie die entsprechende Temperatur. Zusätzlich ist der Zerteilungsgrad von Bedeutung.

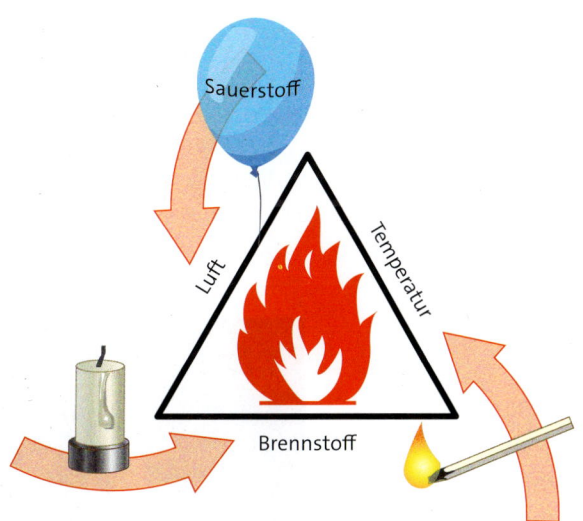

3 Das Verbrennungsdreieck

Weißer Phosphor	34 °C
Zeitungspapier	175 °C
Schwefel	250 °C
Stroh	280 °C
Holzkohle	300 °C
Zucker	410 °C

4 Zündtemperaturen verschiedener Stoffe

Aufgaben

1 ○ Nenne die Voraussetzungen dafür, dass ein Feuer brennt.

2 ◐ Erkläre den Begriff Zerteilungsgrad.

3 ◐ Überlege dir, wie man das Verbrennungsdreieck erweitern müsste, um die Bedingungen des Brennens vollständig darzustellen. Skizziere deine Überlegungen.

Viele Stoffe sind brennbar

Material A

Warum brennt eine Kerze?

Eine Kerze besteht aus einem Docht und Wachs. Der Hauptbestandteil von Wachs ist Paraffin. Es hat eine Zündtemperatur von 225 °C.

1. ○ Entzünde eine Kerze. Beobachte genau, was beim Entzünden der Kerze passiert. Notiere deine Beobachtungen.

2. ◕ Lass die Kerze brennen. Halte dann einen Holzstab für 1–2 Sekunden in den unteren Teil der Flamme. Was kannst du erkennen? Wiederhole den Versuch im oberen Teil der Flamme.

1 Zonen einer Kerzenflamme

3. ● Hier ist etwas durcheinandergeraten. Sortiere die Aussagen und schreibe sie in der richtigen Abfolge in dein Heft.
   a) Flüssiges Wachs steigt im Docht hoch.
   b) Die Kerze besteht aus festem Wachs.
   c) Das Wachs zerfällt in brennbare Gase.
   d) Der Docht wird entzündet.
   e) Die brennbaren Gase glühen und brennen bei Kontakt mit Luft.
   f) Das Wachs schmilzt.

Material B

Kerzenversuche

Führe die folgenden Versuche mit deinem Partner durch. Erstelle ein Versuchsprotokoll.

Materialliste: 2 Kerzen mit dickem Docht, Streichhölzer, Petrischale, Becherglas, Tiegelzange, Glasröhrchen, kurzes und langes Glasrohr, 6 Münzen

1. ○ Stelle die brennende Kerze in eine mit Wasser gefüllte Petrischale. Stülpe ein Becherglas darüber. Beobachte, was passiert.

2. ◕ Lass die Kerze brennen. Halte dann mit der Tiegelzange ein Glasröhrchen in den unteren Flammenbereich. Halte ein Streichholz oben an das Glasröhrchen. Beobachte. → 2

3. ● Entzünde eine Kerze. Stülpe ein kurzes Glasrohr darüber. Schiebe drei Münzen unter den unteren Rand des Glasrohrs, sodass ein Luftschlitz entsteht. Baue daneben den gleichen Versuch mit einem langen Glasrohr auf. Beobachte genau die Flamme. → 3

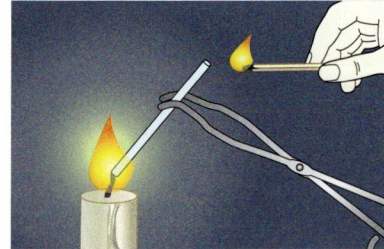

2 Tochterflamme

3 Schornsteineffekt

Material C

Entzünden eines Feuers

Sicherlich wolltest du schon einmal gemütlich an einem Lagerfeuer sitzen und mit Freunden grillen. Um das Feuer ohne Probleme zu entzünden – und um es nachher auch wieder zu löschen –, ist es hilfreich, wenn man die Bedingungen des Brennens kennt.

1 ○ Der Junge in der Karikatur hat eine Bedingung des Brennens nicht berücksichtigt.
→ 2 Kannst du sie nennen?

2 ◐ Überlege dir mit deinem Nachbarn, wie man ein Lagerfeuer geschickt entzünden sollte. Nimm dazu auch die Tabelle zwei Seiten weiter vorne zu Hilfe.

4 Lagerfeuer Fehlanzeige

Material D

5 Eine Kerze wiegt nach dem Brennen weniger.

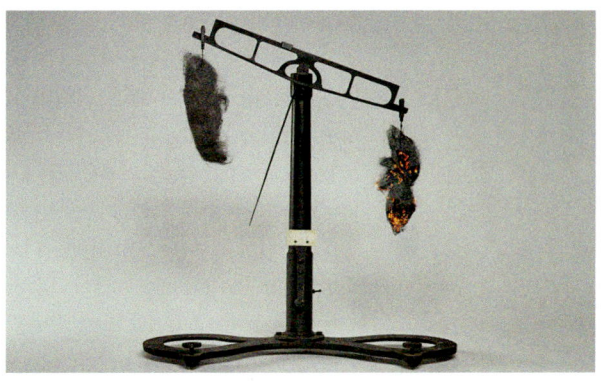

6 Eisenwolle wiegt nach dem Brennen mehr.

Was entsteht bei einer Verbrennung?

Auf den Bildern oben kannst du zwei Versuche sehen. In dem linken Bild wurden zwei gleich schwere Kerzen gewogen. Nur eine Kerze wurde angezündet. Das Gewicht dieser Kerze nimmt während des Brennens allmählich ab. → 5

Bei dem Versuch auf der rechten Seite wurden zwei gleiche Mengen Eisenwolle an einer Waage befestigt. Die linke Seite wurde mit dem Brenner erhitzt und brannte. Hier nimmt das Gewicht zu. → 6

1 ◐ Nenne die Stoffeigenschaften der neu entstandenen Stoffe.

2 ◐ Erstelle eine Tabelle, in der du die beiden Verbrennungen gegenüberstellst.

3 ● Wenn eine Kerze brennt, entstehen Stoffe, die gasförmig sind. Beschreibe einen Versuchsaufbau, mit dem du die Verbrennungsprodukte der Kerze auffangen könntest.

Feuer und Brandbekämpfung

1 Löscheinsatz der Feuerwehr

Gerät ein Feuer außer Kontrolle, wird es schnell gefährlich. Neben den hohen Temperaturen und der Zerstörung ist vor allem der Rauch sehr gefährlich. Auch bei kleinen Bränden können sich giftige Rauchschwaden überall ausbreiten. Atmen Menschen den Rauch ein, können sie daran ersticken.

Brandbekämpfung • Ein Feuer kann nur dann entstehen, wenn ein brennbarer Stoff, ausreichend Sauerstoff und die entsprechende Zündtemperatur vorhanden sind. Dieses Wissen nutzt man, um Brände zu löschen:

- Um beispielsweise Waldbränden vorzubeugen, schlägt man Schneisen in den Wald. Dadurch wird der Brennstoff entzogen. Das Feuer kann nicht mehr an weiteren Brennstoff gelangen.
- Mit einer Löschdecke oder dem Schaumlöscher wird die Luftzufuhr unterbunden.
- Bei einem Löscheinsatz mit Wasser wird die Temperatur so weit gesenkt, dass das Feuer erlischt.

> Um einen Brand zu bekämpfen, kann man den Brennstoff entfernen, die Luftzufuhr unterbrechen oder die Temperatur senken.

Aufgaben

1 ○ Informiere dich über Fluchtwege und Notausgänge an deiner Schule.

2 ◐ Begründe, warum man Fenster und Türen schließen sollte, wenn es brennt.

die Brandbekämpfung
die Brandschneise
die Luftzufuhr

Material A

Wir löschen Feuer

Materialliste: Reagenzglas, kleines Becherglas, Stopfen mit Bohrung, abgewinkeltes Glasrohr, Petrischale, Backpulver, Essig, Spülmittel, Kerze

1 ○ Stecke das abgewinkelte Glasrohr in den Stopfen.

Mische im Becherglas 4 Tropfen Spülmittel mit etwas Essig.
Fülle diese Mischung in das Reagenzglas und gib das Backpulver hinzu. Verschließe das Reagenzglas sofort mit dem Stopfen. Versuche die Kerze zu löschen.

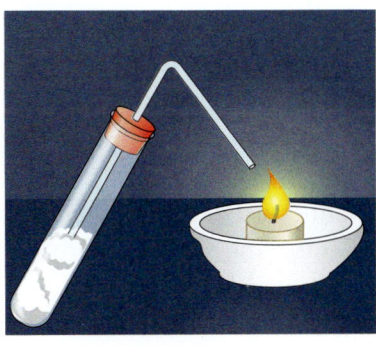

2 Schaumlöscher

Material B

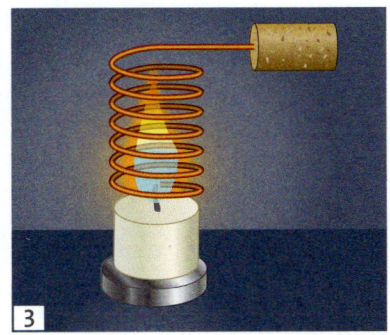

3

Löschen – mit Metall

1 ○ Wickle einen ziemlich dicken Kupferdraht um einen Bleistift, sodass eine Spirale mit „Griff" entsteht. An das hintere Ende steckst du einen Korken als Hitzeschutz. → 3

Entzünde eine Kerze. Halte die Kupferspirale in die Flamme. Notiere deine Beobachtung. Erhitze die Kupferspirale über der Kerzenflamme und halte dann die Kupferspirale in die Flamme. Erkläre den Unterschied.

Material C

Mieter bei Fettbrand verletzt

Mannheim. Am Mozartring ist es am Dienstag zu einer Fettexplosion gekommen, bei der ein junger Mann Verletzungen an den Händen erlitt. Brandmeisterin Annie Bohm: Fett niemals mit Wasser löschen! Nach Angaben der Feuerwehr war in der Küche eine Pfanne mit Speiseöl wegen Überhitzung in Brand geraten. Der Mann versuchte, das entzündete Fett mit Wasser zu löschen. Dabei verdunstete das Wasser sofort und riss heiße Fetttröpfchen mit in die Luft. Es kam zur Explosion und der Mann zog sich Brandverletzungen an den Händen zu.

4

Fettbrände

1 ○ Lies dir den Zeitungsausschnitt durch. Gib ihn mit eigenen Worten wieder.

2 ◐ Beschreibe, was passiert, wenn man brennendes Fett mit Wasser löscht. Welche Löschmethode bietet sich bei einem Fettbrand an?

Eine Welt aus Stoffen

Zusammenfassung

Die ganze Welt besteht aus Stoffen • Unsere Erde, alle Dinge und auch wir selbst bestehen aus unzähligen Stoffen (Materialien) mit vielfältigen Eigenschaften. Diese Eigenschaften sind z. B. Farbe, Geruch, Zustandsform, Brennbarkeit, Dichte, Löslichkeit, Härte, Leitfähigkeit für Strom oder Wärme, Magnetisierbarkeit sowie Schmelz- und Siedetemperatur.
Um die Eigenschaften von Stoffen zu ordnen und übersichtlich darzustellen, verwendet man Stoffsteckbriefe. → 1

	Kohle	Zucker
Farbe	schwarz	weiß
Zustand	Feststoff	Feststoff
Wasserlöslichkeit	unlöslich	löslich

1 Stoffsteckbrief als Tabelle (Auszug)

Stoffgemische und Reinstoffe • Stoffgemische kann man durch geeignete Trennverfahren aufteilen. Stoffe, die sich nicht mehr trennen lassen, heißen Reinstoffe. Wichtige Trennverfahren sind Filtrieren, Eindampfen, Extrahieren, Sedimentieren und Trennen mit einem Scheidetrichter. Die Luft ist ein Gasgemisch aus Stickstoff, Sauerstoff und einigen weiteren Gasen.

Wasserlöslichkeit • Viele Stoffe sind in Wasser löslich. Die Teilchen (z. B. von Feststoffen) werden dabei von den Wasserteilchen angestoßen und weggerissen. Sie schwimmen dann einzeln im Wasser herum.
Auch Gase oder andere Flüssigkeiten können sich in Wasser lösen. → 2

Drei Aggregatzustände • Stoffe kommen in drei Aggregatzuständen vor: fest, flüssig und gasförmig. Welchen dieser Aggregatzustände ein Stoff einnimmt, hängt von der Art des Stoffs und von seiner Temperatur ab.

Wärme ändert den Aggregatzustand • Im festen Zustand halten die kleinsten Teilchen der Stoffe fest zusammen, sie sind nahe beieinander und bewegen sich kaum.
Im flüssigen Zustand bewegen sich die Teilchen langsam, ihr Zusammenhalt ist schwächer und ihr Abstand etwas größer.
Im gasförmigen Zustand sind die Teilchen sehr schnell, sie haben einen großen Abstand und keinen Zusammenhalt mehr.

Viele Stoffe sind brennbar • Um ein Feuer zu entzünden, braucht man einen brennbaren Stoff, dazu Sauerstoff und die für den Stoff nötige Zündtemperatur. Außerdem ist der Zerteilungsgrad von Bedeutung.
Umgekehrt löscht man einen Brand, indem man Brennstoff oder Sauerstoff entfernt oder das Feuer unter die Zündtemperatur abkühlt.

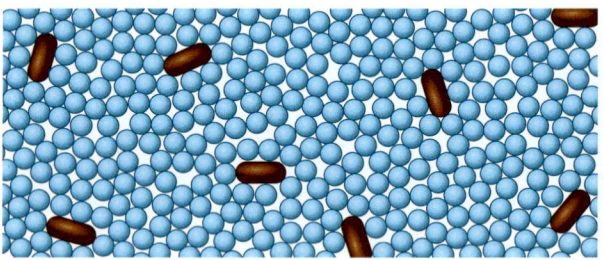

2 Alkohol, in Wasser gelöst

Teste dich! (Lösungen im Anhang)

1. 🟢 Schreibe Stoffsteckbriefe zu folgenden Stoffen: Glas, Salz, Mehl, Wasser, Speiseöl, Marmor. Verwende für deine Steckbriefe, soweit möglich, folgende Eigenschaften der Stoffe: Farbe, Geruch, Löslichkeit in Wasser, Schmelztemperatur, Leitfähigkeit für elektrischen Strom, Aggregatzustand.

2. 🟢 Nenne geeignete Trennverfahren, um folgende Gemische zu trennen: Zuckerwasser, Steinsalz, Lehmwasser, Salatsauce. Nenne die jeweils entstandenen Reinstoffe.

3. ⚪ Nenne die drei Aggregatzustände. Wovon hängt der Aggregatzustand eines Stoffs ab?

4. ⚪ Beschreibe, was beim Schmelzen eines Stoffs mit seinen kleinsten Teilchen geschieht.

5. 🟢 Benenne folgende Vorgänge mit den richtigen Fachbegriffen:
   - Wasserdampf wird an einer kalten Scheibe wieder zu flüssigem Wasser. → 3
   - Fett wird beim Erhitzen flüssig.
   - Wasser wird zu Wasserdampf.
   - Das Gas Wasserstoff wird beim Einfüllen in eine Druckgasflasche flüssig.
   - Schokolade zerfließt in der Sonne.
   - Ein Eiswürfel wird in der Sonne zu Wasser und anschließend gasförmig.

3 Wasserdampf kondensiert an einer kalten Scheibe.

6. 🟢 Es ist ein kalter Wintertag und die Temperatur liegt bei −10 °C. Bei deinem Einkauf ist das Olivenöl in der Tasche fest geworden, das Sonnenblumenöl ist noch flüssig und die Margarine sehr fest.
Zu Hause zeigt das Thermometer 20 °C an. Beide Öle sind jetzt flüssig und die Margarine beginnt zu schmelzen.
Gib an, in welchem Bereich die Schmelztemperaturen der drei Stoffe liegen.

7. 🟢 Beschreibe, was im Bild mit den kleinsten Teilchen des Zuckerkristalls in Wasser geschieht. → 4 Zeichne dann die Teilchen, wenn der Zucker ganz in Wasser gelöst ist.

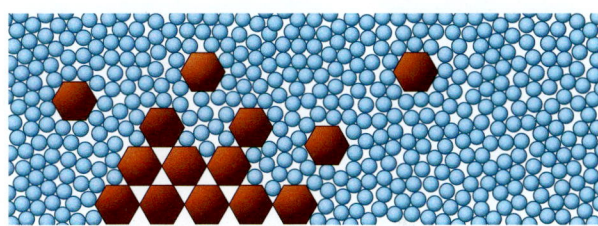

4 Ein Zuckerkristall löst sich in Wasser.

8. ⚪ Nenne die Bestandteile von Luft.

9. 🟢 Alicia möchte ein Grillfeuer entzünden. Um die Holzkohle zu entzünden, nimmt sie Grillanzünder, die sie mit dem Feuerzeug anbrennt. Erkläre, warum sie die Kohle nicht direkt mit dem Feuerzeug entzündet. Als die Kohle gut brennt, schließt sie das Luftloch am Boden des Grills. Erkläre, was sie damit erreicht.

10. 🟢 Erkläre, wie die Feuerwehr ein Feuer mit Wasser löscht. Was erreicht sie mit Löschschaum?

Chemische Reaktion – was ist das?

Manche chemische Reaktionen können sehr heftig sein. Hier z. B. bilden sich plötzlich brennende Funken.

Bei chemischen Reaktionen entstehen immer auch neue Stoffe, z. B. hier eine heiße Flüssigkeit und ein Gas.

Die meisten chemischen Reaktionen kann man aber – mit passenden Geräten und genug Wissen – sehr gut beherrschen.

Chemische Reaktionen im Alltag

1 Das Brennen einer Wunderkerze – eine chemische Reaktion

Chemie ist überall – man begegnet ihr ständig.

Im Alltag • Täglich hat man mit chemischen Reaktionen zu tun:
Beim Frühstück werden Brötchen gebacken. Die Heizung im Haus geht an und verbrennt Öl, Gas oder Holz. Bei der Fahrt in die Schule verbrennt das Auto, der Roller oder der Bus Treibstoff. Nach dem Unterricht gibt es zu Mittag gebratenes Fleisch mit gebackenen oder gekochten Beilagen. Zu Hause angekommen, legt man eine Brausetablette in Wasser, um ein Erfrischungsgetränk herzustellen. Zum Abschluss gibt es beim Abendessen Pfannkuchen.
Bei diesem Tagesablauf werden chemische Reaktionen erwähnt. Aber was genau ist eine chemische Reaktion?

Neue Stoffe • Chemische Reaktionen sind Vorgänge, bei denen eine Stoffumwandlung stattfindet. Das sieht

2 Stoffumwandlungen beim Pfannkuchen

man auch in Bild 1: Wunderkerzen bestehen unter anderem aus Eisenpulver und Aluminiumpulver. Diese Ausgangsstoffe werden gezündet und verändern sich. Es findet eine chemische Reaktion statt. Die Metallpulver verbrennen und erzeugen leuchtende Funken. Zurück bleibt ein poröser schwarzer Stoff. Man bezeichnet die neu entstandenen Stoffe als Reaktionsprodukte. In unserem Beispiel sind dies die abgebrannte Wunderkerze, Aschekrümel und Verbrennungsgase.

> die chemische Reaktion
> der Ausgangsstoff
> das Reaktionsprodukt
> die Reaktionsgleichung

Andere Stoffeigenschaften • Die Reaktionsprodukte haben also andere Stoffeigenschaften als die Ausgangsstoffe.

Dazu ein weiteres Beispiel: Ein Kuchenteig ist eine Mischung aus den Ausgangsstoffen Mehl, Eier, Zucker, Backpulver und Butter. Der Teig kommt in eine Form und wird anschließend im Backofen gebacken. Die Veränderungen der Eigenschaften sind leicht zu erkennen: Farbe, Geschmack und Beschaffenheit sind beim Teig deutlich anders als beim Reaktionsprodukt Kuchen. → 3

3 Teig und fertiges Gebäck – die Eigenschaften haben sich verändert.

Merkmale chemischer Reaktionen • Chemische Reaktionen lassen sich anhand bestimmter Merkmale erkennen. Diese sind z. B. ein Aufglühen, ein Farbumschlag oder eine Gasentwicklung. → 4

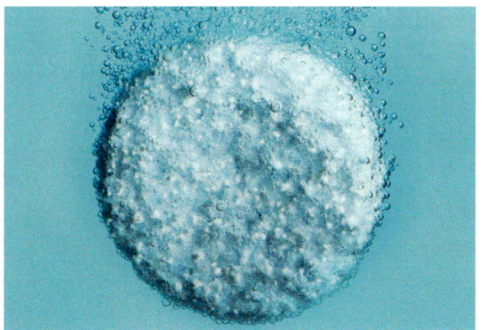

4 Gasentwicklung an einer Brausetablette

Reaktionsgleichung • In der Chemie benutzt man eine Reaktionsgleichung, um eine chemische Reaktion zu veranschaulichen. Beispiel: Die Ausgangsstoffe Brause und Wasser reagieren miteinander zu den Reaktionsprodukten Getränk und Gas.

Brause + Wasser → Getränk + Gas

Der Pfeil (→) steht für „reagieren zu".

> **Chemische Reaktionen sind Stoffumwandlungen, bei denen neue Stoffe entstehen. Zur Notierung und Vereinfachung verwendet man eine Reaktionsgleichung.**

Aufgaben

1 ○ Nenne verschiedene chemische Reaktionen aus deinem Alltag.

2 ○ Was ist eine chemische Reaktion? Erläutere.

3 ◐ Beschreibe die Stoffumwandlung am Beispiel des Pfannkuchens.

4 ● Das Entkalken im Bad ist eine chemische Reaktion. Erkläre.

Chemische Reaktionen im Alltag

Material A

Brennende Streichhölzer

Reibe ein Streichholz an der Reibefläche der Schachtel. Lass das Streichholz abbrennen. → 1 Wenn es zu heiß wird, lege es schnell auf eine feuerfeste Unterlage.

1 ○ Notiere deine Beobachtungen.

2 ◐ Schau dir das verbrannte Streichholz genau an und bestimme seine Farbe. Zerreibe es danach zwischen den Fingern. Was passiert? Vergleiche mit einem unbenutzten Streichholz.

3 ◐ Entscheide, ob eine Stoffumwandlung eingetreten ist. Benenne gegebenenfalls das passende Merkmal für chemische Reaktionen.

4 ● Falls eine chemische Reaktion stattgefunden hat, schreibe eine Wortgleichung dazu auf.

1 Nach dem Brennen

Material B

Glühende Leuchtstäbe

Leuchtstäbe enthalten innen ein Glasröhrchen mit einer Flüssigkeit. Um das Glasröhrchen herum ist aber noch eine zweite Flüssigkeit vorhanden.
Beim Knicken des Leuchtstabs bricht das Glasröhrchen, sodass die Stoffe in den beiden Flüssigkeiten miteinander in Kontakt kommen. Dabei wird Energie als Licht frei.

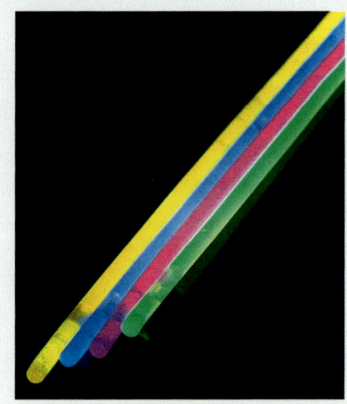

2 Leuchtstäbe

Knicke einen Leuchtstab in der Mitte des Stabs. Bewege oder drehe den Leuchtstab langsam hin und her. Was beobachtest du?

1 ◐ Entscheide, ob in Leuchtstäben chemische Reaktionen stattfinden.

Material C

Langsame Reaktionen?

Gibt es auch ganz langsame chemische Reaktionen?

3 Eierschale in Essig

1 Fülle ein Reagenzglas einen Zentimeter mit Essig. Gib ein Stück Eierschale hinzu.

a ○ Schau dir die Eierschale genau an. Notiere die Eigenschaften.

b ◐ Nenne Beobachtungen, die für chemische Reaktionen typisch sind.

c ◐ Lass deinen Versuch 1–2 Tage stehen. Überprüfe dann, ob eine Stoffumwandlung stattgefunden hat.

d ● Schreibe dein Ergebnis als Wortgleichung auf.

2 ◐ In einem Becherglas liegt ein mit Wasser angefeuchteter Watteknäuel (Ø 2 cm). Ein metallisch glänzender neuer Eisennagel wird über die Öffnung gelegt. Hat sich nach 2 Tagen etwas verändert? Erläutere.

Material D

Chemische Reaktion – ja oder nein?

1 Führe folgende Versuche durch und notiere deine Beobachtungen. Entscheide jeweils, ob eine chemische Reaktion stattgefunden hat. Erläutere auch, welche Merkmale von chemischen Reaktionen zu beobachten sind.

a ○ Zerbrich einen Schaschlikspieß.
b ○ Halte einen Schaschlikspieß in die Brennerflamme und entzünde ihn.
c ○ Gib etwas Wasser in ein Reagenzglas und füge ein Stück Marmor oder Muschel hinzu.
d ○ Gib etwas Essig in ein Reagenzglas und füge ein Stück Marmor oder Muschel hinzu.
e ○ Zerkleinere einen Zuckerwürfel mit den Händen.
f ○ Löse ein Stück Würfelzucker mit Wasser im Becherglas auf.
g ◐ Erhitze etwas Zucker im Reagenzglas vorsichtig in der Brennerflamme.
h ◐ Erhitze etwas Kochsalz im Reagenzglas vorsichtig in der Brennerflamme.

Rezept für Karamellbonbons

Backblech mit einseitig eingeölter Alufolie auslegen. Zucker-Sahne-Gemisch in einer Pfanne unter ständigem Rühren kochen lassen, bis es dickflüssig wird. Zum Abkühlen auf das Blech gießen.

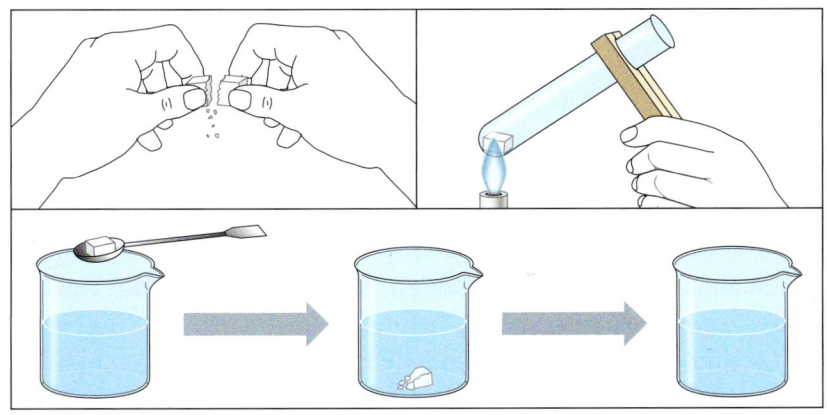

4 Zucker bei verschiedenen Vorgängen – wo findet eine Stoffumwandlung statt?

Material E

Gips reagiert mit Wasser

1 ○ Gib etwas Gipspulver in einen leeren Joghurtbecher. Gieße ein wenig Wasser vorsichtig hinzu und verrühre alles sacht mit einem Löffel zu einem Brei. Verwende nicht zu viel Wasser. Umfasse den Becher mit der Hand. Notiere deine Beobachtungen und beschreibe dann die Stoffumwandlung genauer.

2 ◐ Mit Gips lassen sich praktische Formen herstellen, z. B. ein Reagenzglasständer. Wiege dazu 100 g Gips ab und verrühre diesen mit 50 mL Wasser. Den Brei füllst du in einen kleinen eingeölten Joghurtbecher. Stecke ein leeres eingeöltes Reagenzglas in den Brei. Nach ca. 15–30 Minuten ist der Gips ausgehärtet. Entferne durch Drehen das Reagenzglas aus der Form. Fertig!

5 Gips – Pulver und Kristalle

Chemische Reaktion – was passiert da?

1 Modellbau mit einfachen Materialien

Chemische Reaktionen kann man mit Modellen begreifbar machen.

Modelle • Es gibt Dinge, die man nicht so einfach verstehen kann. Bei solchen Schwierigkeiten machen sich Wissenschaftler Modelle. Modelle vereinfachen den Sachverhalt sehr, damit die Thematik anschaulicher wird. Auch chemische Reaktionen kann man mit Modellen verständlich machen. → 1

Teilchen • Alle Stoffe – egal, in welchem Zustand (fest, flüssig oder gasförmig) – sind aus kleinsten Teilchen aufgebaut. Bei der Darstellung dieser Teilchen benutzt man häufig Kugeln. Andere Formen wie Quader oder Zylinder sind aber ebenfalls möglich. So würde man sich z. B. das Metall Eisen aus sehr vielen einzelnen Eisenteilchen vorstellen, die eng aneinanderliegen. → 2 Aluminium würde nach dem Teilchenmodell aus sehr vielen Aluminiumteilchen bestehen, die sich gegenseitig berühren. → 3

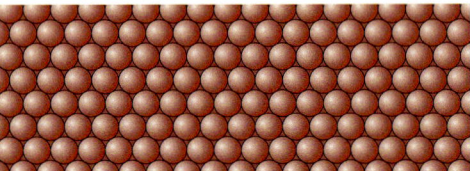

2 Eisen, als Teilchenmodell dargestellt

3 Aluminium, als Teilchenmodell dargestellt

Da Eisen ein anderer Stoff als Aluminium ist, würde man diesen Unterschied in Farbe, Form oder Größe der Teilchen darstellen.
Stoffe können auch aus Verbindungen von Teilchen bestehen, z. B. das Gas rechts in Bild 5.
Modelle kann man aus unterschiedlichen Materialien bauen. Playmaiskörner, Legosteine, Knete oder Murmeln sind gute Baumaterialien.

das Modell
die Aktivierungsenergie

Neu angeordnet • Zwei Stoffe, nämlich die Ausgangsstoffe A und B, gehen eine chemische Reaktion ein. Jeder Ausgangsstoff besteht aus sehr vielen kleinsten Teilchen. Bei der chemischen Reaktion passiert nun Folgendes: Die Teilchen der Stoffe A und B gehen nicht verloren, sondern verändern nur ihre Anordnung. Auf diese Weise bilden sie das Reaktionsprodukt. Die Teilchen werden also nur umgruppiert.
→ 4 5

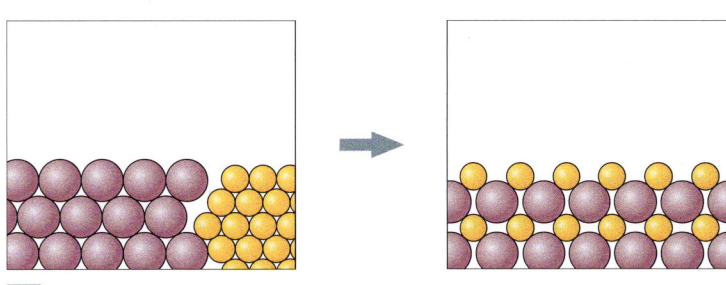

4 Feststoff + Feststoff → Feststoff

> Bei chemischen Reaktionen werden die Teilchen der Ausgangsstoffe neu als Reaktionsprodukt angeordnet. Dabei gehen weder Teilchen verloren noch kommen welche neu hinzu.

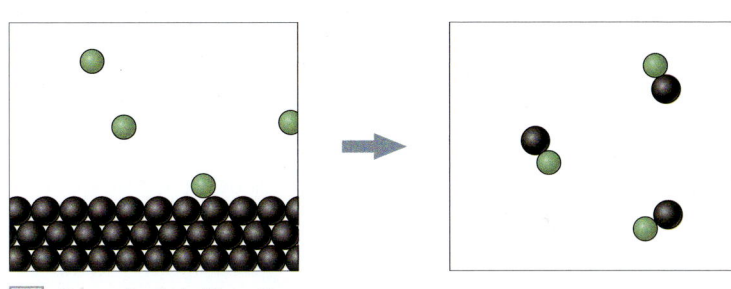

5 Gas + Feststoff → Gas

Aktivierungsenergie • Damit eine chemische Reaktion beginnt, muss man sie oft erst aktivieren: In Bild 6 schiebt das Mädchen das Auto den Berg hoch. Oben angekommen rollt das Auto von alleine den Berg hinunter. Ähnlich verhalten sich die Ausgangsstoffe bei vielen chemischen Reaktionen. Erst wenn genug Energie (Aktivierungsenergie) zugeführt wurde, kann die Reaktion von alleine zu Ende laufen. Die Aktivierung erfolgt meist durch Wärmeenergie. Die Wärmeenergie bringt die Teilchen in Bewegung, sodass sie aufeinandertreffen und sich umgruppieren können.

> Viele chemische Reaktionen starten erst nach Zufuhr von Aktivierungsenergie.

6 Aktivierungsenergie am „Bergmodell"

Aufgaben

1 ○ Alle Stoffe bestehen aus Teilchen. Erläutere und zeichne ein mögliches Teilchenmodell des Metalls Silber.

2 ◐ Beschreibe die chemische Reaktion mithilfe des Teilchenmodells.

3 ● Zeichne ein Teilchenmodell für die chemische Reaktion von Eisen und Schwefel.

Chemische Reaktion – was passiert da?

Material A

Chemische Reaktionen

Hier geht es um chemische Reaktionen. Dabei entstehen neue Stoffe.

> Bei chemischen Reaktionen entsteht immer mindestens ein Reaktionsprodukt, also ein neuer Stoff. Dafür ein Beispiel:
> Man lässt Eisenpulver mit Schwefelpulver reagieren. Nach Zufuhr von Aktivierungsenergie glühen die beteiligten Stoffe auf, die Reaktion findet statt und danach ist ein neuer Stoff entstanden: Eisensulfid. Dies ist viel mehr als nur eine Änderung des Aggregatzustands.

1. 🌀 Baue mit Playmaiskörnern, Legosteinen oder Knete die Reaktion von Eisen und Schwefel zu Eisensulfid nach.

2. 🌀 Welches Merkmal von chemischen Reaktionen kann man beobachten, wenn Eisen und Schwefel miteinander reagieren? → 1

3. In der Chemie gilt das „Gesetz der Massenerhaltung". Es besagt, dass alle Reaktionsprodukte zusammen genauso viel wiegen wie alle Ausgangsstoffe zusammen.
   a ⭘ Gib an, wie viel Eisensulfid entsteht, wenn 28 g Eisen mit 16 g Schwefel reagieren.
   b 🌀 Zeige an einem selbst gebauten Beispiel im Teilchenmodell, weshalb das Gesetz der Massenerhaltung gelten muss.
   c ⬤ Wenn eine Kerze brennt, ist sie nachher „weg". Erläutere, weshalb das Gesetz der Massenerhaltung trotzdem auch hier gilt.

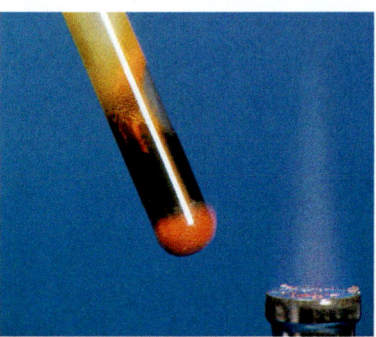

1 Reaktion von Eisen und Schwefel

Material B

Aktivierungsenergie – die Pharaoschlange

Emser Pastillen nutzt man gegen Rachenbeschwerden – oder zur Veranschaulichung der Aktivierungsenergie. → 2

1. Reibe drei Emser Pastillen (ohne Menthol) mit Holzasche ein. Lege sie gestapelt übereinander auf eine feuerfeste Unterlage. Streue Asche um die Tabletten, sodass sie rundherum in Asche liegen. Die oberste Tablette sollte etwas herausschauen. Gib auf alles 5–10 mL Brennspiritus ⚠ und entzünde diesen. Sei dabei vorsichtig!
   a 🌀 Erkläre anhand des Versuchs, was Aktivierungsenergie ist.
   b ⬤ Nenne chemische Reaktionen aus deinem Alltag, wo man Aktivierungsenergie benötigt.

2 Die Pharaoschlange

Material C

Lösen und Schmelzen

Hier geht es um verschiedene Vorgänge, die keine chemischen Reaktionen sind.

> Nicht alles, was im Chemielabor geschieht, sind chemische Reaktionen. Dafür ein Beispiel:
> Man lässt flüssiges Wasser zu festem Wasser (Eis) gefrieren. Danach bringt man das Eis wieder zum Schmelzen. Man hat nun wieder flüssiges Wasser und es ist kein neuer Stoff entstanden. Daher sind Änderungen des Aggregatzustands keine chemischen Reaktionen.

1 ○ Baue jeweils ein Teilchenmodell von festem Wasser (Eis), von flüssigem Wasser und von gasförmigem Wasser (Wasserdampf). Dazu kannst du Playmaiskörner, Legosteine, Knete oder Murmeln verwenden.

2 ◐ Stelle den Stoff Glas im Teilchenmodell dar, z. B. mit Playmaiskörnern. Überlege dir auch, welche Farbe die kleinsten Teilchen haben sollen. Oder können wir die Farbe der kleinsten Teilchen sowieso nicht wissen?

3 ◐ Unsere Luft enthält immer auch gasförmiges Wasser (Wasserdampf). An einer kalten Glasscheibe kann der Wasserdampf zu flüssigem Wasser kondensieren. Dies hast du vielleicht schon im Winter an Fensterscheiben beobachtet.
Baue dieses Kondensieren von Wasserdampf an Glas im Teilchenmodell nach.

4 ◐ Wenn man Zucker in Wasser löst, verteilt sich der Zucker unsichtbar fein im Wasser.
Erstelle Teilchenmodelle von flüssigem Wasser und von einem Zuckerkristall. Stelle dann im Modell dar, was geschieht, wenn ein Zuckerkristall ins Wasser fällt.

5 ● Diskutiere, ob das Lösen von Zucker in Wasser eine chemische Reaktion ist oder nicht. Halte deine Argumente schriftlich fest. Schlage auch Experimente vor, um diese Frage genauer zu untersuchen.

6 Gib etwas Wasser und etwas Speiseöl in ein Reagenzglas. Verschließe mit einem Stopfen und schüttle gründlich. Beobachte über mehrere Minuten.
○ Stelle deine Beobachtungen im Teilchenmodell nach. Dazu brauchst du Teilchenmodelle von Wasser und von Speiseöl.

3 Schmelzen von Eis

4 Lösen von Zucker in Tee

5 Öl löst sich nicht in Wasser.

Chemische Reaktion – was passiert da?

Material D

Wenn Kerzen auf der Waage brennen

1 ○ Erkläre, warum die Kerze in Bild 1 beim Verbrennen leichter wird.

2 ◐ In Bild 2 werden die Gase beim Verbrennen der Kerze aufgefangen. Jetzt wird die Kerze mit den aufgefangenen Gasen schwerer. Erkläre diese neue Beobachtung.

> Feuer hat immer mit Gasen zu tun. Wenn z. B. Wachs brennt, reagiert es mit dem Gas Sauerstoff und es entstehen Verbrennungsgase.

1 Eine Kerze wird auf einer Waage verbrannt.

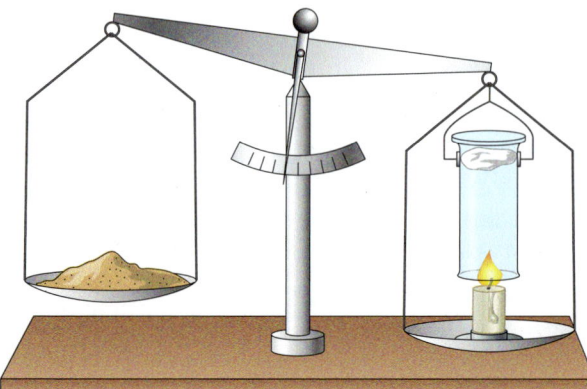

2 Hier werden die Verbrennungsgase aufgefangen.

Material E

Im geschlossenen System

Baue den Versuch wie in Bild 3 auf. Dazu musst du zuerst ein Streichholz in ein Reagenzglas geben und die Öffnung vorsichtig verschmelzen.
Auf der Waage musst du das Reagenzglas von der vorderen Seite erhitzen, sodass die Flamme nur die Spitze mit dem Streichholz erreicht.

1 ○ Erkläre deine Beobachtungen.

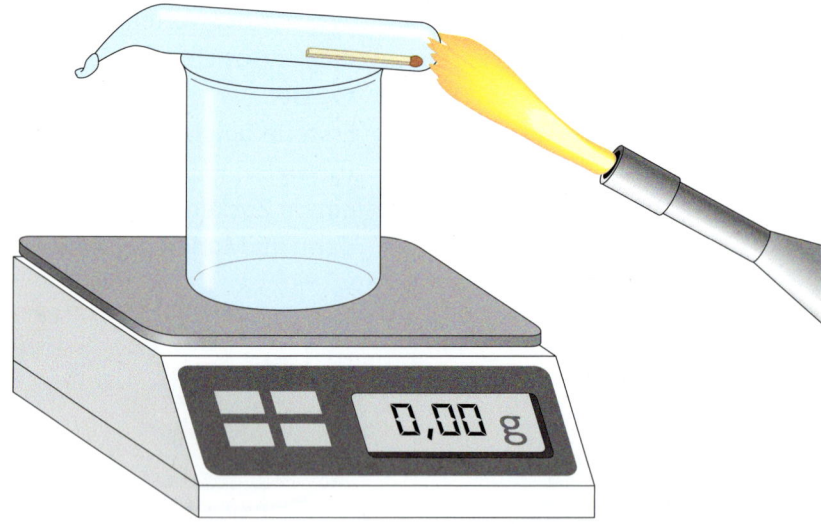

3 Ein Streichholz wird im geschlossenen Reagenzglas verbrannt.

Chemische Reaktion – was ist das?

Material F

Wir messen Massen

Baut den Versuch wie in Bild 4 auf. Wiegt vorher (möglichst auf 1 mg genau) das leere Reagenzglas und dann das Reagenzglas mit Silberoxid (mit etwa 300–500 g füllen). Erhitzt dann, bis keine Gasblasen mehr aufsteigen. Untersucht das aufgefangene Gas mit der Glimmspanprobe. Wiegt das noch volle Reagenzglas nach dem Erhitzen. Bestimmt die Masse des Silbers und des Sauerstoffs nach der Reaktion wie in der Tabelle.

1 ○ Was zeigt die Glimmspanprobe?

2 ◐ Vergleicht die Werte von verschiedenen Arbeitsgruppen in der Klasse.

3 ● Erklärt, warum das Massenverhältnis bei verschiedenen Versuchen immer gleich ist.

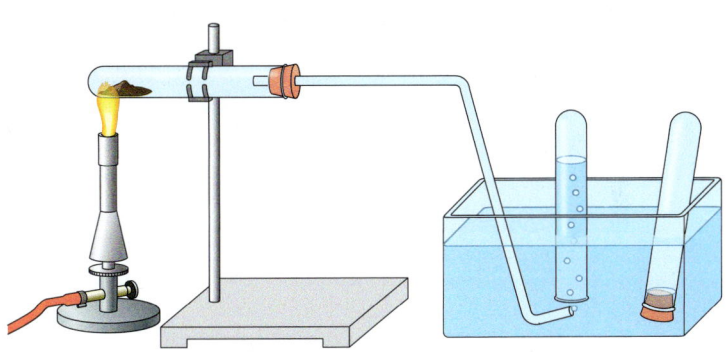

4 Silberoxid wird zerlegt.

1: Reagenzglas leer wiegen	2: Reagenzglas mit Silberoxid wiegen	3: Masse Silberoxid berechnen (Wert 2 – Wert 1)	4: Reagenzglas nach Erhitzen wiegen	5: Masse Silber berechnen (Wert 4 – Wert 1)	6: Masse Sauerstoff berechnen (Wert 2 – Wert 4)
…	…	…	…	…	…

Material G

Gesetz der konstanten Massenverhältnisse

Bild 5 zeigt die Ergebnisse einer Versuchsreihe. Dabei reagierte jeweils Kupfer mit Schwefel.

1 ● Erkläre, warum das Verhältnis der Massen von Kupfer zu Schwefel immer gleich ist. Zeichne dazu die Reaktion im Teilchenmodell.

Masse Kupfer (Cu)	Masse Kupfersulfid (CuS)	Masse Schwefel (S)	Masse Cu zu S
100 mg	148 mg	48 mg	2,08
201 mg	297 mg	96 mg	2,09
300 mg	446 mg	146 mg	2,05
402 mg	591 mg	189 mg	2,13
499 mg	740 mg	241 mg	2,07
600 mg	892 mg	292 mg	2,05

5 Hier reagierte jeweils eine Portion Kupfer mit Schwefel zu Kupfersulfid.

Was ist Kohlenstoffdioxid?

1 Als Reaktionsprodukt entsteht hier Kohlenstoffdioxid, ein unsichtbares Gas.

Kohlenstoffdioxid ist ein Gas, das bei Oxidationen entstehen kann.

Oxidation • Eine Oxidation ist eine chemische Reaktion, so wie du sie bereits kennst, bei der aber immer Sauerstoff beteiligt ist.
Da Sauerstoff auf natürliche Weise in der Luft vorkommt, finden sehr häufig Oxidationen statt. So ist z. B. jede Verbrennung eine Oxidation.
Das Reaktionsprodukt einer Oxidation nennt man Oxid. → 1

2 Auch hier entsteht Kohlenstoffdioxid.

Kohlenstoffdioxid • Kohlenstoffdioxid ist ein farbloses und geruchloses Gas, das schwerer ist als Luft. Es entsteht bei der chemischen Reaktion von Kohlenstoff mit Sauerstoff.
Kohlenstoff ist in sehr vielen Stoffen eingebaut, nicht nur in Holz. Auch Treib- oder Heizstoffe wie Benzin, Diesel, Öl und Erdgas enthalten vorwiegend Kohlenstoff. Wenn man diese Stoffe verbrennt, wie z. B. im Verkehr oder im Haushalt, entsteht automatisch in großen Mengen Kohlenstoffdioxid. → 2

Kohlenstoff ist ein Feststoff und lässt sich ohne großen Aufwand nachweisen: Wenn sich ein Stoff, den man in die Flamme eines Brenners hält, schwarz verfärbt, ist das ein Hinweis, dass Kohlenstoff eingebaut ist. Bestimmt hast du schon beobachtet, dass sich ein brennendes Streichholz schwarz verfärbt. Holz enthält also Kohlenstoff.

das Kohlenstoffdioxid
die Oxidation
der Nachweis
das Kalkwasser

Kohlenstoffdioxid in der Atemluft •
Eine weitere Art „Verbrennung" findet in unserem Körper statt:
In der Nahrung, die wir aufnehmen, ist sehr viel Kohlenstoff eingebaut. Dieser reagiert mit dem Sauerstoff, den wir ständig einatmen, in einer chemischen Reaktion. Das dabei entstehende Reaktionsprodukt Kohlenstoffdioxid atmen wir wieder aus. → 3
Bei dieser chemischen Reaktion entsteht auch Energie, z. B. in Form von Wärme. Unser Körper ist sozusagen ein „Ofen", der nicht Holz, sondern Nahrung „verbrennt". Auf diese Weise erhalten wir unsere Energie: Unser Körper bleibt warm, unsere Muskeln und z. B. unser Gehirn arbeiten.

Nachweis von Kohlenstoffdioxid • Kohlenstoffdioxid lässt sich gut nachweisen. Hierfür benutzt man Kalkwasser.
Kalkwasser ist eine klare und farblose Flüssigkeit. Wenn Kohlenstoffdioxid in Kontakt mit Kalkwasser kommt, reagieren beide chemisch miteinander. Als Reaktionsprodukt entsteht eine milchige Flüssigkeit. Diese Trübung ist ein eindeutiger Nachweis für Kohlenstoffdioxid. → 4

3 Die Luft, die man ausatmet, enthält Kohlenstoffdioxid.

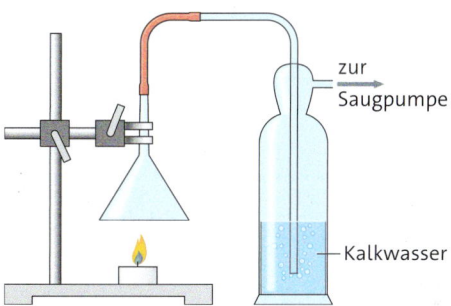

4 Nachweis für Kohlenstoffdioxid

> Chemische Reaktionen, an denen Sauerstoff beteiligt ist, nennt man Oxidationen. Die Reaktionsprodukte heißen Oxide.
> Ein bekanntes Oxid ist Kohlenstoffdioxid. Es wird mit Kalkwasser nachgewiesen.

Aufgaben

1 ○ Erkläre den Begriff Oxidation.

2 ○ Welche beiden Ausgangsstoffe reagieren chemisch miteinander, damit Kohlenstoffdioxid entsteht?

3 ◐ Nenne mehrere Reaktionen, in denen Kohlenstoffdioxid entsteht.

4 ◐ Erläutere, wie man Kohlenstoffdioxid nachweisen kann.

Was ist Kohlenstoffdioxid?

Material A
In der Atemluft?

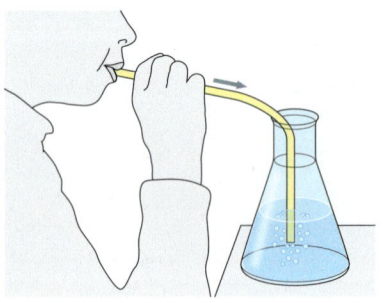

1 Was steckt in der ausgeatmeten Atemluft?

1 ○ Zieh dir eine Schutzbrille auf und sei vorsichtig. Kalkwasser ist eine ätzende Flüssigkeit! Wichtig: Bei dem Versuch darfst du auf keinen Fall an dem Röhrchen saugen. Das Kalkwasser gelangt sonst in deine Speiseröhre und schädigt diese. Fülle einen kleinen Erlenmeyerkolben mit Kalkwasser. Nimm ein Röhrchen und blase vorsichtig und langsam deine Atemluft in das Kalkwasser. → 1
Notiere deine Beobachtung. Welches Ergebnis kannst du aus deiner Beobachtung schließen?

2 ◐ Wie könntest du ausgeatmete Luft irgendwie einfangen, um sie danach in Kalkwasser zu leiten? Notiere eine Möglichkeit.

Material B
In Getränken?

2 Befindet sich im Sprudel Kohlenstoffdioxid?

1 ○ Bei dem Versuch verwendet man Kalkwasser, eine ätzende Flüssigkeit. Achte auf die Augen und verwende deshalb eine Schutzbrille.
Baue den Versuch wie auf Bild 2 auf. Verwende als Getränk einen Sprudel. Schüttle vorsichtig die Flasche und leite das Gas mit dem Schlauch in das Kalkwasser. → 2
Notiere deine Beobachtung. Was bedeutet dies?

2 ◐ Untersuche auch andere Getränke, stilles Wasser, Milch, Cola, Sekt, Wein, Bier oder Leitungswasser. Vergleiche die Ergebnisse.

3 ● Nenne mögliche Gründe, weshalb manche Getränke Kohlenstoffdioxid enthalten.

Material C
Bei Verbrennungen?

3 Entsteht bei einer Verbrennung Kohlenstoffdioxid?

1 ◐ Zünde ein Teelicht an. Stelle einen Standzylinder darüber und warte, bis die Flamme erlischt.
Hebe den Standzylinder etwas an und verschließe die Öffnung sofort mit einer Glasscheibe. Stelle den Standzylinder im geschlossenen Zustand auf den Tisch.
Entferne die Glasscheibe und gib etwas Kalkwasser in den Standzylinder. Sei vorsichtig und benutze eine Schutzbrille. Kalkwasser ist ätzend! Lege die Glasplatte auf die Öffnung des Standzylinders und bewege diesen vorsichtig hin und her. Notiere das Ergebnis.

2 ◐ Wiederhole den Versuch mit etwas brennendem Holz und vergleiche.

Methode

Mit einer pneumatischen Wanne arbeiten

Es gibt chemische Reaktionen, bei denen Gase entstehen. Wenn man diese Gase nachweisen oder vielleicht sogar untersuchen möchte, braucht man eine Apparatur, um die Gase aufzufangen. Diese Apparatur nennt man pneumatische Wanne. Sie ist relativ einfach zu bedienen:

Befüllen Fülle eine Wanne aus Glas oder Kunststoff mit Wasser.
Fülle einen Standzylinder (oder ersatzweise ein Reagenzglas) ebenfalls mit Wasser.

Fixieren Verschließe den Standzylinder mit einer Glasplatte (oder mit der Hand).
Drehe den Standzylinder dann kopfüber um und fixiere ihn – in der Wanne und mitten im Wasser – mit einem Stativ. → 4
Der Standzylinder muss so weit unter dem Wasserspiegel sein, dass ein Befüllen mit Gas durch einen Schlauch oder ein Glasröhrchen möglich ist.

Einleiten Leite nun das Gas ein und lies das Volumen am Standzylinder ab.

Tipp: Damit es keine Überschwemmung auf dem Tisch gibt, darf die Wanne nicht komplett mit Wasser gefüllt sein. Denn das Wasser im Standzylinder wird beim Einleiten des Gases verdrängt und in die Wanne gedrückt.

Aufgaben

1 ○ Erläutere, welchen Zweck eine pneumatische Wanne erfüllt.

2 ◐ Baue eine pneumatische Wanne und fange deine ausgeatmete Luft damit auf. Untersuche die Atemluft dann mithilfe von Kalkwasser. Sei dabei vorsichtig und setze eine Schutzbrille auf. Denn Kalkwasser ist eine ätzende Flüssigkeit.

3 ● Wie viel Gas enthält Mineralwasser? Miss dies mit einer pneumatischen Wanne ab. → 5
Wähle unterschiedliche Sorten Wasser (Heilwasser, „Medium", „Classic") und vergleiche. Notiere deine Beobachtungen und formuliere ein Ergebnis.

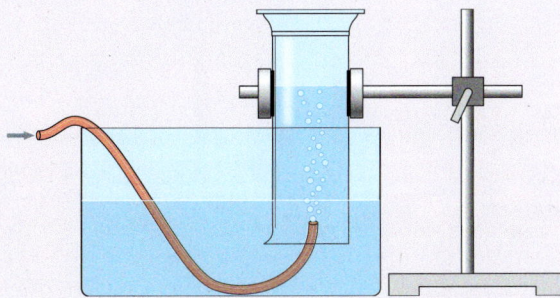

4 Das Prinzip einer pneumatischen Wanne

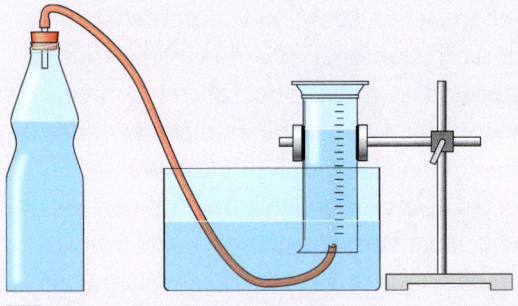

5 Versuchsaufbau zu Aufgabe 3

Chemische Reaktion – was ist das?

Zusammenfassung

Neue Stoffe • Bei chemischen Reaktionen entstehen aus den Ausgangsstoffen neue Stoffe, die Reaktionsprodukte. Es findet also eine Stoffumwandlung statt. Dabei kann man z. B. ein Aufglühen, einen Farbumschlag oder eine Gasentwicklung beobachten.
Viele chemische Reaktionen starten nicht von alleine, sondern nur nach Zufuhr von Aktivierungsenergie. Diese wird meist in Form von thermischer Energie (Wärme) zugeführt.
Um chemische Reaktionen übersichtlich zu notieren, benutzt man Reaktionsgleichungen.

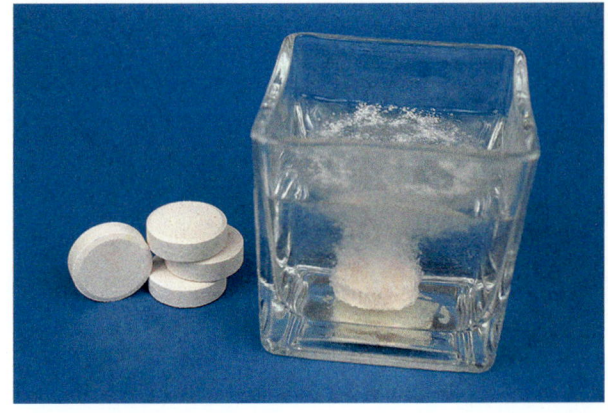

1 Feststoff + Flüssigkeit → Gas (in der Wirklichkeit)

Darstellung im Modell • Stoffe und ihre Reaktionen kann man mit Modellen veranschaulichen und „greifbarer" machen. Da alle Stoffe aus kleinsten Teilchen bestehen, verwendet man oft Teilchenmodelle. Dabei werden die Teilchen z. B. als Kugeln in verschiedenen Farben und Größen dargestellt.
Bei einer chemischen Reaktion treffen die Teilchen von unterschiedlichen Stoffen aufeinander. Die Teilchen gehen dabei nicht verloren, sondern ordnen sich nur neu an.

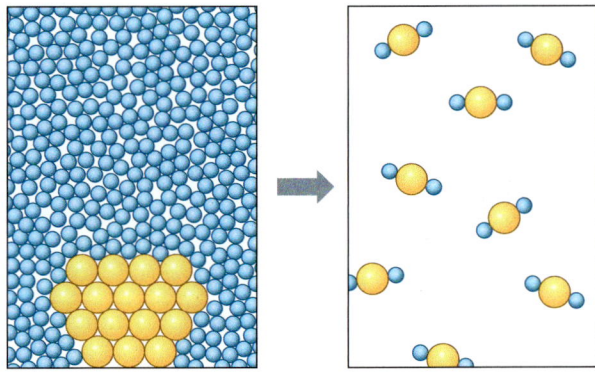

2 Feststoff + Flüssigkeit → Gas (im Modell)

Kohlenstoffdioxid • Kohlenstoffdioxid entsteht bei der chemischen Reaktion von Kohlenstoff mit Sauerstoff. Kohlenstoff ist in vielen Stoffen eingebaut und wird somit bei zahlreichen Verbrennungen zu Kohlenstoffdioxid umgewandelt. Kohlenstoffdioxid lässt sich mit Kalkwasser nachweisen. Das anfänglich klare Kalkwasser verfärbt sich bei Kontakt mit Kohlenstoffdioxid und wird dabei milchig trübe. Dieser Nachweis ist somit selbst eine chemische Reaktion.

3 Hier entsteht Kohlenstoffdioxid, ein unsichtbares Gas.

Teste dich! (Lösungen im Anhang)

1 ○ Das Mädchen in Bild 4 fährt mit ihrem Roller zur Schule. Eine Mitschülerin behauptet, dass bei dieser Fahrt eine chemische Reaktion stattgefunden hat. Erläutere, ob sie recht hat.

2 ○ Im Technikunterricht wird heute an einem Eisenstück gefeilt, in der Küche Kuchen gebacken und im Chemieunterricht unterschiedliche Brausetabletten mithilfe von Wasser auf ihre Löslichkeit untersucht. Wo hat eine chemische Reaktion stattgefunden? Begründe.

3 ○ Peter geht mit seiner Freundin nach dem Kinobesuch eine Pizza essen. Beim Essen will er etwas angeben und sagt: „Beim Backen der Pizza hat eine Stoffumwandlung stattgefunden." Seine Freundin schaut ihn verdutzt an und versteht überhaupt nichts. Erkläre in einfachen Worten, was Peter ihr sagen wollte.

4 Die A-Jugend des Fußballvereins veranstaltet einen Rundenabschluss mit Lagerfeuer. Es wird ein großer Haufen an Holz verbrannt. Die Reaktionsgleichung dazu ist aber etwas durcheinandergeraten:
Asche + Holz → Sauerstoff + Kohlenstoffdioxid
a ◐ Korrigiere die Reaktionsgleichung.
b ○ Welche Merkmale von chemischen Reaktionen lassen sich dabei beobachten? Erläutere.
c ◐ Für den Hunger werden Würste gegrillt und Stockbrot gebacken. Begründe, ob es sich hierbei um chemische Reaktionen handelt.

5 Die Schüler der 8b bauen Modelle zur Veranschaulichung von chemischen Reaktionen.
a ◐ Warum werden für diesen Lerninhalt solche Materialien verwendet? Erläutere.
b ● Lena behauptet, dass man bei jeder chemischen Reaktion immer zwei verschiedene Playmaisfarben oder Knetfarben benutzen muss. Begründe, ob sie recht hat.
c ● Zeichne die chemische Reaktion von Kupfer mit Schwefel als Teilchenmodell.

6 Es ist Silvester. Die Clique von Anna und ihren Freunden trifft sich im Jugendclub.
a ◐ Draußen auf dem Hof steht eine Tonne, in der ein Holzfeuer brennt. Jens stellt sich neben die Tonne und sagt cool: „Wir sind alle Zeugen einer Oxidation." Was meint er damit? Erläutere.
b ◐ Es entsteht dabei das Verbrennungsgas Kohlenstoffdioxid. Nenne den Stoff, der also in dem Brennmaterial Holz eingebaut sein muss.
c ○ Nenne die Flüssigkeit, mit der man das Kohlenstoffdioxid nachweisen könnte.
d ● Wie könnte man den Nachweis von Kohlenstoffdioxid am Beispiel der Tonne konkret umsetzen? Erstelle eine Zeichnung und beschreibe.

4 Eine chemische Reaktion im Motor?

5 Material zum Bau von Teilchenmodellen

Chemische Reaktionen und Energie

Feuerwerksraketen sind voller Energie. Kann Energie in chemischen Stoffen stecken?

Nahrung gibt uns Energie. Enthält also die Nahrung energiereiche Stoffe?

Pflanzen essen kein Frühstück. Auf welche Weise kommen sie an ihre Energie?

Was ist eigentlich Energie?

1 Energie kann man nicht direkt sehen. Man kann aber aus Vorgängen schließen, dass Energie im Spiel ist.

2 Lageenergie

3 Bewegungsenergie

4 Spannenergie

Energie ist in aller Munde: Energiesparen, Energiewende, Energieverschwendung. Was aber ist eigentlich Energie?

Energieformen • Es lässt sich gar nicht so einfach erklären, was Energie ist. Man kann sie nicht sehen, hören oder schmecken. Als erste Annäherung sollte man wissen, dass Energie in verschiedenen Formen auftreten kann:
- Wenn man unter einem schweren Stein steht, der einem auf den Kopf zu fallen droht, ahnt man, dass im Stein Energie gespeichert ist. → 2
- Der Stein kann auch auf eine andere Art Energie besitzen, als in der Höhe gelagert zu sein. Wenn er sich auf einen zubewegt, hat er Bewegungsenergie. → 3
- Eine weitere Form der Energie ist die Spannenergie. Diese kann beispielsweise in einem gespannten Bogen stecken. → 4

Energieumwandlung • Die verschiedenen Energieformen sind ineinander umwandelbar. Wenn z. B. ein Stein herunterfällt, wandelt sich seine Lageenergie in Bewegungsenergie um.

Energie verschwindet nicht • Wenn ein Stein nach dem Aufschlag am Boden liegt, so ist die Energie scheinbar verschwunden. Aber nur scheinbar! Wenn man nämlich die Aufschlagstelle mit einer Wärmebildkamera filmt, kann man sehen, dass sich der Boden erwärmt hat. Die Bewegungsenergie wurde also in thermische Energie (Wärme) umgewandelt.

Wärme • Lange waren sich die Wissenschaftler nicht sicher, was Wärme ist: ein Stoff oder eine Energieform. Heute weiß man, dass Wärme kein Stoff ist, sondern eine Energieform.
Ein fallender Stein hat also zunächst Lageenergie, die sich dann in Bewe-

die Lageenergie
die Bewegungsenergie
die Spannenergie
die thermische Energie
die Energieumwandlung

gungsenergie umwandelt. Diese Bewegungsenergie wiederum wandelt sich beim Aufschlag in thermische Energie (Wärme) um.

Energiespeicherung • Man kann Energie auch speichern. Dazu eignen sich die verschiedenen Energieformen unterschiedlich gut. Wärme ist eine Energieform, die sich nur sehr schlecht speichern lässt: Wenn man heißes Wasser in einem Becher aufbewahrt, ist es nach einer Stunde wieder kalt. Auch eine Thermoskanne kann die Abkühlung nicht lange verhindern. Nach einem Tag ist auch hier der heiße Tee kalt geworden.
Sehr gut lässt sich Energie dagegen in Form von Lageenergie speichern. Wenn etwas in der Höhe liegt, kann es dort jahrelang bleiben und mit ihm die gespeicherte Energie. Beispielsweise ist in hoch gelegenen Stauseen sehr viel Energie gespeichert. → 6

Weitere Energieformen • Es gibt noch weitere Energieformen als die hier vorgestellten. Eine weitere wichtige Energieform hängt mit chemischen Reaktionen zusammen und wird auf den nächsten Seiten noch ausführlich behandelt.

> Energie tritt in verschiedenen Formen auf, z. B. als Lage-, Bewegungs- oder Spannenergie. Auch Wärme ist eine Energieform.
> Die einzelnen Energieformen sind ineinander umwandelbar.
> Energie kann gespeichert werden.

5 Hier wird Bewegungsenergie in Spannenergie umgewandelt.

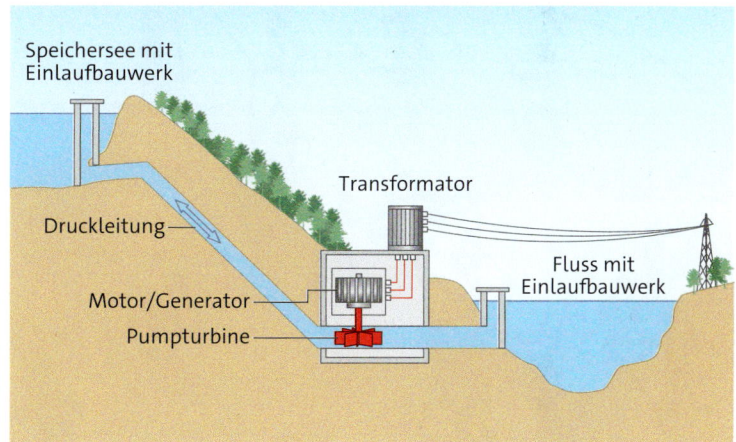

6 Ein Pumpspeicherwerk – Energiespeicherung im großen Stil

Aufgaben

1 ○ Nenne drei Energieformen und beschreibe jeweils ein Beispiel aus dem Alltag, wo diese Form auftritt.

2 ◐ Nenne, welche Energieformen bei den rennenden Pferden in Bild 1 auftreten.

3 ● Nenne die Energieformen, die bei einem Tennisspiel auftreten.

85

Was ist eigentlich Energie?

Material A

1 Auf dem Skihang ist viel los!

Energieformen

Auf dem Bild kann man viele verschiedene Energieformen erkennen.

1 ⭘ Übertrage die Tabelle in dein Heft und fülle sie aus.

Energieform	Zu finden in
Höhenenergie	A3
Spannenergie	…
…	…
…	…
…	…
…	…

2 ◐ Gib für drei der von dir entdeckten Energieformen an, in welche Energieform sie umgewandelt werden.

3 ● Erläutere, was aus der elektrischen Energie wird, die den Skilift antreibt.

Material B

2 Alltagsgegenstände mit Energiespeicher

Energiespeicher

In vielen Alltagsgegenständen wird Energie gespeichert.

1 ○ Lege eine Mind-Map an: Trage dort die verschiedenen Energieformen und die Beispiele von Bild 2 ein. → 3

2 ◐ Ergänze die Mind-Map mit weiteren Gegenständen aus deinem Alltag, die ebenfalls Energie gespeichert haben.

3 ◐ Bewerte die Energiespeicher danach, wie gut sich die in ihnen enthaltene Energie speichern lässt.

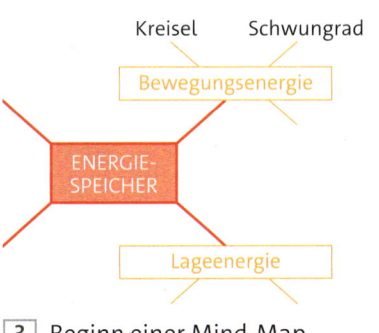

3 Beginn einer Mind-Map

Material C

Wasser warm schütteln

4 Wasser wird warm geschüttelt (Taschentuch als Isolation).

Fülle 5 mL Wasser in ein Reagenzglas mit Stopfen und miss die Temperatur. Schüttle das Reagenzglas für 30 s heftig auf und ab und miss erneut die Temperatur. Wiederhole den Versuch noch zweimal: einmal mit 60 s und einmal mit 90 s Schütteln.

1 ○ Berechne jeweils, um wie viel Grad sich das Wasser erwärmt hat.

2 ◐ Aus welcher Energieform wurde die hinzugekommene thermische Energie umgewandelt?

3 ● Erstelle ein Diagramm (x-Achse: Dauer des Schüttelns; y-Achse: Temperatur). Versuche das Diagramm über die 90 s hinaus fortzuführen. Wie lange müsste man schütteln, um 43 °C zu erreichen?

Manche Reaktionen setzen Energie frei

1 Hier wird Energie freigesetzt.

Eine der wichtigsten Energieformen wurde noch gar nicht angesprochen: die chemische Energie.

Energiefreisetzung • Bei vielen chemischen Reaktionen geht es gar nicht darum, dass ein bestimmter Stoff entsteht. Wichtig ist bei diesen Reaktionen nur eins: Chemische Energie wird in andere Energieformen umgewandelt. Meist handelt es sich dabei um thermische Energie.
Seit Tausenden von Jahren macht man sich zunutze, dass beim Brennen Energie frei wird. Schon die Steinzeitmenschen nutzten die frei werdende thermische Energie zum Heizen und zum Kochen. Später wurde Kohle verbrannt, um mit der thermischen Energie Dampfmaschinen anzutreiben.
Und auch heute verbrennen wir noch Kohle, Gas, Öl und Holz. Wir verwenden die thermische Energie, um Kraftwerke zu betreiben, Fahrzeuge anzutreiben oder Häuser zu heizen.

Kohlenstoffdioxid • Der Brennstoff enthält in den beschriebenen Fällen immer Kohlenstoff. Wie du gelernt hast, reagiert der Brennstoff beim Brennen immer mit Sauerstoff. Als Reaktionsprodukt entsteht Kohlenstoffdioxid.
Dieses Gas ist eigentlich harmlos: farblos, geruchlos und ungiftig. Es ist aber der Hauptverursacher des Klimawandels. 2014 lag sein Ausstoß weltweit bei 36 Milliarden Tonnen. Das ist das Gewicht von über 7 Milliarden Elefanten.
Die chemische Energie ist in Brennstoff und Sauerstoff gespeichert. Viele Brennstoffe sind Millionen von Jahren alt. Daran kann man sehen, dass sich chemische Energie sehr gut speichern lässt.

> In Stoffen kann chemische Energie gespeichert sein. Wenn diese bei Verbrennungen umgewandelt wird, entsteht meist Kohlenstoffdioxid.

die chemische Energie
das Energiediagramm
exotherm

Energiediagramme • In Diagrammen lässt sich zeigen, wie sich der Energiegehalt während der chemischen Reaktion verändert. Betrachten wir das Brennen eines Streichholzes: Am Anfang ist viel Energie in den Stoffen gespeichert. Am Ende der Reaktion steckt weniger Energie in den Stoffen. Dies ist in Bild 2 dargestellt.

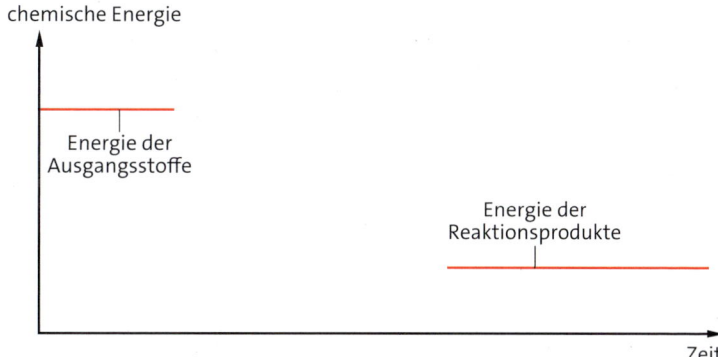

2 Energiegehalt vor und nach der Reaktion

Aktivierungsenergie • Doch von alleine läuft die Reaktion nicht ab. Beim Reiben des Holzes wird Bewegungsenergie in Wärmeenergie umgewandelt und dem Streichholz zugeführt. Diese Aktivierungsenergie ist nötig, damit die Reaktion in Gang kommt. In Bild 3 ist dies als Anstieg dargestellt.

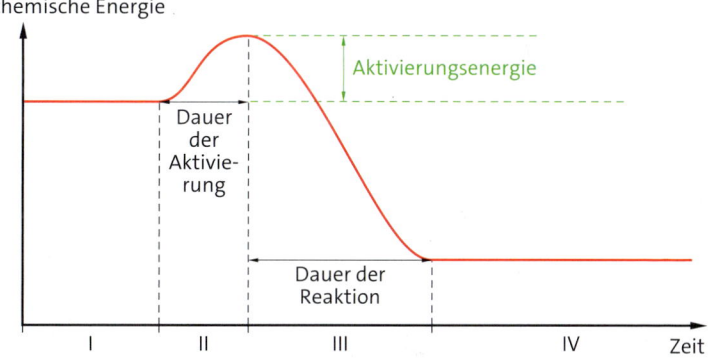

3 Energiediagramm mit eingezeichneter Aktivierungsenergie

Exotherme Reaktionen • Es gibt neben den Verbrennungen noch andere Reaktionen, bei denen Energie frei wird:
- Bei Batterien nutzen wir die Umwandlung von chemischer Energie in elektrische Energie.
- Bei Leuchtstäben wandelt sich chemische Energie in Lichtenergie.

Alle chemischen Reaktionen, bei denen Energie frei wird, werden als exotherme Reaktionen bezeichnet.

> Energiediagramme zeigen den Energiegehalt während einer chemischen Reaktion. Reaktionen, bei denen Energie frei wird, nennt man exotherme Reaktionen.

Aufgaben

1 ○ Nenne zwei Beispiele für exotherme Reaktionen.

2 ◐ Ordne den Phasen I – IV in Bild 3 folgende Vorgänge beim Abbrennen eines Streichholzes zu: *Reiben des Holzes an der Zündfläche – Streichholz vor der Reaktion – das Streichholz hat gebrannt – das Streichholz brennt.*

3 ● „Energiesparen = Klimaschutz." Nimm Stellung zu dieser Aussage.

Manche Reaktionen setzen Energie frei

Material A

Die Energiefreisetzung messen

Das Brennen von Streichhölzern ist eine exotherme chemische Reaktion. Wovon hängt es ab, wie viel Energie frei wird?

1 ○ Fülle 5 mL Wasser in die Hülle eines Teelichts und miss die Temperatur. Lass dann ein halbes Streichholz unter der Teelichthülle brennen und miss erneut die Temperatur. Berechne, um wie viel Grad sich das Wasser erwärmt hat.

Wiederhole den Versuch, nimm aber diesmal 10 mL Wasser. Was kannst du feststellen?

2 ◐ Fülle 5 mL Wasser in die Hülle eines Teelichts und miss die Temperatur.

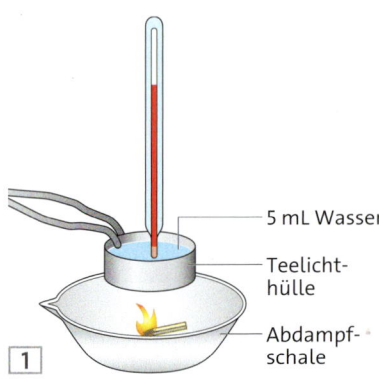

1 5 mL Wasser — Teelichthülle — Abdampfschale

Lass zweimal ein halbes Streichholz unter der Teelichthülle brennen und miss erneut die Temperatur. Berechne, um wie viel Grad sich das Wasser erwärmt hat. Was fällt dir auf?

3 ● Wiege ein Streichholz. Erwärme anschließend mit dem Streichholz 5 mL Wasser in der Teelichthülle. Ermittle, wie stark sich das Wasser erwärmt hat. Wiege das Streichholz erneut. Sage voraus, wie viel Gramm Holz brennen müssten, um das Wasser zum Kochen zu bringen.

Material B

2

3

4

Chemische Energie im Alltag

Sehr oft nutzen wir chemische Energie und wandeln sie in andere Energieformen um.

1 ◐ Betrachte die oben gezeigten Dinge und Situationen. Gib jeweils an, in welche Energieform die chemische Energie in diesen Beispielen umgewandelt wird.

2 ● Überlege dir weitere Beispiele aus dem Alltag, wo chemische Energie in andere Formen umgewandelt wird. Gib jeweils die entstehende Energieform an.

Material C

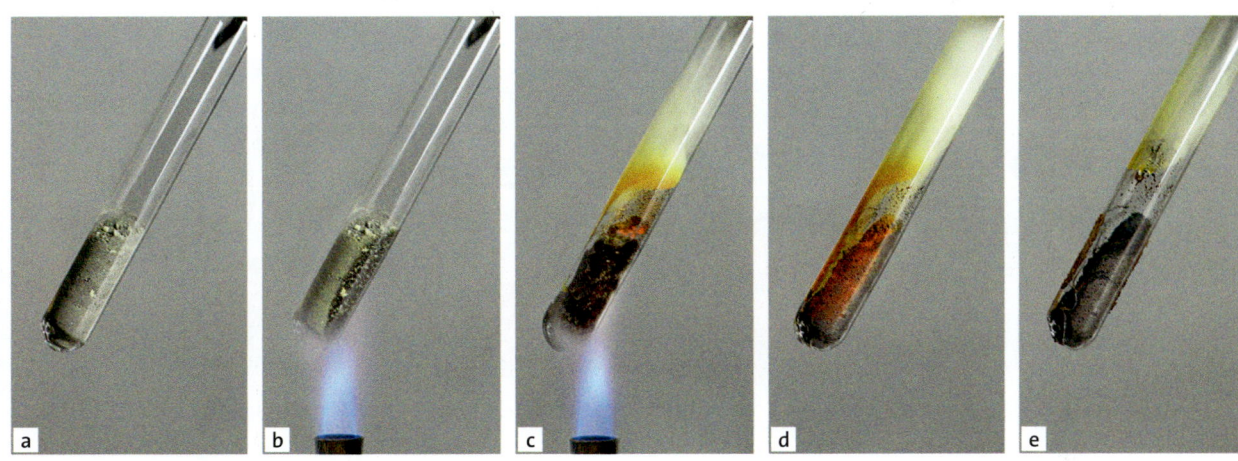

5 Die Reaktion von Eisen und Schwefel

Erstellen eines Energiediagramms

In einem Reagenzglas befand sich ein Gemisch aus Eisenpulver und Schwefelpulver. → 5a
Nach 5 Sekunden wurde ein Gasbrenner unter das Reagenzglas gestellt. → 5b
Weitere 12 Sekunden später sah man, wie das Gemisch aufglühte. → 5c

Der Gasbrenner wurde augenblicklich entfernt. In den kommenden 36 Sekunden war zu sehen, dass das Gemisch durchglühte. → 5d
Es wurde dabei so heiß, dass das Reagenzglas sprang.
Das letzte Foto der Reihe zeigt das Reagenzglas am Ende der Reaktion. Zu diesem Zeitpunkt waren insgesamt 53 Sekunden vergangen. → 5e

1 Bild 6 zeigt ein noch nicht ausgefülltes Energiediagramm.
a 🔷 Zeichne ein solches Diagramm in dein Heft. Hinweis: 1 cm entspricht auf der x-Achse 3 Sekunden. Die y-Achse wird nicht skaliert.
b 🔷 Beschrifte das Diagramm, indem du bei den einzelnen Phasen angibst, was zu dieser Zeit abgelaufen ist.

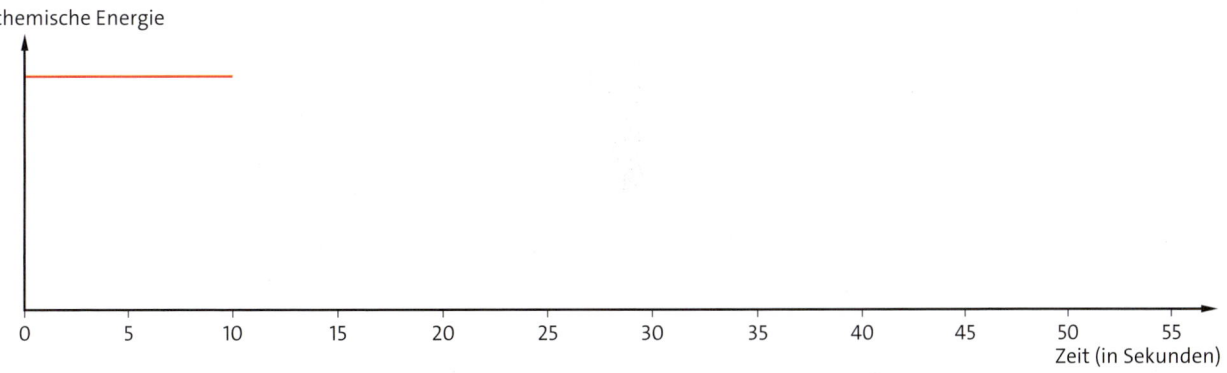

6 Hier soll die Reaktion von Eisen und Schwefel als Energiediagramm dargestellt werden.

Manche Reaktionen brauchen Energie

Beide Stoffe haben Raumtemperatur, ungefähr 20 °C.

Wenn beide miteinander reagieren ...

... sinkt die Temperatur deutlich. Nur noch –7 °C!

1 Bariumhydroxid und Ammoniumthiocyanat reagieren miteinander – und dabei wird es kalt.

Das Gegenteil von „abgeben" ist „aufnehmen". Gibt es auch ein Gegenteil von „exotherm"?

Exotherm und endotherm • Exotherme Reaktionen geben Energie ab. Je länger solche Reaktionen laufen, desto heißer kann es z. B. im Reagenzglas werden. Es gibt dann mehr thermische Energie im Reagenzglas.
Wie wäre das bei einer umgekehrten Reaktion? Es würde im Reagenzglas kälter werden. Denn die Stoffe, die dort reagieren, würden thermische Energie aufnehmen.
Solche Reaktionen gibt es tatsächlich. Man nennt sie endotherme Reaktionen. Bild 1 ist dafür ein Beispiel.

Laden und Entladen • Der Akku im Handy gibt Energie ab. Denn im Akku laufen exotherme chemische Reaktionen ab. Das setzt Energie frei – und zwar als elektrische Energie.
Beim Aufladen des Akkus ist es umgekehrt. Dann finden im Akku endotherme Reaktionen statt. Dazu muss man Strom anlegen. Die chemischen Stoffe im Akku nehmen dann Energie auf. Endotherme Reaktionen sind also auf Energiezufuhr angewiesen.

> Chemische Reaktionen, die nur dann ablaufen, wenn dauernd Energie aufgenommen werden kann, nennt man endotherme Reaktionen.

2 Laden des Akkus

Aufgaben

1 ○ Nenne zwei Beispiele für endotherme Reaktionen.

2 ◐ Versuche ein Energiediagramm für eine endotherme Reaktion zu zeichnen.

3 ● Beim Brennen eines Streichholzes muss zu Beginn Energie zugeführt werden. Begründe, warum es sich dabei nicht um eine endotherme Reaktion handelt.

Chemische Reaktionen und Energie

endotherm

Material A

Wie viel Energie steckt in Akkus?

Das Aufladen von Akkus ist eine endotherme Reaktion. Wie viel Energie steckt in den Akkus? Finde es selbst heraus. Dazu musst du zunächst verschiedene Akkus komplett aufladen. Die Energie, die bei dieser Reaktion nötig war, steckt nun in den Akkus. Du misst nun, wie viel Energie die Akkus abgeben.
Entlade den Akku durch einen Versuchsaufbau wie in Bild 3. Miss dabei die Spannung, die Strömung und die Zeitdauer der Entladung.
Mit folgender Formel berechnest du den Energiegehalt der Akkus in Joule (J):

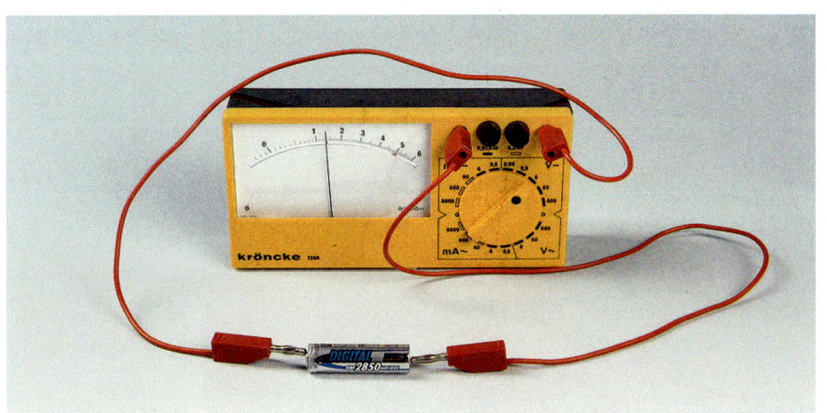

3 Messvorrichtung zum Energiegehalt von Akkus

Energiegehalt (J) = Spannung (V) · Strömung (A) · Zeitdauer (s)

1 ◐ Ermittle den Energiegehalt verschiedener Akkus.

2 ◐ Erstelle ein Diagramm, das deine Ergebnisse übersichtlich zeigt.

NiMH = Nickel-Metallhydrid-Akku
Li-Ion = Lithium-Ionen-Akku
NiCd = Nickel-Cadmium-Akku

4 Abkürzungen gängiger Akkus

Material B

Energiesparen durch Recycling

Die Herstellung von Aluminium aus Bodenschätzen erfordert mehrere energieintensive endotherme Reaktionen. Weniger Energie ist notwendig, um altes Aluminium zu recyceln.
Das Diagramm in Bild 5 zeigt den jeweiligen Bedarf.

1 ○ Lies aus dem Diagramm den Energiebedarf für die Gewinnung von 1 kg Aluminium aus Bodenschätzen und aus recyceltem Aluminium ab.

2 ◐ Der Bedarf an Aluminium liegt in Deutschland bei rund 2 Milliarden kg pro Jahr. Berechne, wie viel Energie sich durch Recycling einsparen lässt.

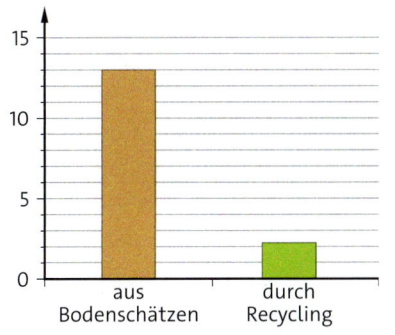

5 Energiebedarf in kWh zur Herstellung von jeweils 1 kg Aluminium

Woher habe ich meine Energie?

1 Unser Körper hat Energie.

Wir stehen auf, bewegen uns oder steigen Treppen hinauf. Dafür muss jeweils Energie umgewandelt werden. Aber wo kommt diese her?

Chemische Energie in uns • Energie entsteht nicht aus dem Nichts. Die Energie in uns kann also nur aus irgendeiner Energieform umgewandelt worden sein. Wie man inzwischen weiß, stammt alle unsere Energie aus chemischer Energie: In unserem Körper laufen ständig chemische Reaktionen ab, die Energie freisetzen.

Zellatmung • Jedem ist klar, dass wir ohne Nahrung und Atmung nicht leben können. Das liegt daran, dass wir unsere Energie aus chemischen Reaktionen der Nahrung mit Teilen der Atemluft beziehen.

Ein Versuch zeigt, welche Stoffe dabei eine Rolle spielen: In frischer Luft wurde der Gehalt an den verschiedenen Luftbestandteilen gemessen. → 3

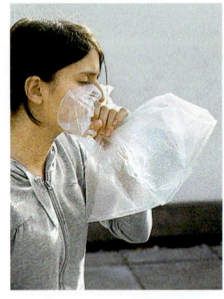

2 Auffangen von Atemluft

Danach wurde mehrmals in eine Tüte ein- und ausgeatmet.

Als nun Sensoren zur Messung in die Tüte gesteckt wurden, zeigten sie ganz andere Werte: → 3 Die ausgeatmete Luft enthielt weniger Sauerstoff und mehr Kohlenstoffdioxid.

Dies muss man so deuten: Der eingeatmete Sauerstoff hat in unserem Körper mit Teilen der Nahrung reagiert. Als Reaktionsprodukt ist Kohlenstoffdioxid entstanden und dann ausgeatmet worden.

Diese chemischen Reaktionen, bei denen übrigens auch Wasser entsteht, sind exotherm und werden Zellatmung genannt. → 4 Alle Menschen, Tiere und Pflanzen gewinnen ihre Energie aus diesen Reaktionen.

> Unser Körper gewinnt seine nutzbare Energie aus exothermen Reaktionen. Dabei reagieren Teile der Nahrung mit Sauerstoff. Diese Reaktionen nennt man Zellatmung.

die Zellatmung

Transport im Körper • Der Sauerstoff wird in die Lunge eingeatmet. Die Nahrung kommt nach dem Kauen erst einmal in den Magen. Wie aber kommen Sauerstoff und Nahrungsbestandteile dann z. B. in den Muskel oder in das Gehirn? Denn dort wird ja ständig Energie gebraucht.

Dieses Problem wird mit dem Blutkreislauf gelöst. Sauerstoff und Nahrungsbestandteile gelangen beide in unser Blut: der Sauerstoff über die Lunge, die Nahrungsbestandteile über den Darm. Unser Herz ist der Antrieb für das Blut. Das Blut wird – mit den darin gelösten Bestandteilen – an alle Stellen des Körpers gepumpt. Dort findet dann die Zellatmung statt.

Keuchen beim Sport • Es gibt Momente, in denen man mehr Energie braucht, z. B. beim Sport. Dann muss mehr Zellatmung ablaufen, also mehr an exothermen Reaktionen.

Unser Körper reagiert darauf und passt sich dem neuen Energiebedarf an. Unbewusst gibt unser Gehirn Befehle, die zur Folge haben, dass man schneller atmet, damit mehr Sauerstoff in den Körper kommt. Auch das Herz schlägt dann schneller. Auf diese Weise werden mehr Sauerstoff und mehr Nahrungsbestandteile durch den Körper gepumpt.

> Mithilfe von Lunge, Verdauungsorganen und Blutkreislauf schafft es unser Körper, Sauerstoff und Nahrungsbestandteile gleichzeitig an alle Stellen des Körpers zu bringen.

	Frische Luft	Ausgeatmete Luft
Stickstoff	78,08 %	78,08 %
Sauerstoff	20,94 %	17,73 %
Argon	0,93 %	0,93 %
Kohlenstoffdioxid	0,04 %	3,25 %
Sonstige Gase	0,01 %	0,01 %

3 Messwerte zur Zusammensetzung der Luft bei einem Experiment

Nahrung (z. B. Zucker) + Sauerstoff
$\rightarrow$ Kohlenstoffdioxid + Wasser

4 Reaktionsgleichung der Zellatmung

Aufgaben

1 ○ Nenne die Stoffe, aus deren Reaktion unser Körper seine Energie gewinnt.

2 ○ Nenne die Teile unseres Körpers, die bei der Energieversorgung eine Rolle spielen.

3 ◐ Ein Mensch, der gerade gestorben ist, kühlt ziemlich schnell auf die Temperatur der Umgebung ab. Erkläre.

4 ◐ Durch Mund-zu-Mund-Beatmung versucht man, Personen mit Atemstillstand zu retten. Erkläre, wieso dabei die ausgeatmete Luft des Helfers für den Verunglückten lebensrettend sein kann.

Woher habe ich meine Energie?

Material A

Energieumwandlung und Energiebedarf

Je mehr Energie dein Körper umwandelt, desto schneller sind Atmung und Herzschlag.

Miss deine Atemzüge und Herzschläge pro Minute im Sitzen, nach langsamem und nach schnellem Treppensteigen.

1 ◐ Erstelle ein Diagramm aus deinen Messwerten. Erkläre, warum die Ergebnisse ein Hinweis auf unterschiedlich viel Zellatmung in deinem Körper sind.

[1] Pulsmessen an der Halsschlagader

Material B

Wie viel Sauerstoff verbrauchen wir?

Der Sauerstoffgehalt der Luft lässt sich mit der unten gezeigten Apparatur bestimmen.

Baue den Versuch wie in Bild 2 auf. Dann saugst du exakt 100 mL Luft in den rechten Kolbenprober. Nun musst du den 3-Wege-Hahn so einstellen, dass die Luft in den linken Kolbenprober gepumpt werden kann. Probiere es aus.

Dann wird die Eisenwolle im Glasrohr mithilfe des Brenners für ca. 30 s erhitzt. Leite nun die Luft viermal zwischen den Kolben hin und her.

1 ◐ Wie viel Gas befindet sich nach dem Versuch im Kolbenprober? Erkläre, was mit dem „fehlenden" Gas passiert ist. Gib den Sauerstoffgehalt der Luft an, den du ermitteln konntest. Erstelle ein Versuchsprotokoll.

2 ● Wie viel Sauerstoff befindet sich im Chemieraum? Ermittle dazu den Rauminhalt in m^3. Wie viel davon ist Sauerstoff?

3 ● Atme dreimal in eine Plastiktüte ein und aus. Achte dabei darauf, dass du immer wieder die Luft aus der Tüte einatmest. Sauge anschließend den Inhalt der Tüte in die Apparatur. Wie viel Sauerstoff enthält die geatmete Luft?
Wenn du das Volumen der geatmeten Luft in der Tüte bestimmst (Tipp: mit Wasser und Messzylinder), kannst du deinen Sauerstoffverbrauch berechnen. Stelle Hochrechnungen an, wie viel Sauerstoff du in der Minute, in einer Stunde und am Tag verbrauchst.

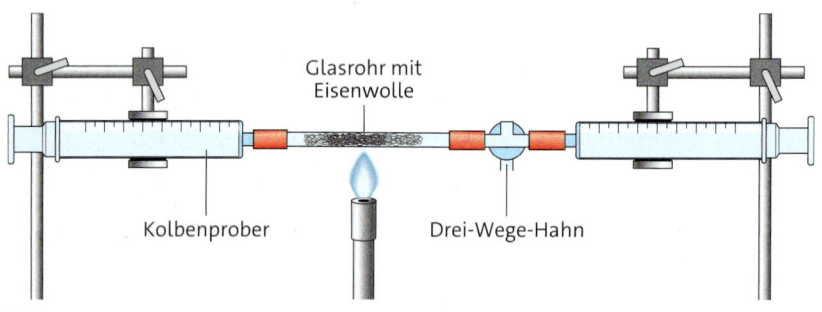

[2] In dieser Apparatur kann Sauerstoff mit Eisenwolle reagieren.

Material C

Energiegehalt von Lebensmitteln

Zum Erwärmen von Wasser ist Energie notwendig. Um 1 mL Wasser um 1 Grad zu erwärmen, braucht man 4,2 Joule.

1. ◐ Berechne, wie viel Energie für folgende Erwärmungen von Wasser notwendig sind:
   - 100 mL um 1 Grad
   - 1 mL um 20 Grad
   - 20 mL um 15 Grad
   - 53 mL um 3,5 Grad

2. ● Umwickle einen Korken mit Alufolie und stecke eine Stopfnadel in den Korken. Spieße nun einen Erdnussflip auf wie in Bild 3 gezeigt. Fülle 100 mL Wasser in eine Konservendose und miss die Temperatur. Entzünde den Flip und erhitze mit dem brennenden Flip das Wasser. → ▢4
Miss die Temperatur des erwärmten Wassers. Berechne, wie viel Energie durch die exotherme Reaktion des Verbrennens des Flips in das Wasser ging.

3. ● Wiederhole den Versuch. Wiege diesmal jedoch den Flip vorher und nachher. In wie viel Gramm Flip steckt die ermittelte Energiemenge? Berechne, wie viel chemische Energie in 100 g Flip enthalten sind.

4. ● Vergleiche den von dir ermittelten Energiegehalt in 100 g Flip mit dem auf der Verpackung angegebenen Wert. Nenne Gründe, warum dein Wert geringer ist.

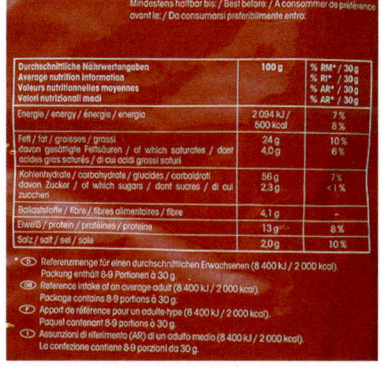

▢5 Energiegehalt von Erdnussflips light

5. ● Ermittle die Energiegehalte von normalen Erdnussflips und von Erdnussflips light. Vergleiche die Werte. Nimm Stellung zu der Werbeaussage „30 % weniger Fett".

6. ● Bestimme wie in Schritt 2 und 3 auch den Energiegehalt von Walnüssen.

▢3 Halterung für Erdnussflips

▢4 Versuchsanordnung zur Bestimmung des Energiegehalts

Wie kommt die Energie in die Nahrung?

1 Apfelbäume liefern uns Nahrung. Und sie haben die typische Farbe der Pflanzen: Grün.

In unserer Nahrung ist chemische Energie gespeichert. Doch wo kommt diese her?

Fotosynthese • Energie entsteht nicht aus dem Nichts. Daher stellt sich die Frage, aus welcher Energieform sich die chemische Energie in Nahrungsmitteln umgewandelt hat.
Sie stammt aus einer endothermen chemischen Reaktion. Aus Kohlenstoffdioxid und Wasser entstehen dabei Zucker und Sauerstoff. Die dafür nötige Energie liefert das Sonnenlicht. Diese bedeutende endotherme chemische Reaktion nennt man Fotosynthese.

Die Rolle der Pflanzen • Egal, ob man Äpfel direkt vom Baum, Nudeln aus der Fabrik oder Hühnereier vom Bauernhof isst: Im Endeffekt haben alle Nahrungsmittel ihren Ursprung in Pflanzen. Daher ist die Sonne die Energiequelle, aus der alle Lebewesen ihre Energie beziehen.

Alle Lebewesen, egal ob Mensch, Tier oder Pflanze, gewinnen ihre Energie durch die exotherme Reaktion der Zellatmung. Die endotherme Reaktion der Fotosynthese können aber nur Pflanzen durchführen. Nur sie haben den grünen Farbstoff Chlorophyll, der dafür notwendig ist.

> Pflanzen können in einer endothermen Reaktion die Strahlungsenergie der Sonne in chemische Energie umwandeln. Diese Reaktion nennt man Fotosynthese.

Aufgaben

1 ○ Nenne Ausgangsstoffe und Reaktionsprodukte der Fotosynthese.

2 ● Nach Entstehen der Erde gab es zunächst keinen Sauerstoff in der Atmosphäre. Erkläre, wie dieser entstanden ist.

die Fotosynthese

Material A

Licht oder Wärme?

Die Energie für die Fotosynthese kommt vom Licht der Sonne.

Oder kommt sie vielleicht von der Wärmeenergie der Sonne?

1 ● Beantworte die Frage, indem du Versuche mit schnell wachsender Kresse machst. Notiere die Bedingungen, unter denen du mehrere Keimansätze wachsen lassen willst.

2 ◐ Beantworte die Frage nach Licht oder Wärme mithilfe des unten stehenden Texts.

Moose weltweit

Moose sind eine sehr erfolgreiche Pflanzengruppe. In praktisch allen Regionen und Klimazonen unserer Erde kommen sie vor. Sie wachsen sowohl im tropischen Regenwald bei ständiger Hitze als auch in den Polargebieten bei Temperaturen nahe 0 °C.

Kressesamen, **schwarze Abdeckkappen**, *durchsichtige Abdeckkappen*, *Dünger*, *Glasschälchen*, *Kühlschrank*, *Leitungswasser*, *Watte*, *Petrischalen*, *Erde*, *Lampe*

2 Materialvorschläge für die Keimversuche

Material B

Ergänzung oder Gegenteil?

Lisa sagt: „Fotosynthese und Zellatmung sind das Gegenteil." Tom antwortet: „Ich finde, dass sie sich toll ergänzen."

1 ○ Beschreibe das in Bild 3 gezeigte Schema mit eigenen Worten.

2 ◐ Begründe, ob du Lisa oder Tom zustimmen würdest.

3 ◐ Erkläre, warum die Energie in einem Hühnerei letztlich von Pflanzen stammt.

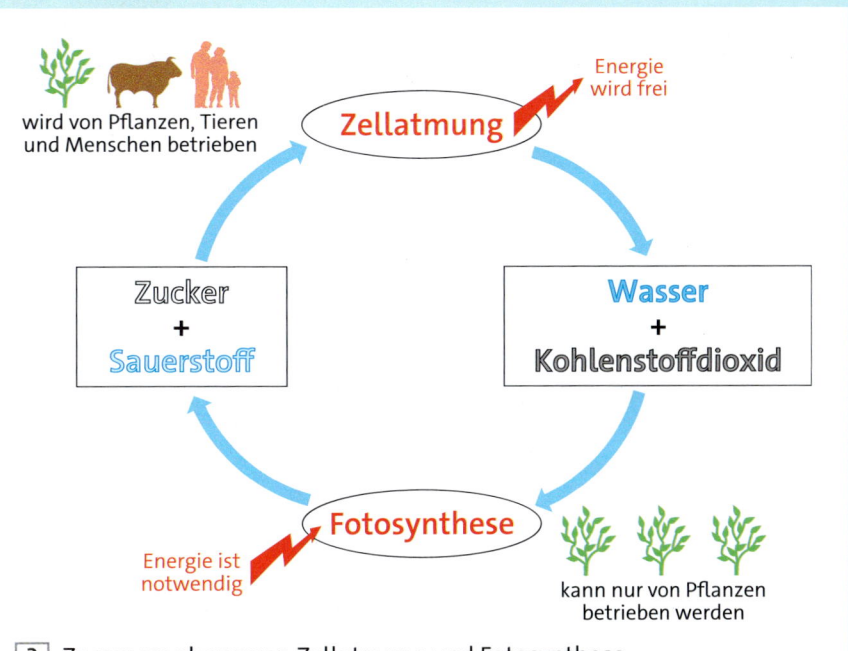

3 Zusammenhang von Zellatmung und Fotosynthese

99

Chemische Reaktionen und Energie

Zusammenfassung

Energie • Energie tritt in verschiedenen Formen auf – z. B. als Lageenergie, Bewegungsenergie oder thermische Energie.
Die verschiedenen Energieformen sind ineinander umwandelbar.
Energie lässt sich speichern – je nach Energieform gut oder weniger gut. Besonders gut lässt sich Energie in Form von chemischer Energie speichern. Diese steckt z. B. in Holz, Kohle, Erdöl oder Erdgas.

1 Energieumwandlungen beim Schaukeln

Chemische Reaktionen und Energie • Bei chemischen Reaktionen wird immer Energie umgewandelt. Wenn Energie freigesetzt wird, spricht man von einer exothermen Reaktion. Meist wird die chemische Energie dabei in Wärmeenergie umgewandelt.
Oft ist etwas Energie nötig, um eine exotherme Reaktion zu starten. Diese Energiemenge nennt man Aktivierungsenergie.
Reaktionen, die nur ablaufen, wenn man fortwährend Energie zuführt, nennt man endotherme Reaktionen.

2 Eine exotherme Reaktion

Zellatmung und Fotosynthese • Unser Körper benötigt dauernd Energie. Diese Energie erhalten wir durch eine exotherme chemische Reaktion, die man Zellatmung nennt. Dabei reagieren Zucker und Sauerstoff zu Wasser und Kohlenstoffdioxid.
Die Umkehrung dieser Reaktion, bei der Kohlenstoffdioxid und Wasser zu Zucker und Sauerstoff reagieren, nennt man Fotosynthese. Diese endotherme Reaktion erhält die notwendige Energie aus dem Sonnenlicht.

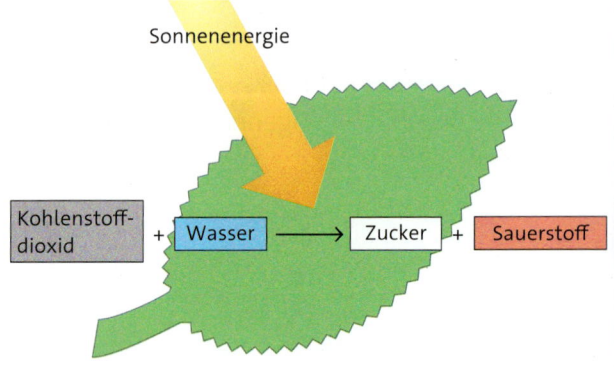

3 Die Fotosynthese – die wichtigste endotherme Reaktion

Teste dich! (Lösungen im Anhang)

1 ○ Fotosynthese und Zellatmung sind energetisch bedeutende Reaktionen. Das noch unvollständige Schema in Bild 4 zeigt den Zusammenhang dieser beiden Reaktionen. Übernimm das Schema in dein Heft und ergänze die Lücken.

2 ○ Der menschliche Körper muss es schaffen, die Reaktionspartner Zucker und Sauerstoff in Kontakt zu bringen. Beschreibe, auf welchem Weg das gelingt.

3 Bestimmt bist du mit dem Fahrrad schon einmal einen Abhang heruntergefahren.
a ○ Nenne die Energieformen, die bei der Aktion in Bild 5 auftreten.
b ◓ Erläutere, was mit der Energie passiert ist, wenn die Radfahrerin am Fuß des Bergs zum Stehen gekommen ist.

4 Wenn man bei einem Wärmekissen ein Metallplättchen im Inneren knickt, heizt sich das Kissen für eine Weile auf. →6 Grund dafür ist, dass im Inneren eine chemische Reaktion in Gang gesetzt wird.
a ○ Entscheide, ob es sich um eine exotherme oder um eine endotherme Reaktion handelt.
b ◓ Wie bezeichnet man das Knicken des Metallplättchens aus reaktionsenergetischer Sicht?
c ◓ Zeichne das Energiediagramm dieser chemischen Reaktion.

5 ● Wenn du im Winter in der Pause das Fenster des Klassenzimmers schließt, ist dies ein Beitrag zum Klimaschutz. Begründe, warum dies so ist.

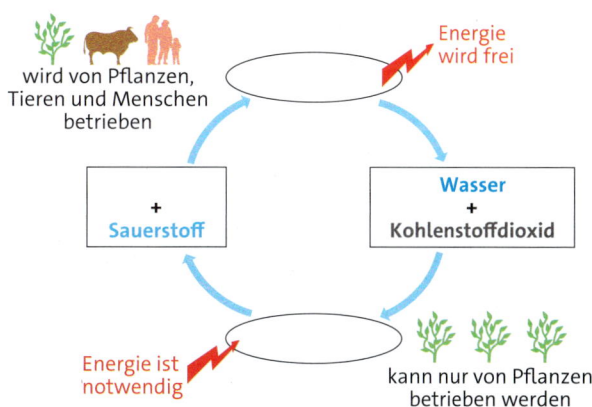

4 Zusammenhang von Zellatmung und Fotosynthese

5 Bergab mit dem Fahrrad – und dann heftig bremsen

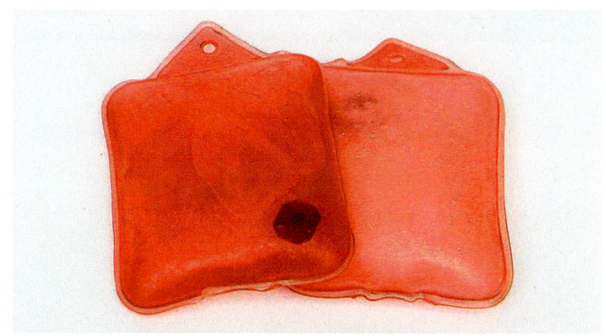

6 Wärmekissen – speziell im Winter angenehm

Metalle – wertvoll und wichtig

Sind Metalle starr oder sind sie biegbar?

Kommen Metalle aus Bergwerken oder aus der Fabrik?

Besteht Stahl aus Eisen oder aus anderen Stoffen?

Was genau sind Metalle?

[1] Sind Metalle grundsätzlich hart, stabil und glänzend?

Ein Blick in die Geschichtsbücher zeigt: Metalle waren immer sehr wichtig. Es gab ganze Zeitalter, die nach Metallen benannt wurden.

Wenn du dich in deiner Umgebung umschaust, werden dir viele Stoffe auffallen: Kunststoffe, Holz, Metalle ... Metalle spielen in der Chemie eine wichtige Rolle. Was ist typisch für diese Stoffgruppe?

Verformbarkeit • Alle Metalle sind verformbar. Das kannst du leicht feststellen, wenn du einen dünnen Draht in eine bestimmte Form bringen willst. Sogar dicke Stahlträger können sich durch große Krafteinwirkung verbiegen. Dabei zerbrechen die Metalle nicht so einfach.

Elektrische Leitfähigkeit • Metalle leiten sehr gut den elektrische Strom. Auch einige andere Stoffe können den Strom leiten, aber Metalle sind die Spitzenreiter unter den Stromleitern.

Wärmeleitfähigkeit • Sicherlich haben sich viele schon einmal den Finger an einem heißen Kochtopf aus Metall verbrannt. Metalle leiten nämlich auch Wärme hervorragend.

Glänzende Oberfläche • Dies ist vor allem dann von Bedeutung, wenn es um das Aussehen eines Gegenstands geht. Schmuck würde man nicht aus Gold oder Silber herstellen, wenn diese Metalle nicht so schön glänzen würden. Auch alle anderen Metalle haben eine glänzende Oberfläche. Allerdings kann dieser Glanz auch sehr schnell wieder verschwinden, wenn das Metall chemisch reagiert.

> Metalle bilden eine Stoffgruppe. Alle Stoffe in dieser Stoffgruppe haben mehrere gleiche Eigenschaften.

das **Leichtmetall**
das **Schwermetall**
das **Edelmetall**
das **unedle Metall**

Es gibt aber auch eine Reihe von Unterschieden zwischen den Metallen:

Magnetismus • Nur wenige Metalle sind magnetisch, nämlich nur Eisen, Cobalt und Nickel. Die anderen Metalle lassen sich von einem Magneten nicht anziehen.

Härte • Manche Metalle sind so weich, dass man sie mit einem Messer ritzen kann. Dazu gehört Blei. Daher verwendete man es früher gerne beim Dachausbau. Es lässt sich leicht in die entsprechende Form schneiden und biegen. → 2

Schmelztemperatur • Die Schmelztemperaturen der Metalle sind sehr unterschiedlich. Ein einziges Metall ist sogar schon bei Raumtemperatur flüssig: Quecksilber.

Leicht- und Schwermetalle • Auch die Dichte ist sehr unterschiedlich. Man unterscheidet Leichtmetalle, z. B. Aluminium, und Schwermetalle, z. B. Blei.

Edelmetalle und unedle Metalle • Einige Metalle, z. B. Gold, gehen normalerweise keine chemischen Reaktionen ein. Sie bleiben für immer unverändert. Solche Metalle nennt man Edelmetalle.
Andere Metalle können mit einer Reihe von Stoffen reagieren. Dabei verändern sie sich. Beispielsweise verschwindet dann der Metallglanz. Eisen ist ein Beispiel für diese unedlen Metalle, denn Eisen kann z. B. rosten. → 4

2 Abdichtung eines Schornsteins mit Blei

3 Aluminium wird bei 933 °C flüssig.

Natrium   Calcium   Eisen   Kupfer   Silber   Gold

4 Von ganz unedel bis ganz edel

Aufgaben

1 ○ Nenne die gemeinsamen Eigenschaften der Stoffklasse der Metalle.

2 ○ Teile die Metalle, die auf dieser Seite genannt werden, in Edelmetalle und unedle Metalle ein.

3 ◐ Welche Stoffeigenschaften machen Gold zu einem begehrten Material für die Schmuckherstellung?

Was genau sind Metalle?

Material A

„Blei"gießen an Silvester

Weil Blei giftig ist, wird es heute nicht mehr zum Bleigießen verwendet. Es gibt aber ein gutes Ersatzmetall: Zinn.

Materialliste: Kerze, großer Löffel, Zinn, Becherglas mit Wasser

Gib auf den Löffel einen halben Teelöffel Zinn. Halte den Löffel über eine brennende Kerze. Wenn sich eine gelbliche Haut auf dem Zinn gebildet hat, gießt du das Zinn in das Wasser. An Silvester kann man dann aus der entstandenen Form die Zukunft „vorhersagen".

1 ● Beim Abschrecken von Zinn in Wasser ändert sich der Aggregatzustand. Stelle in einem Comic aus mehreren Bildern auf Teilchenebene dar, was dabei geschieht.

Material B

Ermittlung der Schmelztemperatur von Zinn

Mit einem Versuchsaufbau wie in Bild 2 kannst du die Schmelztemperatur von manchen Metallen bestimmen. Baue den Versuch auf und überprüfe die Schmelztemperatur von Zinn.

1 ◐ Begründe, warum dieser Versuchsaufbau nur bei Zinn, Zink und Blei funktioniert, nicht aber z. B. bei Eisen.

Zinn	232 °C
Blei	327 °C
Zink	420 °C
Aluminium	660 °C
Kupfer	1085 °C
Eisen	1538 °C

[1] Schmelztemperaturen

2 ◐ Informiere dich bei einem kommerziellen Bleigieß-Set über die Zusammensetzung des „Bleis", das dort verwendet wird. Vergleiche mit der Erstarrungstemperatur von Zinn in deinem Versuch.

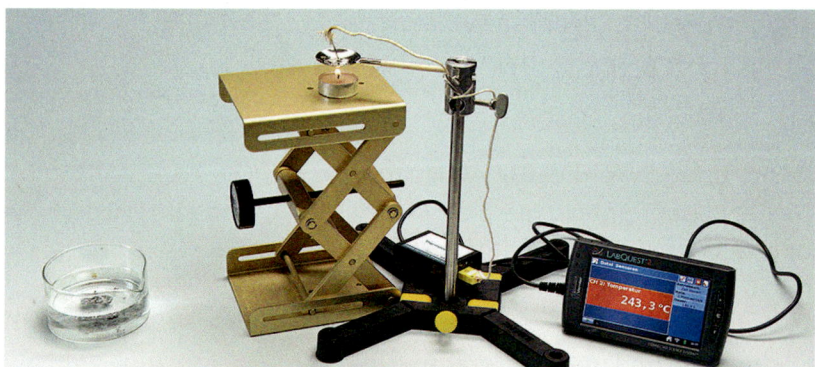

[2] Versuchsaufbau zur Messung der Schmelztemperatur

Material C

Sind Geldmünzen magnetisch?

Besorge dir verschiedene Münzen. Interessant sind auch Münzen aus anderen Ländern, z. B. den USA. Vielleicht hast du auch noch alte DM-Münzen zu Hause.
Überprüfe mit einem Magneten, ob die Münzen magnetisch sind.

1 ○ Zähle magnetische und nicht magnetische Münzen auf.

2 ◐ Nenne Metalle, die enthalten sein könnten.

Material D

Einige Metalle sind giftig

Blei

Bis 1973 kam es vor, dass Bleirohre in Häusern verlegt wurden. Da das Metall weich ist und sich leicht verbiegen lässt, wurde es gerne für Wasserrohre verwendet. Es hat sich aber herausgestellt, dass Blei gesundheitsgefährdend und giftig ist. Müdigkeit, Magen-Darm-Beschwerden, Nervenlähmungen und Sehstörungen zählen zu den Vergiftungserscheinungen.

Durch das Wasser gelangen Stoffe in die Rohre, die mit dem Blei reagieren können. So werden kleinste Mengen von Bleiverbindungen im Trinkwasser gelöst und gelangen dann in den menschlichen Körper. Daher wurde Blei gesetzlich verboten. Alte Bleirohre müssen ausgetauscht werden.

Quecksilber

Quecksilber ist das einzige Metall, das bei Raumtemperatur flüssig ist. Zusammen z. B. mit Blei gehört es zu den Schwermetallen.

Heute kommt es noch als Bestandteil von Amalgam-Zahnfüllungen und als Hilfsstoff in älteren Energiesparlampen vor. Früher hatte fast jeder Haushalt ein Quecksilberthermometer. Quecksilber eignet sich gut für Thermometer, weil es sich bei jedem Grad Temperaturanstieg sehr gleichmäßig ausdehnt. Außerdem ist die dünne Quecksilbersäule im Thermometer besser sichtbar als bei anderen Flüssigkeiten. Quecksilber ist gefährlich, weil es an der Luft giftige Dämpfe bildet. Diese werden eingeatmet und führen zu Vergiftungen.

3 Alte Wasserrohre aus Blei an einer Hauswand

4 Zerbrochenes Fieberthermometer

1 ○ Nenne Eigenschaften von Blei.

2 ○ Nenne mögliche Anzeichen einer Bleivergiftung.

3 ◐ Begründe, warum Quecksilber in Thermometern zum Einsatz kam.

Material E

Dichtebestimmung von Metallen

Die Dichte ist eine typische Stoffeigenschaft.

Bestimme die Dichte von möglichst vielen Metallen. Dazu brauchst du kleine Probestücke der Metalle. Gehe vor, wie auf Seite 36 beschrieben.

1 ○ Metalle mit einer Dichte unter $5\frac{g}{cm^3}$ gelten als Leichtmetalle. Teile die Metalle in Leicht- und Schwermetalle ein.

Was genau sind Metalle?

Erweitern und Vertiefen

Vier wichtige Metalle

[1] Pfanne aus Gusseisen

[2] Schüssel aus Kupfer

Eisen
Symbol: Fe
Dichte: $7{,}9\,\frac{g}{m^3}$
Schmelztemperatur: 1538 °C
Mohshärte: 4,0

Eisen kommt auf der Erde recht häufig vor. 5,6 % der Erdkruste bestehen aus Eisen. Allerdings kommt Eisen in reiner Form auf der Erde praktisch nicht vor, sondern nur in Form von Verbindungen. Gelegentlich findet man aber Meteoriten, die aus reinem Eisen bestehen. Wie du sicher schon beobachtet hast, rostet Eisen sehr schnell. Dabei entsteht der bräunlich rote Rost, eine Eisenverbindung. Rost blättert sehr leicht von dem restlichen Gegenstand aus Eisen ab. Daher müssen Gegenstände aus Eisen gegen Feuchtigkeit geschützt werden. Dies kann durch einen Lack oder auch durch einen Überzug aus einem anderen Stoff geschehen.

Auch in unserem Körper spielt Eisen eine wichtige Rolle: In den roten Blutkörperchen kommt ein eisenhaltiger Stoff vor, das Hämoglobin. Hämoglobin ist wichtig für den Sauerstofftransport im Blut.

Kupfer
Symbol: Cu
Dichte: $8{,}9\,\frac{g}{cm^3}$
Schmelztemperatur: 1085 °C
Mohshärte: 3,0

Kupfer ist ein seltenes Metall, das nur 0,01 % der Erdkruste ausmacht. Dies ist einer der Gründe, weshalb der Rohstoffpreis von Kupfer recht hoch ist.

Kupfer ist ein beliebtes Metall im Kunsthandwerk. Es lässt sich leicht durch Hämmern verformen und ist sehr dehnbar. Außerdem lassen sich zwei Kupferteile gut miteinander verlöten. Kupfer ist nach Silber der zweitbeste metallische Leiter für Strom und Wärme. Daher werden große Mengen von Kupfer in Stromleitungen verarbeitet. Auch hochwertiges Kochgeschirr wird manchmal aus Kupfer hergestellt. Vielleicht hast du auch schon einmal in einer Brauerei oder in einem Museum die riesigen kupfernen Braukessel für die Bierherstellung gesehen.

Kupfer war das erste Gebrauchsmetall der Menschheit und gab einem ganzen Zeitalter – nämlich der Kupferzeit – seinen Namen.

3 Silberschmuck

4 Magnesiumpulver

Silber
Symbol: Ag
Dichte: 10,5 $\frac{g}{cm^3}$
Schmelztemperatur: 962 °C
Mohshärte: 2,5–3

Dieses Edelmetall ist der beste Leiter für elektrischen Strom. Es wird aber nicht für Stromkabel verwendet, weil es dafür zu teuer ist. In der Schmuckindustrie ist es als Werkstoff nicht wegzudenken. Edles Besteck wird ebenfalls oft aus Silber hergestellt. Allerdings wurde es früher leicht schwarz. Dies geschieht durch Schwefelwasserstoff, der in der Luft und auch in Eiern vorkommt. Daher wird das Frühstücksei nie mit einem Silberlöffel gegessen. Man verwendet Löffel aus Edelstahl, Perlmutt oder Kunststoff. Heute wird Silberbesteck mit einer dünnen Schicht Rhodium überzogen, die das Schwärzen des Silbers verhindert.
Ein weiterer Einsatzbereich ist die Medizin. Da Silber leicht giftig wirkt, nutzt man es für die Herstellung von Wundauflagen.
Auch die Hersteller von Sporttextilien haben Silber für sich entdeckt – es soll Bakterien töten und so den Schweißgeruch vermindern.

Magnesium
Symbol: Mg
Dichte: 1,7 $\frac{g}{cm^3}$
Schmelztemperatur: 650 °C
Mohshärte: 2,5

Reines Magnesium ist sehr leicht und hat nur eine geringe Festigkeit und Härte. Zudem lässt sich ein dünnes Magnesiumblech sehr leicht entzünden. Es verbrennt dann mit einer grellweißen Flamme.
Magnesiumpulver kann sich sogar selbst entzünden. Da Magnesium so reaktionsfreudig ist, ist beim Umgang damit große Vorsicht geboten. Hättest du gedacht, dass ein Metall fast ein gesamtes Gebirge bildet? Natürlich nicht als reiner Stoff, sondern nur als Bestandteil von Verbindungen. Die Dolomiten in den Alpen sind solch ein Gebirge. Dennoch bestehen nur 2,3 % der Erdkruste aus Magnesium.
Wie Silber kann man auch Magnesium in der Medizin verwenden. Man untersucht gerade die Möglichkeit, Implantate aus magnesiumhaltigen Stoffen zu verwenden. Der Vorteil dabei ist, dass der Körper sie langsam auflöst und eine weitere Operation daher unnötig ist.

Man findet eigentlich nur Erze

[1] Hier wird kein Eisen abgebaut, sondern Eisenerz.

Es gibt nur nur wenige Metalle, die auf der Erde in ihrer reinen Form vorkommen. Dazu gehören die Edelmetalle Gold, Silber und Platin. Der weitaus größere Teil der Metalle liegt in Form von Erzen vor.

Oxide und Sulfide • Viele Metalle reagieren leicht mit Sauerstoff. Die Verbindungen, die sich bei diesen Oxidationen bilden, heißen Metalloxide, z. B.:

Eisen + Sauerstoff → Eisenoxid

Neben Sauerstoff reagieren Metalle auch z. B. mit Schwefel. Bei dieser Reaktion entstehen Metallsulfide, z. B.:

Kupfer + Schwefel → Kupfersulfid

Erze • Weil viele Metalle so leicht reagieren, findet man in der Erde meist nur Metallverbindungen. Wenn diese Metallverbindungen wirtschaftlich genutzt werden, nennt man sie Erze.

Erze als Schmuck • Erze sehen ganz anders aus als die Metalle. Kupferoxid beispielsweise ist nicht kupferrot, sondern schwarz.
Manche Erze werden auch als Schmuck genutzt, z. B. poliertes Hämatit (ein Eisenoxid) oder Malachit (eine Kupferverbindung). → [2]

Erze als Rohstoff • Aus den Erzen kann man die Metalle gewinnen. Daher werden z. B. Eisenoxide in riesigen Mengen in Bergwerken abgebaut. → [1]
Oft ist dies mit erheblichen Folgen für die Umwelt verbunden. Auch der anschließende Transport und die Aufarbeitung der Erze kann die Umwelt belasten.
Ob sich der Abbau einer Lagerstätte lohnt, hängt vor allem vom Metallgehalt ab. Bei einem wertvollen Metall wie Kupfer kann sich der Abbau schon ab einem Kupfergehalt von 1% lohnen.

das Erz
die Reduktion
die Redoxreaktion

Wie kommt man nun aber vom Erz zum Metall, also z. B. vom Kupferoxid zum reinen Kupfer?

Reduktion • Wenn das Gegenteil einer Oxidation ablaufen würde, würde aus Kupferoxid Kupfer entstehen:

Kupferoxid → Kupfer + Sauerstoff

Eine solche Reaktion nennt man Reduktion.

Redoxreaktion • Die Reduktion von Kupferoxid ist aber ziemlich schwierig durchzuführen. Es reicht nicht, Kupferoxid einfach zu erhitzen.
Wenn man Kupferoxid reduzieren will, muss man einen zweiten Stoff zugeben. Dieser zweite Stoff reißt den Sauerstoff an sich.
Kohlenstoff ist ein Beispiel für einen solchen zweiten Stoff. Der Kohlenstoff verbindet sich mit dem Sauerstoff und es entsteht Kohlenstoffdioxid:

Kupferoxid + Kohlenstoff
　→ Kupfer + Kohlenstoffdioxid

Bei dieser Reaktion wird Kupferoxid reduziert. Gleichzeitig wird Kohlenstoff oxidiert. Reduktion und Oxidation finden also gleichzeitig statt und gehören zusammen.
Daher spricht man in diesem Fall von einer Redoxreaktion (als Abkürzung für „Red-Ox-Reaktion").

> Viele wichtige Metalle kommen in der Natur nur als Erze vor. Die Metalle gewinnt man z. B. durch Reduktion bestimmter Erze.

2 Malachit (roh und poliert) ist eine Kupferverbindung.

3 Reaktion von Kupferoxid mit Kohlenstoff – dargestellt mit Playmais

Aufgaben

1 ○ Erläutere, was man unter einem Erz versteht.

2 ○ Nenne drei Metalle, die in der Natur in reiner Form vorkommen.

3 ○ Erkläre die Begriffe Oxidation, Reduktion und Redoxreaktion.

4 ◐ Du willst reines Eisen gewinnen. Gelingt dir das durch feines Zerreiben von Eisenoxid? Erkläre.

Man findet eigentlich nur Erze

Material A

Reaktion mit Sauerstoff

Materialliste: Tiegelzange, Gasbrenner, Kupferstücke, Eisenwolle

Halte mit einer Tiegelzange ein Stück rot glänzendes Kupfer und ein Stück Eisenwolle in die Brennerflamme.

1 ○ Notiere deine Beobachtungen und beschreibe die Reaktionsprodukte.

2 ◐ Erstelle die Reaktionsschemata für die Reaktionen.

Materialliste: Magnesiarinne, Glasröhrchen, Gasbrenner, Spatel, Aluminiumpulver ⚠, Eisenpulver ⚠, Magnesiumpulver ⚠, Kupferpulver ⚠ ⚠

Gib jeweils eine Spatelspitze der vier pulverförmigen Metalle in eine Magnesiarinne. Blase dann vorsichtig mithilfe eines Glasröhrchens die Metallpulver nacheinander in die Brennerflamme.

3 ○ Beschreibe deine Beobachtungen.

[1] Brennendes Zinkpulver

4 ○ Sortiere die Metalle nach der Heftigkeit ihrer Reaktion.

Material B

Reaktion mit Wasser

Viele Metalle können mit Sauerstoff reagieren – zumindest wenn sie als feines Pulver vorliegen. Manche Metalle können sogar sehr heftig mit Sauerstoff reagieren.

Solche Metallbrände darf man nicht mit Wasser löschen. Denn bei diesen Temperaturen reagieren viele Metalle auch mit Wasser. Dann wird also die Verbrennungsreaktion nicht gelöscht, sondern nur noch weiter „gefüttert".

1 ○ Beschreibe mit eigenen Worten die Bilderfolge.

2 ○ Metallbrände dürfen nur mit Sand oder Beton gelöscht werden. Informiere dich, wo sich dieser Sand im Fachraum befindet.

[2] Brennendes Aluminium, das mit Wasser „gelöscht" wird

Material C

Kupferoxid und Kohlenstoff

Schneide dir ein Kupferblechquadrat mit der Kantenlänge 5 cm zurecht. Biege die Ränder nach oben.
Halte die entstandene Kupferwanne in die Brennerflamme, bis das Blech schwarz ist. Lass die Form abkühlen.
Bedecke den Boden der Wanne mit Aktivkohle. Halte dann die Wannenform wieder in die Flamme. → ③

Lass die Wanne abkühlen, ohne zu wackeln. Nach dem Abkühlen entsorgst du die Aktivkohle.

1 ◐ Beschreibe deine Beobachtungen bei allen Teilen des Versuchs.

2 ● Formuliere Vermutungen, welche Reaktionen hier abgelaufen sein könnten. Erstelle dazu auch die Reaktionsschemata.

③ Kupferwanne mit Aktivkohle

3 ● Begründe, ob Kupfer oder Kohlenstoff ein größeres Bestreben hat, sich mit Sauerstoff zu verbinden.

Material D

Konkurrenzkampf um Sauerstoff

Materialliste: 2 hochschmelzende Reagenzgläser, graues Eisenpulver ⚠, schwarzes Kupferoxid ❗⚠, schwarzes Eisenoxid, rotes Kupferpulver ⚠⚠

Eisen mit Kupferoxid
Gib 0,8 g graues Eisenpulver und 1,6 g schwarzes Kupferoxid in ein Reagenzglas. Befülle das Reagenzglas höchstens 0,5 cm hoch.
Erhitze das Gemisch bis zum Aufglühen. Entferne dann das Reagenzglas sofort aus der Flamme.

Eisenoxid mit Kupfer
Gib in das zweite Reagenzglas 0,9 g schwarzes Eisenoxid und mische es mit 1,1 g rotem Kupferpulver. Befülle das Reagenzglas wieder nur etwa 0,5 cm hoch.
Erhitze das Reagenzglas über der Brennerflamme. Nach zwei Minuten entfernst du das Reagenzglas aus der Flamme und lässt es abkühlen.

1 ◐ Vergleiche die beiden Versuche miteinander.

2 ● Welcher Stoff wird reduziert, welcher oxidiert? Formuliere dazu auch das Reaktionsschema.

④ Aufglühen bei der Reaktion

Eisen aus dem Hochofen

[1] Verlassene kleine Hochöfen aus dem Mittelalter

Eisen ist ein unedles Metall und verbindet sich leicht mit Sauerstoff. Deshalb kommt es in der Natur vor allem als Eisenoxid vor. Wie schafft man es, reines Eisen zu erhalten?

Der Hochofen • Um Eisen in großen Mengen zu gewinnen, wird ein Hochofen benötigt. Im Prinzip ist das eine riesige gemauerte und feuerfeste Röhre. Außen ist sie mit Stahl ummantelt. Der Hochofen wird immer von oben befüllt. Es wird ein Gemisch von Eisenerz und Zusatzstoffen eingefüllt. Die Zusatzstoffe, z. B. Kalk und Sand, dienen dazu, störende Stoffe im Eisenerz zu binden.
Abwechselnd wird auch immer eine Schicht Koks zugefügt, eine Art poröse Spezialkohle. Zunächst dient die Kohle als Brennstoff dazu, im Hochofen eine hohe Temperatur zu erreichen.

Die Redoxreaktion • Bei hohen Temperaturen verbrennt ein Teil der Kohle zu Kohlenstoffdioxid. Dieses Kohlenstoffdioxid reagiert mit weiterem Kohlenstoff zu Kohlenstoffmonooxid.

Kohlenstoff + Kohlenstoffdioxid
→ Kohlenstoffmonooxid

Kohlenstoffmonooxid ist ein Gas, das giftig und ziemlich reaktionsfähig ist. Beispielsweise hat es ein großes Bindungsbestreben zu Sauerstoff. Es entzieht dem Eisenoxid den Sauerstoff.

Kohlenstoffmonooxid + Eisenoxid
→ Kohlenstoffdioxid + Eisen

Bei dieser Redoxreaktion wird viel Energie frei, die den Hochofen heizt. Außerdem erhält man durch diese Reaktion das gewünschte Eisen. Das entstehende Kohlenstoffdioxid ist gasförmig und entweicht nach oben.

[2] Pyrit – ein Eisenerz

Die Reaktionsprodukte • Das flüssige Eisen sammelt sich unten im Hochofen. Darüber schwimmt die leichtere Schlacke. Sie ist aus den Zusatzstoffen und aus anderen Stoffen im Eisenerz entstanden.
Das Roheisen wird abgelassen und zur Weiterverarbeitung transportiert. Roheisen ist sehr spröde und wird deshalb meist noch zu Stahl weiterverarbeitet. Auch die Schlacke wird entfernt und zu Schotter oder Zement verarbeitet. Die heißen Abgase nutzt man zum Anheizen von Luft, die dann mit Druck in den unteren Teil des Hochofens geblasen wird.

> Im Hochofen wird Eisenoxid durch Zugabe von Kohlenstoff zu Eisen reduziert. Dabei wird Kohlenstoff zu Kohlenstoffdioxid oxidiert.

Thermitverfahren • Eine Art „Hochofen im Kleinen" nutzt man beim Verschweißen von Bahnschienen. Dabei wird flüssiges Eisen zwischen zwei Schienenstücke gegossen. Dadurch entsteht eine glatte Nahtstelle. Um das flüssige Eisen zu erhalten, wird eine stark exotherme Reaktion gestartet. Man entzündet mit einer Art Wunderkerze ein Gemisch aus Eisenoxid und Aluminiumgrieß. Außerdem fügt man die Metalle Vanadium und Mangan hinzu. Das erhöht die Belastbarkeit der Nahtstelle.
Das Eisenoxid wird durch Aluminium reduziert. Dabei wird viel Energie frei. Das Eisen schmilzt und fließt in die Form zwischen den Schienen.

der Hochofen
der Koks
das Kohlenstoffmonooxid
die Schlacke
das Thermitverfahren

3 Ablassen des flüssigen Roheisens

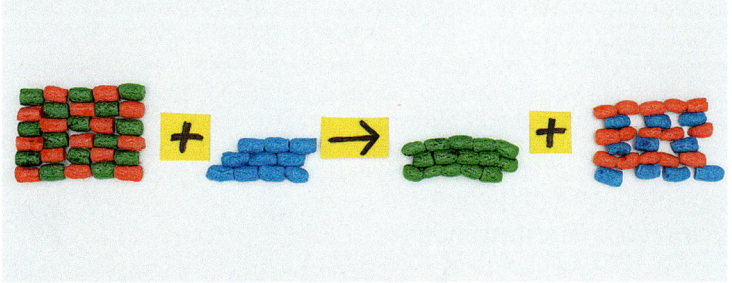

4 Die Thermitreaktion – dargestellt mit Playmais

Aufgaben

1 ○ Nenne das Reduktionsmittel, mit dem Eisenoxid im Hochofen reduziert wird.

2 ● Erkläre, weshalb in den Hochofen durch seitliche Düsen ständig große Mengen Luft eingeblasen werden.

3 ● Man braucht 1,6 Tonnen Eisenerz und 0,6 Tonnen Koks, um 1,0 Tonnen Eisen herzustellen. Bei einer chemischen Reaktion geht aber nichts verloren. Erkläre.

Eisen aus dem Hochofen

Material A

Den Hochofen verstehen

An den Vorgängen im Hochofen sind eine Reihe von Stoffen beteiligt. Lies dazu den rechts stehenden Text.

1. ○ Erkläre, warum sich das Eisen unten im Hochofen ansammelt.

2. ◐ Beschreibe mit eigenen Worten, wie man aus Eisenerz Eisen gewinnt.

3. ◐ Formuliere die Reaktionsgleichungen für die drei wesentlichen Reaktionen, die im Hochofen stattfinden.

4. ◐ Begründe, warum die Wasserkühlung im Text rechts nicht erwähnt wird.

5. ◐ Begründe, ob die Vorgänge im Hochofen insgesamt exotherm oder endotherm sind.

6. ● Bei wikipedia steht: „Die Schlacke schützt das Eisen vor Oxidation." Erkläre, was damit gemeint ist.

7. ● Jeder Hochofenbetreiber strebt möglichst geringe Kosten an. Notiere Vorschläge, mit welchen Maßnahmen man dies erreichen könnte.

Rein und Raus beim Hochofen

In den Hochofen kommen:
- Eisenerz (= Eisenoxid mit verschiedenen Verunreinigungen)
- Zusatzstoffe (= Kalk, Sand und weitere Stoffe)
- Koks (= Kohlenstoff)
- Luft (= Stickstoff, Sauerstoff und andere Gase)

Aus dem Hochofen kommen:
- Roheisen (Eisen mit einem Anteil an Kohlenstoff und anderen Stoffen, z. B. Silicium)
- Schlacke (= Calciumoxid, Siliciumdioxid und andere Oxide)
- Kohlenstoffdioxid und andere Gase, z. B. Stickstoff

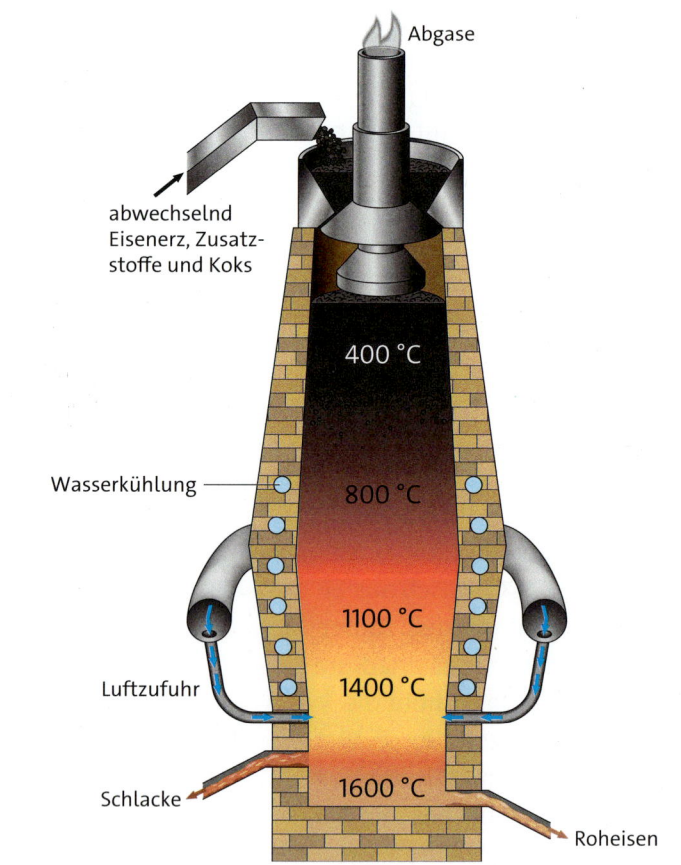

1 Schema des Hochofens

Erweitern und Vertiefen

Eisen von der Ostalb

Frühe Anfänge • Die Gewinnung von Eisen auf der Ostalb hat eine lange Tradition. Schon in der Mitte des 14. Jahrhunderts gab es bei Heidenheim im Brenztal eine Eisenhütte. Als „Hütte" bezeichneten Bergleute alle Anlagen zur Metallgewinnung.
Im Brenztal waren sogenannten Bohnerze ohne größeren Aufwand aufzufinden. Der Eisengehalt dieser Erze war mit etwa 35 % allerdings eher bescheiden.
Als Brennstoff und als Reduktionsmittel dienten die ausgedehnten Wälder, die teilweise zu Holzkohle verarbeitet wurden. Unternehmer waren die Fürsten und andere Adlige dieser Zeitepoche. Hergestellt wurden Schmiede- und Gussteile sowie Kanonenkugeln.

Allmählicher Niedergang • In der Zeit des Dreißigjährigen Kriegs kam die Produktion zum Erliegen. Nach dem Krieg kamen andere Standorte wie Wasseralfingen oder Königsbronn dazu. Durch Fortschritte bei der Gusstechnik konnten nun auch größere Teile gefertigt werden. Anfang des 19. Jahrhunderts wurden die Eisenhütten in das Königreich Württemberg als Staatsbetriebe eingegliedert. Nach Ende des Ersten Weltkriegs wurden viele Betriebe privatisiert. Bis heute gibt es auf der Ostalb viele Metall verarbeitende Betriebe. Eisenhütten gibt es aber dort nicht mehr.
Auch an anderen Standorten wie im Donautal oder im Schwarzwald gab es kleinere Metallhütten. Ortsnamen wie „Althütte" oder „Hüttlingen" erinnern bis heute an die Zeiten der Metallgewinnung.

Aufgaben

1 🔍 Recherchiere, an welchen Standorten in Baden-Württemberg heutzutage noch Eisen oder Stahl hergestellt wird. Wo befinden sich Produktionsstätten der Metallverarbeitung?

2 🔍 Gib mögliche Gründe an, weshalb sich die Eisenherstellung auf der Ostalb heute nicht mehr lohnt.

2 In einer alten Schmiede

3 Im Besucherbergwerk Aalen

Legierungen

1 Nicht alles, was nach Gold aussieht, ist auch wirklich aus Gold.

Wenn man ein Metall mit einem weiteren Stoff zusammenschmilzt, entstehen Legierungen. Legierungen haben andere, oft sogar bessere Eigenschaften als die reinen Metalle.

Eisenlegierungen • Stahl ist eine Legierung, die überwiegend Eisen enthält, außerdem einen kleinen Anteil Kohlenstoff und noch weitere Elemente, meistens andere Metalle.
Wegen der vielen Kombinationsmöglichkeiten gibt es inzwischen Tausende von Stahlsorten für alle möglichen Anwendungen. Stahl ist bei Weitem der wichtigste metallische Werkstoff und das meiste Eisen wird zu Stahl verarbeitet.
Im Haushalt kommt z. B. oft Edelstahl (Chrom-Nickel-Stahl) zum Einsatz. Er rostet nicht und ist sehr hart.

Goldlegierungen • Reines Gold ist wegen seiner Farbe und seiner Beständigkeit als Schmuck sehr beliebt. Allerdings hat reines Gold einen großen Nachteil: Es ist zu weich.
Daher werden dem Gold in der Schmuckindustrie weitere Metalle zugemischt. Durch Zugabe von Silber und Platin entsteht Weißgold. Auch Kupfer kann als Zusatz dienen. Dann entsteht Rotgold. Diese Goldlegierungen sind deutlich härter als reines Gold.
In Goldschmuck wird der Goldanteil mit einem Prägestempel eingestanzt. So besteht 750er-Gold zu 75,0 % aus Gold.
Auch Goldmünzen bestehen nicht unbedingt aus reinem Gold. Die bekannten Krügerrand-Münzen etwa sind aus 917er-Gold gefertigt. Der Rest ist Kupfer – zur Erhöhung der Kratzfestigkeit.

die **Legierung**
der **Stahl**
die **Bronze**
das **Messing**
das **Lötzinn**

Bronze • Bronze ist eine Legierung aus den Metallen Kupfer und Zinn. Bronze ist härter als reines Kupfer. Da sie zudem noch gut zu gießen ist, nutzte der Mensch diese Legierung schon vor 5000 Jahren. Die Bronzezeit ist nach dieser Legierung benannt.
Heute ist Bronze ein beliebter Werkstoff für technische Geräte, Kirchenglocken und Kunstgegenstände.

Messing • Wenn dem Kupfer ein anderes Metall zugefügt wird, nämlich ungefähr 40 % Zink, entsteht Messing. → 3
Diese Legierung sieht sehr ähnlich aus wie Gold, ist aber ganz erheblich preiswerter. Musikinstrumente wie Trompeten oder Saxofone sind oft aus Messing. → 1
Auch Schrauben werden oft aus Messing hergestellt, weil diese Legierung kaum oxidiert und keine Funken schlägt.

Lötzinn • Wenn man Zinn z. B. mit Blei zusammenschmilzt, erhält man Lötzinn. Diese Legierung schmilzt – je nach Mengenverhältnis der Metalle – schon bei etwa 190 °C. Allerdings ist Blei ein giftiges Schwermetall und sollte daher nicht verwendet werden. Beim Verlöten gibt man etwas geschmolzenes Lötzinn auf zwei Metallteile, die miteinander verbunden werden sollen, und lässt das Lötzinn dann erstarren.

> Legierungen sind metallische Stoffgemische. Sie haben andere Eigenschaften als die reinen Metalle.

2 Gold, Silber, Bronze …

	Kupfer	Messing	Zink
Farbe	rötlich	braun bis goldgelb (je mehr Zink, desto heller)	blassgrau
Schmelztemperatur	1085 °C	1065–902 °C (je mehr Zink, desto niedriger)	420 °C
Dichte	8,9 $\frac{g}{cm^3}$	ca. 8,6 $\frac{g}{cm^3}$ (je mehr Zink, desto niedriger)	7,1 $\frac{g}{cm^3}$
Härte (auf der Mohsskala)	3,0	etwas härter als Kupfer	2,5
Stromleitfähigkeit	sehr hoch	mittel	gering

3 Eigenschaften von Kupfer, Messing und Zink

Aufgaben

1 ○ Nenne die wichtigste Eisenlegierung.

2 ○ Gib an, was mit 900er-Gold gemeint ist.

3 ○ Vergleiche die Eigenschaften von Kupfer, Messing und Zink. → 3

Legierungen

Material A

Eine goldene Münze?

Kann man rotbraune Kupfermünzen in glänzende Goldmünzen verwandeln?

Materialliste: Spülmittel, Haushaltsessig, Spatel, 2 Bechergläser (100 mL und 250 mL), Dreifuß mit Drahtnetz, Brenner, Tiegelzange, Thermometer, Petrischale, Papiertücher, 2 Kupfermünzen, 0,8 g Zinkpulver ⚠️⚠️, 2,0 g Natriumhydroxid ⚠️, Wasser

Reinigen der Münzen
Reinige die Kupfermünzen mit etwas Spülmittel und Essig. Sie sollen möglichst blank sein.

Verzinken
Miss 40 mL Wasser in dem kleinen Becherglas ab. Gib vorsichtig 2,0 g Natriumhydroxid hinzu. Dabei entsteht eine Lauge, die schwere Verätzungen hervorrufen kann. Arbeite also vorsichtig und sauber. Wenn etwas daneben geht, informiere sofort die Lehrkraft.
Gib das Zinkpulver und die sauberen Münzen hinzu. Erhitze vorsichtig auf 80 °C. Kontrolliere die Temperatur mit dem Thermometer. Schalte dann den Brenner aus. Decke das Becherglas mit einer Petrischale ab. Lüfte das Zimmer.
Schütte den Inhalt des Becherglases nach 2 Minuten in das große Becherglas, das zur Hälfte mit Wasser gefüllt ist. Nimm die Münzen mit der Tiegelzange heraus und spüle sie unter fließendem Wasser gründlich ab.
Säubere alle verwendeten Geräte unter fließendem Wasser. Die Lauge kannst du in den Ausguss schütten.

Herstellen der Legierung
Halte die gereinigte Münze für 5–10 Sekunden in die rauschende Brennerflamme. Kühle die Münze unter fließendem Wasser ab.

1 ○ Beschreibe das Aussehen der Münze nach dem Reinigen, nach dem Verzinken und am Ende des Versuchs.

2 ◐ Informiere dich im Buch, welche Legierung entstanden sein könnte.

3 ● Versuche die Vorgänge auf der Münzoberfläche mithilfe des Teilchenmodells zu erklären. Begründe, weshalb hier sicherlich kein Gold entstanden ist.

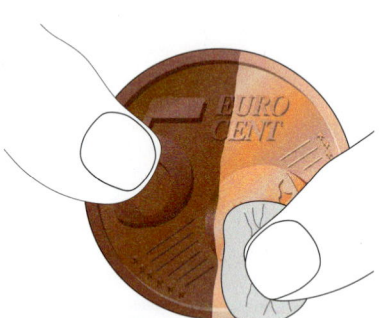

1 Reinigen der Münzen

2 Verzinken

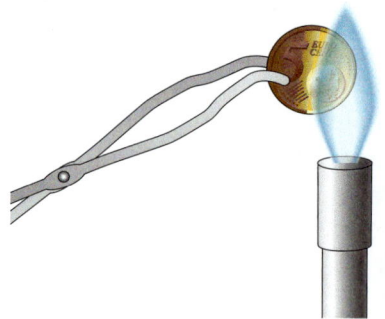

3 Herstellen der Legierung

Metalle – wertvoll und wichtig

Erweitern und Vertiefen

Vom Roheisen zum Stahl

Roheisen • Das im Hochofen entstandene Roheisen ist hart und spröde. Es lässt sich nicht walzen oder schmieden. Das liegt daran, dass das Roheisen noch zu viele Begleitstoffe enthält. Dazu zählen neben einem zu großen Kohlenstoff-Anteil auch vor allem Silicium, Mangan, Phosphor und Schwefel.

Das „Frischen" • Die störenden Begleitstoffe werden in einem Verfahren entfernt, das man in der Technik „Frischen" nennt.
Dazu wird flüssiges Roheisen in große Behälter, die sogenannten Konverter, gefüllt. Durch ein Rohr wird unter hohem Druck reiner Sauerstoff auf das Roheisen geblasen. → 4
Bei den hohen Temperaturen setzt sofort eine Oxidation der unerwünschten Begleitstoffe ein. Sie schwimmen nach der Oxidation oben auf dem Eisen und können abgeschöpft werden. Die gasförmigen Oxide wie Kohlenstoffmonooxid und Schwefeldioxid entweichen nach oben.

Nützlicher Eisenschrott • Bei diesen Oxidationen wird so viel Energie frei, dass sich das flüssige Eisen auf 2 000 °C erhitzt. Damit sich die Schmelze nicht überhitzt, wird immer auch Eisenschrott zugegeben.
Aus dem Gemisch von Roheisen und Eisenschrott entsteht dann Rohstahl. Dieser Rohstahl enthält noch einen kleinen Anteil an Kohlenstoff und nur noch sehr wenig an Begleitstoffen. Anschließend kann man dem Rohstahl weitere Stoffe zugeben, um spezielle Stahlsorten zu erhalten.

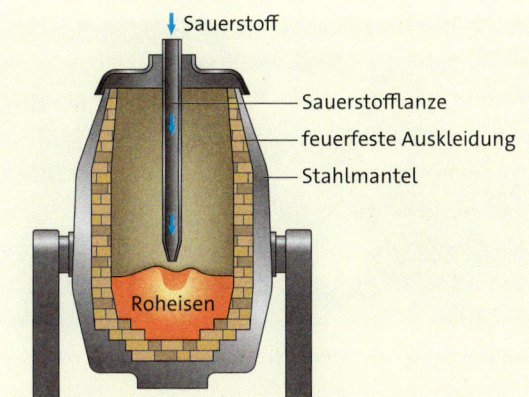

4 Einblasen von Sauerstoff beim Frischen

5 Abgießen des fertigen Stahls aus der Konverterbirne

Aufgaben

1 ○ Begründe, weshalb das meiste Roheisen zu Stahl weiterverarbeitet wird.

2 ◐ Beim Frischen entstehen unter anderem Siliciumdioxid und Mangandioxid. Erkläre, wie diese Stoffe gebildet werden.

3 ● Erläutere, wie das Recycling von Eisen mit der Stahlerzeugung zusammenhängt.

Legierungen

Erweitern und Vertiefen

1 Ausbildung an einem Lötgerät

2 Arbeit an einer Fräsmaschine

Berufe im Bereich „Metalle"

Michael, Funda, Fatih und Leni haben ihren Schulabschluss gemacht. Heute ist der erste Tag an der Berufsschule und die vier treffen sich zufällig in der Pause.

Michael: „Mensch, ich freu mich, euch zu sehen. Was macht ihr denn hier? Ich dachte, die Schule ist nur für Industriemechaniker gedacht."

Funda: „Glaubst du ernsthaft, dass so viele Leute Industriemechaniker lernen? Ich mache die Ausbildung zum CNC-Fräser."

Leni: „Als Mädchen?"

Funda: „Klar. Bei der Berufsberatung habe ich herausgefunden, dass es zum Beispiel wichtig ist, sehr sorgfältig zu sein. Ich programmiere und überwache Fräsmaschinen. Dabei laufen die Vorgänge weitgehend computergesteuert ab. Jetzt in der Ausbildung arbeite ich natürlich auch mit Feile und Bohrer an Metall – es ist ja wichtig, dass ich erst mal die Grundlagen verstanden habe. Nach der Ausbildung würde ich gerne im Luft- oder Raumfahrzeugbereich arbeiten. Und was machst du eigentlich?"

Fatih: „Meine korrekte Berufsbezeichnung lautet – in drei Jahren, wenn ich fertig bin – Anlagenmechaniker."

Funda: „Und das heißt …?"

Fatih: „Ich werde später in Unternehmen zum Beispiel große Kessel und Behälter für die Lebensmittelindustrie herstellen und zusammenbauen. Ich kann aber auch in einer Erdölraffinerie arbeiten.
Auf jeden Fall bin ich dafür verantwortlich, dass die Maschinen laufen. Ich muss sie auch warten, also dafür sorgen, dass sie lange funktionieren."

Michael: „Das klingt, als ob wir dann Kollegen sein könnten. Ich werde Geräteteile oder Baugruppen für Anlagen herstellen.
Und ich werde dann auch Reparatur- und Wartungsaufgaben haben. Dann werden wir zusammen dafür sorgen, dass im Betrieb alles läuft."

[3] Ausbildung zur Industriemechanikerin

[4] Goldschmiedin bei der Arbeit

Leni: „Und ich werde Goldschmiedin. Mir liegt es, etwas in der Hand zu haben und daraus etwas zu formen und kreativ tätig zu sein."

Funda: „Macht ihr denn gar nichts mit dem Computer?"

Leni: „Doch. Wir können Entwürfe am PC erstellen, aber letztendlich ist der Rest schöne Handarbeit. Vielleicht kann ich dann mal einen kleinen Laden aufmachen. Dann bin ich mein eigener Chef. Seht ihr den Typ dahinten? Der träumt davon, eine eigene Schmiedewerkstatt zu haben. Allerdings lernt er nicht Schmied, sondern das heißt jetzt Metallbauer Fachrichtung Metallgestaltung."

Fatih: „Das ist ja auch cool. Macht er dann Ritterrüstungen für die vielen Ritter, die hier so rumlaufen?"

Leni: „Haha. Nee, er hat gesagt, er kann dann so teure Gartenzäune und Tore machen. Sein Hobby ist aber wohl das Mittelalter – also vielleicht macht er dann doch noch Waffen und Rüstungen."

Funda: „Also das ist ja echt interessant, was für Berufe hier so sind. Total unterschiedliche Berufe und trotzdem haben wir alle die gleiche Basis."

[5] Und später gibt es dann noch viele Möglichkeiten, sich fortzubilden …

Aufgaben

1 ○ Nenne die Berufe, die in dem Gespräch erwähnt wurden, und gib kurz ihren Tätigkeitsschwerpunkt an.

2 ◐ Erläutere, warum bei einer CNC-Fräserin Sorgfalt genauso wichtig ist wie bei einem Goldschmied.

Metalle – wertvoll und wichtig

Zusammenfassung

Die Stoffgruppe der Metalle • Metalle bilden eine Stoffgruppe. Das kann man an ihren gemeinsamen Eigenschaften erkennen:
Alle Metalle leiten Wärme und den elektrischen Strom gut, sind verformbar und besitzen eine glänzende Oberfläche, wenn sie frisch poliert sind.
Die einzelnen Metalle kann man anhand einiger spezieller Eigenschaften unterscheiden:
Nur Eisen, Cobalt und Nickel sind magnetisch. Die Härte, die Schmelz- und Siedetemperaturen, die Dichte oder z. B. das Bindungsbestreben zu Sauerstoff sind jeweils verschieden.

Gewinnung von Metallen • In der Natur kommen nur Edelmetalle wie Gold, Silber oder Platin in reiner Form vor. Alle anderen Metalle sind Verbindungen mit anderen Stoffen eingegangen. Man nennt diese Verbindungen Erze. Sauerstoff ist ein häufiger Verbindungspartner. Um das reine Metall zu gewinnen, muss diese Reaktion rückgängig gemacht werden.

Eisen aus dem Hochofen • Eisen ist ein sehr wichtiger Rohstoff. Man gewinnt ihn aus Eisenoxid, also aus Eisenerzen. In sogenannten Hochöfen wird in mehreren Reaktionsschritten das reine Eisen gewonnen. Dazu ist Kohlenstoff nötig, der in Form von Koks in den Hochofen eingefüllt wird.
In der Hitze des Hochofens entsteht zunächst Kohlenstoffmonooxid. Dieses reaktionsfähige Gas entzieht dem Eisenoxid den Sauerstoff:

Kohlenstoffmonooxid + Eisenoxid
$\rightarrow$ Kohlenstoffdioxid + Eisen

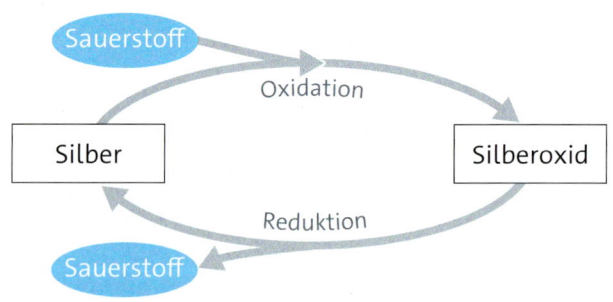

1 Ein Beispiel für Oxidation und Reduktion

Interessante Legierungen • Metalle lassen sich im flüssigen Zustand mit anderen Metallen (und auch mit weiteren Zusatzstoffen) zusammenmischen. Dadurch entstehen Legierungen, die andere Eigenschaften als die Ausgangsmetalle haben.
Stahl ist eine wichtige Legierung des Eisens. Es wurde mit einem geringen Anteil Kohlenstoff und meistens auch mit weiteren metallischen Beimischungen legiert. Die entstehenden Stahlsorten sind härter, hitzebeständiger und weniger rostanfällig.

Bestandteil 1	Bestandteil 2	Legierung
Eisen	Kohlenstoff	Stahl
Gold	Silber	Weißgold
Gold	Kupfer	Rotgold
Kupfer	Zinn	Bronze
Kupfer	Zink	Messing
Zinn	Blei	Lötzinn

2 Wichtige Legierungen

Teste dich! (Lösungen im Anhang)

1. ○ Nenne die gemeinsamen Eigenschaften der Metalle.

2. ○ Beschreibe, wodurch sich Edelmetalle und unedle Metalle unterscheiden.
Nenne auch jeweils drei Beispiele für edle und unedle Metalle.

3. ◐ Erkläre, warum in Müllsortieranlagen oft Magnete eingesetzt werden.

4. ◐ Früher wurden Wasserleitungen oft aus Blei gefertigt. Heute dagegen ist Blei für Wasserleitungen verboten.
Nenne jeweils Gründe dafür.

5. ◐ Erkläre am Beispiel des Erzes Malachit und seinen Reaktionen die Begriffe Oxidation, Reduktion und Redoxreaktion.

6. ● Ein König gab einem Kunstschmied einen Barren Gold mit der Bitte, ihm eine Krone daraus zu machen. Als die Krone fertig war, hatte der König aber ein ungutes Gefühl. Er glaubte, betrogen worden zu sein.
Daher ließ er die Krone wiegen. Das Gewicht war genau das des Goldbarrens, nämlich 1,932 kg. Beschreibe, wie der König überprüfen kann, ob er vielleicht trotzdem betrogen wurde.

7. ● Manche Metalle können heftig chemisch reagieren. → 4 Metallbrände dürfen daher nur mit Sand oder Beton gelöscht werden. Erkläre.

8. ● Ein Kohlenfeuer erreicht Temperaturen um 1000 °C. Im Hochofen herrschen aber Temperaturen von bis zu 1600 °C. Erkläre, woher diese zusätzliche Energie kommt.

9. ◐ In einigen Sätzen hat sich der Fehlerteufel eingeschlichen. Übernimm die Sätze korrigiert in dein Heft.
   - Legierungen sind Moleküle aus mindestens zwei Metall-Atomen.
   - Legierungen haben oft bessere Eigenschaften als die reinen Metalle.
   - Messing hat einen rötlichen Glanz und wird häufig für Musikinstrumente verwendet.
   - Lötzinn wird verwendet, weil es den elektrischen Strom sehr gut leitet.
   - Stahl ist eine Eisenlegierung, bei der Kupfer zugeführt wurde.
   - Stahl ist die wichtigste Legierung weltweit.
   - Gold, Silber und Bronze sind die wertvollsten Edelmetalle und werden deshalb auch für Medaillen bei Sportereignissen verwendet.
   - Blei ist die Legierung mit der höchsten Dichte (11,3 $\frac{g}{cm^3}$).

3 Nicht alles, was wie Gold aussieht, ist aus Gold.

4 Feuer löschen mit Kohlenstoffdioxid statt Wasser

Die Ordnung der Elemente

Was ist ein chemisches Element?

Was ist ein Atom?

Was ist ein Molekül?

Aus was besteht unsere Welt?

[1] Gibt es einen Ur-Stoff, aus dem alles besteht? Vielleicht Wasser oder Sand?

Woraus besteht unsere Welt? Das fragten sich schon die alten Griechen. Sie meinten, dass alles aus Erde, Wasser, Feuer und Luft bestehen würde.

[2] Demokrit

Etwa 400 v. Chr. • Der griechische Philosoph Demokrit hatte eine andere Idee: Angenommen, man teilt ein Blatt Papier immer und immer wieder in der Hälfte: Dann kommt bestimmt ein Punkt, an dem man es nicht mehr teilen kann. Diese unteilbaren Teilchen nannte er Atome (griech. atomos = unteilbar). Für ihn bestand die Welt aus winzigen, für das Auge unsichtbaren, unteilbaren Teilchen.

[3] Dalton

Im Jahr 1803 • Über 2000 Jahre später griff John Dalton, ein Engländer, die Idee von Demokrit wieder auf. Er stellte sich die Atome als kleine massive Kugeln vor. Je nach Atomsorte sind sie unterschiedlich groß und unterschiedlich schwer. Dieses Kugelteilchenmodell wird auch heute noch benutzt, z. B. in Modellbaukästen: Dort hat man den Atomsorten Farben gegeben, z. B. Rot für Sauerstoff-Atome oder Grün für Chlor-Atome. Diese Farben sind aber frei erfunden. Denn wirkliche Atome sehen kann man ja gar nicht.

> Nach Dalton sind Atome winzige Kugeln, die sich in Größe und Masse unterscheiden.

Aufgaben

1 ○ Beschreibe, was sich Demokrit unter Atomen vorstellte.

2 ● Nenne Eigenschaften, in denen sich Atome nach Dalton unterscheiden.

3 ● „Stickstoff-Atome sind blau." Nimm Stellung zu dieser Aussage.

das Atom
das Kugelteilchenmodell

Material A

Ein Beleg für Daltons Theorie?

Materialliste: 6 Messzylinder (100 mL), Alkohol (Spiritus 🔥), Wasser, Universalindikator, Erbsen, Linsen

Gib Alkohol in Messzylinder 1, bis genau 50 mL erreicht sind. Beim Ablesen des Füllstands musst du aufpassen: Dein Auge muss genau auf der Höhe des oberen Rands der Flüssigkeit sein. → 5
Messzylinder 2 füllst du mit genau 50 mL Wasser. Damit du die Flüssigkeiten besser unterscheiden kannst, färbe das Wasser mit einigen Tropfen Universalindikator grün an. Schütte nun beide Flüssigkeiten vorsichtig und gleichzeitig in Messzylinder 3. Schwenke vorsichtig um und lies dann ab: Wie viel Gemisch befindet sich im Messzylinder?

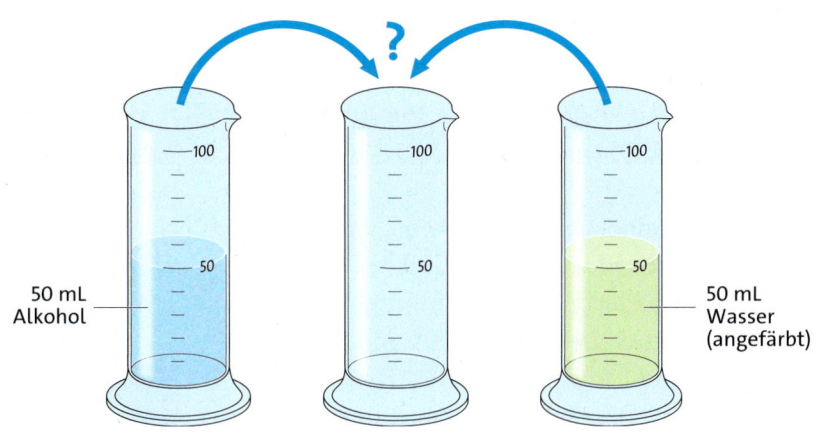

4 Der Alkohol-Wasser-Versuch

Führe jetzt noch einen Modellversuch durch:
Gib genau 50 mL Erbsen in Messzylinder 4 und genau 50 mL Linsen in Messzylinder 5. Schütte die abgemessenen Erbsen und Linsen gleichzeitig in Messzylinder 6. Schüttle mehrfach um, indem du den Zylinder quer hältst und die Öffnung mit der Hand verschließt. Lies das Ergebnis ab.

1 ○ Nenne das Messergebnis, das man bei diesem Versuch hätte erwarten müssen.

2 ● Du hast das Messergebnis mit eigenen Augen gesehen. Versuche, dafür eine Erklärung zu finden oder eine Theorie aufzustellen. Denke auch an mögliche Messfehler.

3 ● Erkläre, wie sich die Größe der Erbsen und der Linsen auswirkt.

4 ● Erkläre das Ergebnis des Versuchs mithilfe des Erbsen-Linsen-Modells.

5 ● Begründe, ob der Alkohol-Wasser-Versuch für oder gegen die Theorie von Dalton spricht.

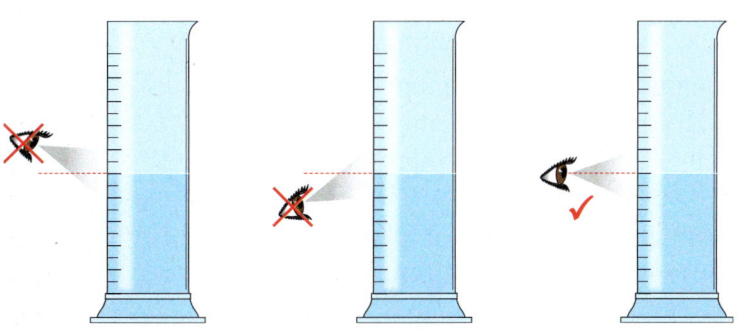

5 Ablesen beim Messzylinder: Man darf nicht von oben oder unten, sondern muss aus gleicher Höhe blicken.

Aus was besteht unsere Welt?

Erweitern und Vertiefen

Wie groß sind eigentlich Atome?

Echte Winzlinge • Atome sind wirklich winzig. Sie haben einen Durchmesser von ungefähr 0,000 000 0001 m.

Ein Gedankenexperiment • Da die winzigen Atome schlecht vorstellbar sind, sollst du ein Gedankenexperiment durchführen: Stelle dir vor, du streckst deine Hand aus und jemand legt dir ein Atom in deine Handfläche. Nun kommt eine tolle Erfindung zum Einsatz – ein Größenverdoppler. Bei jedem Knopfdruck wird das gewünschte Objekt in seiner Größe verdoppelt. Das soll nun mit dir und dem Atom in deiner Handfläche geschehen. Dieser Vorgang wird so oft wiederholt, bis das Atom in deiner Hand so groß ist wie eine Erbse. Was schätzt du, welche Größe du dann hättest? 200 m? 3 km? 50 km?
Du wärst 100 000 km groß! Das heißt, dass die Erde für dich wie ein Fußball wäre. → 1

Mühsam zu zählen • Ein weiterer Vergleich: Ein Fingerhut ist mit Wasser gefüllt. → 2
Stelle dir vor, die Menschheit will die Wasserteilchen in diesem Fingerhut zählen. Alle 7 000 000 000 Menschen zählen mit. Jeder Mensch zählt pro Sekunde ein Teilchen. Wenn die Menschheit nur noch zählen würde – ohne zu essen, ohne zu schlafen oder sonst irgendetwas zu tun –, wie lange würde sie brauchen?
Die Menschheit wäre unfassbar lange beschäftigt, nämlich etwa 30 000 Jahre! Und das nur für die Teilchen in einem Fingerhut voll Wasser.

Nanoteilchen • Vielleicht hast du schon einmal etwas von Nanoteilchen gehört. Dabei handelt es sich um winzige Strukturen, die besondere Eigenschaften aufweisen. Nanoteilchen sind etwa zehnmal so groß wie Atome. Also handelt es sich immer noch um unvorstellbar winzige Strukturen.

1 Ein Riese – mit der Erde als „Fußball"

2 Fingerhut, mit Wasser gefüllt

Die Ordnung der Elemente

Erweitern und Vertiefen

Modell gleich Modell?

Im Alltag • Öfters begegnet man Modellen, z. B. Modellflugzeugen, einem Globus als Modell der Erde oder einem Augenmodell beim Augenarzt. Sie alle bilden die Wirklichkeit verkleinert oder vergrößert ab. Man nennt sie Anschauungsmodelle oder – wenn sie sich bewegen lassen – Funktionsmodelle.

3 Modellhubschrauber

In der Chemie • Die Atommodelle in der Chemie sind keine Abbildungen der Wirklichkeit. Sie sind nur Vorstellungshilfen, um bestimmte Aspekte besser beschreiben und verstehen zu können. Diese sogenannten Gedankenmodelle können als Modellbau oder als Zeichnung vorliegen. → 4 Sie machen etwas Unbeobachtbares für uns greifbar, obwohl sie oft nur Teilaspekte der Wirklichkeit aufgreifen.

Ablösung alter Modelle • In diesem Kapitel wurden fünf Modelle zum Atombau vorgestellt. Jedes Modell liefert eine neue Grundidee. Außerdem erweitert es das vorherige Modell um dazugewonnene Erkenntnisse. Wenn ein Modell im Widerspruch zu neuen Erkenntnissen steht, wird es erweitert. Eventuell muss man es aber auch komplett verwerfen und durch ein ganz neues Modell ersetzen.

Modelle zur Auswahl • Je nach Phänomen, das man mit einem Modell erklären möchte, kann ein Modell gut oder weniger gut sein. Beispielsweise braucht man Thomsons Rosinenkuchenmodell nicht, um den Alkohol-Wasser-Versuch auf Seite 129 zu erklären. Es bietet es sich aber hervorragend an, wenn es um Elektrizität geht.

Aufgaben

1 ○ Erläutere, was man in der Chemie unter einem Modell versteht.

2 ◐ Erstelle eine Tabelle, in der du Anschauungsmodelle naturwissenschaftlichen Gedankenmodellen gegenüberstellst.

3 ○ In der Biologie werden oft bewegliche Skelettmodelle eingesetzt, um unseren Körperbau zu verstehen. Um was für eine Art von Modell handelt es sich hierbei?

4 ● Es kann sinnvoll sein, ältere Modelle, z. B. von Dalton, heute noch zur Erklärung von Phänomenen heranzuziehen. Begründe.

4 Atommodell aus Metall

Kugelteilchen, Kuchenteilchen oder ...?

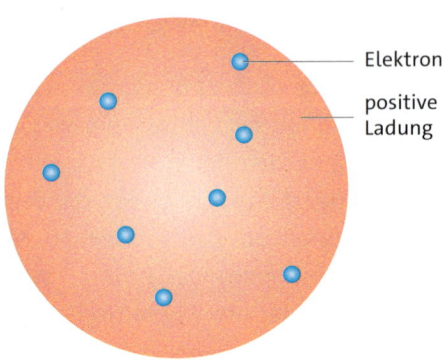

[1] Joseph John Thomson stellte sich Atome ähnlich wie einen Rosinenkuchen vor.

Sind Atome einfach nur Kügelchen, die sich je nach Atomsorte unterscheiden? Der britische Physiker Joseph John Thomson stellte etwas fest, das man mit Daltons Atommodell nicht erklären konnte.

Im Jahr 1897 • Thomson entdeckte, dass Atome mit Elektrizität zu tun haben. Weitere Versuche zur Elektrizität passten ebenfalls nicht zu Daltons Kugelteilchenmodell. Es musste etwas in den Atomen geben, das elektrisch negativ geladen ist: die sogenannten Elektronen.
Die Elektronen stoßen sich gegenseitig ab. Daher müssen sie im Atom verteilt sein wie Rosinen in einem Kuchen. Atome sind aber insgesamt elektrisch neutral. Daher nahm Thomson an, dass es auch eine über das gesamte Atom verteilte positive Ladung gibt.

[2] Thomson

[3] Rutherford

> Nach Thomson haben Atome in ihrem Inneren Elektronen und eine gleich große positive Ladung.

Im Jahr 1911 • Nach Dalton und Thomson machte sich auch Ernest Rutherford, ein neuseeländischer Physiker, auf Spurensuche zum Atombau. Er führte den sogenannten Streuversuch durch: Eine dünne Goldfolie wurde mit positiv geladenen α-Teilchen beschossen. → [4]
Viele α-Teilchen gingen einfach glatt durch die Folie hindurch. Diese α-Teilchen hatten die Gold-Atome der Folie mühelos durchdrungen.
Einige α-Teilchen wurden aber auch abgelenkt und prallten auf einen Fotoschirm. Sie mussten in den Gold-Atomen gegen etwas Massives, positiv Geladenes gestoßen sein.

Kern-Hülle-Modell • Rutherford fasste seine Beobachtungen und Berechnungen als Kern-Hülle-Modell zusammen: Im Inneren des Atoms gibt es einen Kern. Er ist zwar winzig, trägt aber die gesamte positive Ladung in Form von sogenannten Protonen und 99,9 % der gesamten Atommasse in sich.

132 | Die Ordnung der Elemente

das Kern-Hülle-Modell
das Elektron
das Proton
das Neutron
das Element

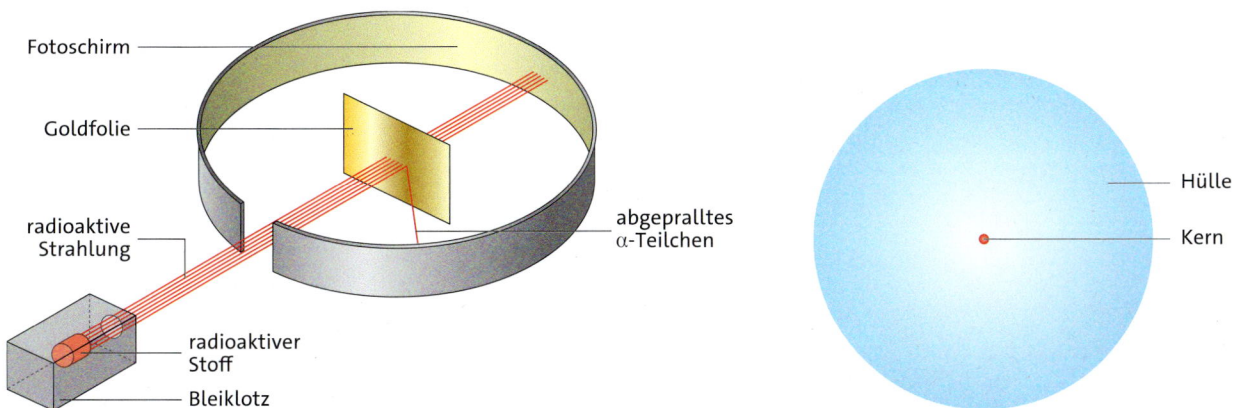

4 Ernest Rutherford führte den berühmten Streuversuch durch und stellte das Kern-Hülle-Modell auf.

Um den Kern herum ist die Atomhülle. Sie ist viel größer als der Kern und beinhaltet alle Elektronen. Die Hülle hat aber fast keine Masse und ist sozusagen „leer": Denn die Elektronen haben extrem wenig Masse.

> Atome haben einen Kern und eine Hülle. Im Kern sind die Protonen, in der Hülle die Elektronen.

Den Kern genauer untersucht • Atome bestehen also aus Protonen (p^+) im Kern und Elektronen (e^-) in der Hülle. Die Elektronen sind in ständiger Bewegung und stoßen sich – wegen ihrer gleichen Ladung – gegenseitig ab. Doch was hält die positiv geladenen Protonen im Kern zusammen? Die Antwort ist ein weiterer Bestandteil im Kern: die Neutronen (n). Sie sorgen dafür, dass sich die Protonen nicht abstoßen. → 5
Anhand dieser drei Bestandteile werden die Atomsorten, auch Elemente genannt, unterschieden.

Kennzahlen von Atomen • Jedes Element hat ein Elementsymbol, eine Ordnungszahl und eine Massenzahl. Die Ordnungszahl gibt die Zahl der Protonen an.
Die Massenzahl entspricht der Summe an Protonen und Neutronen. → 6
Da Atome insgesamt neutral sind, ist die Anzahl der Protonen gleich der Anzahl der Elektronen.

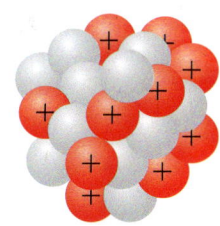

5 Neutronen und Protonen im Atomkern

Aufgaben

1 ○ Erkläre, warum Thomson sein Modell Rosinenkuchenmodell nannte.

2 ◐ Erläutere, welche neuen Erkenntnisse zum Atombau Rutherfords Streuversuch lieferte.

3 ○ Nenne die drei Bestandteile, aus denen Atome aufgebaut sind.

4 ◐ Nenne die Kennzahlen, an denen man Atome unterscheiden kann.

6 Das Element Sauerstoff

Kugelteilchen, Kuchenteilchen oder …?

Material A

Warum laden wir uns auf?

[1] Heftig aufgeladene Haare

Ein leichtes Kribbeln und dann stehen die „Haare zu Berge". So ist es oft, wenn man einen Wollpulli über den Kopf zieht. Bestimmte Materialien der Kleidung laden sich häufig auf. Doch wie kommt es dazu? Der folgende Versuch soll helfen, eine Erklärung zu finden.

Blase einen Luftballon auf und versuche ihn aufzuladen (z. B. durch Reiben am Pullover). Halte den Ballon an deine Haare oder über Papierschnipsel und beobachte.
Lässt sich der Ballon, wie in Bild 2, an die Tafel „kleben"?

1 ◐ Erkläre, wie die elektrische Aufladung im Versuch zustande kommt.

2 ● Erkläre den Versuch mithilfe deines Wissens über den Atombau. Welches Atommodell eignet sich hierfür?

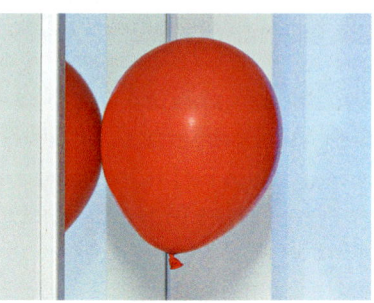

[2] Wieso ist der Ballon „klebrig"?

Material B

Neue Theorien

1 ◐ Hätten Dalton und Thomson zur selben Zeit gelebt, hätten sie sich sicher über ihre Modelle ausgetauscht. Verfasse in Thomsons Namen einen Brief an Dalton, in dem er ihn über seine neuen Erkenntnisse informiert.

2 ● Erkläre, warum Daltons Kugelmodell heute gelegentlich immer noch verwendet wird.

> **Der Gang der Wissenschaft**
>
> Forscher hören ja nicht auf zu forschen. Dabei entdecken sie manchmal auch Unerwartetes. Die neuen Ergebnisse passen dann nicht zu den alten Theorien. Also versucht man, die alten Theorien anzupassen oder zu erweitern. Aber das reicht nicht immer. Manchmal muss man die alten Theorien völlig durch neue Theorien ersetzen.

Material C

Thomson gegen Rutherford

Aufgrund der Versuchsergebnisse von Rutherford wurde Thomsons Rosinenkuchenmodell erweitert und damit abgelöst.

1 ◐ Erstelle einen Vergleich in Form einer Tabelle, in der du die Gemeinsamkeiten und die Unterschiede der beiden Atommodelle darstellst.

Die Ordnung der Elemente

Material D

Kennzahlen von Atomen

Anhand von Ordnungszahl und Massenzahl kannst du die Elemente erkennen oder die Anzahl der anderen Bestandteile, z. B. der Neutronen, berechnen.

Dazu ein Beispiel: Das Element Kohlenstoff hat die Ordnungszahl 6 und die Massenzahl 12. Da die Ordnungszahl die Zahl der Protonen angibt, müssen Kohlenstoff-Atome 6 Protonen haben.
Atome sind elektrisch neutral. Also müssen Kohlenstoff-Atome auch 6 Elektronen haben.

Element	Ordnungszahl	Massenzahl	Protonen	Elektronen	Neutronen
Sauerstoff	8				8
Schwefel				16	16
Eisen		56	26		

3 Kennzahlen von drei Elementen

Die Neutronen kannst du anhand der Massenzahl bestimmen. Die Massenzahl ist ja die Summe aus der Anzahl der Protonen und der Neutronen. Also besitzt ein Kohlenstoff-Atom auch 6 Neutronen.

1 ◐ Übernimm die Tabelle in dein Heft und fülle sie durch geschicktes Berechnen aus. → 3

2 ◐ Wasserstoff hat die Massenzahl 1. Wie viele Neutronen hat ein Wasserstoff-Atom?

Material E

Dünne Hülle, fast nichts

Krasse Theorie

Eigentlich unglaublich: Rutherford behauptet, dass die Atomhülle 3000-mal größer ist als der Atomkern. Trotzdem wiegt die Hülle fast gar nichts. Der winzige Kern wiegt viel mehr.
Das liegt daran, dass die Elektronen nahezu keine Masse haben. Wenn sie nicht die negative Ladung tragen würden: Man könnte sie fast „vergessen".
Laut Rutherford müsste man ein Stück Goldfolie aus 20 Gold-Atomen eigentlich so zeichnen (Atomkerne in Rot):

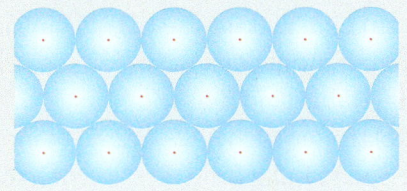

1 ◐ Erkläre, warum die α-Teilchen in Rutherfords Versuch die Hüllen der Gold-Atome mühelos durchdringen konnten.

2 ● Angenommen, ihr wollt für euren Klassenraum ein Modell von einem Atom bauen. Als Atomkern nehmt ihr eine Erbse, die 5 mm groß ist.
Berechne, wie groß dann die Hülle sein müsste. Notiere auch ein geeignetes Material für die Hülle.

Die Atomhülle unter die Lupe genommen

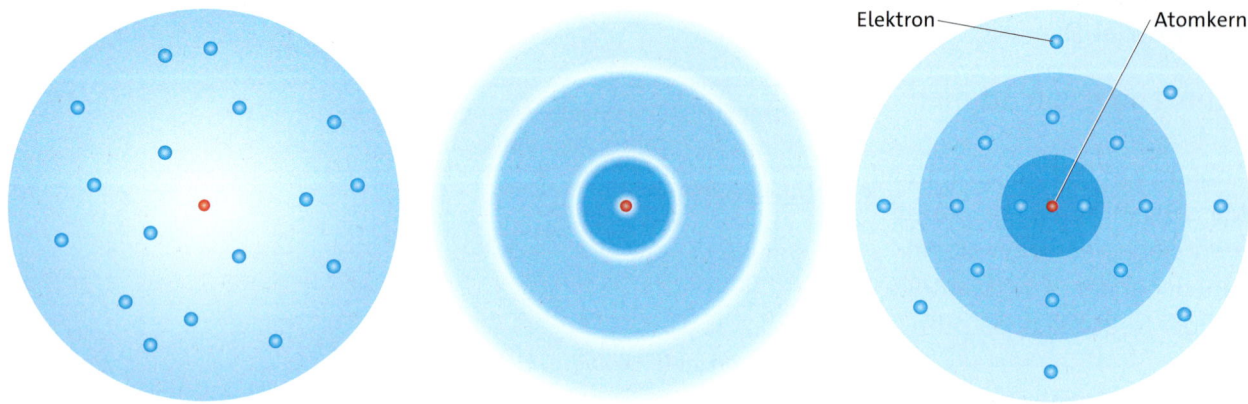

1 Ein Chlor-Atom in den Vorstellungen von Ernest Rutherford (links) und Niels Bohr (Mitte und rechts)

Auch nach Rutherford stand die Forschung nicht still. Niels Bohr, ein Schüler von Ernest Rutherford, schaute sich die Atomhülle genauer an und entwickelte daraus unsere heutige Vorstellung vom Aufbau der Atome.

Im Jahr 1913 • Bohr führte Experimente zur Abspaltung der Elektronen aus einem Atom durch. Dabei stellte er fest, dass man unterschiedlich viel Energie benötigt, um ein Elektron vom Atom zu lösen. Er folgerte, dass sich einige Elektronen näher, andere weiter entfernt vom Kern befinden müssen. Aus diesen Erkenntnissen entwickelte er sein Atommodell, das Schalenmodell:
Gruppen von Elektronen, die sich auf einem ähnlichen Energieniveau befinden, bilden gemeinsam eine Elektronenschale. Diese Schalen umgeben den Kern kugelförmig. Dabei sind die darin enthaltenen Elektronen nicht ortsfest, sondern kreisen ständig um den Atomkern.

Schalenbesetzung • Die innerste Schale kann bis zu zwei Elektronen aufnehmen, die zweite und die dritte Schale jeweils bis zu acht Elektronen. Eine neue Schale wird erst dann angefangen, wenn die vorherige komplett gefüllt ist.
Die Elektronen auf der äußersten Schale bezeichnet man als Außenelektronen. An der für jedes Atom typischen Elektronenverteilung kann man die Elemente unterscheiden.

> Die Atomhülle gliedert sich in Schalen. Die innerste Schale kann bis 2, die zweite und dritte jeweils bis 8 Elektronen aufnehmen.

2 Bohr

Aufgaben

1 ○ Gib an, wie viele Elektronen auf die einzelnen Schalen passen.

2 ◐ Nenne Gemeinsamkeiten und Unterschiede der Atommodelle von Rutherford und Bohr.

Die Ordnung der Elemente

das Schalenmodell
die Elektronenschale

Material A

Lückenlos (?)

Im Jahr ■ entwarf der dänische Wissenschaftler Niels Bohr eine neue gedankliche Vorstellung vom Aufbau der Atome. Durch die Forschungen von ■ wusste er, dass Atome einen winzigen Kern besitzen, in dem sich die gesamte ■ Ladung und nahezu die gesamte Masse befindet.

Doch über den Aufbau der Atomhülle war nur bekannt, dass sich darin die ■ befinden. Bohr machte sich Gedanken, wie die Atomhülle aufgebaut sein könnte. Er kam zu dem Ergebnis, dass sich die Elektronen in ■ bewegen. In die innerste Schale passen ■ Elektronen, in die zweite und dritte Schale jeweils ■ Elektronen.

Zunächst werden immer die ■ Schalen besetzt. Erst wenn diese voll besetzt sind, darf man die äußere Schale auffüllen. Die Elektronen, die sich auf der Außenschale befinden, nennt man ■.

1 ○ Schreibe den Text in dein Heft ab und ergänze ihn an den Stellen mit ■.

Material B

Verschiedene Elemente

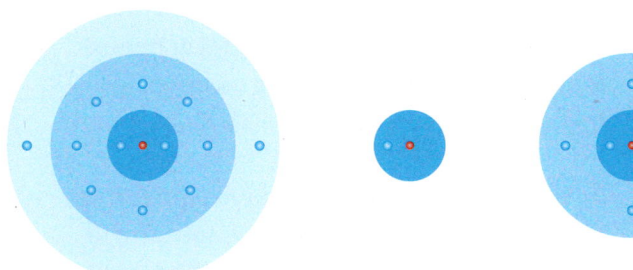

3 Drei Elemente im Schalenmodell

1 ◐ In Bild 3 siehst du Atome von drei verschiedenen Elementen, dargestellt im Schalenmodell nach Niels Bohr. Finde heraus, um welche Elemente es sich handelt. Nutze dazu das Periodensystem am Ende des Buchs.

2 ◐ Zeichne das Schalenmodell für die Elemente Helium, Natrium und Fluor. → 4 Achte auf die Maximalbesetzung der verschiedenen Elektronenschalen.

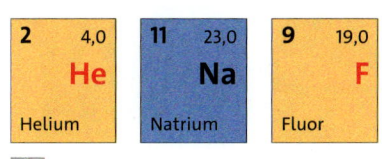

4 Helium, Natrium und Fluor

Material C

Sprunghaft anders

… Deshalb spaltete ich alle sechs Elektronen von den Kohlenstoff-Atomen ab. Dabei machte ich eine merkwürdige Entdeckung: Um die ersten vier Elektronen abzuspalten, war nicht viel Energie nötig. Für die zwei letzten Elektronen aber brauchte man viel mehr Energie. Das passte nicht zu den Ergebnissen von Rutherford. So kam ich zu meinem Atommodell …

1 ● Lies den oben stehenden Brief, den Bohr an eine Kollegin schrieb. Erkläre die Beobachtung, die Bohr machte.

Die Atomhülle unter die Lupe genommen

Methode

Das Multi-Interview

Eine gute Möglichkeit zum Üben ist das Multi-Interview. Du kannst es hier am Beispiel des Schalenmodells ausprobieren.

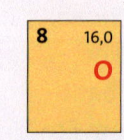

1. Schritt Falte ein DIN-A4-Papier zur Hälfte und klebe es zusammen.

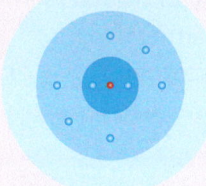

1 Beispiel für eine Multi-Interview-Karte

2. Schritt Wähle dir ein Element aus und schreibe sein Elementsymbol groß in die Mitte der Vorderseite des Kärtchens. Schreibe die Massenzahl des Elements oben rechts, die Ordnungszahl oben links über das Elementsymbol.

3. Schritt Drehe das Kärtchen um und zeichne die ersten drei Schalen des Schalenmodells und einen Kern, in den du Elementsymbol, Massen- und Ordnungszahl schreibst.

4. Schritt Zeichne die Elektronenverteilung zu deinem gewählten Element in die Elektronenschalen ein. Achte dabei auf die maximale Anzahl der Elektronen pro Schale.
Wenn du dir unsicher bist, lass das Ergebnis von der Lehrerin oder dem Lehrer prüfen.

5. Schritt Stehe nun auf, gehe durch das Klassenzimmer und tausche dich in der Klasse mit deinen Klassenkameraden aus. Halte deinem Interviewpartner die Kärtchenvorderseite mit dem Elementsymbol hin. Dein Partner nennt dir die Elektronenverteilung.
Prüfe seine Lösung mit deiner Kärtchenrückseite.

6. Schritt Nun ist es umgekehrt: Du nennst ihm die Elektronenverteilung zu dem Element, das er gewählt hat.

7. Schritt Du kannst das Interviewen fortführen, bis du viele von deinen Klassenkameraden interviewt hast.

Erweitern und Vertiefen

Elektronen abspalten

Ein Argument für das Schalenmodell • Man kann Elektronen aus Atomen abspalten. Dazu führte Niels Bohr um 1913 Experimente durch. Aus den Ergebnissen dieser Forschungen wurde das Atommodell von Rutherford weiter zum Schalenmodell entwickelt. Bohr stellte nämlich bei seinen Versuchen fest, dass man unterschiedlich viel Energie benötigt, um ein Elektron vom Atom zu lösen. Er folgerte, dass sich einige Elektronen näher, andere dagegen weiter entfernt vom Kern befinden müssen.

Anziehung innerhalb einer Periode • Die Energie, die nötig ist, um ein Elektron von einem Atom zu trennen, nimmt bei den Atomen innerhalb einer Periode zu. Man erklärt das so: Mit steigender Protonenzahl nimmt die Anziehungskraft des Kerns auf die Elektronen in derselben Schale immer mehr zu.

Anziehung innerhalb einer Gruppe • In einer Gruppe nimmt diese Energie von oben nach unten ab. Auch das lässt sich mit dem Schalenmodell erklären: Die weiter unten angeordneten Atome haben mehr Schalen. Dadurch steigt der Abstand ihrer Außenelektronen zum Kern. Durch den größeren Abstand wird die Anziehung des Kerns geringer.

> Die Anzahl der Protonen im Kern und der Abstand der Außenelektronen zu diesen Protonen bestimmt die Anziehungskraft des Kerns auf die Außenelektronen.

Aufgaben

1 ○ Beschreibe, wie sich die Anziehung auf die Elektronen innerhalb einer Periode verändert.

2 ◐ Nenne und erkläre die zwei Faktoren, die die Anziehung von Elektronen innerhalb eines Atoms bestimmen.

3 ● Erkläre die Zusammenhänge in dem Diagramm. → 4

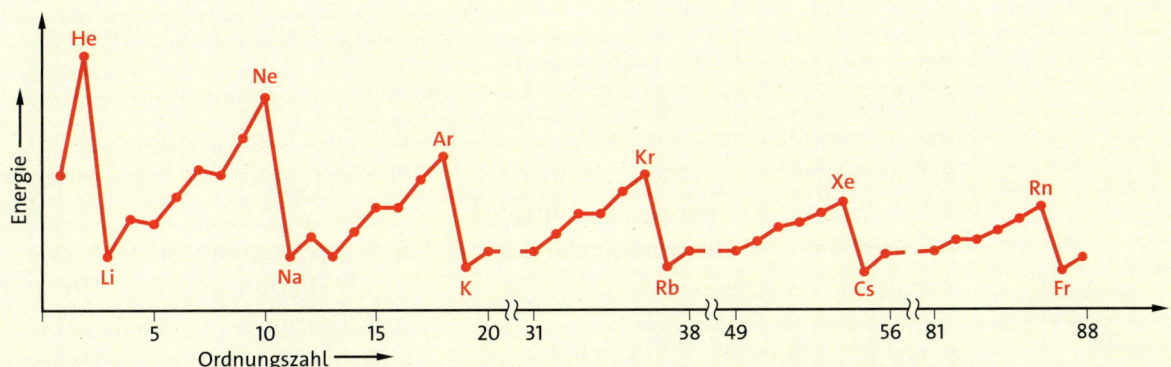

4 Energie zur Abspaltung des jeweils ersten Außenelektrons (bei allen Elementen des Periodensystems)

Atomsorten und ihre Eigenschaften

1 Schwefel, Kohlenstoff und Kupfer

Es gibt eine Vielzahl von Atomsorten – alle mit unterschiedlichen Eigenschaften.

120 Elemente • Man kennt heute rund 120 Atomsorten, auch Elemente genannt. Sie unterscheiden sich grundsätzlich in der Anzahl ihrer Protonen, Elektronen und Neutronen.
Doch nicht nur die Anzahl der Atombausteine ist unterschiedlich. Auch die Stoffeigenschaften der Elemente zeigen oft große Unterschiede. Andererseits gibt es aber auch ganze Gruppen von Elementen mit ähnlichen Eigenschaften.
Bevor man sich ein Ordnungssystem für die Elemente überlegt, sollte man sich einen Überblick über ihre Eigenschaften verschaffen, z. B. über Schmelz- und Siedetemperatur, Anzahl der Protonen und Elektronen oder die Anzahl der Außenelektronen.

> Es gibt rund 120 Elemente mit unterschiedlichem Atombau und unterschiedlichen Stoffeigenschaften.

2 Quecksilber ist bei Raumtemperatur flüssig.

Aufgaben

1 ○ Auf dieser Seite werden einige der rund 120 Elemente erwähnt. Nenne mindestens drei Elemente.

2 ◐ Nenne mithilfe des Texts drei Eigenschaften, in denen sich die Atomsorten unterscheiden können. Überlege dir drei weitere Eigenschaften, an denen man die Atomsorten unterscheiden könnte.

Die Ordnung der Elemente

Material A

Atomsteckbriefe und Ordnung bei den Atomen

Auf den Seiten 302–306 findest du Beschreibungen von 18 verschiedenen Atomsorten. Sowohl Informationen zur Anzahl der Atombausteine als auch zu den Eigenschaften des Elements sind dort zu finden.

1 ◐ Erstelle eine Tabelle mit:
- der Anzahl der Protonen und Elektronen
- den Siede- und Schmelztemperaturen
- der Anzahl der Außenelektronen

2 Suche selbst nach einer Ordnung in den 18 Elementen:

a ◐ Erstelle Atomsteckbriefe nach dem Muster in Bild 3. Achte darauf, dass alle 18 Kärtchen gleich groß sind. Tipp: Wenn du die Kärtchen mithilfe eines Textverarbeitungsprogramms erstellst, ist es günstig, mit Textfeldern zu arbeiten und diese dann zu kopieren.

b ◐ Schneide die Atomsteckbriefe aus. Überlege dir ein mögliches Ordnungsmerkmal und sortiere die Atomsorten nach diesem Merkmal.

c ● Zeige einem Mitschüler die nach deinem Merkmal sortierten Atomsteckbriefe. Der Mitschüler soll herausfinden, nach welchem System du die Kärtchen sortiert hast.

d ● Suche dir einen Partner, der ein anderes Ordnungsmerkmal als du ausgewählt hat. Schafft ihr es, ein System zu entwickeln, das beide Ordnungsmerkmale vereint?

Sauerstoff (O)	
Protonen	8
Elektronen	8
Außenelektronen	6
Massenzahl	16
Siedetemperatur	–183 °C
Schmelztemperatur	–218 °C

3 Steckbrief eines Elements

Material B

Welches Element ist gemeint?

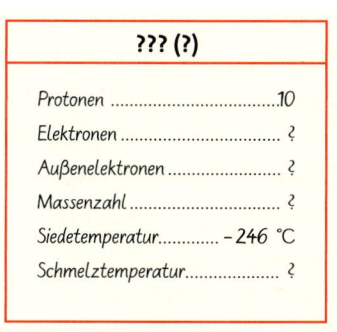

??? (?)	
Protonen	10
Elektronen	?
Außenelektronen	?
Massenzahl	?
Siedetemperatur	–246 °C
Schmelztemperatur	?

??? (?)	
Protonen	?
Elektronen	?
Außenelektronen	?
Massenzahl	23
Siedetemperatur	?
Schmelztemperatur	98 °C

4 Unvollständige Steckbriefe von zwei Elementen

1 ◐ Gib mithilfe der Informationen auf den Seiten 302–306 an, welche Elemente in Bild 4 gemeint sind.

2 ◐ Erstelle selbst einen unvollständigen Steckbrief. Achte darauf, dass deine Atomsorte nicht zu einfach zu erraten ist. Die Informationen müssen aber eindeutig sein. Suche immer wieder neue Partner. Tauscht eure Rätsel aus.

Das Periodensystem sorgt für Ordnung

	Gruppe							
	1	2	3	4	5	6	7	8
1	1 1,0 **H** Wasserstoff							2 4,0 **He** Helium
2	3 6,9 **Li** Lithium	4 9,0 **Be** Beryllium	5 10,8 **B** Bor	6 12,0 **C** Kohlenstoff	7 14,0 **N** Stickstoff	8 16,0 **O** Sauerstoff	9 19,0 **F** Fluor	10 20,2 **Li** Lithium
3	11 23,0 **Na** Natrium	12 24,3 **Mg** Magnesium	13 27,0 **Al** Aluminium	14 28,1 **Si** Silicium	15 31,0 **P** Phosphor	16 32,1 **S** Schwefel	17 35,5 **Cl** Chlor	18 40,0 **Ar** Argon
4	19 39,1 **K** Kalium	20 40,1 **Ca** Calcium	31 69,7 **Ga** Gallium	32 72,6 **Ge** Germanium	33 74,9 **As** Arsen	34 79,0 **Se** Selen	35 79,9 **Br** Brom	36 83,8 **Kr** Krypton

(Periode)

1 Das Periodensystem der Elemente (Ausschnitt)

2 Mendelejew

3 Meyer

Das Periodensystem bringt Ordnung in die Elemente – doch nach welchen Merkmalen oder Regeln ist es aufgebaut?

Mendelejew und Meyer • Die verschiedenen Atomsorten, auch Elemente genannt, lassen sich auf unterschiedliche Art und Weise sortieren. Unabhängig voneinander haben zwei Forscher nahezu zeitgleich diese Ordnungsmerkmale erkannt und umgesetzt. Der Russe Dmitri Mendelejew und der Deutsche Lothar Meyer kamen zum gleichen Ergebnis: dem Periodensystem. Wie sind die beiden bei ihrer Arbeit vorgegangen?

Außenelektronen • Ein Ordnungsmerkmal ist die Anzahl der Außenelektronen. Außenelektronen haben große Auswirkungen auf die Eigenschaften der jeweiligen Elemente. Ein Beispiel sind Lithium, Natrium und Kalium: Alle diese Elemente haben ein Außenelektron, alle drei sind weiche Metalle und alle drei reagieren heftig mit Wasser.

Es gibt noch weitere Atome mit einem Außenelektron: Rubidium und Caesium. Auch hierbei handelt es sich um weiche Metalle, die ebenfalls mit Wasser reagieren – sogar noch heftiger als Lithium, Natrium und Kalium. Elemente mit der gleichen Anzahl an Außenelektronen werden als Gruppen zusammengefasst. Im Periodensystem sind diese Gruppen so angeordnet, dass sie senkrecht untereinander stehen. Die 1. Hauptgruppe (Lithium, Natrium, Kalium, Rubidium und Caesium) nennt man Alkalimetalle.

> das Periodensystem
> die Hauptgruppe
> die Periode
> der Edelgaszustand

Protonen und Elektronen • Ein weiteres Ordnungsmerkmal ist die Anzahl der Protonen bzw. Elektronen. Auch dieses Kennzeichen wurde bei der Erstellung des Periodensystems berücksichtigt. Liest man das Periodensystem wie einen Text von links oben nach rechts unten, so steigt die Ordnungszahl, die die Anzahl der Protonen und Elektronen angibt, jeweils um eins an.

Elektronenschalen • Es gibt noch ein weiteres Merkmal, das im Periodensystem berücksichtigt ist: die Anzahl der Elektronenschalen. Diese kann man an den Zeilen, die Perioden genannt werden, ablesen. Atome, die in der ersten Zeile aufgeführt sind, bilden die erste Periode. Diese besitzen eine Elektronenschale. Alle Elemente der zweiten Periode besitzen zwei und die Elemente der dritten Periode drei Elektronenschalen.

Voraussagen • Zu Zeiten Mendelejews waren noch nicht alle Elemente entdeckt, die heute bekannt sind. Mendelejew war aber so überzeugt von seinem System, dass er Lücken für Elemente ließ, die noch nicht entdeckt waren. Ein Beispiel dafür ist das Element Germanium.

> Das Periodensystem vereint mehrere Ordnungsmerkmale: die Anzahl der Außenelektronen, die Anzahl der Protonen und Elektronen sowie die Anzahl der Elektronenschalen.

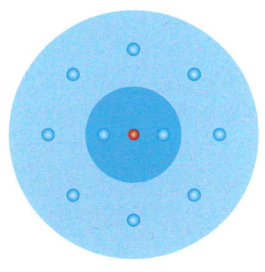

4 Die äußerste Schale ist voll – das Element Neon ist reaktionsträge.

Edelgaszustand • Auffallend ist die Gemeinsamkeit der Elemente der 8. Hauptgruppe: Helium, Neon, Argon, Krypton und Xenon. Diese Elemente reagieren nicht mit anderen Stoffen. Wenn man chemische Reaktionen als Veränderung von Stoffen betrachtet, kann man auch sagen, dass diese Elemente sich nicht verändern „wollen". Sie sind sozusagen mit ihrem Zustand „zufrieden".
Das Gemeinsame an ihrer Atomhülle ist, dass die äußerste Schale voll besetzt ist. Diesen Zustand bezeichnet man als Edelgaszustand. Er wird von allen Atomen angestrebt.

> Eine volle äußerste Elektronenschale, der sogenannte Edelgaszustand, wird von allen Atomen angestrebt.

Aufgaben

1 ⭕ Nenne die drei Ordnungsmerkmale des Periodensystems.

2 🍃 Nenne drei Elemente, die ähnliche Eigenschaften haben und die im Text nicht genannt werden.

Das Periodensystem sorgt für Ordnung

Material A

Suchen und Finden im Periodensystem

Das Periodensystem berücksichtigt verschiedene Ordnungsmerkmale. Dabei sind die Elemente in Gruppen und Perioden eingeteilt.

1. ○ Nenne die Elementsymbole der folgenden Elemente:
   - 2. Hauptgruppe und 3. Periode
   - 7. Hauptgruppe und 2. Periode
   - 8. Hauptgruppe und 5. Periode
   - 4. Hauptgruppe und 4. Periode

2. ○ Gib für folgende Elemente Hauptgruppe und Periode an: Chlor (Cl), Magnesium (Mg), Radon (Rn), Aluminium (Al).

3. ◐ Erstelle Elementsteckbriefe. Es sollen das Elementsymbol, die Anzahl der Elektronen und Protonen sowie die Anzahl der Außenelektronen und die Elektronenschalen enthalten sein.
   - Das Element steht in der 4. Periode der 4. Hauptgruppe.
   - Dieses Element hat die Ordnungszahl 16.
   - Die gesuchte Atomsorte hat 14 Elektronen.

Kalium (K)

Protonen..................19
Elektronen................19
Außenelektronen.........1
Elektronenschalen......4
Massenzahl................39
Siedetemperatur......774 °C
Schmelztemperatur....63 °C

Interessantes:
typisches Alkalimetall, reagiert heftig mit sehr vielen Stoffen

[1] Steckbrief des Elements Kalium

Material B

Ähnliche Elemente im Periodensystem

1. ○ Einige Elemente haben ähnliche Eigenschaften. Dies wurde im Periodensystem als Ordnungsmerkmal berücksichtigt. Erläutere, wie man im Periodensystem erkennen kann, welche Elemente ähnliche Eigenschaften aufweisen.

2. In der 7. Hauptgruppe stehen in der zweiten und dritten Periode zwei Elemente.
   a. ○ Gib an, wie diese beiden Elemente heißen.
   b. ● Lies die Texte zu diesen Elementen auf den Seiten 302–306 durch. Mache eine Vorhersage über die Eigenschaften des Elements Brom (Br).

3. ● Nenne mit S. 302–306 Gemeinsamkeiten der Elemente der 2. Hauptgruppe.

[2] Zinn (links) und Blei (rechts) stehen in der gleichen Hauptgruppe.

Material C

Edelgase

In der 8. Hauptgruppe stehen die Edelgase.

1 ○ Zeichne die Atomhüllen der Edelgase in der ersten, zweiten und dritten Periode nach dem Atommodell von Niels Bohr.

2 ◐ Nenne die Gemeinsamkeit, die diese Atomsorten bezüglich ihrer Atomhülle aufweisen.

3 ◐ Gib an, was trotz der Gemeinsamkeiten der Edelgase eine Besonderheit des Elements Helium in dieser Gruppe ist.

3 Das reaktionsträge Helium wird als Füllgas für Luftballons genutzt.

Material D

Flammenfärbung

Bestimmte Elemente zeigen in der Brennerflamme eine typische Farbe. Dazu nimmt man ein Magnesiastäbchen, taucht es in verdünnte Salzsäure und anschließend in die Stoffprobe. Dann hält man das Magnesiastäbchen mit der Stoffprobe in die rauschende Flamme des Brenners.
Um das Stäbchen nach dem Versuch zu reinigen, wird es ausgeglüht. Dazu hält man es abwechselnd in die verdünnte Säure und in die Flamme – und zwar so lange, bis die Flammenfärbung nicht mehr zu sehen ist.

1 Führe den oben beschriebenen Versuch mit Calciumchlorid ⚠, Strontiumchlorid ⚠ und Bariumchlorid ⚠ durch.
a ○ Erstelle eine Tabelle, aus der man die Färbung der Flamme ablesen kann.
b ◐ Die Verbindungen der Stoffproben bestehen aus einem Chlorteilchen und einem Calcium-, Strontium- oder einem Bariumteilchen. Begründe, welche Teilchen für die Färbungen der Flammen verantwortlich sind.

2 Suche die Elemente Calcium (Ca), Strontium (Sr) und Barium (Ba) im Periodensystem.
a ○ Nenne die Gemeinsamkeit ihrer Position.
b ◐ Beschreibe die Atomhüllen dieser drei Elemente.

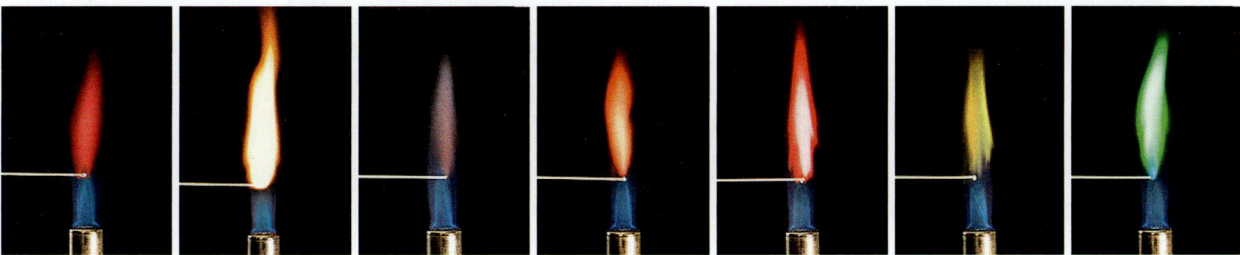

4 Lithium, Natrium, Kalium, Calcium, Strontium, Barium, Kupfer – Färbungen der Brennerflamme

Das Periodensystem sorgt für Ordnung

Erweitern und Vertiefen

Vier wichtige Elemente

Wasserstoff
Elektronen, Protonen: 1
Hauptgruppe: 1.
Periode: 1.

Mit einem Gewichtsanteil von 0,1 % ist Wasserstoff das zehnthäufigste Element in der Erdkruste. Wenn man aber das gesamte Universum betrachtet, ist Wasserstoff das am häufigsten vorkommende Element.

Wasserstoff wurde früher wegen seiner geringen Dichte als Füllgas für Ballons und Zeppeline genutzt. Da dieses Gas allerdings auch leicht brennbar ist, verwendet man es heute nicht mehr zu diesem Zweck.

Wasserstoff wird als Brennstoff für Raketen verwendet. Bei seiner Verbrennung entsteht nur Wasser als Abgas.
Daher gibt es auch Überlegungen, Wasserstoff z. B. in Autos als Brennstoff einzusetzen. Noch gibt es aber zu viele technische Probleme, um dieses explosive Gas dafür serienmäßig zu verwenden.

Kohlenstoff
Elektronen, Protonen: 6
Hauptgruppe: 4.
Periode: 2.

Nur 0,02 % der Erdkruste bestehen aus Kohlenstoff. Damit nimmt es den 17. Platz in der Reihe der häufigsten Elemente ein.

Kohlenstoff ist wesentlicher Bestandteil aller fossilen Energieträger. Die Verbrennung von Kohlenstoff verläuft exotherm; d. h., es wird Energie freigesetzt. Weltweit ist Kohle der bedeutendste Energieträger.

Problematisch ist das bei der Verbrennung entstehende Kohlenstoffdioxid. Das ungiftige, farb- und geruchlose Gas ist das wichtigste Treibhausgas und trägt zur Erderwärmung bei. Kohlenstoff kommt in verschiedenen Formen vor, neben der Kohle auch als Graphit und Diamant. Kleinere Diamanten lassen sich industriell bei hohen Temperaturen und enormem Druck herstellen. Diamanten werden wegen ihrer großen Härte in Bohrern eingesetzt.

1 Im Jahr 1937 verbrannte der mit Wasserstoff gefüllte Zeppelin „Hindenburg".

2 Graphit und Diamant – beides aus Kohlenstoff

Sauerstoff

Elektronen, Protonen: 8
Hauptgruppe: 6.
Periode: 2.

Bei Sauerstoff handelt es sich mit einem Gewichtsanteil von 46,6 % um das häufigste Element der Erdkruste.
Der in der Luft vorhandene Sauerstoff wird bei allen Verbrennungen genutzt. Dagegen kommt reiner Sauerstoff seltener zum Einsatz, z. B. bei der Gewinnung von Stahl. Weitere Einsatzmöglichkeiten gibt es in der Medizintechnik, als Rohstoff zur Gewinnung von Säuren oder bei der Reinigung von Abwässern.
Fast alle Lebewesen benötigen zur Energiegewinnung Sauerstoff. Ein erwachsener Mensch braucht täglich ca. 900 g davon. Sauerstoff macht 88,8 % des Gewichts von Wasser aus. Außerdem ist die Erde zu zwei Dritteln von Wasser bedeckt. Und dennoch ist in den Gesteinen noch 1000-mal mehr Sauerstoff enthalten als in den Ozeanen.

Silicium

Elektronen, Protonen: 14
Hauptgruppe: 4.
Periode: 3.

Silicium ist das zweithäufigste Element der Erdkruste. Diese besteht zu 27,7 % aus diesem Element.
Wenn man hochreines Silicium herstellt und es dann anschließend gezielt mit Aluminium oder Phosphor verunreinigt, hat man ein spannendes Material geschaffen – einen sogenannten Halbleiter. Diese Halbleiter sind die Grundlage aller Computer und elektronischen Geräte.
Auch die meisten Solarzellen bestehen im Wesentlichen aus solchen Halbleitern. Verschiedene Siliciumverbindungen sind bedeutender Bestandteil von Glas.
Reines Silicium ist in der Natur nicht zu finden. Dennoch gibt es Silicium im wahrsten Sinne des Wortes „wie Sand am Meer". Sand ist nämlich eine Verbindung aus Silicium und Sauerstoff.

3 Sauerstoff wird oft in blauen Gasflaschen aufbewahrt.

4 Ohne hochreines Silicium wäre unsere digitale Welt nicht denkbar.

Beschränkung auf das Wesentliche

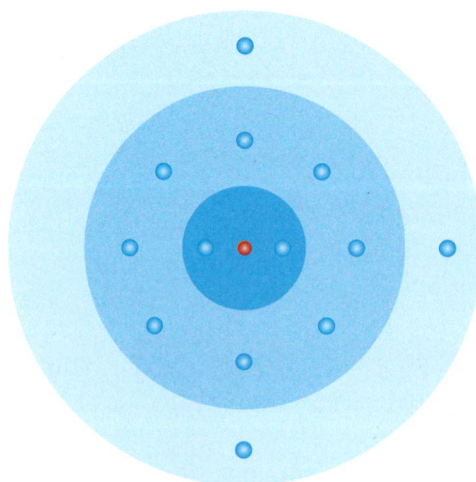

1 Aluminium mit allen seinen Elektronenschalen – Aluminium nur mit seinen Außenelektronen

In der Chemie geht es fast immer nur um die Außenelektronen. Die inneren Elektronenschalen braucht man meistens nicht zu beachten.

Lewis-Schreibweise • Der Amerikaner Gilbert Newton Lewis erkannte früh, dass die Anzahl der Außenelektronen wesentlich für die Eigenschaften von Atomen ist.

Auf Basis dieser Erkenntnis entwickelte er eine vereinfachte Schreibweise zum Aufbau der Atomhülle. Entscheidend ist dabei, dass nicht alle Elektronen notiert werden, sondern nur die Außenelektronen.

Dabei stellt man jedes Außenelektron als einen Punkt dar, der um das Elementsymbol notiert wird. → 2

Bis zu vier Außenelektronen werden als Punkte notiert. → 3

Wenn weitere Außenelektronen hinzukommen, zeichnet man anstelle eines weiteren Punkts an einer Seite des Elementsymbols einen Strich. → 4

Es ist nicht gestattet, einen Strich als Symbol für zwei Elektronen zu notieren, bevor nicht an allen Seiten des Elementsymbols ein Elektron als Punkt markiert worden ist.

> Bei der Lewis-Schreibweise werden nur die Außenelektronen notiert. Ein Punkt steht dabei für ein, ein Strich für zwei Außenelektronen.

Aufgaben

1 ○ Gib an, wofür ein Punkt und wofür ein Strich in der Lewis-Schreibweise steht.

2 ○ Gib an, wie viele Außenelektronen das Element Stickstoff hat. → 4

3 ○ Nenne den Grund, weshalb Lewis eine Schreibweise für den Aufbau der Atomhülle entwickelte, bei der man nur die Außenelektronen notiert.

Na·

2 Natrium

3 Kohlenstoff

4 Stickstoff

Die Ordnung der Elemente

die Lewis-Schreibweise

Material A

Die Lewis-Schreibweise lesen

Aus der Lewis-Schreibweise kann man Informationen entnehmen.

1 ○ Erstelle eine Tabelle, aus der man die Anzahl der Außenelektronen der in Bild 5 dargestellten Elemente entnehmen kann.

2 ◐ Sortiere die in Bild 5 stehenden Elemente in Gruppen nach ähnlichen Eigenschaften. Benenne die Gruppen, soweit du sie kennst.

3 ◐ Spiele das rechts beschriebene Lernspiel mit einem Mitschüler.

H·   Li·

A̤l·   ·F̄l

Ṁg·   Na·

·C̄l |N̄e|

Be·   Ḃ·

·Ṅ| |Ār|

5 Außenelektronen einiger Elemente nach der Schreibweise von Lewis

Die Lewis-Schreibweise als Lernspiel

Lernen macht mehr Spaß mit einem Partner. Man kann auch mit spielerischen Formen erfolgreich sein: Noah sucht sich ein Element aus Bild 5 aus und nennt die Anzahl der Außenelektronen: „Mein Element hat sieben Außenelektronen."
Nun kommen zwei Elemente in Frage: Fluor (F) und Chlor (Cl).
Lisa stellt die passende Frage, um es herauszufinden: „Hat dein Element 2 oder 3 Elektronenschalen?"
Noah antwortet: „3."
Lisa: „Dann ist es Chlor!"
Noah: „Richtig. Jetzt du!"

Material B

Die Lewis-Schreibweise anwenden

Es ist hilfreich, wenn man selbst die Elektronenverteilung gemäß der Lewis-Schreibweise notieren kann.

1 Notiere die Elektronenverteilung nach Lewis von folgenden Elementen:

a ○ Schwefel (S), Silicium (Si) und Phosphor (P)
b ● Barium (Ba), Xenon (Xe) und Iod (I)

2 ◐ In Bild 6 ist die Elektronenverteilung des Elements Schwefel abgebildet. Notiere dieses Element nach der Schreibweise von Lewis.

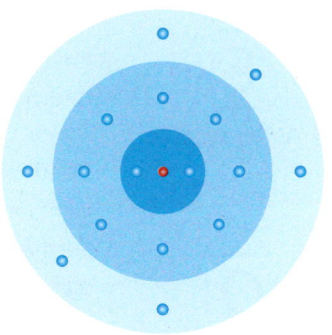

6 Elektronenverteilung nach Bohr

Ein Weg zum Edelgaszustand

1 Fluor ist lebensgefährlich (links), Helium ist völlig ungefährlich (rechts).

Verschiedene Elemente zeigen teilweise ein sehr unterschiedliches Reaktionsverhalten. Während Fluor sehr heftig reagiert, kann man bei den Edelgasen keine Reaktionen beobachten.

Der Antrieb für Reaktionen • Alle Atome streben den Edelgaszustand an: eine voll besetzte äußerste Elektronenschale.
Wenn man sich die verschiedenen Atomsorten anschaut, stellt man fest, dass nur die Edelgase diesen Zustand besitzen. Atome, die nicht im Edelgaszustand sind, versuchen diesen durch chemische Reaktionen zu erreichen.

Elektronenpaarbindung • Betrachten wir zuerst ein Fluor-Atom (F): Bei diesem Atom kann man feststellen, dass sich auf der äußersten Schale 7 Elektronen befinden. Um die äußerste Schale voll zu besetzen, bräuchte es noch ein Elektron.

Bei Wasserstoff-Atomen ist es ähnlich: Auch ihnen fehlt ein Elektron für eine volle äußerste Schale.
Wenn ein Fluor- und ein Wasserstoff-Atom aufeinandertreffen, können sie ihr Problem gemeinsam lösen: Von beiden Atomen gehört künftig je ein Elektron zu beiden Atomen. → **4**
Durch dieses gemeinsame Elektronenpaar hat nun das Fluor-Atom 8 und das Wasserstoff-Atom 2 Elektronen auf der äußersten Schale. Beide Atome befinden sich jetzt im Edelgaszustand. Durch das gemeinsame Elektronenpaar sind sie miteinander verbunden. Diese Verbindung nennt man Elektronenpaarbindung.

Doppelbindung • Treffen zwei Sauerstoff-Atome (O) aufeinander, gehen sie miteinander zwei Elektronenpaarbindungen ein. → **5** Dadurch gewinnen die Atome jeweils zwei Elektronen auf der äußersten Schale hinzu und gelangen in den Edelgaszustand.

2 Außenschale von Fluor

3 Außenschale von Sauerstoff

Die Ordnung der Elemente

die **Elektronenpaarbindung**
die **Doppelbindung**
die **Dreifachbindung**
die **Bindigkeit**
das **Molekül**

Dreifachbindung • Es gibt auch dreifache Elektronenpaarbindungen. Beispielsweise sind zwei Stickstoff-Atome (N) über eine solche Bindung verbunden. Vierfachbindungen gibt es allerdings nicht.

Lewis-Schreibweise • In der Lewis-Schreibweise gibt es für die Elektronenpaarbindung ein Symbol: Ein Strich zwischen zwei Atomen steht für die Bindung. Doppelbindungen stellt man als Doppelstrich dar, Dreifachbindungen als Dreifachstrich.

Bindigkeit • Je nach Aufbau der Atomhülle brauchen die Atome unterschiedlich viele Elektronenpaarbindungen, um den Edelgaszustand zu erreichen. Die Anzahl der dazu nötigen Elektronenpaarbindungen wird als Bindigkeit bezeichnet.
An den Beispielen oben kann man erkennen, dass Fluor einbindig, Sauerstoff zweibindig und Stickstoff dreibindig ist.

Moleküle • Verbindungen aus mehreren Atomen, die über Elektronenpaarbindungen verbunden sind, bezeichnet man als Moleküle.

> Bei einer Elektronenpaarbindung teilen sich zwei Atome ein gemeinsames Elektronenpaar. Dadurch erreichen die Atome den Edelgaszustand, also eine voll besetzte äußerste Elektronenschale. Moleküle sind Verbindungen aus mehreren Atomen.

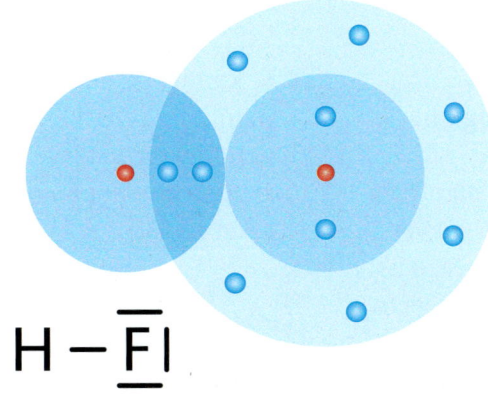

4 Elektronenpaarbindung zwischen Wasserstoff und Fluor

5 Sauerstoff (O_2) und Stickstoff (N_2) in der Lewis-Schreibweise

Aufgaben

1 ○ Erläutere, wie man am Aufbau der Atomhülle erkennen kann, ob der angestrebte Edelgaszustand erreicht ist.

2 ◐ Fluor ist einbindig, Sauerstoff zweibindig und Stickstoff dreibindig. Nenne mithilfe des Periodensystems ein vierbindiges Element.

3 ◐ Notiere mithilfe der Lewis-Schreibweise die Verbindung zwischen zwei Chlor-Atomen.

Ein Weg zum Edelgaszustand

Material A

Periodensystem als Schlüssel zur Bindigkeit

In der Chemie musst du oft die chemischen Formeln von Verbindungen ermitteln. Dazu ist es wichtig zu wissen, wie viele Elektronenpaarbindungen ein Element eingehen kann.

1 ○ Übernimm die Tabelle von Bild 1 in dein Heft und fülle sie komplett aus. Du kannst auch das Periodensystem zu Hilfe nehmen.

2 ◐ Kannst du einen Zusammenhang zwischen der Zugehörigkeit zu einer Hauptgruppe und der Bindigkeit erkennen?

Formuliere Sätze wie: „Die Elemente der 7. Hauptgruppe sind alle ..."

Element	Hauptgruppe	Bindigkeit
Fluor		
Sauerstoff		
Schwefel		
Stickstoff		
Phosphor		
Brom		
Kohlenstoff		
Silicium		
Iod		
Chlor		

[1] Zusammenhang zwischen Hauptgruppe und Bindigkeit

Material B

Chemische Formeln

In chemischen Formeln, z. B. CO_2, steckt viel Wissen. Die Formel CO_2 bedeutet, dass ein Kohlenstoff-Atom mit zwei Sauerstoff-Atomen verbunden ist.
Umgekehrt kann man aus zeichnerischen Darstellungen herauslesen, was die richtige Formel einer Verbindung ist.

1 ◐ In Bild 2 siehst du die Darstellung einer Verbindung. Gib die Formel der dargestellten Verbindung an.

2 ● Stelle die folgenden Verbindungen in der Schreibweise nach Bohr und in der Lewis-Schreibweise dar:
• HCl
• CO_2

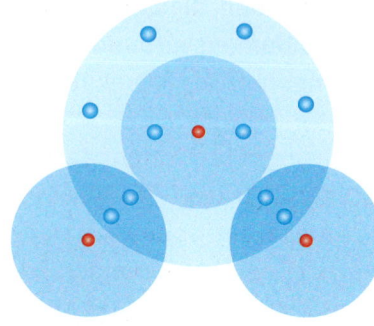

[2] Wie lautet die chemische Formel?

152 | Die Ordnung der Elemente

Material C

Wer die Bindigkeit kennt, kann Formeln ermitteln

Wenn man die Bindigkeit zweier Elemente kennt, kann man Rückschlüsse auf die Formel ziehen.
Beispiel: Sauerstoff ist zweibindig, aber Wasserstoff nur einbindig. Zwischen diesen Elementen kann eine Verbindung nur dann entstehen, wenn zwei Wasserstoff-Atome mit einem Sauerstoff-Atom reagieren. Deshalb lautet die Formel H_2O.

Ammoniak:
NH oder NH_2 oder NH_3 oder NH_4?

Methan:
CH oder CH_2 oder CH_3 oder CH_4?

Chlorwasserstoff:
HCl oder H_2Cl oder H_3Cl oder H_4Cl?

3 Welche Formel stimmt?

1 ◐ In Bild 3 stehen verschiedene Formeln für Verbindungen zur Auswahl. Entscheide dich für die richtige und begründe deine Antwort.

2 ● Notiere die Formeln für folgende Stoffe:
• Bromwasserstoff
• Schwefelwasserstoff
• Iodwasserstoff
• Phosphan (Phosphorwasserstoff)
• Chlor
• Siliciumdioxid

Material D

Entstehung von Wasser

Wasserstoff ist ein Gas. Wenn man dieses Gas entzündet, verbrennt es. Es reagiert also mit Sauerstoff. Bei dieser chemischen Reaktion entsteht Wasser.

Im Verhältnis 2 : 1

Wasser hat die Formel H_2O. Das sagt auch etwas darüber aus, wie Wasser entsteht: Man muss jeweils zwei Moleküle Wasserstoff nehmen und nur ein Molekül Sauerstoff, um Wasser entstehen zu lassen.

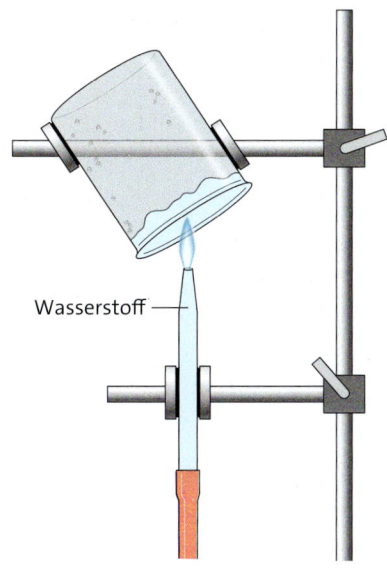

4 Hier verbrennt Wasserstoff. In dem Becherglas sammeln sich Wassertröpfchen.

1 ◐ Welche der folgenden chemischen Formeln für Sauerstoff und Wasserstoff sind richtig? Begründe jeweils deine Antworten.
• O oder O_2 oder O_3
• H oder H_2 oder H_3

2 ● Notiere die Reaktionsgleichung für die Verbrennung von Wasserstoff:
• in der Schreibweise nach Bohr
• in der Lewis-Schreibweise
• in der Formelschreibweise

Die Ordnung der Elemente

Zusammenfassung

Atommodelle • Die Vorstellung, dass alle Stoffe aus kleinsten unteilbaren Teilchen bestehen, ist schon sehr alt. Schon vor etwa 2500 Jahren hatte Demokrit diesen Gedanken. Dalton beschrieb diese Atome im Jahr 1803 als Kugeln. Die Entdeckung des Elektrons veranlasste Thomson 1897 zur Entwicklung des sogenannten Rosinenkuchenmodells.
Durch seinen Streuversuch kam Rutherford 1911 auf sein Kern-Hülle-Modell, das Bohr zwei Jahre später zum Schalenmodell erweiterte. → 1

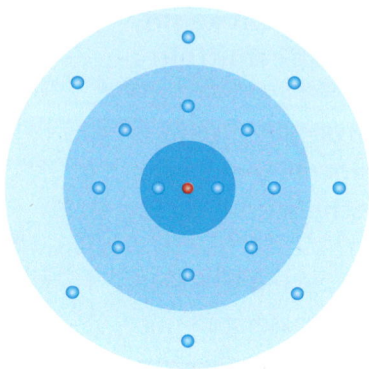

1 Ein Chlor-Atom nach den Vorstellungen von Bohr

Das Periodensystem • Als immer mehr Elemente entdeckt wurden, bemühte man sich um ein Ordnungssystem. Mendelejew und Meyer waren dabei erfolgreich. Unabhängig voneinander entwickelten sie das Periodensystem der Elemente. Seine wesentlichen Ordnungsmerkmale sind:
- Elemente, die untereinander stehen, haben gleich viele Außenelektronen. Solche Elemente bilden eine Gruppe.
- Elemente, die in einer Zeile stehen, haben gleich viele Schalen. Die Zeilen nennt man auch Perioden.
Wenn man das System wie ein Buch von links oben nach rechts unten liest, steigt die Ordnungszahl immer weiter an.

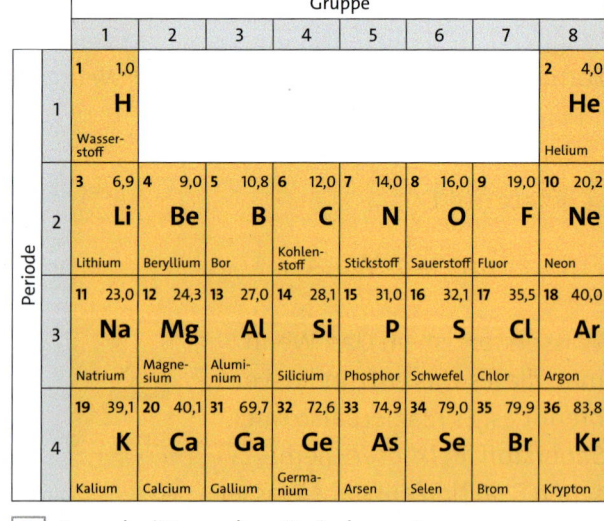

2 Ausschnitt aus dem Periodensystem

Edelgaszustand • Die Edelgase, also die Elemente der 8. Hauptgruppe, sind alle sehr reaktionsträge. Dies erklärt sich durch die voll besetzte äußerste Elektronenschale. Offenbar streben alle Atome an, die äußerste Schale voll besetzt zu bekommen. Diesen Zustand bezeichnet man als Edelgaszustand. → 3

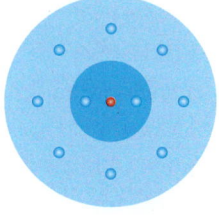

3 Ein Neon-Atom: Die äußerste Schale ist voll besetzt.

Teste dich! (Lösungen im Anhang)

1 ○ Gib für die Elemente in Bild 4 an, aus wie vielen Protonen, Neutronen und Elektronen die Atome jeweils bestehen.

2 In Bild 6 ist ein Atom nach den Vorstellungen von Bohr dargestellt.
a ○ Um welche Atomsorte handelt es sich? Nimm das Periodensystem im Anhang zu Hilfe.
b ○ Befindet sich das dargestellte Atom im Edelgaszustand? Begründe deine Antwort.
c ○ Stelle die Elemente Kohlenstoff (C), Magnesium (Mg) und Chlor (Cl) nach der Atomvorstellung von Bohr dar.
d ◐ Gib das Formelzeichen und die Anzahl der Protonen, Neutronen und Elektronen folgender Elemente an:
  • 3. Periode, 1. Hauptgruppe
  • 4. Periode, 7. Hauptgruppe
  • 3. Periode, 8. Hauptgruppe
e ◐ Gib Periode und Hauptgruppe folgender Elemente an: Calcium (Ca), Selen (Se) und Argon (Ar). Aus wie vielen Protonen, Neutronen und Elektronen bestehen diese Atome?

3 ○ Notiere die Atome von Lithium, Aluminium und Schwefel in der Lewis-Schreibweise.

4 Bei den Elementen sollte man auch über die Bindigkeit Bescheid wissen.
a ○ Erkläre den Begriff „Bindigkeit".
b ◐ Nenne die Bindigkeit von Silicium (Si), Brom (Br) und Phosphor (P).
c ◐ Erdgas besteht hauptsächlich aus Methan. Methan ist aus den Elementen Kohlenstoff und Wasserstoff aufgebaut. Welche Formel ist die richtige? → 5 Begründe deine Antwort.

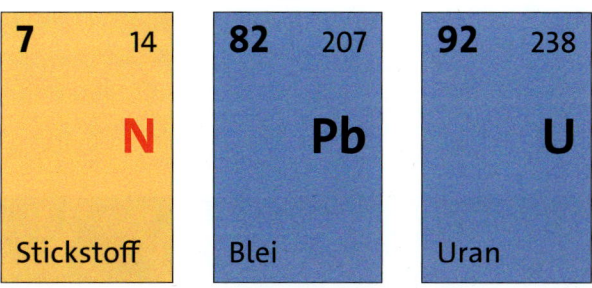

4 Kennzahlen für die Elemente Stickstoff, Blei und Uran

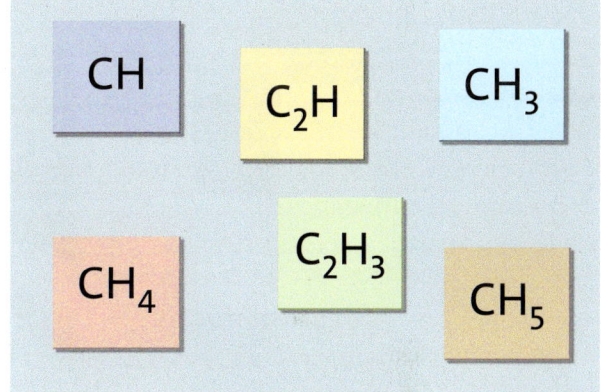

5 Methan – welche Formel stimmt?

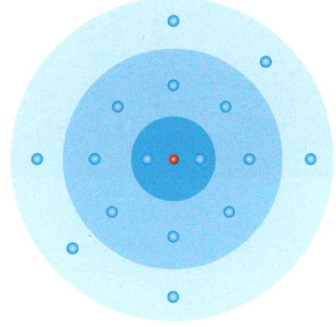

6 Ein Atom nach den Vorstellungen von Bohr

Wasser – genau untersucht

Was stellt man fest, wenn man Wasser chemisch untersucht?

Was hat der Energieträger Wasserstoff mit Wasser zu tun?

Was ist der Grund für die Besonderheiten von Wasser?

Element oder Verbindung?

1 Die ewige Weite der Meere ... Ist Wasser ein Ur-Element unserer Welt?

Die alten Griechen glaubten, Wasser wäre ein grundsätzliches Element des Universums. Heute sehen wir das anders.

Wasser – eine Verbindung • Die Formel H_2O hast du sicherlich schon einmal gehört oder gelesen. Das Symbol H steht für das chemische Element Wasserstoff, das O für Sauerstoff. Wasser ist also eine Verbindung aus den Elementen Wasserstoff und Sauerstoff.

Verbindungen zerlegen • Im chemischen Labor kann man alle Verbindungen zerlegen. Man erhält dann die chemischen Elemente, aus denen die Verbindung bestand.
Wasser zu zerlegen ist allerdings gar nicht so einfach. Man braucht dazu sehr viel Energie oder zusätzliche Stoffe.

Zerlegung mit Strom • Mit der Energie, die im elektrischen Strom steckt, kann man Wasser zerlegen. Es reicht, wenn man einen Plus- und einen Minuspol ins Wasser hält und eine Spannung von ca. 3 Volt anlegt. Außerdem muss das Wasser ein wenig Säure enthalten, weil es sonst den Strom nicht leitet. Das Wasser wird dann allmählich zersetzt und es bilden sich Gasbläschen an den zwei Polen.

Mit der passenden Apparatur • Sehr schön kann man Wasser auch im Hofmann'schen Zersetzungsapparat zerlegen. Dort werden nämlich die entstehenden Gasblasen in zwei Röhrchen aufgefangen. → 2
Wenn man die Reaktion eine Weile laufen lässt, stellt man Folgendes fest: An beiden Polen bildet sich Gas, aber am Minuspol ist das Gasvolumen doppelt so groß.

| die Verbindung
| das Element
| der Wasserstoff
| die Knallgasprobe

Nachweis der Gase • Nun möchte man noch wissen, um welche Gase es sich handelt.

Dazu fängt man das Gas an der Pluspol-Seite in einem Reagenzglas auf und führt eine Glimmspanprobe durch. Man hält also einen glimmenden Holzspan in das Reagenzglas. Dabei stellt man fest, dass das Glimmen stärker wird. Dies ist ein Nachweis für Sauerstoff. → 3

Bei dem Gas an der Minuspol-Seite handelt es sich um Wasserstoff. Wasserstoff wird mit der Knallgasprobe nachgewiesen. Dazu hält man das Reagenzglas mit dem Gas an eine offene Flamme. Ein kurzes Plopp-Geräusch gilt als Nachweis für Wasserstoff. → 4

Wasser herstellen • Es gibt eine Reihe von chemischen Reaktionen, bei denen sich Wasser bildet. Die einfachste Möglichkeit ist, dass man Wasser direkt aus den Elementen Wasserstoff und Sauerstoff herstellt. Dazu mischt man die beiden Gase Wasserstoff und Sauerstoff. Beim geringsten Zündfunken explodiert ein solches Gemisch. Es findet also eine heftige chemische Reaktion statt. Bei dieser Reaktion entsteht Wasser. Wegen der Heftigkeit dieser Reaktion darf man sie im Schullabor allerdings nur mit winzigen Mengen durchführen.

> Wasser ist eine Verbindung aus den Elementen Wasserstoff und Sauerstoff. Aus diesen Elementen kann man auch wieder Wasser bilden.

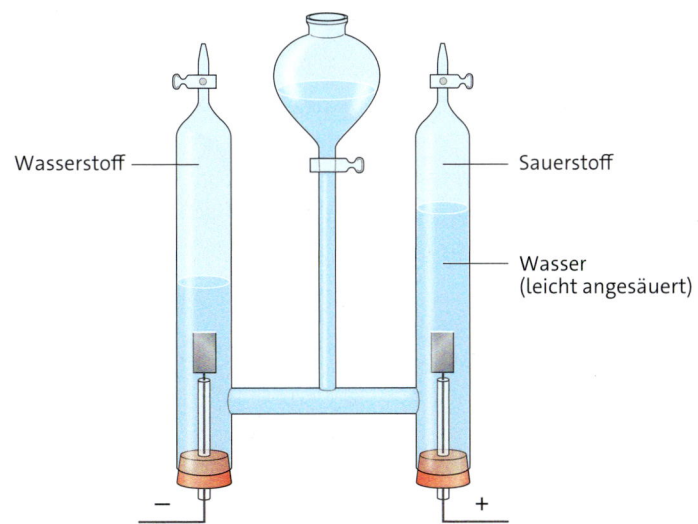

2 Hofmann'scher Zersetzungsapparat

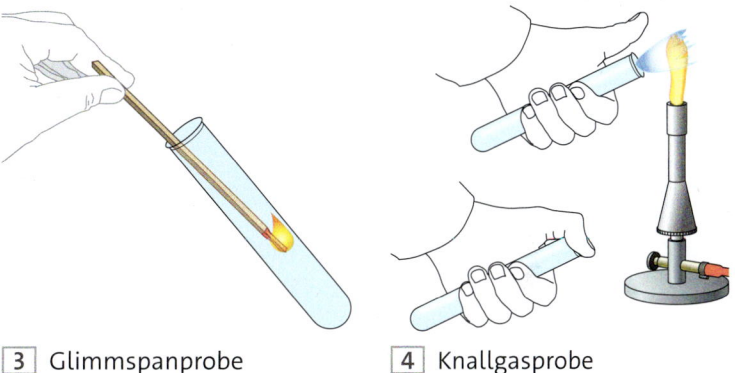

3 Glimmspanprobe   4 Knallgasprobe

Aufgaben

1 ○ Begründe, weshalb Wasser kein chemisches Element ist.

2 ◐ Beschreibe die Funktionsweise des Hofmann'schen Zersetzungsapparats.

3 ● Versuche zu erklären, inwiefern Wasserstoff als Speicherstoff für Energie dienen kann.

Element oder Verbindung?

Material A

Zerlegung von Wasser

Was geschieht, wenn man elektrischen Strom durch Wasser leitet, das leicht angesäuert ist?

Materialliste: 2 Nägel, Becherglas, Kabel, Krokodilklemmen, Batterie (4,5V), verdünnte Schwefelsäure (5%ig, ⚠)

Gib verdünnte Schwefelsäure in das Becherglas. Befestige mit einer Krokodilklemme an jedem Nagel ein Kabel und stelle die Nägel in das Becherglas.

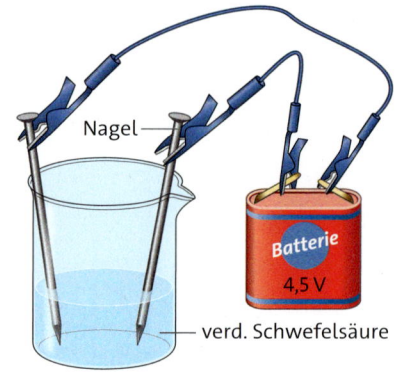

1 Aufbau des Versuchs

Dabei dürfen sich die Nägel nicht berühren. → 1
Verbinde nun die beiden Kabel mit der Batterie und beobachte.

1 ○ Erstelle ein Versuchsprotokoll. Beschreibe dabei auch, ob die Vorgänge an den beiden Nägeln gleich oder unterschiedlich sind.

2 ◐ Vergleiche den Aufbau und die Ergebnisse des Versuchs mit der Wasserzersetzung in einem Hofmann-Zersetzungsapparat.

3 ● Schlage vor, wie man die entstehenden Gase auffangen und nachweisen könnte.

Material B

Wasserstoff nachweisen

Wasserstoff ist ein explosives Gas. Die folgenden Versuche darfst du daher nur mit kleinen Mengen und in Gegenwart der Lehrkraft durchführen!

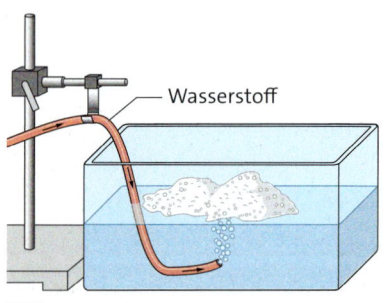

2 Einleiten von Wasserstoff

Materialliste: Reagenzgläser, Brenner, Kunststoffwanne, Seifenwasser, Löffel, Wasserstoff ⚠ ⚠ und Sauerstoff ⚠ ⚠ aus Vorratsflaschen

- Lass ein Reagenzglas durch die Lehrkraft mit Wasserstoff befüllen. Verschließe es mit dem Daumen. Zieh den Daumen weg und halte das Reagenzglas schnell an eine Brennerflamme. Achte genau auf das auftretende Geräusch.
- Gib etwas Seifenwasser in die Kunststoffwanne. Lass dann Wasserstoff in die Seifenlauge einleiten. → 2 Nimm mit einem Löffel einige Schaumblasen und halte sie an die Brennerflamme.
Wiederhole den Versuch, lass aber von der Lehrkraft zusätzlich etwas Sauerstoff in das Seifenwasser einleiten.

1 ○ Beschreibe die Beobachtungen bei den Versuchen.

2 ● Erkläre, welche Rolle die Seifenblasen in dem Versuch spielen.

3 ● Erkläre, warum die Reaktion mit zusätzlichem Sauerstoff heftiger ist.

Wasser – genau untersucht

Erweitern und Vertiefen

Die erste Zerlegung von Wasser

Lavoisier • Antoine Laurent de Lavoisier war einer der ersten Chemiker, der sich sehr gute Glasgeräte und Waagen herstellen ließ. Jahrelang experimentierte er mit großer Genauigkeit, wog alle beteiligten Stoffe und protokollierte seine Messwerte. Er lebte von 1743 bis 1794 in Frankreich.

Was bereits bekannt war • Vor Lavoisier waren viele wichtige Fragen der Chemie noch nicht geklärt. Beispielsweise war das Gas Sauerstoff noch nicht bekannt. Man konnte Verbrennungen also noch nicht korrekt verstehen. Man wusste auch noch nicht, dass Wasser eine Verbindung ist.

Immerhin aber wusste man schon, dass es verschiedene Gase gibt, auch eine „brennbare Luft". Außerdem hatte man z. B. mit Metallen viele praktische Erfahrungen gemacht. Die Schmiede wussten seit Jahrtausenden, dass sich Eisen verändert, wenn man es heiß ins Wasser hält. Es wird dadurch gehärtet. Kann heißes Eisen also mit Wasser reagieren?

Das Experiment • Im Jahr 1783 erfuhr Lavoisier, dass der englische Naturwissenschaftler Henry Cavendish Wasser in zwei Gase zerlegt hatte. Lavoisier untersuchte dies genauer: Er ließ Wasserdampf über heiße Eisenstücken strömen. → 3
Natürlich hatte er das Eisen vorher gewogen. Es wog nach dem Versuch mehr und war auch dunkler geworden. Es war Eisenoxid entstanden. Das Eisen musste sich also mit einem Bestandteil des Wassers verbunden haben.

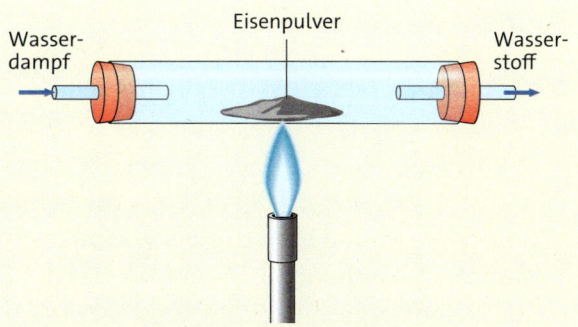

3 Nachbau von Lavoisiers Versuch

Der Wasserstoff • Bei der Reaktion entstand auch ein Gas. → 3 Lavoisier fing es auf und untersuchte es: Es war „brennbare Luft". Lavoisier nannte dieses Gas Wasserstoff, weil er damit Wasser herstellen konnte.

Aufgaben

1 ○ Lavoisier spaltete Wasser nicht mit elektrischem Strom, sondern mithilfe eines Stoffs. Nenne diesen Stoff.

2 ◐ Formuliere die Reaktionsgleichung zu Lavoisiers Versuch.

3 ◐ Immer wenn Lavoisier 10,0 g Eisenstückchen zur Reaktion brachte, wogen sie hinterher 14,2 g. Erkläre diese Massenzunahme.

4 ● Lavoisier wandelte seinen Versuch ab. Er ließ nicht Wasserdampf, sondern Luft über die heißen Eisenstückchen strömen. Auch dabei reagierte das Eisen, wurde dunkler und nahm an Masse zu. Erkläre, welche Reaktion dabei stattgefunden hatte.

Element oder Verbindung?

Methode

Formeln verstehen

Die Formeln zu verstehen ist kein Problem:

Beispiel 1 Wasserstoff besteht aus ganz einfachen Molekülen. Es sind einfach zwei Wasserstoff-Atome miteinander verbunden. Die Formel dafür lautet H_2. Eine kleine tiefgestellte Zahl, wie hier die 2, gibt also an, wie viele Atome in dem Molekül verbaut sind.

[1] Wasserstoff, Formel H_2

Beispiel 2 Wasserstoffperoxid hat die Formel H_2O_2. Jedes Molekül besteht also aus 2 Wasserstoff-Atomen und aus 2 Sauerstoff-Atomen.

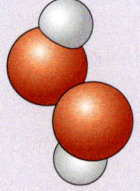
[2] Wasserstoffperoxid, Formel H_2O_2

Beispiel 3 Wasser hat die Formel H_2O. Jedes Molekül besteht aus 2 Wasserstoff-Atomen und 1 Sauerstoff-Atom. Eigentlich hätte man H_2O_1 schreiben müssen, aber den Index 1 lässt man einfach weg.

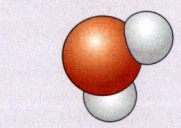
[3] Wasser, Formel H_2O

Beispiel 4 Oft ist nicht nur von einem einzigen Molekül die Rede, sondern von mehreren. Dann stellt man eine Zahl vor die Formel. Wenn es beispielsweise um drei Wasserstoffmoleküle geht, schreibt man in der Chemie also $3\,H_2$.

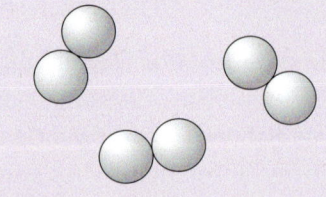
[4] Drei Wasserstoffmoleküle, Formel $3\,H_2$

Aufgaben

1 ○ Baue die Formel CH_4 mit Knete oder mit Playmaiskörnern.

2 ◐ Stelle zeichnerisch dar, was mit $2\,NH_3$ gemeint ist.

Wasser – genau untersucht

Methode

Symbolgleichungen aufstellen

In der Chemie will man Reaktionen statt als Wortgleichung oft auch als Symbolgleichung schreiben, z. B. so: $2\,H_2 + O_2 \rightarrow 2\,H_2O$
Symbolgleichungen sind kurz, präzise und weltweit verständlich. Wie aber kommt man von der Wortgleichung zur Symbolgleichung? Das zeigen die folgenden 4 Schritte:

Schritt 1 Formuliere die Wortgleichung.

Schritt 1 Wasserstoff + Sauerstoff → Wasser

Schritt 2 Ersetze die Worte durch Formeln. Denke dabei an die Erreichung des Edelgaszustands. Zum Beispiel muss Wasserstoff die Formel H_2 haben, weil es sonst nicht den Edelgaszustand erreichen würde.

Schritt 2 $H_2 + O_2 \rightarrow H_2O$

Schritt 3 Zähle ab, ob vor und nach dem Reaktionspfeil gleich viele Atome stehen. In unserem Beispiel fehlt rechts ein Sauerstoff-Atom. Das kann nicht sein. Denn bei einer Reaktion gehen keine Atome verloren.

Schritt 3 $H_2 + O_2 \rightarrow H_2O$

Hier fehlt ein O.

Schritt 4 Gleiche die Symbolgleichung aus, sodass vor und nach dem Reaktionspfeil gleich viele Atome jeder Art stehen. Dazu muss man manchmal mehrere Möglichkeiten ausprobieren. In unserem Beispiel kann man sich fragen, was mit dem zweiten Sauerstoff-Atom passiert ist: Es hat sich mit einem weiteren Wasserstoffmolekül zu einem zweiten Wassermolekül verbunden.

Schritt 4 $2\,H_2 + O_2 \rightarrow 2\,H_2O$

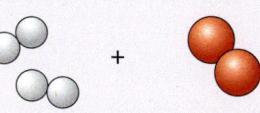 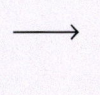

Aufgaben

1 ○ Man kann zwei Arten von Reaktionsgleichungen unterscheiden. Nenne sie.

2 ◐ Warum hat Sauerstoff die Formel O_2?

3 Stelle die Symbolgleichung auf für:
a ◐ die Reaktion von Wasserstoff (H_2) mit Stickstoff (N_2) zu Ammoniak (NH_3)
b ● die Verbrennung von Traubenzucker ($C_6H_{12}O_6$)

Wasserstoff – Energieträger der Zukunft?

1 Der Treibstoff der Zukunft?

Benzin basiert auf Erdöl und steht nur noch begrenzt zur Verfügung. Außerdem verstärken die Reaktionsprodukte von Benzin – vor allem das Kohlenstoffdioxid – den Klimawandel. Deshalb sucht man nach alternativen Treibstoffen.

Wasserstoff als Energieträger • Zu den möglichen Energieträgern der Zukunft zählt Wasserstoff.
Wasserstoff ist ein brennbares Gas, das leichter ist als Luft. Seine Reaktion mit Sauerstoff liefert viel Energie. Das zeigt sich, wenn man einen kleinen Ballon mit Wasserstoff füllt und den Ballon dann – mit viel Sicherheitsabstand – entzündet. → 2
Diese chemische Reaktion nennt man Knallgasreaktion; das Wasserstoff-Sauerstoff-Gemisch heißt Knallgas. Folgende Reaktion läuft dabei ab:

Wasserstoff + Sauerstoff → Wasser

2 Explodierender Wasserstoff

Brennstoffzelle • Um den Benzinmotor zu ersetzen, werden Elektromotoren gebaut, die mit einer Brennstoffzelle gekoppelt sind. → 3
Eine Brennstoffzelle besteht aus zwei Kammern, die durch eine halbdurchlässige Membran getrennt sind. In die eine Kammer fließt Wasserstoff, in die andere wird Luft eingespeist, die den Sauerstoff liefert. → 4
In der Brennstoffzelle läuft dieselbe Reaktion ab wie in dem Ballon. Der Unterschied ist, dass man kleine Mengen kontrolliert zur Reaktion bringt. Die Reaktion ist stark exotherm und liefert somit Energie, die dann in elektrische Energie umgewandelt wird. Diese elektrische Energie betreibt den Elektromotor.

> In Brennstoffzellen reagieren Wasserstoff und Sauerstoff zu Wasser. Dabei wird chemische Energie in elektrische Energie umgewandelt.

die Knallgasreaktion
die Brennstoffzelle

Schutz der Umwelt • Das Reaktionsprodukt der Brennstoffzelle ist vollkommen umweltfreundlich: Es entsteht nur Wasser, kein klimaschädliches Kohlenstoffdioxid. Deshalb entwickelt die Automobilindustrie seit den 1990er Jahren Wasserstoffautos. Übrigens darf man Wasserstoffautos nicht mit herkömmlichen Elektroautos verwechseln: Wasserstoffautos laufen nicht mit einer herkömmlichen Batterie, sondern erzeugen ihre Energie selbst – mit der Brennstoffzelle.

> Wasserstoffautos sind eine technische Möglichkeit, den Ausstoß an Kohlenstoffdioxid des Straßenverkehrs zu reduzieren.

Generation Zukunft? • Weitere Vorteile sind, dass der elektrische Strom ohne bewegliche mechanische Teile erzeugt wird. Das bedeutet weniger Lärm und weniger Verschleiß als bei einem Benzinmotor.
Darüber hinaus kann man Wasserstoff aus erneuerbaren Energien gewinnen, z. B. mithilfe von Solarstrom.
Doch es gibt noch viele technische Probleme. Um Wasserstoff in flüssiger Form im Auto mitnehmen zu können, sind aufwendige, teure Tanks nötig. Auch die Treibstoffversorgung ist problematisch: Unser heutiges Tankstellennetz ist noch nicht auf Wasserstoffautos ausgelegt.
Wasserstoff wird deshalb vermutlich eher in Heizkraftwerken und in der Weltraumtechnik Anwendung finden als in Autos.

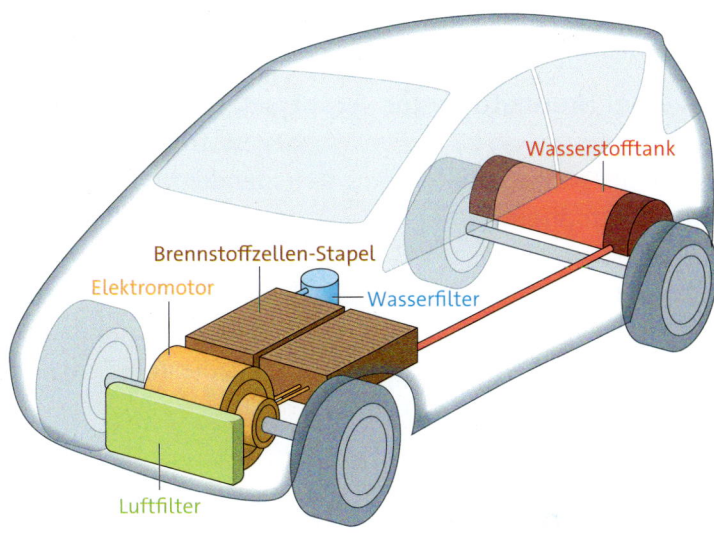

3 Bauteile eines Wasserstoffautos

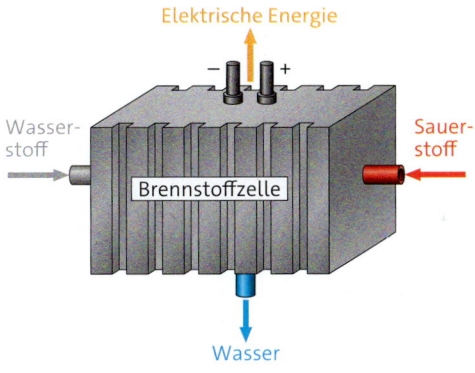

4 Schema einer Brennstoffzelle

Aufgaben

1 ○ Nenne Eigenschaften von Wasserstoff.

2 ◐ Erläutere, was in der Brennstoffzelle im Vergleich zur Knallgasreaktion geschieht.

3 ● Diskutiere Vor- und Nachteile von Wasserstoffautos.

Wasserstoff – Energieträger der Zukunft?

Material A

Bau einer Brennstoffzelle

Materialliste: Glasschale, 2 Edelstahltopfreiniger, 2 Kabel mit Krokodilklemmen, 9-V-Batterie, kleiner Motor, Stoppuhr, verdünnte Kalilauge ⬨

Gieße etwas verdünnte Kalilauge in die Schale, sodass der Boden bedeckt ist. Lege die Topfreiniger hinein und verbinde sie über die Klemmen mit der Batterie. Die Topfreiniger dürfen sich dabei nicht berühren. Lass den Versuch 3 min laufen. → 1

Ersetze dann die Batterie durch den Motor und stoppe die Zeit, in der der Motor läuft. → 2 Beschreibe die Beobachtungen.

1 ○ Verbinde den Versuch erneut mit der Batterie und lass diesmal 6 min laufen.

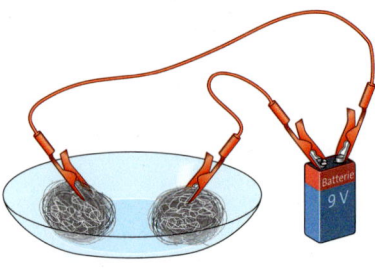

1 Erzeugen von Wasserstoff

Wie lange läuft nun der Motor?

2 ◐ Formuliere eine Reaktionsgleichung und eine Erklärung zum Versuch. Gehe dabei auch auf die Bläschenbildung ein.

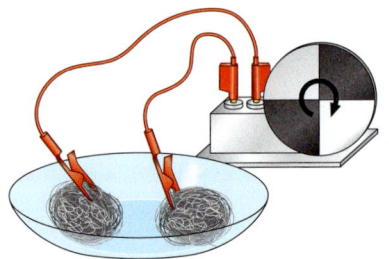

2 Nutzung des Wasserstoffs

Material B

Wasserstoff im Vergleich

Wasserstoff bietet im Vergleich zu anderen Treibstoffen eine Reihe von Vorteilen. In dem Diagramm siehst du einen Vergleich von Wasserstoff mit anderen Treibstoffen. Bei gleicher Menge: Wie viel Energie liefert jeweils der Treibstoff?

1 ○ Beschreibe das Diagramm.

2 ◐ Vergleiche Wasserstoff mit den anderen Treibstoffen. Was fällt dir auf?

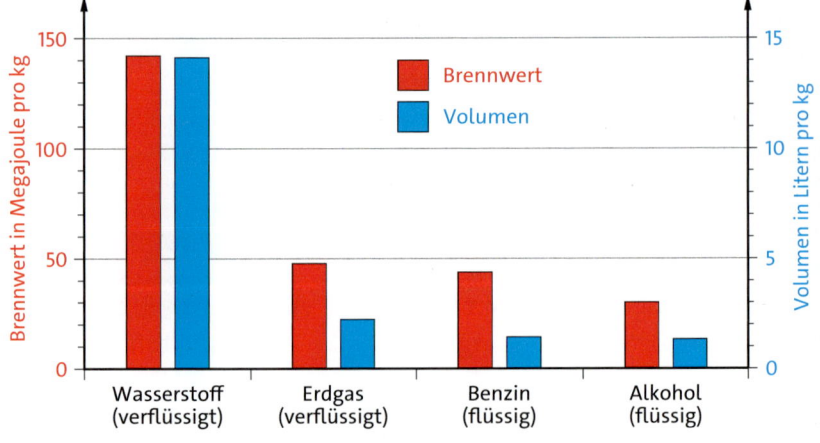

3 Treibstoffe im Vergleich

3 ● Bewerte, ob Wasserstoff insgesamt ein geeigneter Energieträger ist. Gehe dabei auf Vor- und Nachteile der Eigenschaften von Wasserstoff für die Technik ein.

Erweitern und Vertiefen

Wasserstoff in der Raketentechnik

Sehr viel Energie nötig • Eine europäische Trägerrakete, die Ariane, hebt ab. → 4 Um ihr gewaltiges Gewicht von über 700 Tonnen in den Weltraum zu bringen, muss die Anziehungskraft der Erde überwunden werden. Dies gelingt mit dem Rückstoßprinzip. Der Antrieb der Rakete ist ein Zweistoffsystem, da der Treibstoff aus zwei Komponenten besteht. Der Brennstoff, z. B. flüssiger Wasserstoff, und der Reaktionspartner, z. B. flüssiger Sauerstoff, lagern in zwei unterschiedlichen Tanks. → 5 Für die Zündung werden beide Stoffe von Turbopumpen in die Brennkammer gepresst. Das Gemisch wird dann gezündet und reagiert in einer heftigen Reaktion zu Wasserdampf von mehreren Tausend Grad Hitze und einem Druck von 200 bis 300 bar. Der Rückstoß aus den Düsen bewirkt das Abheben vom Boden.

Explosionsgefahr • Der Flüssigkeitsantrieb hat aber auch Nachteile, z. B. die komplizierte Lagerung der Treibstoffe in speziellen Tanks. Die Antriebstechnik geht deshalb dazu über, synthetische Energieträger zu verwenden, die von selbst zünden und dabei Sauerstoff liefern.

> In einer Rakete wird die Reaktion von Wasserstoff und Sauerstoff zu Wasserdampf als Antrieb genutzt.

Aufgabe

1. Notiere die Reaktionsgleichung zu der Reaktion, die die Rakete antreibt.

4 Start einer Ariane-Rakete

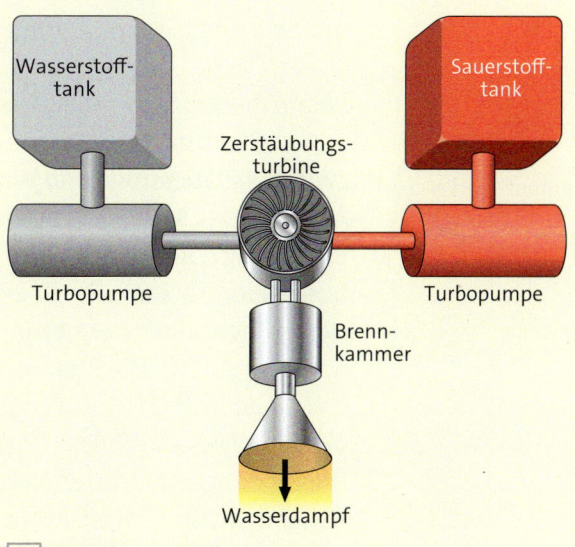

5 Bau des Antriebs

Wasser – immer noch rätselhaft?

1 Manche Tiere können auf Wasser laufen.

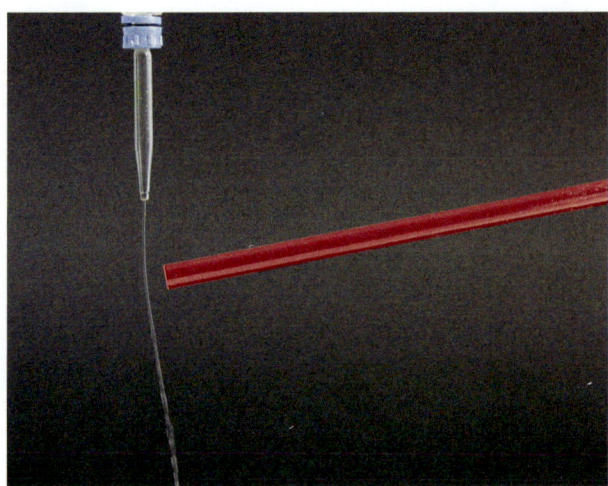

2 Wasser lässt sich im elektrischen Feld umlenken.

Wasser hat einige besondere Eigenschaften – die man aber auch erklären kann.

Ladungen im Molekül • In Bild 2 wurde ein Kunststoffstab elektrisch aufgeladen. Mit ihm kann man einen Wasserstrahl anziehen und umlenken. Das spricht dafür, dass es im Wassermolekül elektrische Ladungen gibt.

Polare Bindungen • Im Wassermolekül gibt es Elektronenpaarbindungen zwischen Sauerstoff- und Wasserstoff-Atomen. Das Sauerstoff-Atom hat die Eigenschaft, Bindungselektronen besonders stark an sich zu ziehen. Diese Eigenschaft nennt man Elektronegativität (EN). Die Elektronegativität von Sauerstoff (EN = 3,5) ist größer als die von Wasserstoff (EN = 2,1). Die Bindungselektronen sind daher näher beim Sauerstoff-Atom als beim Wasserstoff-Atom. In Bild 4 ist das mit den beiden Keilen dargestellt.

Im Bereich des Sauerstoff-Atoms gibt es daher eine negative Teilladung, bei den Wasserstoff-Atomen eine positive Teilladung. Ein solches Molekül mit zwei Polen nennt man einen Dipol. Die Pole bezeichnet man mit δ^+ (sprich: Delta plus) bzw. δ^-.
Auch die beiden Elektronenpaarbindungen im Wassermolekül bezeichnet man als polar.

> Die Bindungen im Wassermolekül sind polar. Daher ist das Wassermolekül ein Dipol – mit einer positiven und einer negativen Teilladung.

Element	EN
Na	0,9
Si	1,8
H	2,1
C	2,5
N	3,0
Cl	3,0
O	3,5
F	4,0

3 Einige Elektronegativitäten

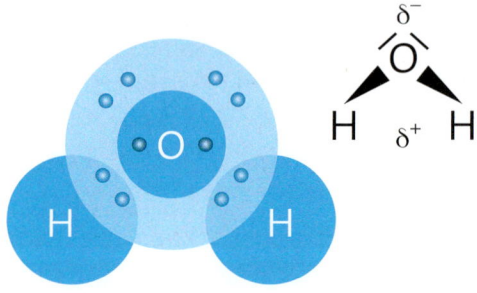

4 Die Bindungen im Wassermolekül

die Elektronegativität
der Dipol
die Wasserstoffbrücke

Wasserstoffbrücken • Der positive Pol eines Wassermoleküls und der negative Pol eines Nachbarmoleküls ziehen sich gegenseitig an. → 5 Diese Anziehung zwischen dem Sauerstoff-Atom des einen Moleküls und dem Wasserstoff-Atom des anderen Moleküls bezeichnet man als Wasserstoffbrücke.

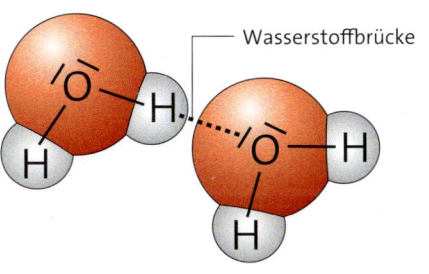

5 Wasserstoffbrücke

Fester Zusammenhalt • Die Wasserstoffbrücken sind der Grund dafür, dass Wassermoleküle ziemlich fest zusammenhalten. Weil sich die Moleküle gegenseitig anziehen, bleiben sie zusammen und bilden die typische runde Tropfenform. → 7

6 Wasser bildet Tropfen.

Oberflächenspannung • Es gibt kleine Insekten, die auf Wasser laufen können, als hätte es eine Haut. → 1 Auch dies lässt sich auf die Wasserstoffbrücken zwischen den Wassermolekülen zurückführen. Die in das Wasser gerichteten Kräfte lassen die Grenzfläche zwischen Wasser und Luft wie eine Haut wirken. Dies nennt man Oberflächenspannung – und der Wasserläufer macht sie sich zunutze.

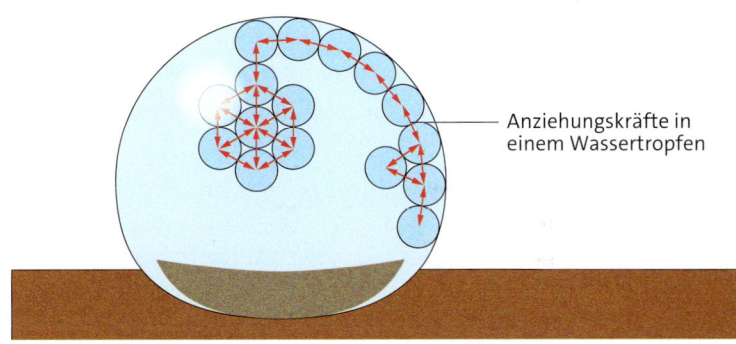

7 Wasserstoffbrücken sorgen für die Tropfenform.

Löslichkeit von Wasser • Auch die Löslichkeit von Wasser in anderen Stoffen wird durch die Wasserstoffbrücken beeinflusst. So löst sich Wasser am besten in polaren Stoffen, die ebenfalls Wasserstoffbrücken ausbilden können.

> Zwischen den Dipolmolekülen des Wassers herrschen starke Anziehungskräfte, die Wasserstoffbrücken.

Aufgaben

1 ○ Nenne Eigenschaften des Wassers.

2 ◐ Wasser ist ein Dipolmolekül. Erkläre.

3 ◐ Erläutere das Zustandekommen der Tropfenform beim Wasser. Verwende dabei Fachbegriffe.

Wasser – immer noch rätselhaft?

Material A

Wenn Wasser die Biege macht

Materialliste: Kunststoffstab, Katzenfell (ersatzweise Mikrofasertuch)

Reibe mit dem Katzenfell über den Kunststoffstab hin und her, bis du es knistern hörst. Drehe einen Wasserhahn leicht auf, sodass du einen möglichst dünnen Wasserstrahl erhältst. Halte dann den Stab in die Nähe des Wasserstrahls und beobachte, was mit dem Strahl passiert.

1 ○ Fertige ein Versuchsprotokoll an. Nimm als Erklärung die Bilder 1 und 2 zu Hilfe.

2 ◐ Beschreibe, was mit dem Stab durch die Reibung passiert.

3 ● Stelle das Versuchsergebnis mit dem Bau des Wassermoleküls in Zusammenhang.

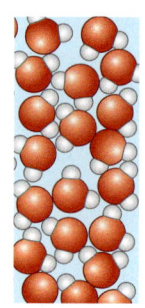

1 Normaler Wasserstrahl

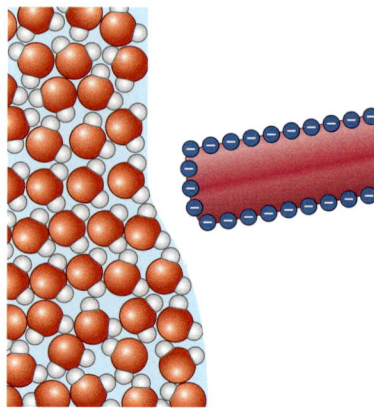

2 Abgelenkter Wasserstrahl

Material B

Hat Wasser eine Haut?

Materialliste: Glasschüssel, Büroklammern, Gabel, Pinzette, Wasser, Spülmittel

Fülle die Glasschüssel halbvoll mit Wasser. Versuche, mit der Gabel oder der Pinzette die Büroklammern vorsichtig auf die Wasseroberfläche zu legen, sodass sie schwimmen.

1 ○ Betrachte die Büroklammern auf der Wasseroberfläche von der Seite. Beschreibe die Berührungsstellen zwischen den Büroklammern und dem Wasser.

2 ◐ Gib nun etwas Spülmittel ins Wasser. Beschreibe, wie sich das Spülmittel auswirkt.

3 ◐ Erkläre deine Beobachtungen.

Materialliste: 1-Cent-Münze, Tropfpipette, Wasser, Speiseöl

Schätze, wie viele Tropfen Wasser auf die Münze passen. Gib mithilfe der Pipette langsam Wassertropfen auf die Münze und zähle sie. Wiederhole danach den Versuch mit Öl.

4 ◐ Erkläre deine Beobachtungen. Worin besteht der Unterschied zwischen dem Verhalten von Wasser und Öl?

3 Warum zerlaufen die Tropfen nicht?

Material C

4 Wasser spielt fast überall eine Rolle!

Wimmelbild Wasser

1 ○ Wo findest du Wasser im Wimmelbild? Gib jeweils die Koordinaten an.

2 ◐ Erkläre den Zusammenhang zwischen Teilbild A4 und dem Thema „Wasser".

3 ● Fallen dir auch Stellen auf, wo die Zeichnung nicht logisch ist? Erläutere.

Wasser – immer noch rätselhaft?

Erweitern und Vertiefen

Nichtbindende Elektronenpaare

Das Methanmolekül • Das Methanmolekül (CH_4) ist ganz gleichmäßig gebaut. Um das Kohlenstoff-Atom herum sind vier gleichberechtigte Bindungen. → 1

Es lohnt sich, ein solches Methanmolekül auch einmal mit dem Molekülbaukasten zu bauen. Denn wenn man sich das Molekül genau anschaut, sieht man: Jede Bindung ist ein direkter Nachbar zu allen anderen Bindungen. Eine solche Struktur bezeichnet man auch als Tetraeder.

Der Winkel im Wassermolekül • Das Wassermolekül ist ganz ähnlich wie Methan gebaut. In der Mitte ist das Sauerstoff-Atom. Es hat aber nicht vier Bindungen, sondern nur zwei. Zwei der Bindungen sind hier ersetzt durch Elektronenpaare, die das Sauerstoff-Atom sowieso schon hatte. → 2
Diese Elektronenpaare nennt man nichtbindende Elektronenpaare. Sie nehmen ähnlich viel Platz ein wie das Elektronenpaar einer Bindung. Sie sind der Grund dafür, dass das Wassermolekül gewinkelt gebaut ist.

Die Dichteanomalie des Wassers • Bei den meisten Stoffen gilt: Je tiefer die Temperatur, desto größer die Dichte. Festes Wachs geht deshalb in flüssigem Wachs unter.

Bei Wasser stellt man jedoch etwas Faszinierendes fest: Die Dichte nimmt beim Abkühlen zwar zu, aber nur bis zu einer Temperatur von 4 °C. Darunter nimmt die Dichte wieder ab. Verantwortlich dafür ist die gewinkelte Struktur des Wassers. Durch Ausbilden von Wasserstoffbrücken zwischen den Molekülen entsteht eine sperrige Anordnung, die ziemlich viel Raum einnimmt. → 3 Dies erklärt, warum Eis leichter ist als flüssiges Wasser und Eiswürfel an der Wasseroberfläche schwimmen.

Aufgaben

1 ○ Baue Methan und Wasser als Luftballonmodell.

2 ● Wie ist das Ammoniakmolekül (NH_3) gebaut? Zeichne es oder baue es als Modell.

1 CH_4-Modell aus 4 Ballons

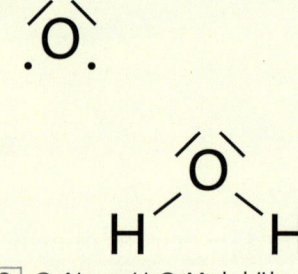
2 O-Atom, H_2O-Molekül

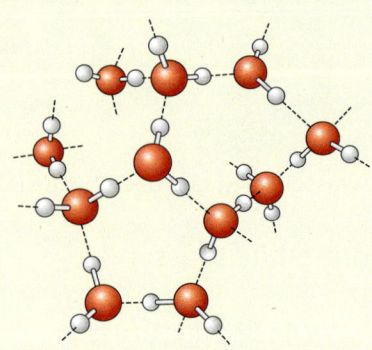
3 Sperrige Struktur im Eis

Erweitern und Vertiefen

Dipol oder nicht?

Mit polaren Bindungen • Ein Molekül kann nur dann ein Dipol sein, wenn es in ihm polare Bindungen gibt. Dies kannst du anhand der Elektronegativitätswerte der beteiligten Atome beurteilen.

Mit einer bestimmten Struktur • Aber nicht jedes Molekül mit polaren Bindungen ist auch ein Dipol. Dazu ein Beispiel:
Die Bindungen im Kohlenstoffdioxidmolekül sind polar. Denn der Unterschied zwischen den Elektronegativitäten von Kohlenstoff (2,5) und Sauerstoff (3,5) ist groß.
Am Kohlenstoff-Atom gibt es also eine deutliche positive Teilladung. Die beiden Sauerstoff-Atome tragen negative Teilladungen. → 4
Aber: Die beiden Teilladungen an den Sauerstoff-Atomen gehen in entgegensetzte Richtungen. Insgesamt gesehen heben sie sich dadurch auf. Ihr Ladungsschwerpunkt liegt genau in der Mitte des Moleküls – genau da, wo auch die positive Teilladung ist.
Insgesamt gesehen ist das Molekül daher kein Dipol.

$$\overset{\delta^-}{O} = \overset{\delta^+}{C} = \overset{\delta^-}{O}$$

4 Die Teilladungen im Kohlenstoffdioxidmolekül

Aufgabe

1 ● Zeichne folgende vier Verbindungen in Lewis-Schreibweise:
CF_4, $CHCl_3$, C_2H_6, SiO_2.
Trage in die Formeln die Teilladungen der Atome ein, die sich aus ihrer Elektronegativität ergeben.
Baue dann die Moleküle mit einem Molekülbaukasten oder zeichne sie in 3-D-Schreibweise. Nimm dazu Bild 5 als Hilfe. Entscheide dann, welche Moleküle Dipole sind, und begründe deine Entscheidung.

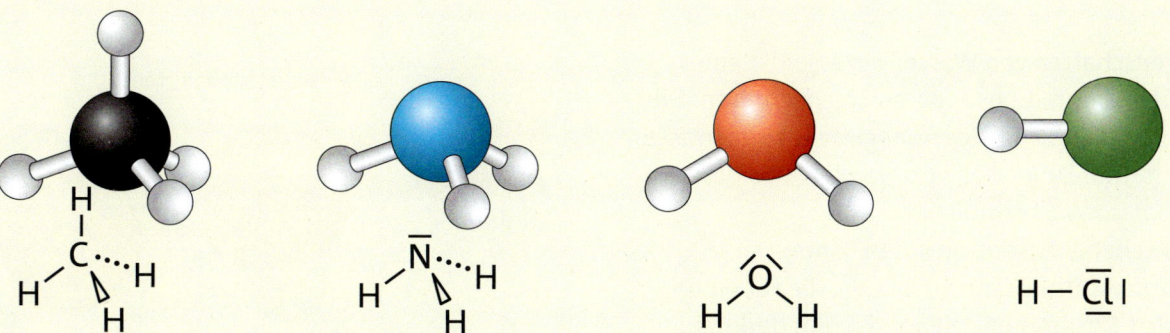

5 Räumlicher Bau von Methan-, Ammoniak-, Wasser- und Chlorwasserstoffmolekülen

Wasser – genau untersucht

Zusammenfassung

Wasser ist kein Element • Chemisch gesehen ist Wasser eine Verbindung. Es besteht aus den Elementen Wasserstoff und Sauerstoff. Die Atome liegen dabei im Verhältnis 2:1 vor und die Formel lautet H_2O.
Wasser lässt sich durch Zufuhr von Energie, z. B. durch Zufuhr von elektrischer Energie im Hofmann'schen Apparat, in die Elemente zerlegen:
$2 H_2O \rightarrow 2 H_2 + O_2$
Die entstehenden Gase kann man nachweisen: Wasserstoff mit der Knallgasprobe, Sauerstoff mit der Glimmspanprobe.

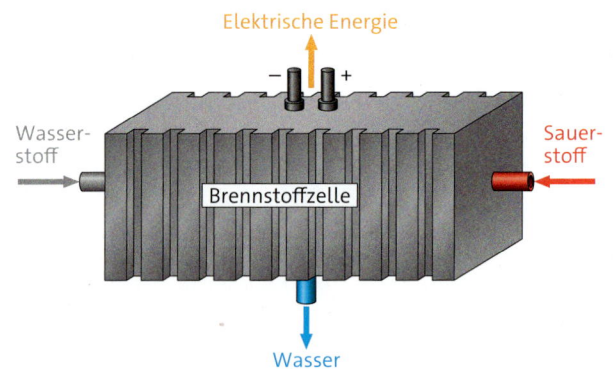

1 Zerlegung und Herstellung von Wasser

Energieträger der Zukunft • Die Inhaltsstoffe von Benzin basieren auf Erdöl. Da Erdöl auf der Erde begrenzt ist, müssen alternative Antriebsstoffe entwickelt werden. Einer davon ist Wasserstoff: In Brennstoffzellen reagiert Wasserstoff mit Sauerstoff. Die dabei frei werdende Energie liefert z. B. die Antriebskraft für Motoren. Wasserstoffautos sind besonders umweltfreundlich: Statt klimaschädlichem Kohlenstoffdioxid stoßen sie nur Wasser als Verbrennungsprodukt aus.

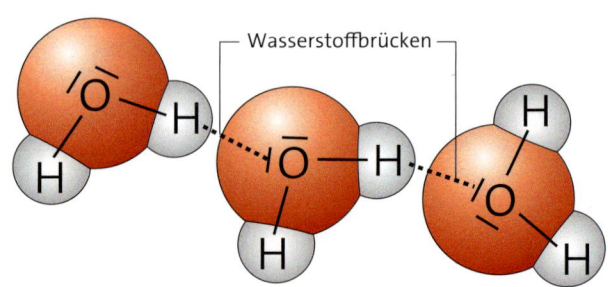

2 Schema einer Brennstoffzelle

Eigenschaften von Wasser • Wasser ist eine Flüssigkeit mit besonderen Eigenschaften. Die unterschiedliche Elektronegativität von Wasserstoff- und Sauerstoff-Atomen führt zu einem Dipol im Wassermolekül.
Zwischen Wassermolekülen können sich Wasserstoffbrücken ausbilden, die für einen festen Zusammenhalt sorgen und dadurch auch z. B. die typische Wassertropfenform entstehen lassen.

3 Wasserstoffbrücken zwischen Wassermolekülen

Teste dich! (Lösungen im Anhang)

1 ○ Wasser hat die chemische Formel H₂O und besteht somit aus den zwei Elementen Wasserstoff und Sauerstoff. Nenne drei weitere Verbindungen und benenne deren Elemente.

2 Mithilfe des Hofmann'schen Apparats lässt sich Wasser in die Elemente zerlegen.
a ○ Zeichne den Apparat und beschrifte ihn.
b ◐ Erkläre, warum am Minuspol das Gasvolumen doppelt so groß ist.

3 In einer chemischen Reaktion reagiert Natrium mit Wasser zu Natriumhydroxid (NaOH) und Wasserstoff.
a ○ Formuliere die Wortgleichung.
b ● Stelle die Symbolgleichung mit korrekten Zahlenverhältnissen Schritt für Schritt auf.

4 ○ Zeichne den schematischen Aufbau einer Brennstoffzelle und gib die Reaktionsgleichung an.

5 ◐ Welche Aussagen aus Bild 4 sind korrekt? Notiere diese in deinem Heft.

6 ● Beschreibe, welche Bedingungen für ein Dipolmolekül erfüllt sein müssen.

7 ● Berechne mithilfe von Bild 5 die Elektronegativitätsunterschiede folgender Verbindungen und gib jeweils an, ob es sich um Dipole handelt:
a) CH_4 b) CO_2 c) NH_3 d) NO_2

8 ◐ Wasserläufer sind Insekten, die auf der Wasseroberfläche laufen können und nicht untergehen. Erkläre, wie das funktionieren kann.

- Wasser ist ein Dipol.
- Wasser ist nach außen positiv geladen.
- Wasser besteht aus Wasserstoff und Stickstoff.
- Wasser ist nach außen negativ geladen.
- Wasser ist nach außen neutral.
- Wasser ist ein Element.
- Wasser kann man herstellen.

4 Aussagen als Textkärtchen

H	2,1												
Li	1,0	Be	1,5	B	2,0	C	2,5	N	3,0	O	3,5	F	4,0
Na	0,9	Mg	1,2	Al	1,5	Si	1,8	P	2,1	S	2,5	Cl	3,0
K	0,8	Ca	1,0	Ga	1,6	Ge	1,8	As	2,0	Se	2,4	Br	2,8
Rb	0,8	Sr	1,0	In	1,7	Sn	1,8	Sb	1,9	Te	2,1	I	2,5

5 Einige Elektronegativitätswerte

6 Schwimmender Eisberg

9 ◐ Erkläre mit Fachbegriffen, warum ein Eisberg im Wasser schwimmt.

Salze – aus Ionen aufgebaut

Im Meer ist viel Salz enthalten. In der Chemie geht es darum, wie man reines, sauberes Salz gewinnen kann.

Im Alltag ist oft von Kochsalz die Rede. In der Chemie geht es aber auch um viele andere wichtige Salze.

Bei Salat denkt man nicht an Salze. In der Chemie wird aber auch z. B. der Gehalt an Nitratsalzen im Salat gemessen.

Kochsalz – das weiße Gold

[1] Kochsalz wird in Bergwerken abgebaut – und steht uns immer griffbereit zur Verfügung.

Kochsalz, Streusalz, Viehsalz – heute ist Salz für wenig Geld überall zu haben. Das war nicht immer so: Früher galt es teilweise als „weißes Gold" und wurde sogar als Zahlungsmittel verwendet.

Salz früher • Im Mittelalter wurde Salz über weite Wege – die „Salzstraßen" – nach Europa eingeführt und war sehr kostbar. Wo Salz bei uns abgebaut wurde, entstanden oft reiche Städte. Ortsnamen mit „hall" wie Schwäbisch Hall, Bad Reichenhall oder Hallein erinnern noch heute daran.

Kochsalz ist lebenswichtig • Unser Körper braucht täglich 3–5 g dieses wichtigen Minerals. Wenn wir im Sommer schwitzen, verliert der Körper mit dem Wasser auch Salz. Sportler nehmen daher spezielle Getränke zu sich, um den Salzverlust auszugleichen. Im Allgemeinen reichen aber Leitungswasser und normale Nahrung.

Ein Multitalent • Salz ist weit mehr als ein Mittel zum Würzen von Speisen. Es hilft, Lebensmittel haltbar zu machen. Nach Unfällen oder bei Operationen verwenden Ärzte eine 0,9%ige Kochsalzlösung gegen den Blutverlust. Sie wird „physiologische Kochsalzlösung" genannt. Im Winter dient Streusalz zum Auftauen von Eis und Schnee auf den Straßen. Als Viehsalz wird es in Form von gepresstem Steinsalz in Ställen oder im Wald den Tieren angeboten.

Salzgewinnung • Salz wird bei uns aus Salzstöcken unter der Erde gewonnen. Die Salzstöcke entstanden vor Millionen von Jahren durch Verdunstung von urzeitlichen Meeren.
Im Mittelmeerraum wird Kochsalz direkt aus dem Meerwasser gewonnen, indem man es in flachen Uferzonen immer wieder verdunsten lässt. Dieses Meersalz kann man im Supermarkt ebenso bekommen wie das „Siedesalz" aus den Bergwerken.

[2] Kochsalzkristalle unter der Lupe

Salze – aus Ionen aufgebaut

Material A

Salz in Lebensmitteln

1 ○ Nenne Lebensmittel, die besonders wenig Salz enthalten.

2 ○ Nenne Folgen von zu hohem Salzkonsum.

3 ◐ Vergleiche den Salzgehalt von frischen und verarbeiteten Lebensmitteln.

4 ● Berechne, mit wie viel Gramm eines Lebensmittels die empfohlene Tagesdosis erreicht wird.

Salzgehalt in Lebensmitteln (in g Salz pro 100 g)	
Kartoffeln	0,05
Karotten, gekocht	0,10
Dosenkarotten	4,00
Schweinefleisch	0,20
Fleischwurst	2,50
Emmentaler Käse	0,90
Tomate, roh	0,02
Tomatenketchup	3,00
Salzstangen	4,50
Salami	5,00
Fertigpizza	2,50
Bohnen, roh	0,01
Gewürzgurken	2,40

Zu viel Salz?

Ein zu hoher Salzkonsum kann den Blutdruck erhöhen und Herzerkrankungen verursachen. Zudem erhöht sich nach Meinung von Experten das Risiko, an Nierenleiden, Osteoporose oder Magenkrebs zu erkranken. Mit einer salzarmen Diät würden Menschen mit Bluthochdruck weniger Medikamente benötigen. Für einen Erwachsenen dürften etwa 4 g Salz pro Tag reichen.

Material B

Streusalz ist umstritten

1 ○ Lies den Zeitungsartikel unten. Welche Nachteile hat die Verwendung von Streusalz im Winter?

2 ◐ Schreibe einen Leserbrief zu dem Zeitungsartikel. Denke dabei auch an alte Menschen.

Kein Streusalz mehr auf den Gehwegen der Landeshauptstadt

Stuttgart. In Stuttgart gilt ab kommenden Winter eine neue Polizeiverordnung zum Schutz der Umwelt. Auf Gehwegen darf nur noch mit Split gestreut werden, Salz ist verboten. Streusalz wird für die Schäden an Tausenden von Straßenbäumen verantwortlich gemacht. Es verstärkt die Korrosion von Metallen und schädigt den Beton an Gebäuden. Darüber hinaus belastet es Kläranlagen und Grundwasser.

Material C

Wir gewinnen Kochsalz

Steinsalz aus dem Bergwerk muss vor dem Verzehr als Kochsalz von anderen Gesteinsbestandteilen gereinigt werden.

1 ◐ Erkläre den Unterschied von Steinsalz und Kochsalz.

2 ● Plane einen Versuch, um reines Kochsalz aus Steinsalz, das mit Gestein verunreinigt ist, zu gewinnen. Besprich ihn mit deinem Lehrer und führe ihn durch.

Aus Atomen werden Ionen

[1] Natrium reagiert sehr heftig mit Chlor. Dabei entsteht Kochsalz (Natriumchlorid).

Warum reagieren Natrium und Chlor so heftig miteinander?
Um das zu verstehen, muss man sich den Atombau näher ansehen.

Warum sie reagieren • Wenn sich Natrium und Chlor verbinden, versuchen ihre Atome — wie bei anderen Reaktionen auch — den Edelgaszustand zu erreichen. Da Natrium in seiner Außenschale aber nur ein Elektron hat, kann das nicht durch Elektronenpaarbindungen geschehen.

Übergang eines Elektrons • Die Elektronegativität von Chlor ist viel höher als die von Natrium. Wenn sich diese Atome nahekommen, zieht also das Chlor-Atom das Außenelektron des Natrium-Atoms stark an.
Diese Anziehung geht so weit, dass das Außenelektron des Natrium-Atoms in die fast volle Außenschale des Chlor-Atoms springt. Die äußere Schale des Chlor-Atoms wird dadurch aufgefüllt und erreicht so den Edelgaszustand.

Das Natrium-Atom gibt also sein Außenelektron ab. Die Folge: Die äußere Schale existiert nicht mehr. Dadurch wird die weiter innen liegende — volle (!) — Schale die neue Außenschale. So erreicht auch das Natrium-Atom den Edelgaszustand.

Und andere Salze? • Bei anderen Salzen funktioniert das genauso. Elemente mit wenigen Außenelektronen können dabei immer ihre Außenelektronen abgeben, Elemente mit volleren Außenschalen können diese Elektronen aufnehmen.

> Bei Salzbildungen springen alle Außenelektronen vollständig auf die Außenschale des Reaktionspartners. So erreichen beide den Edelgaszustand.

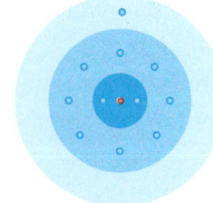

[2] Natrium-Atom

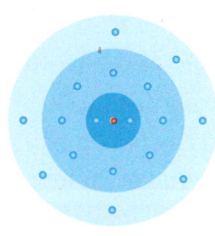

[3] Chlor-Atom

Salze — aus Ionen aufgebaut

das Ion
die Ionenbindung
das Ionengitter

Entstehung von Ionen • Die Natrium-Atome haben nach der Reaktion ein Elektron weniger, die Chlor-Atome ein Elektron mehr. Die Anzahl der Protonen im Kern hat sich aber nicht geändert. Dadurch sind die Teilchen jetzt positiv bzw. negativ geladen. Solche geladenen Teilchen nennt man Ionen.

Schreibweise • In der Formelschreibweise werden die Ladungen als Hochzahl angegeben. Die Bildung von Ionen, z. B. von Calcium-Ionen, sieht als Reaktionsgleichung dann so aus:

Ca $\rightarrow$ Ca^{2+} + 2 e$^-$

Calcium-Atom $\rightarrow$ Calcium-Ion + Elektronen

Ionengitter • Die positiv und negativ geladenen Ionen ziehen sich gegenseitig an. Die entstehende Bindung wird Ionenbindung genannt. Viele positiv und negativ geladene Ionen lagern sich dabei regelmäßig zusammen: Es entsteht ein Ionengitter. Salzkristalle sind aus solchen Ionengittern aufgebaut. → 5

Durch eine Reaktion mit Elektronenübergang entstehen positiv und negativ geladene Ionen. Diese ziehen sich gegenseitig an und lagern sich zu einem Ionengitter zusammen.

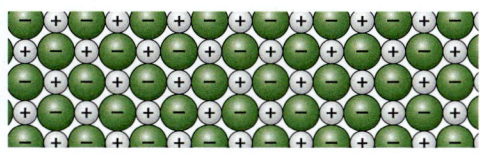

5 Ionengitter

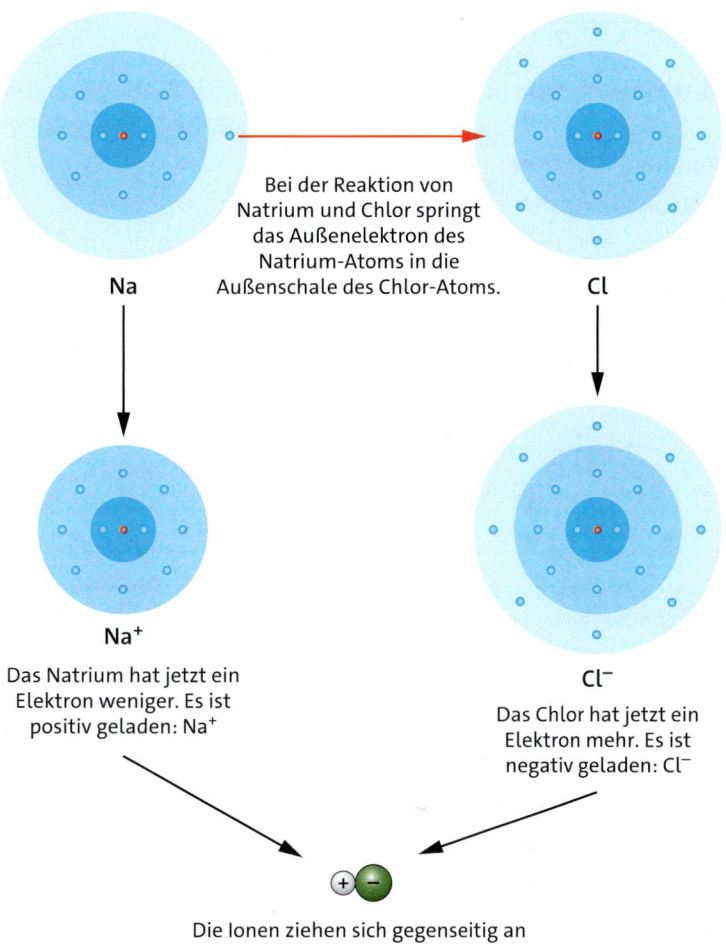

4 Entstehung einer Ionengruppe

Aufgaben

1 ○ Beschreibe, wie Natrium- und Chlor-Atome bei ihrer Reaktion eine volle Außenschale erhalten.

2 ◐ Erkläre den Unterschied zwischen Atomen und Ionen.

3 ◐ Erkläre den Zusammenhalt eines Salzkristalls.

Aus Atomen werden Ionen

Material A

Wir bauen Ionenmodelle

Bei unseren Modellen zeichnen wir die Elektronen auf Papierstreifen. Jeder Streifen stellt eine Schale dar.

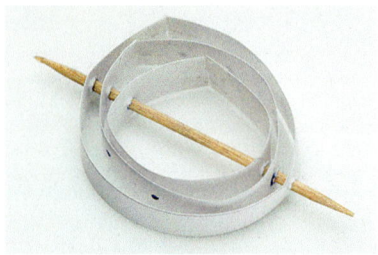

[1] Modell eines Natrium-Atoms

Zu ganzen Atomen oder Ionen zusammengebaut werden sie mit Zahnstochern. → [1]

1 ○ Schneide aus Papier Streifen von 1 cm Breite mit folgenden Längen aus: je einmal 8 cm, 10 cm und 12 cm. Zeichne dann auf die Streifen die Elektronen des Na-Atoms ein. Stecke (beginnend mit dem kleinsten) die Streifen auf einen Zahnstocher. → [1] Beschrifte dann dein Natrium-Atom wie in Bild 1.

2 ◐ Baue jetzt ebenso ein Na^+-Ion. Überlege, wie viele Schalen du brauchst.

3 ◐ Baue jetzt Atome und Ionen von Lithium, Fluor und Chlor. Zeichne die Atome und die entsprechenden Ionen auch jeweils nebeneinander ins Heft. Erkläre, weshalb die Ionen den Edelgaszustand erreicht haben.

Material B

Bildung von Salzen

Natrium ist ein Metall, Chlor ein Nichtmetall. Metalle und Nichtmetalle können miteinander zu Salzen reagieren. Denn alle Metalle haben nur wenige Außenelektronen, während alle Nichtmetalle eine fast volle Außenschale haben. Bild 2 zeigt, wie Metalle und Nichtmetalle in drei Schritten zu einem Salz reagieren können.

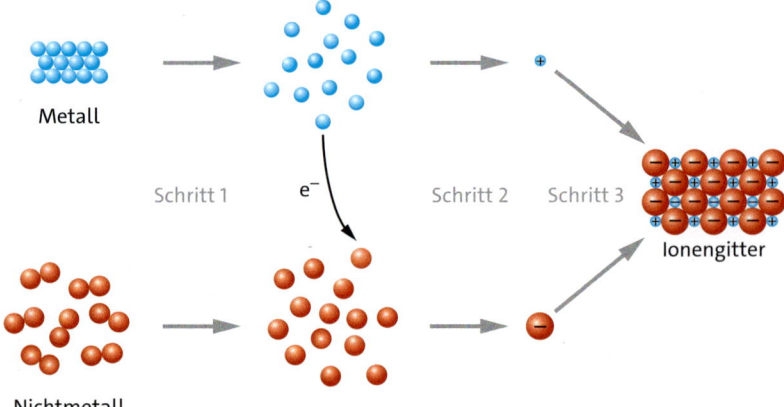

[2] Aus einem Metall und einem Nichtmetall entsteht ein Salz.

1 ○ Gib an, wer bei der Salzbildung Elektronen abgibt und wer sie aufnimmt. In welchem Schritt von Bild 2 geschieht das?

2 ◐ Beschreibe und erkläre die drei Schritte. → [2] Verwende die Begriffe Atom, Außenelektron, Edelgaszustand, Kristall, Ion.

3 ● Erkläre, in welchem der drei Schritte von Bild 2 bei einer Salzbildung die eigentliche chemische Reaktion geschieht.

Material C

Edelgaszustand durch Ionenbildung

1 Viele Metall-Atome und Nichtmetall-Atome können durch Abgabe oder Aufnahme von Elektronen Ionen bilden. Dabei entstehen verschiedene Salze.
   a ○ Erkläre, wie das Lithium-Atom und das Fluor-Atom in Bild 3 den Edelgaszustand erreichen könnten.
   b ◐ Nenne die Ionen, die sich dabei bilden.
   c ◐ Nenne die Edelgase, die dieselbe Elektronenanordnung wie diese Ionen haben.

2 Die Außenelektronen sind immer entscheidend wichtig.
   a ○ Gib die Anzahl der Außenelektronen der folgenden Atome an: Mg, O, F, Al, N.
   b ◐ Gib an, welche Atome von Teil a bei einer Reaktion Elektronen abgeben und welche Atome Elektronen aufnehmen. Wie viele Elektronen werden jeweils abgegeben bzw. aufgenommen? Gib an, welche Ionen entstehen.
   c ● Gib an, welche Ionen bei chemischen Reaktionen aus den folgenden Atomen entstehen: K, Br, Ca, S. Verwende die Formelschreibweise.

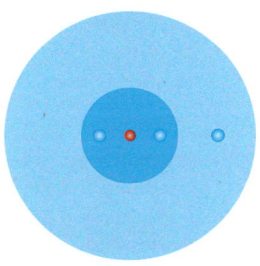 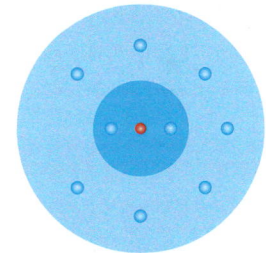

3 Modell eines Lithium- und eines Fluor-Atoms

Material D

Chemische Namen der Salze

Die Namen vieler Salze setzen sich zusammen aus dem Namen des Metalls, des Nichtmetalls und der Endung -id. Kochsalz, das Salz aus den Elementen Natrium und Chlor, heißt daher Natriumchlorid.

1 ○ Gib die Namen für die folgenden Salze an: Salz aus Calcium und Fluor, aus Magnesium und Chlor, aus Kalium und Iod.

Material E

Zusätze in Speisesalz

1 ○ Speisesalz kann mehrere Zusatzstoffe enthalten: Kalium- und Natriumfluorid werden zur Vorbeugung von Karies zugesetzt, Iodsalze zur Vorbeugung von Schilddrüsenerkrankungen.
   a Gib an, aus welchen Ionen die Fluoridsalze bestehen.
   b Bestimme die Ladung der Ionen.

2 ● Informiere dich über die Eigenschaften von Iod.

4 Iodsalz aus dem Supermarkt

Erkläre, warum im Iodsalz kein Iod enthalten sein kann.

3 ● Begründe, warum der Name „Iodsalz" chemisch nicht korrekt ist.

Aus Atomen werden Ionen

Methode

Formeln von Salzen aufstellen

Formel als Verhältnis der Ionen • Im Ionengitter eines Salzkristalls sind viele Millionen von Ionen fest miteinander verbunden. Ihr Mengenverhältnis ist aber nicht beliebig. Bei der Entstehung von Kochsalz z. B. gibt je ein Natrium-Atom ein Elektron an ein Chlor-Atom ab und bildet so eine Ionengruppe. Somit hat ein Kochsalzkristall gleich viele Na^+- wie Cl^--Ionen. Es besteht also folgendes Mengenverhältnis: Na : Cl = 1 : 1. Die Formel von Kochsalz ist also Na_1Cl_1 oder einfacher NaCl. → 1

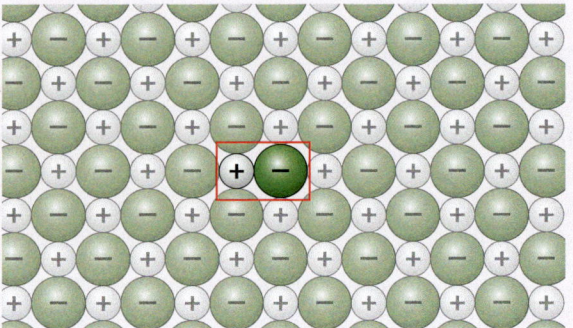

1 Natriumchlorid hat die Formel NaCl.

Und wenn Ionen mehrfach geladen sind? • Wenn ein Atom mehrere Elektronen abgibt, müssen entsprechend viele oder passende Reaktionspartner da sein. Wenn z. B. Magnesium mit Chlor reagiert, überträgt das Magnesium-Atom seine zwei Außenelektronen an zwei Chlor-Atome. Es entstehen also immer doppelt so viele Cl^-- wie Mg^{2+}-Ionen. Somit ergibt sich folgendes Verhältnis: Mg : Cl = 1 : 2, also die Formel $MgCl_2$. → 2

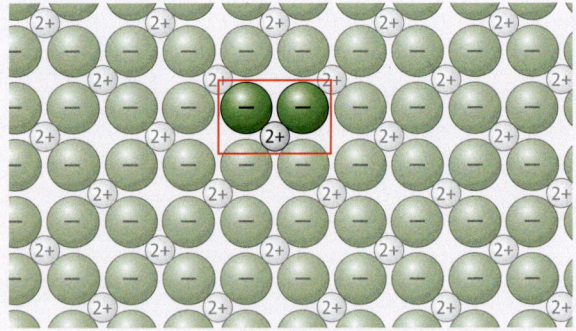

2 Magnesiumchlorid hat die Formel $MgCl_2$.

Ein weiteres Beispiel • Natrium reagiert mit Schwefel. Dabei gibt das Natrium-Atom ein Außenelektron an ein Schwefel-Atom ab. Damit auch das Schwefel-Atom eine volle Schale erhält, muss es von einem zweiten Natrium-Atom ein zweites Elektron bekommen. Es ergibt sich dann folgendes Verhältnis: Na : S = 2 : 1, also die Formel Na_2S.

Möglichst einfach • Um Formeln möglichst einfach zu schreiben, wird immer das kleinstmögliche Verhältnis angegeben.

Aufgaben

1 ○ Beschreibe an einem selbst gewählten Beispiel, wie Formeln von Ionenverbindungen erstellt werden.

2 ◐ Stelle die Formeln der Salze auf, die entstehen, wenn folgende Stoffe miteinander reagieren:
- Lithium und Fluor
- Aluminium und Brom
- Magnesium und Schwefel
- Aluminium und Sauerstoff

Material F

Flussspat – ein häufiges Mineral

Flussspat ist ein Mineral, das in der Natur häufig vorkommt. Reiner Flussspat ist farblos und transparent. Durch verschiedene Verunreinigung kann er aber fast alle Farben einnehmen.

3 Roter Flussspat

4 Violetter Flussspat

1 Der chemische Name von Flussspat lautet Calciumfluorid.

a ◯ Zeichne ein Calcium-Ion und ein Fluorid-Ion in Modellschreibweise.

b ◯ Gib die Ladung der beiden Ionen an und erstelle die Formel von Calciumfluorid.

Material G

Ionen in Mineralwasser

Mineralwasser enthält eine Reihe von Ionen. → 5

1 ◯ Nenne mögliche Salze, die in Mineralwasser vorkommen können. → 6 Übernimm dazu die Tabelle von Bild 7 in dein Heft und ergänze sie.

Getränk	Natrium-Ionen	Calcium-Ionen	Magnesium-Ionen	Kalium-Ionen	Chlorid-Ionen
Gerolsteiner Naturell	12 $\frac{mg}{L}$	140 $\frac{mg}{L}$	49 $\frac{mg}{L}$	3 $\frac{mg}{L}$	9 $\frac{mg}{L}$
Gerolsteiner Sprudel	118 $\frac{mg}{L}$	348 $\frac{mg}{L}$	108 $\frac{mg}{L}$	11 $\frac{mg}{L}$	40 $\frac{mg}{L}$
Rheinfels Klassik	240 $\frac{mg}{L}$	2 $\frac{mg}{L}$	1 $\frac{mg}{L}$	5 $\frac{mg}{L}$	124 $\frac{mg}{L}$
Apollinaris Classic	470 $\frac{mg}{L}$	90 $\frac{mg}{L}$	120 $\frac{mg}{L}$	30 $\frac{mg}{L}$	130 $\frac{mg}{L}$

6 Inhaltsstoffe einiger Mineralwassersorten

Auszug aus der Analyse des Institutes Fresenius vom 21.03.2012:

Kationen mg/L
Natrium (Na) 10,4
Calcium (Ca) 359,0
Magnesium (Mg) 60,7
Anionen mg/L
Sulfat (SO4) 878,0
Hydrogen-carbonat (HCO3) 253,0

5 Mineralwasser enthält Ionen.

Name des Salzes	besteht aus	(Verhältnis-)Formel
Magnesiumchlorid	Mg^{2+} und Cl^-	$MgCl_2$
...	...	...

7 Mögliche Salze in Mineralwasser

Die Eigenschaften der Salze

[1] Kristalle von Natriumchlorid (Kochsalz, links), Kupfersulfat (Mitte) und Calciumfluorid (rechts)

Eine ganze Gruppe von Stoffen hat ihren Namen vom Kochsalz: die Salze. Was ist das Gemeinsame dieser Stoffgruppe?

Hohe Schmelztemperaturen • Alle Salze sind bei Zimmertemperatur fest. Sie schmelzen erst bei Temperaturen von mehreren Hundert Grad:

Lithiumbromid	550 °C
Kaliumchlorid	770 °C
Natriumchlorid (Kochsalz)	800 °C
Natriumfluorid	990 °C
Magnesiumoxid	2800 °C

Löslichkeit in Wasser • Viele Salze lösen sich gut in Wasser. In anderen Lösungsmitteln, z. B. in Benzin oder Spiritus, lösen sie sich dagegen nicht.

Salze bilden Kristalle • Viele Salze bilden Kristalle mit jeweils für sie typischen Formen. Kochsalzkristalle z. B. sind immer würfelförmig. → [1]

Salze sind spröde • Salze sind sehr spröde: Die Kristalle zerbrechen schon bei geringem Stoß oder Druck. Das kann man beobachten, wenn man grobes Salz zerreibt und dasselbe auch mit einem Metall versucht, z. B. mit Zinkkörnern.

Elektrische Leitfähigkeit • Hier stellt man Folgendes fest:
- Salzkristalle leiten den elektrischen Strom nicht.
- Geschmolzene oder in Wasser gelöste Salze leiten den elektrischen Strom dagegen gut.

> Außer Kochsalz gibt es zahlreiche andere Salze. Diese Stoffgruppe hat eine Reihe gemeinsamer Eigenschaften.

Aufgaben

1 ○ Nenne typische Eigenschaften von Salzen.

2 ● Erstelle einen Steckbrief der Stoffgruppe Salze.

die Sprödigkeit

Material A

Kochsalz und andere Salze zum Schmelzen bringen

Dieser Versuch gelingt nur, wenn du das Reagenzglas einige Zeit ruhig an die heißeste Stelle des Brenners hältst. → 2

Materialliste: Lupe, Gasbrenner, schwer schmelzbares Reagenzglas, Reagenzglashalter, Porzellanschale, Kochsalz (Natriumchlorid), andere Salze, z. B. Kaliumnitrat ⬥, Kaliumchlorid, Natriumsulfat oder Natriumnitrat ⬥ ⚠

Betrachte die Kochsalzkristalle mit einer Lupe.
Versuche dann, 1 cm hoch Kochsalz im Reagenzglas zu schmelzen. Wenn dir das gelingt, gieße das Geschmolzene schnell in die Porzellanschale aus. Wiederhole den Versuch mit einem anderen Salz.

1 ○ Vergleiche die Schmelztemperaturen der Salze.

2 ◗ Erläutere, was dieser Versuch über den Zusammenhalt der einzelnen Teilchen der Salzkristalle aussagt.

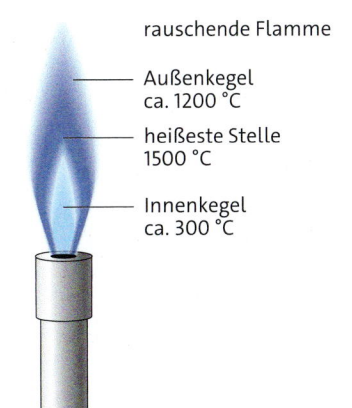

2 Temperaturen im Gasbrenner

3 ● Begründe, warum die Schmelztemperatur von Kochsalz niedriger ist als die Temperatur der Flamme.

Material B

Salze und elektrische Leitfähigkeit

Bei der elektrischen Leitfähigkeit von Salzen spielt Wasser eine große Rolle.

Materialliste: Bechergläser (100 mL), Spatel, destilliertes Wasser, Kochsalz (Natriumchlorid), andere Salze (z. B. Kaliumchlorid oder Natriumsulfat), Kochsalzkristall, Anordnung zur Leitfähigkeitsmessung → 3

1 Vergleiche die Leitfähigkeit der Salze.
a ○ Prüfe einen Salzkristall auf elektrische Leitfähigkeit.
b ○ Prüfe auch destilliertes Wasser auf elektrische Leitfähigkeit.
c ○ Löse eine Spatelspitze Salz in ca. 50 mL destilliertem Wasser und prüfe die Salzlösung auf Leitfähigkeit.
d ◗ Löse drei weitere Spatelspitzen Kochsalz und prüfe erneut. Erkläre die Beobachtungen.
e ◗ Wiederhole die Schritte a–d mit einem anderen Salz.

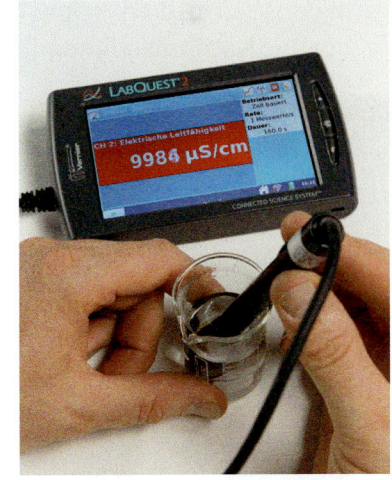

3 Prüfung der Leitfähigkeit

f ○ Stelle deine Ergebnisse in einer Tabelle zusammen.

Die Eigenschaften der Salze

Erweitern und Vertiefen

Wir vergleichen Salzbildner und Salze

Natrium

Kochsalz ist Natriumchlorid. Natrium ist aber ein ganz anderer Stoff als Natriumchlorid. Wenn man Natrium chemisch untersucht, stellt man ganz andere Eigenschaften fest als bei einem Salz.

Schneidet man beispielsweise festes Natrium auf, glänzt es metallisch. Untersucht man es auf weitere Eigenschaften von Metallen, dann stellt man auch elektrische Leitfähigkeit, gute Wärmeleitfähigkeit und gute Biegsamkeit fest. Natrium ist also ein Metall. Im Periodensystem der Elemente findet man es in der 1. Hauptgruppe bei den Alkalimetallen.

Natrium ist chemisch äußerst reaktiv. Es reagiert heftig mit vielen anderen Stoffen. Daher kommt es auch in der Natur in reiner Form nicht vor. Man findet in der Natur nur Natriumverbindungen, z. B. Natriumchlorid (Kochsalz) in den Weltmeeren. Reines Natrium kann also nur aus Natriumverbindungen gewonnen werden.

Wegen seiner großen Reaktivität ist es auch für uns sehr giftig, z. B. weil es unsere Haut sofort verätzen würde.

Chlor

Auch Chlor hat mit Natriumchlorid, also mit Kochsalz, zu tun. Aber es hat ganz andere Eigenschaften als Natriumchlorid:

Chlor ist ein stechend riechendes, gelbgrünes Gas. Beim Arbeiten mit Chlor ist besondere Vorsicht geboten, da es sehr giftig ist und wegen seiner deutlich höheren Dichte als Luft nicht einfach nach oben entweicht.

Chlor ist eines der reaktionsfähigsten Elemente überhaupt. Schon bei Zimmertemperatur reagiert es heftig mit vielen Elementen.

Chlor ist nicht nur für den Menschen stark giftig, es tötet auch Mikroorganismen wie Bakterien ab. Daher wird es z. B. in Schwimmbädern zur Desinfektion verwendet. Wegen seiner Reaktionsfähigkeit ist es eine wichtige Grundchemikalie in der chemischen Industrie.

Im Periodensystem der Elemente steht Chlor in der 7. Hauptgruppe zusammen mit den Elementen Fluor, Brom, Iod und Astat. Diese Elemente bezeichnet man als Halogene (griechisch für „Salzbildner"). Denn zusammen mit Metallen wie Natrium reagieren diese Elemente zu Salzen.

[1] Natrium glänzt beim Schneiden.

[2] Chlor ist ein gelbgrünes Gas.

Iod

Iod gehört wie Chlor zu den Halogenen. Es hat daher ähnliche Eigenschaften wie Chlor. Allerdings ist es weniger reaktionsfähig als Chlor und daher nicht so gefährlich.

Bei Zimmertemperatur liegt Iod in Form von violetten Kristallen vor, die bei leichter Erwärmung direkt vom festen in den gasförmigen Zustand übergehen, also sublimieren.

Iod ist ein unentbehrlicher Stoff im menschlichen Körper: In der Schilddrüse wird mithilfe von Iod das wichtige Hormon Thyroxin gebildet. Bei Iodmangel kann es zu einer Kropfbildung kommen. Als Vorbeugung dagegen wird käuflichem Kochsalz oft ein Iodsalz wie Kaliumiodat zugesetzt. In der Nahrung findet man Iod vor allem im Fisch und in den Krustentieren des Meeres.

Iod dient auch zur Herstellung von „Iodtinktur", einem traditionellen Desinfektionsmittel für offene Wunden.

Darüber hinaus wird Iod auch zur Entkeimung von Wasser in Schwimmbädern verwendet, weil es für die Schwimmgäste und die Umwelt weniger belastend ist als Chlor.

Magnesiumoxid

Wenn das Metall Magnesium verbrannt wird, entsteht Magnesiumoxid. Magnesiumoxid ist chemisch gesehen ein Salz: ein sprödes weißes Pulver aus Mg^{2+}- und O^{2-}-Ionen. Es hat, wie die meisten Salze, eine sehr hohe Schmelztemperatur.

Magnesiumoxid ist für viele Verwendungen geeignet. Es wird eingesetzt, wo feuerfeste und wärmespeichernde Materialien notwendig sind, beispielsweise in Bügeleisen, Kochplatten oder Ofenverkleidungen.

Magnesiumoxid ist Bestandteil bestimmter Fußbodenzemente und auch als Tafelkreide geeignet.

In der Medizin wird es als Mittel gegen Magenübersäuerung verwendet oder bei Säurevergiftungen eingesetzt.

In Lebensmitteln ist Magnesiumoxid als Säureregulator und Trennmittel unter der Bezeichnung E 530 unbeschränkt zugelassen.

Das beim Turnen verwendete „Magnesia" sieht zwar ähnlich aus, ist aber kein Magnesiumoxid: Es enthält ein Gemisch mehrerer Magnesiumhydroxidcarbonate.

3 Iod – violette Kristalle und violette Dämpfe

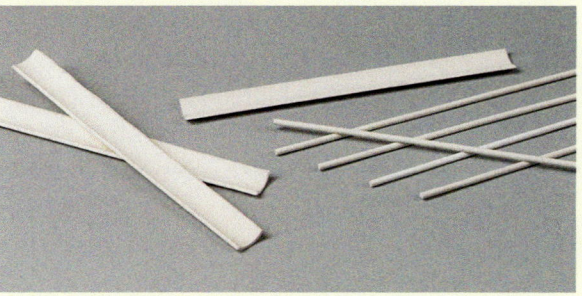

4 Laborgeräte aus Magnesiumoxid

Die Eigenschaften der Salze erklären

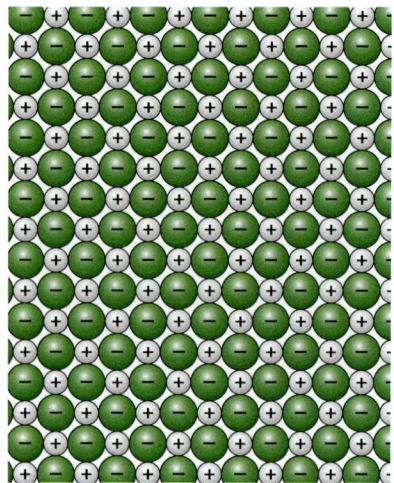

1 Festes Kochsalz

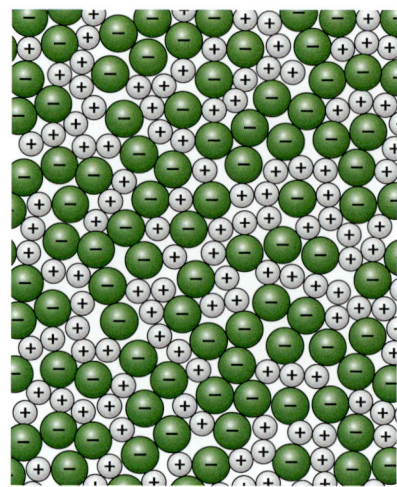

2 Geschmolzenes Kochsalz

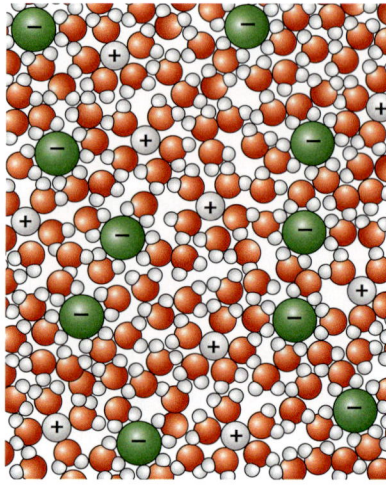

3 In Wasser gelöstes Kochsalz

Du weißt schon, dass Salze gemeinsame Eigenschaften haben. Alle diese Eigenschaften lassen sich mit dem Aufbau der Salze aus Ionen erklären.

Salze haben eine hohe Schmelztemperatur • Salze sind aus Ionengittern von positiven und negativen Ionen aufgebaut. Zwischen den unterschiedlich geladenen Ionen herrschen starke Anziehungskräfte. Um diese Anziehungskräfte zu überwinden, braucht man viel Energie in Form von Wärme. Die Folge: Die Schmelztemperaturen der Salze – und auch ihre Siedetemperaturen – sind sehr hoch.

Salze bilden Kristalle • Zwischen den positiven und negativen Ionen herrschen nach allen Seiten gleich starke Anziehungskräfte. Dadurch ordnen sich Ionen zu einem gleichmäßigen Ionengitter an. Es entsteht ein Kristall, also ein hartes Gebilde mit geraden und glatten Kanten.

Elektrische Leitfähigkeit • Damit ein Stoff den elektrischen Strom leitet, müssen bewegliche geladene Teilchen vorhanden sein. In einem Salzkristall sitzen aber alle Ionen fest in einem Gitter. → 1 Deshalb leiten Kristalle den elektrischen Strom nicht. Wenn aber das Salz geschmolzen oder in Wasser gelöst ist, sind die Ionen beweglich. → 2 3
Deshalb leiten Salzschmelzen und Salzlösungen den elektrischen Strom.

> Die Eigenschaften der Salze kann man mit dem Bau der Salze aus positiven und negativen Ionen erklären.

Aufgaben

1 ○ Erkläre die typischen Eigenschaften der Salze.

2 ◉ Erkläre, warum Kochsalz erst bei 800 °C schmilzt.

Material A

Salze sind spröde

1 ○ Erläutere, was mit „Sprödigkeit" gemeint ist. → S. 187

2 ◐ Beschreibe Bild 4 und erkläre, warum Salze spröde sind. Was passiert, wenn man mit einem Hammer auf einen Salzkristall schlägt? Beachte dabei die Ladung der Ionen.

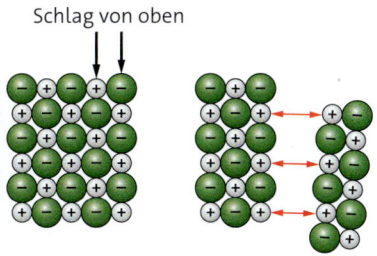

4 Spaltung eines Salzkristalls

Material B

Ionen wandern

Materialliste: Netzgerät, Kabel mit Klemmen, Graphitelektroden, Pipette, Filterpapier, Kaliumnitrat-Lösung, Kupferchlorid ⚠️ ☣️, Kaliumpermanganat 🔥 ⚠️ ☣️

Baue den Versuch wie in Bild 5 auf. Tränke das Filterpapier mit Kaliumnitrat-Lösung. Gib jeweils einen Kristall Kupferchlorid und Kaliumpermanganat auf die Startlinie. Lege dann 20–25 V Gleichstrom an. Halte das Filterpapier durch Auftropfen von etwas Wasser ständig feucht.

1 ○ Beschreibe deine Beobachtungen.

2 ◐ Erkläre, welche Ionen zu welchem Pol wandern. Erkläre auch, welche Ladung Permanganat-Ionen haben müssen.

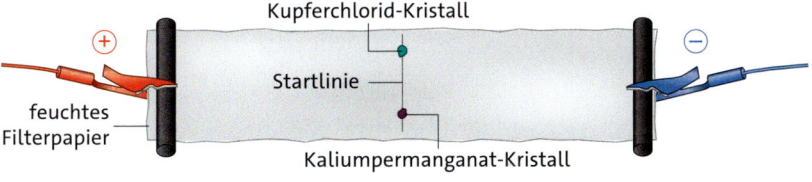

5 Ionen zwischen Plus- und Minuspol

Material C

Die Kristallbildung beobachten

Materialliste: Mikroskop, Teelöffel, Becherglas, Objektträger, Pipette, Kochsalz, Wasser

Löse einen Teelöffel Salz in 10 Teelöffeln heißem Wasser auf. Gib mit der Pipette 1 Tropfen Salzlösung auf den Objektträger. Mikroskopiere den Rand des Tropfens bei schwacher Vergrößerung. Wenn die ersten Kristalle erscheinen, kannst du auch bei mittlerer Vergrößerung mikroskopieren.

1 ○ Beschreibe deine Beobachtungen. Fertige eine Skizze der Kochsalzkristalle an.

2 ◐ Beschreibe die Form der Kochsalzkristalle.

6 Kochsalzkristalle

3 ● Erkläre die Form der Kochsalzkristalle. Zeichne dazu ein Ionengitter eines Kochsalzkristalls.

Die Eigenschaften der Salze erklären

Erweitern und Vertiefen

Salze lösen sich ganz einfach

Ionen treffen auf Wassermoleküle • Kochsalz löst sich problemlos in Wasser. Dabei sind die zwei Stoffe doch sehr verschieden: Salzkristalle bestehen aus Ionengittern, Wasser aus
5 Molekülen mit Elektronenpaarbindungen. Die Wassermoleküle haben allerdings eine wichtige Besonderheit: Sie sind Dipolmoleküle mit positiven und negativen Teilladungen.

Der Lösevorgang • Was geschieht nun, wenn
10 ein Salz in Wasser gelöst wird? Die Seiten der Wassermoleküle mit der positiven Teilladung werden von den negativ geladenen Ionen, bei Kochsalz also von den Chlorid-Ionen, angezogen. Die Seite der Wassermoleküle mit der
15 negativen Teilladung wird von den positiven Ionen, bei Kochsalz von den Natrium-Ionen, angezogen.
Wenn mehrere Wassermoleküle an einem Ion „ziehen", wird es aus dem Ionengitter herausgelöst.
20 gelöst. → 1

Hydratation • Wenn ein Ion aus dem Gitter gelöst ist, wird es sofort von Wassermolekülen umlagert. Diesen Vorgang nennt man Hydratation.

25 Die entstandene „Hydrathülle" durch die Wassermoleküle hält die Ionen davon ab, wieder ins Kristallgitter zurückzukommen. → 2

> Durch ihre Dipole können Wassermoleküle leicht Ionen aus einem Ionengitter herauslösen. Herausgelöste Ionen werden von Hydrathüllen aus Wassermolekülen umgeben.

Aufgabe

1 Gib in drei Reagenzgläser zu 3 mL Wasser je einen Spatel der folgenden Salze: Kaliumnitrat ⚠, Calciumchlorid ⚠ und Ammoniumchlorid ⚠.
Miss die Temperatur des Wassers. Löse dann die Salze durch kräftiges Schütteln und miss die Temperaturveränderung.
a ○ Protokolliere und vergleiche die Temperaturveränderungen.
b ● Das Herauslösen eines Ions aus einem Gitter braucht immer Energie. Die anschließende Hydratation ist mit Energiegewinn verbunden. Erkläre mit dieser Information die unterschiedlichen Ergebnisse des Versuchs.

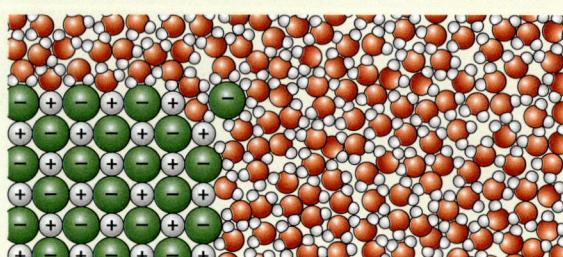

1 Wassermoleküle lösen ein Chlorid-Ion.

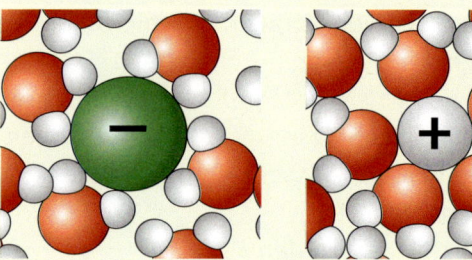

2 Zwei Ionen mit ihrer Hydrathülle

Erweitern und Vertiefen

Und warum leiten Metalle den Strom?

Metalle als elektrische Leiter • Metalle leiten, anders als Salze, auch im festen Zustand den elektrischen Strom. Und das tun sie sogar noch besser als Salzlösungen. Gibt es also bewegliche Ladungsträger in Metallen?

Positive Atomrümpfe • Metalle bestehen aus positiv geladenen sogenannten Atomrümpfen. Diese Atomrümpfe sind wie positiv geladene Ionen aufgebaut. Das Metall Magnesium beispielsweise enthält Mg^{2+}-Atomrümpfe.

Und was hält sie zusammen? • In Metallen sind diese positiven Atomrümpfe nicht wie bei den Salzen in ein Ionengitter eingebaut. Bei ihnen bewegen sich Elektronen zwischen den Atomrümpfen. Diese Elektronen wurden von den Metall-Atomen abgegeben, bis ihre äußere Schale leer war. Somit erfüllen die Atomrümpfe die Edelgasregel. Und da Elektronen immer eine negative Ladung haben, sorgen sie gleichzeitig für den Zusammenhalt der Atomrümpfe und damit des gesamten Metalls. → 3
Weil die Elektronen zwischen den Atomrümpfen sehr beweglich sind, bezeichnet man sie auch als Elektronengas.

Der Bau bestimmt die Eigenschaften • Wie bei den Salzen kann man viele Eigenschaften der Metalle durch ihren Bau erklären:

Elektrische Leitfähigkeit • Wenn ein Metall den elektrischen Strom leitet, fließen Elektronen durch die Räume zwischen den Atomrümpfen, in denen sich sowieso schon Elektronen bewegen. → 4

Wärmeleitfähigkeit • Wenn ein Stoff erwärmt wird, bewegen sich seine Teilchen schneller. Auch das Elektronengas in Metallen bewegt sich dann immer schneller. Weil in Metallen die Elektronen sehr beweglich sind, „wandert" die Wärme leicht durch das Metall.

Aufgaben

1 ○ Beschreibe den Aufbau eines Metalls und erkläre seinen Zusammenhalt.

2 ● Metalle sind nicht spröde, sondern lassen sich verformen. Beschreibe, auch mit Skizzen, was beim Verformen eines Metalls geschieht.

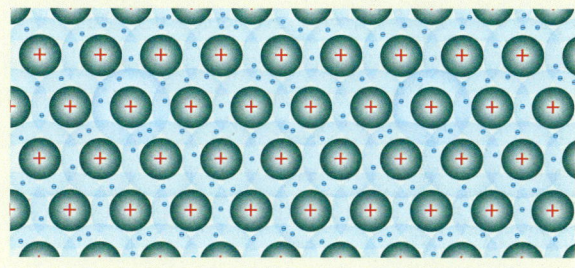

3 Metall aus Atomrümpfen und Elektronen

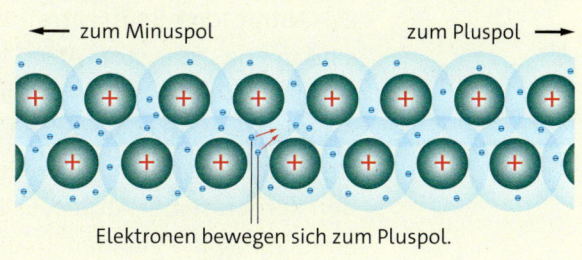

4 Stromfluss im Metall

Vielfältige Salze – das Beispiel Nitrate

1 Die meisten Mineraldünger enthalten viel Nitrat.

2 Vor allem Blattgemüse enthält oft viel Nitrat.

Salze sind so vielfältig, weil sich viele positiv und negativ geladene Ionen zu verschiedenen Salzen zusammenlagern können.
Und das ist noch nicht alles: Es gibt auch Ionen, die aus mehreren Atomen zusammengesetzt sind.

Zusammengesetzte Ionen • In diesen Ionen sind die einzelnen Atome durch Elektronenpaarbindungen verbunden. Zusätzlich haben solche Ionen noch mehr oder weniger Elektronen als ihre Atome zusammen. Ein Beispiel für solche Ionen ist das Nitrat-Ion. → 3

Das Nitrat-Ion • Beim Nitrat-Ion (NO_3^-) sind um das Stickstoff-Atom herum drei Sauerstoff-Atome angelagert. Außerdem hat das Nitrat-Ion insgesamt ein Elektron mehr als Protonen in den Kernen seiner Atome. Es ist daher einfach negativ geladen. In der Formelzeichnung von Bild 3 ist das durch ein Minus über der Klammer ausgedrückt.

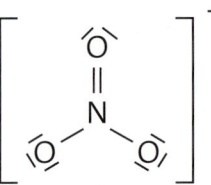

3 Struktur des Nitrat-Ions

Entstehung von Nitraten • Im Boden und in Gewässern werden Nitrate aus dem Stickstoff der Luft durch bestimmte Bakterien gebildet. Dieser Vorgang wird Stickstofffixierung genannt.

Vorkommen von Nitraten • Wegen der Stickstofffixierung kommen Nitrate in Böden und Gewässern vor. Darüber hinaus begegnen uns Nitrate und daraus entstehende Nitrite (NO_2^-) als Zusatzstoffe in Wurstwaren. Sie dienen dort der Haltbarkeit und lassen die Lebensmittel frischer rot aussehen.

Der Stickstoffkreislauf • Wenn man Pflanzen untersucht, stellt man fest,

das **Nitrat-Ion**
die **Stickstofffixierung**
die **Nitrifikation**
der **Stickstoffkreislauf**

dass sie viele Stickstoffverbindungen enthalten. Den Stickstoff dafür nehmen sie mit dem Wasser in Form von Nitraten auf.

Wenn die Pflanzen verwesen, wandeln bestimmte Bakterien die Stickstoffverbindungen wieder in Nitrate um. Diesen Vorgang nennt man Nitrifikation. → 4

Nitrate in Düngern • Wenn auf Äckern immer wieder Pflanzen abgeerntet werden, dann nimmt der Stickstoffgehalt der Äcker ab. In den Folgejahren wachsen die Pflanzen dann dort nicht mehr so gut oder zeigen Mangelerscheinungen, z. B. gelbliche Verfärbungen an Blättern. → 5
Dagegen werden nitrathaltige Dünger verwendet. → 1
Auch das Anpflanzen von sogenannter Gründüngung hilft gegen Stickstoffmangel. → 6 Solche Pflanzen haben an den Wurzeln stickstofffixierende Bakterien. So wird der Stickstoff im Boden wieder angereichert.

> Pflanzen brauchen Stickstoff zum Wachsen. Diesen nehmen sie in Form von Nitraten auf.

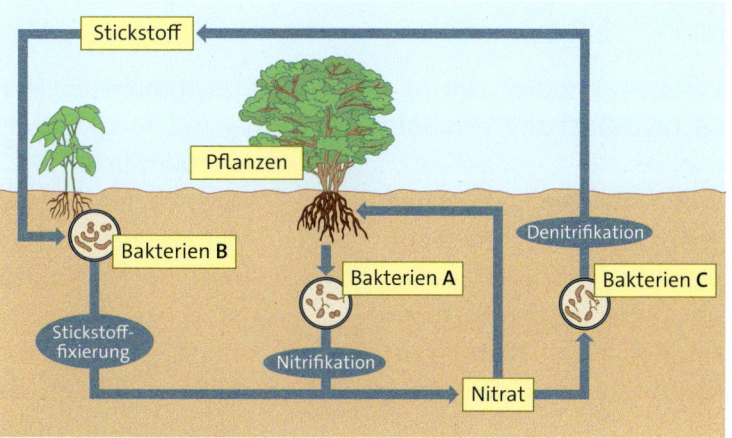

4 Der Stickstoffkreislauf

5 Stickstoffmangel führt zu Gelbfärbung.

6 Feld mit Gründüngung

Aufgaben

1 ○ Nenne die chemische Formel des Nitrat-Ions.

2 ◐ Gib an, wo Nitrate vorkommen.

3 ◐ Beschreibe den Stickstoffkreislauf. → 4

4 ● Kühe fressen Pflanzen. Erkläre, wie der Stickstoff dieser Pflanzen wieder in den Kreislauf zurückkommt. → 4

Vielfältige Salze – das Beispiel Nitrate

Material A

Wir untersuchen die Nitratbelastung von Salat

Wenn Pflanzen mit Nitraten gedüngt werden, setzen sie nicht die ganzen Nährsalze um. Daher bleiben Reste von Nitraten in den Pflanzen zurück, vor allem in den Blättern.

Materialliste: Salatkopf, andere Gemüse (z. B. Rucola, Grünkohl, Spinatblätter), Waage, Reibschale mit Pistill, Messzylinder (50 mL), Wasser, Nitratteststäbchen

1 Der Salat muss erst „verflüssigt" werden.

1 ◯ Bestimme den Nitratgehalt der äußeren ungewaschenen Salatblätter:
- Miss nach Anleitung den Nitratgehalt von Wasser mithilfe von Nitratteststäbchen.
- Wiege genau 5 g von den äußeren Blättern des Salatkopfs ab und gib sie in die Reibschale. Füge exakt 45 mL Wasser dazu und zerreibe die Salatblätter gut mit dem Pistill. Miss den Nitratgehalt der Flüssigkeit.
- Ziehe vom gemessenen Gesamtnitratgehalt den Nitratgehalt des zugefügten Wassers ab. → **2**
- Multipliziere diesen Wert jetzt noch mit dem Faktor 10. (Denn das gemessene Nitrat stammt aus 5 g Salatblättern von 50 g der Lösung.) → **2**

2 ◯ Bestimme wie bei Versuch 1 den Nitratgehalt von Blättern im Inneren des Salatkopfs auf folgende Weise:
- Nimm 10 g innere Salatblätter und 40 mL Wasser.
- Multipliziere den Nitratgehalt nach Abzug des Nitrats aus dem Wasser mit dem Faktor 5, da die Salatblätter jetzt nur ein Fünftel der untersuchten Flüssigkeit sind.

3 ◯ Wiederhole die Versuche 1 und 2 mit gut gewaschenen Salatblättern und vergleiche die Ergebnisse.

4 ◯ Wiederhole die Versuche 1 und 2 mit Salat aus verschiedenen Regionen und aus ökologischer Erzeugung. Vergleiche die Ergebnisse.

Berechnung des Nitratgehalts (äußere Blätter des Salats)

1. Nitratgehalt der Probe

$190 \frac{mg}{L}$ − $12 \frac{mg}{L}$ = $178 \frac{mg}{L}$

Messergebnis des Salats mit Wasser — Messergebnis des Wassers — Nitratgehalt der Probe

2. Nitratgehalt der Salats

$178 \frac{mg}{L}$ · 10 = $1780 \frac{mg}{L}$

Nitratgehalt der Probe — Nitratgehalt der Salatblätter

2 Beispielrechnung

Salze – aus Ionen aufgebaut

Material B

Nitrate und Gesundheit

Je Kilogramm Körpergewicht empfiehlt die Weltgesundheitsorganisation WHO eine maximale Aufnahme von 3,65 mg Nitrat pro Tag.

Anbauart	Zeitraum	Grenzwert
Freiland	1.5.–31.8.	2 500 $\frac{mg}{kg}$
Glashaus/Folie	1.4.–30.9.	3 500 $\frac{mg}{kg}$
Glashaus/Folie	1.10.–31.3.	4 500 $\frac{mg}{kg}$

4 Nitrat-Grenzwerte für Kopfsalat

1 ◐ Begründe, warum es für Salat je nach Jahreszeit verschiedene Grenzwerte gibt. → 4

2 ◐ Berechne, wie viel Kopfsalat du im Winter maximal essen solltest. Nenne Alternativen für Salat.

3 ● Lies den nebenstehenden Text und erstelle einen Flyer, der über Folgendes informiert:
- Gesundheitsgefahren durch Nitrate
- Wie kommen die Nitrate in den Salat?
- Tipps, wie man Salat zubereiten sollte

3 Mineralwasser für Babys unterliegt besonders strengen Grenzwerten.

Belasten Nitrate die Gesundheit?

Nitrate selbst sind für unseren Körper unschädlich. Nitrat konkurriert im Blut allerdings mit dem Transport von Iodid in die Schilddrüse. Wenn das Angebot an Iodid knapp und die Nitratbelastung hoch ist, versucht die Schilddrüse, den Iodidmangel durch Vergrößerung auszugleichen. Wenn ihr dies nicht gelingt, kann es zu Iodmangel-Folgeschäden kommen.
Das größere Problem bei den Nitraten ist aber, dass sie in Folgeprodukte umgewandelt werden können: in Nitrite und in Nitrosamine. Diese Folgeprodukte sind gesundheitsschädlich.

Nitrite: Die Umwandlung von Nitraten in Nitrite geschieht z. B. während der Aufbewahrung von Lebensmitteln, durch Bakterien in unserer Mundhöhle oder im Darm. Nitrit behindert den Sauerstofftransport der roten Blutkörperchen. Dafür sind Säuglinge besonders empfindlich, sodass für sie schon kleine Mengen an Nitrit zum Ersticken führen können.
Vor allem bei Wurst und Käse werden Nitrat und Nitrit als Konservierungsstoffe verwendet. Darüber hinaus lassen sie Wurst frisch und schön rot aussehen. Zusatzstoffe müssen auf der Verpackung angegeben sein. Sie verstecken sich oft unter den Bezeichnungen E 250 Natriumnitrit, E 251 Natriumnitrat und E 252 Kaliumnitrat.

Nitrosamine: Wenn man Lebensmittel erhitzt, die Nitrite enthalten, können die Nitrite mit Eiweißen reagieren. Dabei entstehen Nitrosamine. Tierversuche deuten darauf hin, dass Nitrosamine Krebs erzeugen können.

Vom Ion zum Atom – die Elektrolyse

1 Wenn man Strom an eine Zinkiodid-Lösung anlegt, ...

2 ... bilden sich Zink (silbern, links) und Iod (gelb, rechts).

Salzlösungen und Salzschmelzen leiten den elektrischen Strom. Dies macht man sich in der chemischen Industrie zunutze.

Zerlegung durch Strom • In Bild 1 wird an die Lösung von einem Salz (Zinkiodid) Strom angelegt. Bild 2 zeigt das Ergebnis: Am Minuspol bildet sich Zink, am Pluspol Iod. Das Salz Zinkiodid ist also mithilfe von Strom in die Elemente Zink und Iod zerlegt worden. Einen solchen Vorgang bezeichnet man als Elektrolyse (griechisch für „Zerlegung durch Strom").

> Bei einer Elektrolyse kann ein Salz in seine Elemente zerlegt werden.

Vom Ion zum Atom • Das Salz Zinkiodid besteht aus Ionen: aus Zink-Ionen Zn^{2+} und aus Iodid-Ionen I^-. Bei der Elektrolyse nehmen die Zink-Ionen Elektronen auf. Dadurch werden sie zu Zink-Atomen.

Am Minuspol läuft also folgende Reaktion ab:

Zink-Ionen + Elektronen → Zink-Atome

Am Pluspol entsteht Iod. Dort geben Iodid-Ionen Elektronen in den Stromkreis ab:

Iodid-Ionen → Iod-Atome + Elektronen

Elektrolyse und Edelgasregel • Zink-Ionen und Iodid-Ionen erfüllen die Edelgasregel: Sie haben eine volle äußere Elektronenschale. Bei der Elektrolyse aber halten sie sich nicht mehr an die Edelgasregel. Beispielsweise haben die Iod-Atome, die dabei entstehen, sieben Außenelektronen. Damit verstoßen sie gegen die Edelgasregel. Der Grund dafür ist, dass die Teilchen durch den angelegten Strom gezwungen werden, Elektronen aufzunehmen oder abzugeben. Deshalb geschieht die Elektrolyse auch nur, weil man Energie dafür aufwendet.

die Elektrolyse
das Bauxit
das Aluminiumoxid

Nutzung der Elektrolyse • In der chemischen Industrie nutzt man Elektrolysen für verschiedene Zwecke. Ein Beispiel ist die Gewinnung von Aluminium.

Rohstoffe für Aluminium • Die Herstellung von Aluminium beginnt mit Bauxit, einem Aluminiumerz. Bauxit wird in großen Bergwerken vor allem in tropischen Ländern abgebaut und anschließend zu Aluminiumoxid aufbereitet. Aluminiumoxid ist ein Salz, besteht also aus Ionen.

Der Elektrolyseofen • Das Aluminiumoxid wird in einem großen Ofen geschmolzen. → 3 Unten ist der Ofen mit einer Kohleschicht ausgekleidet, die als Minuspol dient. Dort bildet sich das Aluminium und wird regelmäßig abgesaugt.

$Al^{3+} + 3\,e^- \rightarrow Al$

Als Pluspol dienen Kohleblöcke, die von oben in die Schmelze ragen. Hier bildet sich Sauerstoff:

$2\,O^{2-} \rightarrow O_2 + 4\,e^-$

Sehr aufwendig • Die Gewinnung von Aluminium benötigt sehr viel Energie. Daher ist es sinnvoll, sparsam mit diesem Metall umzugehen. Zudem entstehen bei der Gewinnung von Aluminium giftige und gefährliche Stoffe, die die Umwelt zusätzlich belasten.

> Aluminium wird bei einer Elektrolyse aus geschmolzenem Aluminiumoxid gewonnen.

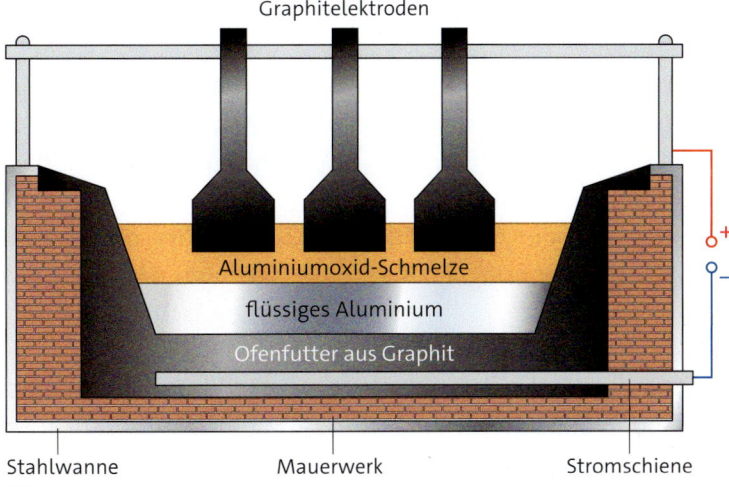

3 Aluminiumgewinnung im Elektrolyseofen

Aufgaben

1 ○ Nenne die Stoffe, die bei der Elektrolyse einer Zinkchlorid-Lösung entstehen.

2 ◐ Begründe, warum Elektrolysen immer nur dann ablaufen, wenn man elektrische Energie aufwendet.

3 ◐ Vergleiche die Gewinnung von Eisen (im Hochofen) mit der Gewinnung von Aluminium.

4 ● Silber ist ein Metall, das sehr schön aussieht. Leider aber sind Silber und auch Silbersalze, wie z. B. Silberchlorid, sehr teuer. Schlage ein Verfahren vor, wie du trotzdem Gegenstände aus Metall, z. B. Geldmünzen, ohne große Kosten mit einem hauchdünnen Überzug aus Silber komplett versilbern könntest.

Vom Ion zum Atom – die Elektrolyse

Material A

Elektrolyse einer Zinkiodid-Lösung

Materialliste: U-Rohr, 2 Kohleelektroden, Zinkiodid-Lösung ⚠, Spannungsquelle

Gib die Zinkiodid-Lösung in das U-Rohr. Stecke die Kohleelektroden in beide Öffnungen. Schalte Gleichstrom ein, bis sich Bläschen bilden, und beobachte ca. 5 Minuten.

1 ◐ Erstelle ein Versuchsprotokoll. Verwende bei der Erklärung folgende Fachbegriffe: Atom, Ion, Nichtmetall-Ion; Metall-Atom, Elektronenaufnahme, Elektronenabgabe.

2 ◐ Erkläre, ob es sich bei dem gezeigten Versuch um eine chemische Reaktion handelt.

3 ● Erstelle die Reaktionsgleichungen für den ablaufenden Vorgang.

4 ○ Schließe anstelle der Stromquelle einen kleinen Elektromotor an den Versuchsaufbau an. Was kannst du nun beobachten?

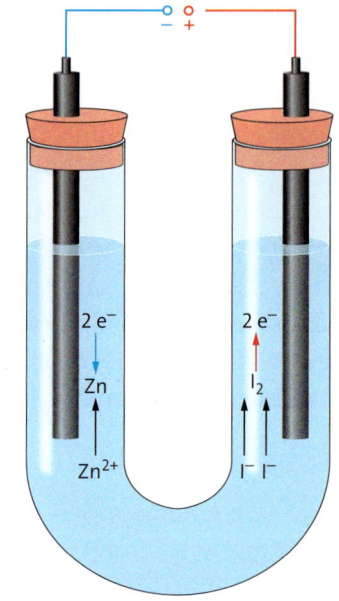

[1] Vorgänge bei der Elektrolyse

Material B

Das Eloxalverfahren

Aluminium ist ein sehr unedles Metall. Es reagiert sofort mit dem Sauerstoff der Luft. Dabei bildet sich eine dünne Schicht Aluminiumoxid.
Diese Schicht ist sehr hart und widerstandsfähig. Dadurch wird das darunterliegende Aluminium geschützt.
In der Industrie macht man sich dieses Verhalten von Aluminium zunutze. Mithilfe der Elektrolyse kann diese Schicht künstlich aufgebaut werden und ist dadurch dicker.

Die Aluminiumteile werden dadurch noch robuster. Zudem verhindert diese Schicht, dass das Aluminium Strom leitet: Diese elektrolytische Oxidation von Aluminium (Eloxalverfahren) kann durch Zugabe von Farbstoffen verändert werden. Die entstehenden Farbschichten sind absolut fest mit dem Aluminium verbunden. Daher muss z. B. bei Fensterrahmen nicht mehr nachgestrichen werden. Auch beim Veredeln und Einfärben von leichten Fahrrädern kommt diese Methode zum Einsatz. → [2]

[2] Felge aus eloxiertem Aluminium

1 ○ Erkläre den Ursprung des Begriffs Eloxalverfahren.

2 ● Begründe, warum das Werkstück vor dem Eloxieren zunächst in Schwefelsäure gereinigt werden muss.

Material C

Strukturlegetechnik

Schreibe die rechts dargestellten Begriffe jeweils auf ein Kärtchen.
Versuche sie sinnvoll anzuordnen, z. B. als Mind-Map oder als Flussdiagramm. Diskutiere deine Anordnung auch mit deinem Nachbarn. Klebe sie anschließend in dein Heft.

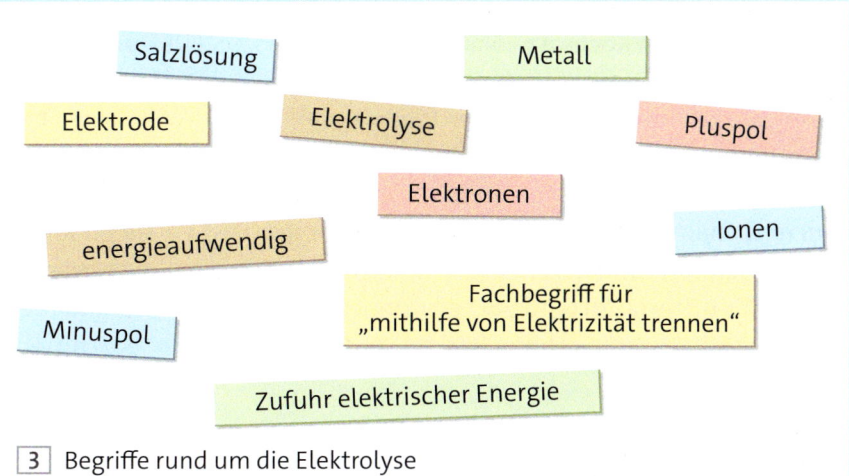

3 Begriffe rund um die Elektrolyse

Material D

Galvanisches Verkupfern

Mithilfe der Elektrolyse kann man z. B. ein unedles oder preiswertes Metall mit einer dünnen Schicht eines hochwertigen oder glänzenderen Metalls überziehen.

Materialliste: Becherglas, Eisennagel, Kupferblech, Kupfersulfat-Lösung ⚠️☠️, angesäuert mit Essigsäure (5%ig), Wasser, Ethanol 🔥, Spannungsquelle

Reinige den Eisennagel zunächst sehr gründlich mit dem Ethanol. Verbinde ihn dann mit dem Minuspol. Das Kupferblech muss mit dem Pluspol verbunden werden.

4 Schematischer Versuchsaufbau

Hänge beide Metallgegenstände in ein Becherglas mit Kupfersulfat-Lösung. Sie dürfen sich nicht berühren. Lass den Strom etwa 15 Minuten lang fließen.
Nimm dann den verkupferten Gegenstand aus der Lösung. Spüle ihn mit Wasser ab und lass ihn trocknen.

Für galvanische Überzüge nutzt man nicht nur Kupfer, sondern auch andere Metalle. Auch z. B. mit Zink oder mit Chrom kann man Überzüge herstellen, die den galvanisierten Gegenstand schützen oder verschönern. Besonders schön wird es mit Silber oder Gold ...

1 ○ Beschreibe deine Beobachtungen.

2 ◑ Nenne Gründe, weshalb manche Gegenständen aus Eisen verkupfert werden.

3 ● Formuliere die Reaktionsgleichung für die abgelaufene Reaktion.

Salze – aus Ionen aufgebaut

> ## Zusammenfassung
>
> **Gewinnung von Kochsalz** • Natriumchlorid – unser Kochsalz – kann in unseren Regionen in Bergwerken durch Abbau unter Tage gewonnen werden.
> Die Salzlager unter der Erde entstanden aus urzeitlichen Meeren, bei denen das Wasser immer wieder verdunstete.
> Im Mittelmeerraum wird Salz gewonnen, indem man Meerwasser in großen Becken verdunsten lässt.
>
> **Eigenschaften von Salzen** • Neben dem Kochsalz gibt es noch eine ganze Reihe weiterer Salze. Alle Salze haben folgende typische Eigenschaften:
> - sie haben hohe Schmelzpunkte
> - sie bilden Kristalle
> - sie sind spröde
> - sie sind meist gut wasserlöslich
> - als Schmelze oder in Wasser gelöst leiten sie gut den elektrischen Strom
>
> **Der Aufbau der Salze** • Salze bestehen aus Ionen. Ionen können bei chemischen Reaktionen aus Atomen durch Abgabe oder Aufnahme einzelner Elektronen entstehen.
> Dies geschieht, um den Edelgaszustand zu erreichen. Es entstehen also immer volle Schalen. Aus diesem Grund sind Ionen entweder positiv oder negativ geladen.
> Bei Salzen in festem Zustand bilden die positiv und negativ geladenen Ionen durch ihre gegenseitige Anziehung ein Ionengitter. → 1
> Die typischen Eigenschaften der Salze lassen sich durch diesen Aufbau erklären.
>
>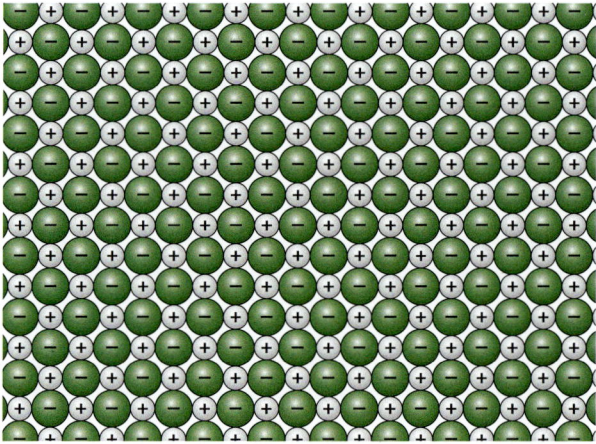
>
> 1 Ionengitter eines Kochsalzkristalls
>
> **Zusammengesetzte Ionen** • In der Natur kommen auch Ionen vor, bei denen mehrere Atome zusammen ein Ion bilden. Beim Nitrat-Ion z. B. ist ein Stickstoff-Atom mit drei Sauerstoff-Atomen verbunden – und zwar über Elektronenpaarbindungen. Durch ein zusätzliches Elektron werden diese verbundenen Atome zu einem NO_3^--Ion.
> Nitrate spielen vor allem als Pflanzendünger eine wichtige Rolle und sind ein Teil des weltweiten Stickstoffkreislaufs.
>
> **Vom Ion zum Atom** • Ionen können durch Abgabe oder Aufnahme von Elektronen auch wieder zu Atomen werden. Wenn dies mithilfe des elektrischen Stroms geschieht, spricht man von einer Elektrolyse.
> Auf diese Weise kann man z. B. aus Kochsalz metallisches Natrium und Chlor gewinnen:
> $2\,NaCl \rightarrow 2\,Na + Cl_2$.
> Auch z. B. Aluminium wird durch Elektrolyse aus Aluminiumoxid gewonnen.

Teste dich! (Lösungen im Anhang)

1 ○ Beschreibe die Möglichkeiten der Kochsalzgewinnung.

2 ○ Erläutere, wie bei chemischen Reaktionen aus Atomen Ionen werden können.

3 Salze sind eine Stoffgruppe mit gemeinsamen Eigenschaften.
a ○ Nenne die Eigenschaften der Salze.
b ◐ Erkläre diese Eigenschaften mithilfe des Aufbaus der Salze als Ionengitter.

4 Bauxit wird in Bergwerken abgebaut und dann zu Aluminiumoxid verarbeitet. Die anschließende Elektrolyse zu Aluminium verbraucht sehr viel elektrischen Strom.
a ○ Erläutere, welche Rolle der elektrische Strom bei der Reaktion spielt.
b ◐ Erkläre mithilfe der Edelgasregel, warum die Bildung von Aluminium-Atomen aus Ionen so energieaufwendig ist.

5 Iod ist ein lebenswichtiges Spurenelement. Mangel an Iod kann zu Erkrankungen der Schilddrüse führen (Kropf).
a ◐ Gib die Formel des Wirkstoffs Kaliumiodid an.
b ◐ Zeichne das Kalium-Ion im Modell und gib seine Ladung an.

6 ● Das Element Natrium ist ein Metall. In der Natur findet man Natrium aber nie als Metall, sondern immer nur in Form von Natrium-Ionen.
Erläutere, wie man im Labor aus heißem, geschmolzenem Natriumchlorid metallisches Natrium gewinnen kann. Stelle dazu auch eine Reaktionsgleichung auf.

3 Ehemaliger Bauxit-Abbau in Italien

7 Das Salz im Toten Meer ist anders zusammengesetzt als das Salz der Ozeane. → 4
a ◐ Benenne die in Bild 4 aufgeführten Ionen.
b ◐ Wenn das Wasser verdunstet, lagern sich die enthaltenen Ionen zu Salzen zusammen. Gib die Formel möglicher Salze an, die dabei entstehen können.
c ◐ Erkläre den Aufbau eines Salzes am Beispiel von Kaliumchlorid.

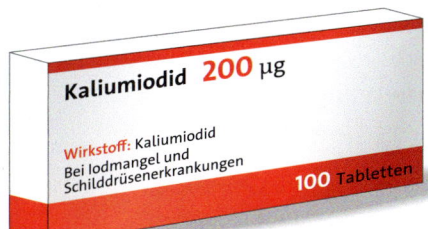

2 Medikament gegen Iodmangel

Positiv geladene Ionen, Gehalt in $\frac{mg}{kg}$		Negativ geladene Ionen, Gehalt in $\frac{mg}{kg}$	
Mg^{2+}	ca. 36 000	Cl^-	ca. 190 000
Ca^{2+}	ca. 14 000	Br^-	ca. 1 000
Na^+	ca. 33 000	F^-	ca. 2
K^+	ca. 6 000	I^-	ca. 0,1

4 Gehalt an Ionen im Wasser des Toten Meeres

Säuren und Laugen – ätzende Flüssigkeiten?

Zitronen enthalten Zitronensäure. Ist Zitronensäure also keine ätzende Säure?

Laugenbrötchen werden mit Natronlauge gebacken. Sind sie völlig ungefährlich?

Und wenn sich im Klärwerk Säuren und Laugen aus unseren Abwässern treffen …?

Säuren und Laugen – zwei Stoffgruppen

1 Säuren als Reinigungsmittel

2 Laugen als Reinigungsmittel

Schmutz wegätzen – das geht mit Säuren und auch mit Laugen.

Säuren • Es gibt sehr viele Säuren: Zitronensäure, Salzsäure, Ameisensäure ... Auch Essig oder Sprudelwasser enthalten Säuren. Trotz dieser Vielfalt gibt es Eigenschaften, die bei allen Säuren gleich sind:
Alle Säuren reagieren mit Kalk. Kalkränder am Waschbecken lassen sich so entfernen. Dies ist ein Beispiel dafür, dass Säuren Stoffe „wegätzen" können. In Wahrheit ist dies aber eine chemische Reaktion und die Teilchen aus dem Kalk sind auch nach der Reaktion noch vorhanden.
Alle Säuren reagieren mit unedlen Metallen. Die Metalle sind dann „weggeätzt". Aber auch bei dieser Reaktion bleiben die Teilchen aus den Metallen erhalten. Als zusätzliches Reaktionsprodukt entsteht Wasserstoff.

Alle Säuren leiten den elektrischen Strom. Dies spricht dafür, dass sie Ionen enthalten müssen.
Alle Säuren sind, wenn sie sehr stark verdünnt sind, ungefährlich. Das ist aber kein Grund zur Entwarnung: Ohne Verdünnung sind viele Säuren sehr gefährlich!
Alle Säuren schmecken sauer. Gefährliche Säuren darf man aber nicht auf ihren Geschmack testen.

Laugen • Auch die Laugen bilden eine große Stoffgruppe: Natronlauge, Kalilauge, Kalkwasser und Ammoniakwasser sind Beispiele für Laugen. Auch die Laugen haben gemeinsame Eigenschaften:
Alle Laugen sind ätzend und fühlen sich seifig an – es sei denn, sie sind sehr stark verdünnt.
Alle Laugen leiten den elektrischen Strom, enthalten also Ionen.

Säuren und Laugen – ätzende Flüssigkeiten?

die Säure
die Lauge
alkalisch
der Indikator
der pH-Wert

pH-Wert • Der pH-Wert gibt an, wie stark die Wirkung einer Säure oder Lauge ist:
Reines Wasser hat einen pH-Wert von 7. Lösungen mit pH = 7 nennt man neutral.
Säuren haben einen pH-Wert unter 7. Ein pH-Wert von 0 bedeutet, dass es sich um eine sehr stark saure Lösung handelt.
Laugen nennt man auch alkalische Lösungen. Sie haben einen pH-Wert über 7. Auch hier gilt: Je weiter der pH-Wert von 7 entfernt ist, desto gefährlicher ist die Lösung. Eine Seifenlauge mit pH = 9 brennt nur ein wenig in den Augen. Eine alkalische Lösung mit pH = 14 ist dagegen äußerst gefährlich und stark ätzend – ganz ähnlich wie eine Säure mit pH = 0.

Indikatoren • Säuren und Laugen reagieren auch mit vielen Farbstoffen. Manche Farbstoffe ändern dabei ihre Farbe.
Rotkohlsaft ist dafür ein Beispiel. Sein Farbstoff ist rot, wenn er mit Säuren reagiert hat. Er wird blaugrün, wenn seine Moleküle mit Laugen reagieren. Solche Farbstoffe kann man als Indikator (= „Anzeiger") für Säuren oder Laugen nutzen.
Indikatoren zeigen also durch ihre Farbe an, ob die untersuchte Flüssigkeit eine Säure oder eine Lauge ist.

> Säuren und Laugen reagieren mit vielen Stoffen, z. B. mit Indikatoren. Der pH-Wert gibt an, wie sauer oder wie alkalisch eine Lösung ist.

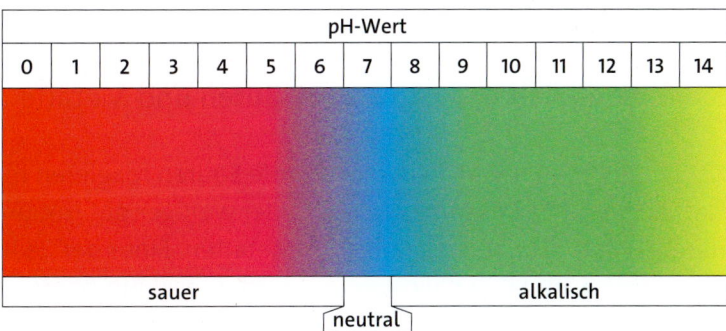

3 Die pH-Skala

4 Rotkohlsaft – von pH = 0 (links) bis pH = 14 (rechts)

Aufgaben

1 ○ Nenne einige Säuren und einige Laugen.

2 ○ Liste gemeinsame Eigenschaften von Säuren und von Laugen auf.

3 ◐ Erläutere, wie Indikatoren funktionieren.

4 ◐ Erläutere, was der pH-Wert über eine Lösung aussagt.

Säuren und Laugen – zwei Stoffgruppen

Material A

Säuren und Kalk

Kalk findet man häufig in der Natur. Viele Lebewesen bilden nämlich Kalk als Baumaterial. Mit Säuren kannst du Kalk nachweisen: Kalk reagiert mit Säuren – und weil eines der Reaktionsprodukte das Gas Kohlenstoffdioxid ist, stellt man dann ein Aufschäumen fest.

Materialliste: Pipette, säurefeste Unterlage, Eierschalen, Muscheln, Marmor, Kalkstein, Calciumcarbonat, verschiedene Gesteinsproben vom Schulgelände, verdünnte Salzsäure ⚠

Tropfe mit der Pipette etwas Säure auf die verschiedenen Probestücke.

1 ○ Beobachte genau und notiere deine Ergebnisse.

1 Muschelschalen bestehen aus Kalk.

Material B

Säuren und Metalle

Alle Säuren reagieren mehr oder weniger gut mit unedlen Metallen. Eines der Reaktionsprodukte ist ein Gas.

Materialliste: Pipette, 8 Reagenzgläser, Reagenzglasständer, Gasbrenner, Dreifuß, Abdampfschale, Magnesiumband, Eisenpulver ⚠, Zinkpulver ⚠ ⚠, verdünnte Schwefelsäure ⚠, 25%ige Essigsäure ⚠

Gib in drei Reagenzgläser jeweils etwas von einem Metall und 1 cm hoch verdünnte Schwefelsäure. Fange das entstehende Gas mit einem umgedrehten Reagenzglas auf und mache die Knallgasprobe. Wiederhole dann den gesamten Versuch mit Essigsäure.

1 ● Beobachte und halte die Ergebnisse tabellarisch fest.

Gib nach Ende der Reaktion den flüssigen Rest eines Reagenzglases in die Abdampfschale. Erhitze, bis die Flüssigkeit verdampft ist.

2 ● Beschreibe, was du nach dem Abdampfen feststellst.

Material C

Laugen und Teig

Verdünnte Natronlauge reagiert beim Backen mit Brezelteig. Die Reaktionsprodukte geben dem Gebäck einen besonderen Geschmack.

Achtung • Versuch nicht im Fachraum durchführen!

> **Brezelteig zubereiten**
>
> 7 g Trockenhefe und 3 g Zucker in 450 mL lauwarmem Wasser lösen. 700 g Mehl in eine Schüssel geben. Die Hefe-Wasser-Lösung in die Mitte des Mehls mischen und 15 min an einem warmen Ort gehen lassen. Dann 75 g Butter und 15 g Salz zugeben, durchkneten und erneut 45 min gehen lassen. Wieder durchkneten und dann den Teig in 12 Stücke teilen.

Forme Brezeln und tauche sie (mit Handschuhen!) in 4%ige Natronlauge ⚠. Backe die Brezeln dann bei 200 °C auf Dauerbackpapier.

1 ● Begründe, warum die Natronlauge nach dem Backen nicht mehr gefährlich ist.

---

208 | Säuren und Laugen – ätzende Flüssigkeiten?

Material D

Indikatoren

Manche Indikatoren kann man sich selbst zubereiten.

Rotkohlindikator

Klein geschnittenen Rotkohl mit wenig Wasser kochen. Nach deutlicher Färbung (5 min Kochzeit) die Blätter aus dem Wasser nehmen.

Materialliste: Reagenzgläser, Reagenzglasständer, Pipette, Rotkohlindikator, Universalindikator, Phenolphthalein, Bromthymolblau, Stoffe aus dem Haushalt (Essig, Kernseife, WC-Reiniger, Essigreiniger, Spülmaschinentabs) und aus dem Labor (verdünnte Säuren und Laugen, ⚠️ ❗)

Untersuche die Stoffe aus dem Haushalt und die verdünnten Säuren und Laugen aus dem Labor auf ihren pH-Wert. Benutze dazu den selbst gemachten Rotkohlindikator und die drei anderen Indikatoren.

1 ○ Protokolliere deine Ergebnisse in einer Tabelle.

2 ● Erläutere, wie man am besten den pH-Wert von Orangensaft bestimmen könnte.

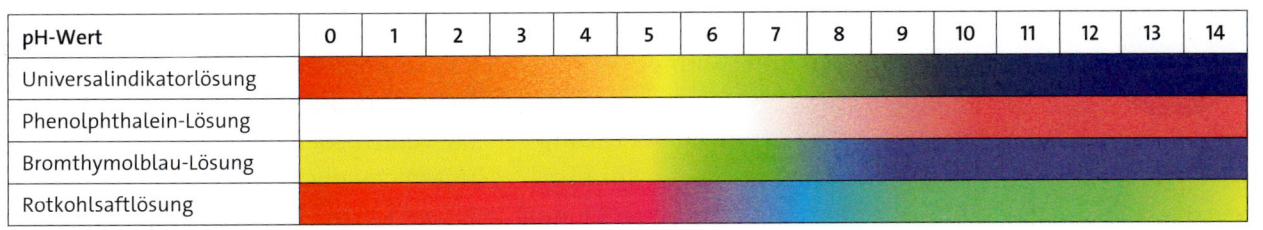

2 Farben von Indikatoren

Material E

pH-Wert und Verdünnung

In Bild 3 wird eine Säure immer wieder um den Faktor 10 verdünnt.

1 ◐ Formuliere eine Regel, wie sich der pH-Wert beim Verdünnen einer Säure ändert.

2 ● Erkläre, warum pH = 6 für viele Fischarten noch erträglich, pH = 5 aber tödlich ist.

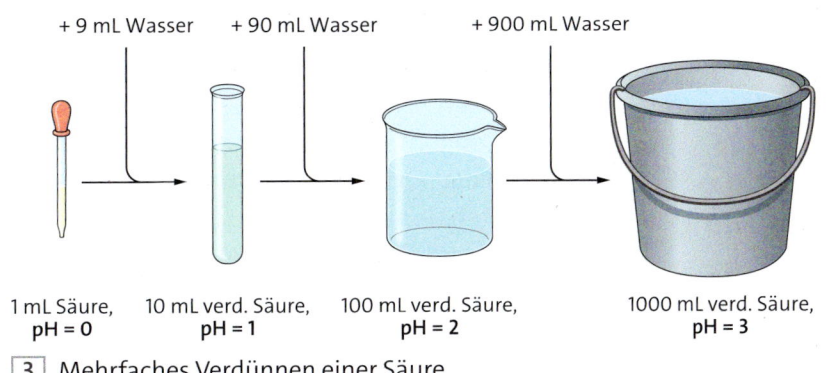

3 Mehrfaches Verdünnen einer Säure

Die entscheidenden Teilchen

Name der Säure	Formel	ergibt in Wasser
Salzsäure	HCl	H_3O^+ und Cl^-
Flusssäure	HF	H_3O^+ und F^-
Salpetersäure	HNO_3	H_3O^+ und NO_3^-
Schwefelsäure	H_2SO_4	$2\ H_3O^+$ und SO_4^{2-}

1 Beispiele für Säuren

Name der Lauge	Formel	ergibt in Wasser
Natronlauge	NaOH	Na^+ und OH^-
Kalilauge	KOH	K^+ und OH^-
Kalkwasser	$Ca(OH)_2$	Ca^{2+} und $2\ OH^-$
Barytwasser	$Ba(OH)_2$	Ba^{2+} und $2\ OH^-$

2 Beispiele für Laugen

Es gibt viele Gemeinsamkeiten zwischen den Säuren – und auch zwischen den Laugen. Woran liegt das?

EN Cl: 3,0 H: 2,1

δ^- δ^+

3 Elektronenverschiebung im Salzsäuremolekül

H_3O^+-Ionen • Wenn man sich die Formeln von Säuren anschaut, stellt man eine Gemeinsamkeit fest: Alle Säuren haben ein „H" in ihrer Formel. → **1** Außerdem leiten alle Säurelösungen den elektrischen Strom. In der Lösung müssen also Ionen vorliegen. Inzwischen weiß man, dass Säuren H^+-Ionen an Wasser abgeben. Dadurch entstehen H_3O^+-Ionen (Oxonium-Ionen). → **4** Die Abgabe von H^+-Ionen wird durch eine starke Elektronenverschiebung (s. Tabelle S. 168) weg vom Wasserstoff-Atom ermöglicht. → **3**

OH^--Ionen • Auch bei Laugen gibt es eine Gemeinsamkeit: Alle Laugen haben ein „OH" in ihrer Formel. → **2** Sie leiten den elektrischen Strom, sind also aus Ionen aufgebaut: Alle Laugen enthalten OH^--Ionen.

> H_3O^+-Ionen bzw. OH^--Ionen bewirken die sauren bzw. alkalischen Eigenschaften von Säuren und Laugen.

Säurerest-Ionen • Säurelösungen können nicht nur aus positiven H_3O^+-Ionen bestehen. Es muss zum Ausgleich auch negativ geladene Ionen geben. Daher besteht jede Säure auch aus sogenannten Säurerest-Ionen. Beispielsweise ist das Chlorid-Ion (Cl^-) das Säurerest-Ion von Salzsäure. Es liegt an den Säurerest-Ionen, dass die verschiedenen Säuren manche unterschiedliche Eigenschaften haben. Einige Säuren haben Säurerest-Ionen, die mehrfach geladen sind. Ein Beispiel ist die Schwefelsäure. Dort gibt es zwei negative Ladungen beim Säurerest-Ion und zum Ausgleich zwei H^+-Ionen, die in Wasser H_3O^+-Ionen ergeben. → **1**

Metall-Ionen • Laugen bestehen neben den negativen OH^--Ionen auch aus positiven Ionen. Dies sind meistens Metall-Ionen. So enthält Natronlauge Ionen des Metalls Natrium: Na^+-Ionen.

> Säuren bestehen aus Teilchen, die H^+-Ionen an andere Teilchen abgeben können. Im Wasser entstehen so H_3O^+-Ionen. Laugen bestehen aus Metall-Ionen und OH^--Ionen.

Säuren und Laugen – ätzende Flüssigkeiten?

das H_3O^+-Ion
das OH^--Ion
das Säurerest-Ion
die Neutralisation

Neutralisation • Wenn Säuren und Laugen zusammentreffen, treffen H_3O^+-Ionen und OH^--Ionen aufeinander. Dabei reagieren diese beiden Ionen zu neutralen Wassermolekülen. Die Lösung enthält dann keine H_3O^+-Ionen und keine OH^--Ionen mehr:

$H_3O^+ + OH^- \rightarrow 2\,H_2O$

Das entstandene Wasser ist neutral (pH = 7). Daher wird diese chemische Reaktion Neutralisation genannt. → 5

Salzbildung • Bei einer Neutralisation bleiben in der Lösung noch das Säurerest-Ion und das Metall-Ion der Lauge übrig. Diese beiden Ionen ergeben zusammen ein Salz.
Dazu ein Beispiel: Salzsäure wird mit Natronlauge neutralisiert. Die Na^+-Ionen aus der Lauge und die Cl^--Ionen aus der Säure ergeben dann NaCl, also Kochsalz (Natriumchlorid):

$H_3O^+ + Cl^- + Na^+ + OH^-$
$\rightarrow 2\,H_2O + Na^+ + Cl^-$

Wenn man genau die passenden Mengen an Salzsäure und Natronlauge zusammengibt, erhält man ganz normales Salzwasser.
Wenn man anschließend dieses Salzwasser eindampft, kann man das Salz auch sehen. Die Ionen lagern sich zu Ionengittern zusammen und bilden Salzkristalle. Diese bleiben in der Abdampfschale zurück, wenn das Wasser verdampft ist.

| Bei einer Neutralisation entsteht Wasser und ein Salz.

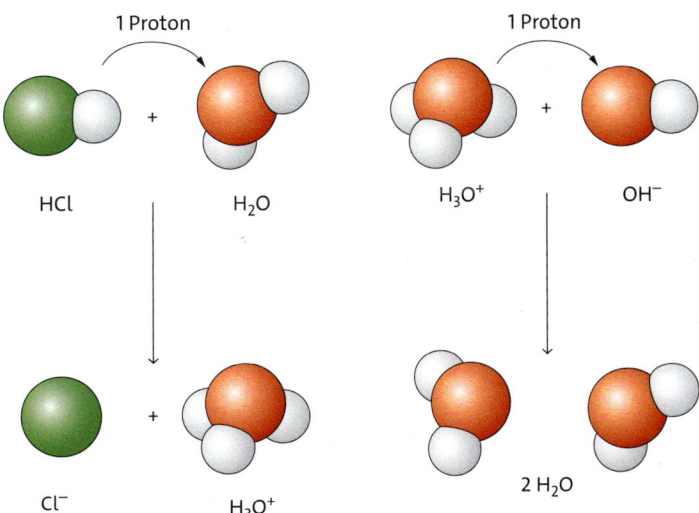

4 Salzsäure bildet in Wasser H_3O^+-Ionen.

5 Neutralisation: Aus H_3O^+-Ionen und OH^--Ionen entsteht Wasser.

Aufgaben

1 ○ Nenne jeweils das Ion, das in jeder Säure bzw. in jeder Lauge enthalten ist.

2 ○ Erkläre an einem Beispiel den Begriff „Säurerest-Ion".

3 ○ Erkläre die Neutralisation an einem Beispiel.

4 ◐ Nenne das Salz, das bei der Neutralisation von Salzsäure mit Kalkwasser entsteht.

5 ● Jemand gibt Salzsäure und Natronlauge zusammen. Trotzdem liegt der pH-Wert nachher nicht bei 7, sondern bei 4. Gib mögliche Gründe dafür an.

Die entscheidenden Teilchen

Material A

Die gemeinsamen Teilchen

Hier kannst du die Ionen identifizieren, die allen Säuren bzw. Laugen gemeinsam sind.

Materialliste: 3 Reagenzgläser, Reagenzglasständer, Kochsalz, verdünnte Salzsäure ⟨!⟩, verdünnte Natronlauge, Universalindikator

Gib in das erste Reagenzglas etwas Kochsalzlösung, in das zweite etwas Salzsäure und in das dritte etwas Natronlauge. Füge jeweils 2 Tropfen Universalindikator zu.

1. ○ Übertrage Tabelle 1 in dein Heft und notiere deine Beobachtungen darin.

	Reagenzglas 1	Reagenzglas 2	Reagenzglas 3
Im Reagenzglas enthaltene Ionen			
Farbe des Indikators			

[1] Auswertung des Versuchs

2. ◐ Überlege mithilfe der Tabelle, welches Ion für die Eigenschaften der Säure bzw. der Lauge verantwortlich sein muss. Markiere es rot (Säure) bzw. blau (Lauge).

Material B

Neutralisationen

Neutralisationen sind im Labor wichtig, aber auch z. B. in Klärwerken.

Im Klärwerk

Unsere Abwässer sind oft deutlich sauer oder alkalisch. Dann müssen sie im Klärwerk neutralisiert werden, und zwar entweder mit Salzsäure oder mit Kalkwasser. Denn nur Wasser mit einem neutralen pH-Wert darf anschließend in die Umwelt entlassen werden.

Materialliste: kleines Becherglas, Rührstab, Pipette, Brenner mit Dreifuß, Porzellanschale, verdünnte Salzsäure ⟨!⟩, verdünnte Natronlauge, Universalindikator

Gib in das Becherglas ca. 10 mL Säure und 2 Tropfen Indikator. Füge dann ca. 5 mL Lauge hinzu. Tropfe nun tropfenweise Lauge dazu. Rühre jeweils gut um, bis du eine deutliche Farbveränderung bemerkst.
Gib danach die neutralisierte Lösung in die Porzellanschale und dampfe die Lösung sehr langsam und ganz vorsichtig ein.

Achtung • Zum Schluss des Eindampfens können die Reste spritzen!

1. ◐ Formuliere ein Versuchsprotokoll mit Reaktionsgleichungen.

2. ◐ Erkläre, aus welchem Stoff der Rückstand in der Porzellanschale bestehen muss.

3. ● Formuliere eine Reaktionsgleichung für den Fall, dass saure Abwässer in ein Klärwerk eingeleitet und mit Kalkwasser neutralisiert werden.

Material C

Magensäure neutralisieren

Wenn Magensäure (HCl) aus dem Magen hochsteigt, spürt man das sogenannte Sodbrennen. Wie können Medikamente dagegen helfen?

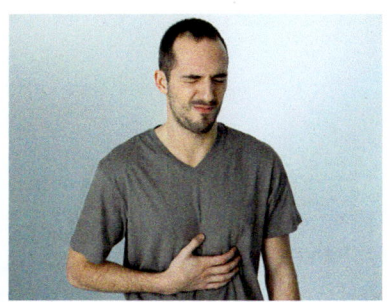

2 Schmerzhaftes Sodbrennen

Materialliste: kleines Becherglas, verdünnte Salzsäure ⚠️, Universalindikator, mehrere Magentabletten (Rennie®, Talcid® oder Riopan®)

Fülle verdünnte Salzsäure 1–2 cm hoch in das Becherglas und gib 2 Tropfen Universalindikator dazu.
Füge dann eine Magentablette zu, rühre um und beobachte die Flüssigkeit.

1 ◐ Erkläre die Wirkung des Medikaments im Magen.

Material D

Kleine, flinke Ionen

Lösungen, die bewegliche Ionen enthalten, leiten den elektrischen Strom. H_3O^+- und OH^--Ionen leiten den Strom besonders gut, weil sie gut beweglich sind.

1 ● „Wenn man Lauge zu einer Säure tropft, sinkt die Leitfähigkeit. Wenn die Säure neutralisiert ist, leitet die Flüssigkeit den Strom überhaupt nicht mehr." Begründe, ob diese Aussage richtig oder falsch ist.

Material E

Rallye zu den Salzen

Bei Neutralisationsreaktionen können viele verschiedene Salze entstehen.

1 ● Übertrage die Tabelle in dein Heft und ergänze sie. Dazu musst du überall im Buch nach Informationen suchen. Nutze auch das Stichwortverzeichnis im Anhang.
Ergänze die Tabelle, wenn du noch weitere Salze findest.

Name des Salzes	Formel des Salzes	entstanden aus folgender Säure	Säurerest-Ion
Natriumchlorid	NaCl	Salzsäure (HCl)	Chlorid-Ion (Cl^-)
...	$MgCl_2$	...	...
Calciumsulfat	...	...	Sulfat-Ion (SO_4^{2-})
...	$KHSO_4$	...	Hydrogensulfat-Ion (HSO_4^-)
...	Li_2CO_3	...	Carbonat-Ion (CO_3^{2-})
Aluminiumhydrogencarbonat	...	...	...
Natriumacetat	...	Essigsäure (CH_3COOH)	...

3 Salze und ihre Namen

Ein Multitalent – die Schwefelsäure

1 Konzentrierte Schwefelsäure reagiert z. B. mit Baumwolle, mit Zucker und mit Papier.

Schwefelsäure spielt nicht nur in der Industrie eine wichtige Rolle, sondern auch im Haushalt und in der Natur.

Konzentrierte Schwefelsäure • Reine, also 100%ige Schwefelsäure ist eine farblose, ölige Flüssigkeit mit einer hohen Dichte (1,8 $\frac{g}{mL}$). Sie besteht aus H_2SO_4-Molekülen.

Reaktion mit Wasser • Konzentrierte Schwefelsäure reagiert sehr heftig mit Wasser. Daher ist sie auch stark wasseranziehend (hygroskopisch). Man muss sie gut verschlossen aufbewahren, sonst zieht sie Luftfeuchtigkeit an und verdünnt sich selbst. Viele Stoffe zerstört sie so, dass dabei Wassermoleküle entstehen, mit denen sie dann reagieren kann. → 1
Daher ist konzentrierte Schwefelsäure sehr gefährlich.

Verdünnte Schwefelsäure • Erst nach dem Verdünnen hat Schwefelsäure die typischen Eigenschaften einer Säure. Denn beim Verdünnen mit Wasser dissoziiert sie. Dabei spalten sich H^+-Ionen von den H_2SO_4-Molekülen ab:

$$H_2SO_4 + H_2O \rightarrow H_3O^+ + HSO_4^-$$

Neben einem H_3O^+-Ion entsteht dabei als Säurerest-Ion ein HSO_4^--Ion, das Hydrogensulfat-Ion. Dieses Ion kann ein weiteres H^+-Ion abgeben:

$$HSO_4^- + H_2O \rightarrow H_3O^+ + SO_4^{2-}$$

Dabei entstehen SO_4^{2-}-Ionen als Säurerest-Ionen. Sie heißen Sulfat-Ionen.
Die Schwefelsäure gehört zu den sogenannten starken Säuren, da sie in Wasser ihre H^+-Ionen sehr leicht und fast vollständig abgibt. Eine Schwefelsäure-Lösung enthält also fast ausschließlich Ionen (H_3O^+, HSO_4^- und SO_4^{2-}).

die **Schwefelsäure**
hygroskopisch
dissoziieren
das **Hydrogensulfat-Ion**
das **Sulfat-Ion**

Vorsicht beim Verdünnen • Wenn konzentrierte Schwefelsäure mit Wasser reagiert, wird sehr viel Energie frei. Die Säure wird dabei sehr heiß. Daher muss man beim Verdünnen die schwere Säure ins Wasser gießen. Wenn man es umgekehrt macht, bleibt das Wasser oben auf der Säure und erwärmt sich sehr stark. Es kann dann heftig verdampfen und Säuretröpfchen mitreißen.

Verwendung • Sulfate und Hydrogensulfate kommen vielfach in der Natur vor. Oft haben sie in ihrem Ionengitter zusätzlich auch Wassermoleküle eingelagert (Kristallwasser). Das schreibt man dann beispielsweise so:

$CuSO_4 \cdot 5\,H_2O$

Hier sind fünf Wassermoleküle im Ionengitter von Kupfersulfat einbaut.

Gips • Das bekannteste Sulfat ist Gips (Calciumsulfat). Nach der Gewinnung, z. B. im Bergwerk, wird der Gips auf 130 °C erhitzt. Dabei wird ein Teil des Kristallwassers entfernt. Man sagt, der Gips ist jetzt „gebrannt". Gebrannter Gips wird als Stuck- oder Modellgips verkauft. Beim Anrühren mit Wasser nimmt er wieder Kristallwasser auf und härtet aus. Dabei nimmt sein Volumen zu, sodass er sich beim Modellieren dem Modell genau anpasst.

> Konzentrierte Schwefelsäure besteht aus H_2SO_4-Molekülen. Sogar ihr Verdünnen ist gefährlich.

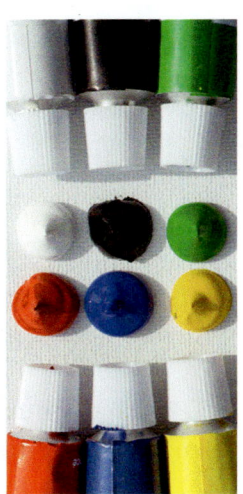

[2] Schwefelsäure ist zur Produktion zahlreicher Dinge notwendig, z. B. von Kunstdüngern, Waschmitteln oder Farbstoffen.

[3] Ein Kupfersulfat-Kristall

Aufgaben

1 ○ Nenne die Säurerest-Ionen der Schwefelsäure mit Namen und mit Formel.

2 ◐ Beschreibe Vorsichtsmaßnahmen beim Umgang mit Schwefelsäure.

3 ◐ Nenne Vorkommen und Verwendung von Schwefelsäure und ihrer Salze.

Ein Multitalent – die Schwefelsäure

Material A

Schwefelsäure auf der Waage

Ein Becherglas mit konzentrierter Schwefelsäure wurde offen auf einer Waage stehen gelassen. → 1 2

1 ○ Erkläre, warum die Masse im Lauf der Zeit zunimmt.

1 Zu Beginn

2 Ein Tag später

Material B

Temperaturverlauf beim Verdünnen

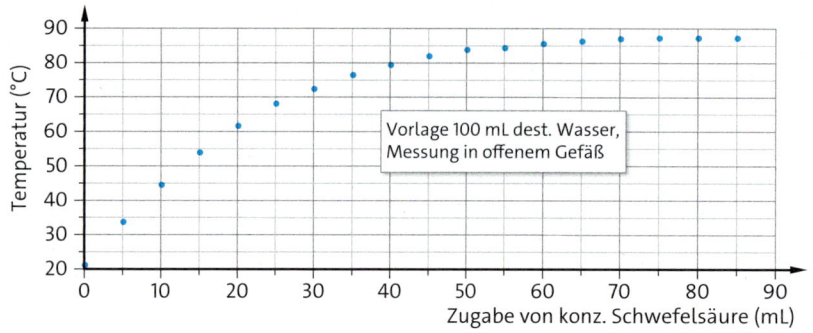

Vorlage 100 mL dest. Wasser, Messung in offenem Gefäß

3 Temperaturverlauf bei Zugabe von Schwefelsäure zu Wasser

Du weißt bereits, dass sich konzentrierte Schwefelsäure beim Verdünnen mit Wasser erwärmt. Das soll hier genauer untersucht werden.
Dazu wurde Wasser mit vielen kleinen Portionen konzentrierter Schwefelsäure versetzt. Kurz nach jeder Zugabe von Säure wurde die Temperatur gemessen. → 3

1 ◐ Beim Verdünnen von konzentrierter Schwefelsäure mit Wasser kommt es zu einer chemischen Reaktion. Formuliere die Reaktionsgleichung.

2 ● Erkläre, warum die Temperaturzunahme bei dem Versuch nicht unendlich weitergeht.

Material C

Wie wirken WC-Reiniger?

Löse eine Spatelspitze WC-Reiniger in Wasser und untersuche die Lösung mit Universalindikator.

1 ○ Erkläre, wie der Reiniger Kalkablagerungen entfernt.

2 ◐ Erkläre, warum Kaliumhydrogensulfat ein saures Salz ist.

4 Stoffe in einem WC-Reiniger

Säuren und Laugen – ätzende Flüssigkeiten?

Erweitern und Vertiefen

Vielfach nützlich

Für Schwefelsäure und ihre Salze gibt es viele nützliche Anwendungen.

Zum Trocknen • Manche Stoffe im Chemielabor würden sofort mit Wasser reagieren. Man muss sie so aufbewahren, dass sie nicht einmal mit Luftfeuchtigkeit in Kontakt kommen. Dabei hilft konzentrierte Schwefelsäure: Ein Exsikkator ist ein verschließbares Glasgefäß. → 5 Unten gibt man konzentrierte Schwefelsäure in das Gefäß. Sie nimmt die Luftfeuchtigkeit auf. Weiter oben ist eine Siebplatte als Abstellfläche für die Stoffe, die trocken gehalten werden sollen.

In Batterien • Jede Batterie hat einen Plus- und einen Minuspol. Damit aus Batterie und Kabeln ein geschlossener Stromkreis wird, muss der Strom auch innen in der Batterie fließen können. Daher enthalten viele Batterien Salze oder Säuren, also auch Ionen. Autobatterien enthalten Blei-Atome und Blei-Ionen. Diese reagieren miteinander, tauschen dabei Elektronen aus und setzen so den Stromfluss in Gang. Außerdem enthalten Autobatterien Schwefelsäure – sodass in der Batterie Bleisulfat entsteht.

Zum Wassernachweis • Kupfersulfat gibt es in zwei Formen – mit oder ohne Kristallwasser. Ohne Kristallwasser ist Kupfersulfat weiß, mit Kristallwasser ist es blau. → 7 Mit weißem Kupfersulfat kann man daher selbst kleine Tröpfchen Wasser nachweisen – durch Blaufärbung.

Beim Röntgen • In normalen Röntgenbildern ist unser Magen ziemlich unsichtbar. Das ändert sich, wenn man etwas Bariumsulfat-Lösung trinkt. Bariumsulfat ist also ein Röntgenkontrastmittel.
Außerdem ist Bariumsulfat in Wasser fast unlöslich. Daher wird dieses eigentlich ungesunde Salz vom Körper nicht aufgenommen.

Aufgaben

1 ◐ Begründe, warum man den Rand des Exsikkatordeckels mit Fett einschmiert.

2 ● Wenn eine Kerze brennt, entsteht nicht nur Kohlenstoffdioxid, sondern auch Wasser. Schlage einen Versuchsaufbau vor, wie man das beweisen könnte.

5 Exsikkator

6 Autobatterie

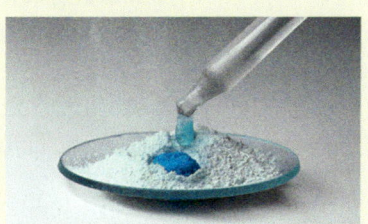

7 Wasser auf Kupfersulfat

Die Kohlensäure

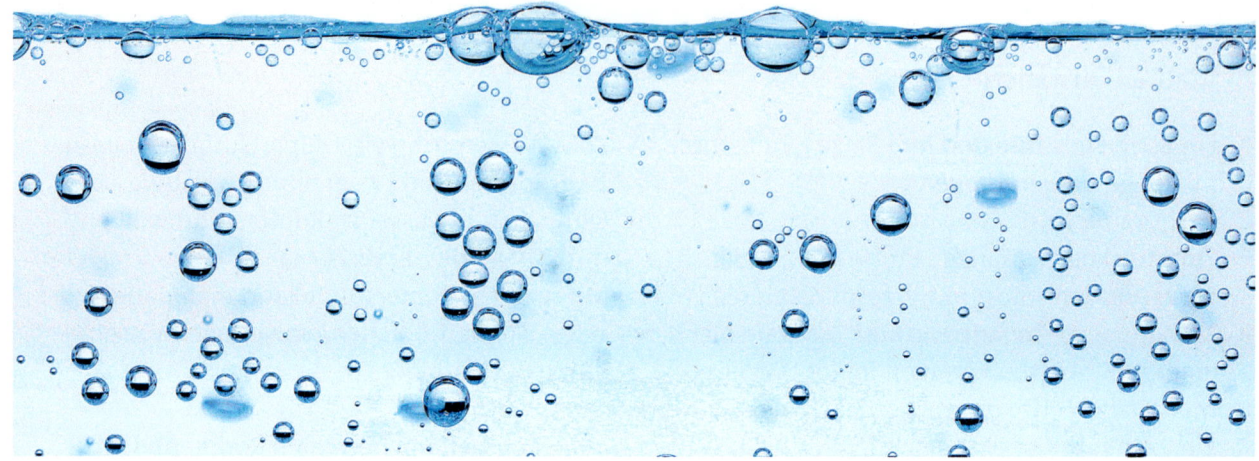

1 Ist Kohlensäure ein Gas oder eine Säure?

Viele Getränke enthalten Kohlensäure. Könnte das nicht gefährlich sein?

Gase in Flüssigkeiten • Man kann Gase in Flüssigkeiten drücken. Die Gasteilchen verteilen sich dann zwischen den Molekülen der Flüssigkeit.
So ist es auch bei Kohlenstoffdioxid. Wenn man dieses Gas mit Überdruck in Wasser drückt, erhält man Sprudelwasser. Und wenn man die Sprudelflasche öffnet, entweicht das Gas auch allmählich wieder. Durch Schütteln und durch Erwärmen entweicht das Gas noch schneller.

Bildung von Kohlensäure • Sprudelwasser schmeckt aber nicht nur sprudelig, sondern auch sauer. Kohlenstoffdioxid reagiert nämlich auch mit Wasser. Dabei entsteht Kohlensäure:

$$CO_2 + H_2O \rightarrow H_2CO_3$$

Trotzdem ist Sprudelwasser ungefährlich. Das liegt daran, dass nur ein sehr kleiner Teil des Kohlenstoffdioxids zu Kohlensäure reagiert.

Abgabe von H^+-Ionen • Die Moleküle der Kohlensäure können ein H^+-Ion abgeben. Als Säurerest-Ion bleibt ein Hydrogencarbonat-Ion (HCO_3^-) übrig. Dieses Ion kann ein weiteres H^+-Ion abgeben. Dann bleibt als Säurerest-Ion ein Carbonat-Ion (CO_3^{2-}) übrig.

> Kohlenstoffdioxid reagiert in geringem Umfang mit Wasser zu Kohlensäure.

Aufgaben

1 ○ Erkläre das Zischen beim Öffnen einer Sprudelflasche.

2 ◐ Kohlensäure kann zwei H^+-Ionen abgeben und auf diese Weise zwei Säurerest-Ionen bilden. Fomuliere dazu die Reaktionsgleichungen.

Säuren und Laugen – ätzende Flüssigkeiten?

die **Kohlensäure**
das **Hydrogencarbonat-Ion**
das **Carbonat-Ion**

Material A

Eine unbeständige Säure

Kohlenstoffdioxid entweicht leicht aus Sprudelwasser, vor allem bei Unterdruck und bei Erwärmen.

Materialliste: Kolbenprober, Sprudelwasserflasche, Stück Gummischlauch, Becherglas, Kalkwasser

Verbinde die offene Flasche über das Schlauchstück mit dem Kolbenprober. Die Verbindung muss luftdicht sein. → [2] Bewege dann den Kolbenprober nach oben und wieder nach unten. Beobachte dabei genau. Ziehe dann den Kolbenprober wieder hoch und drücke das aufgefangene Gas in Kalkwasser.

1 ○ Beschreibe und erkläre deine Beobachtungen.

[2] Unterdruck anlegen

Materialliste: Becherglas, Brenner mit Dreifuß, Sprudelwasser, Universalindikator

Gib ca. 100 mL Sprudelwasser mit einigen Tropfen Indikator in das Becherglas. Erhitze bis zum Kochen und beobachte genau.

2 ○ Erkläre das Versuchsergebnis.

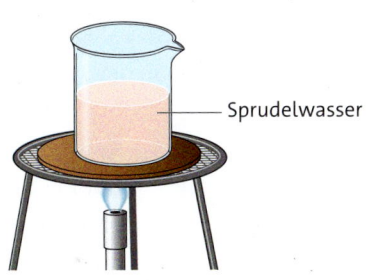

[3] Sprudelwasser erwärmen

Material B

Sprudelwasser herstellen

Materialliste: Becherglas, Kohlenstoffdioxid ⬦, Universalindikator

Gib in das Becherglas Wasser und etwas Indikator. Lass dann die Lehrkraft Kohlenstoffdioxid in das Wasser geben. Du kannst den Versuch auch mit Indikatorpapier und einem Sprudler zu Hause machen.

1 ◐ Erstelle ein Versuchsprotokoll.

2 ◐ Beschreibe die Anlage in Bild 4 und erkläre, auf welche Weise dort Sprudelwasser hergestellt wird.

3 ● Vergleiche die industrielle Herstellung von Sprudelwasser in Bild 4 mit der Funktionsweise eines haushaltsüblichen Sprudlers.

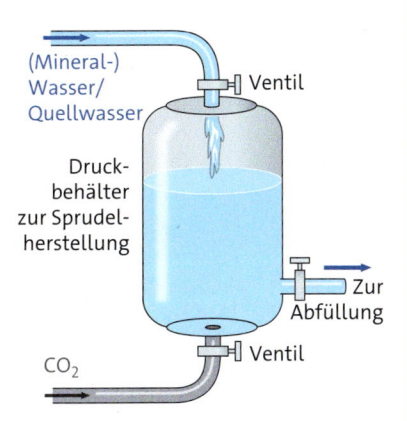

[4] Herstellung von Sprudelwasser in der Industrie

219

Salze der Kohlensäure

1 Kalksteinfelsen in der Schwäbischen Alb

Kohlensäure kann zwei Säurerest-Ionen bilden. Entsprechend gibt es auch zwei Salze: Carbonate und Hydrogencarbonate.

Gebirge aus Salzen • Carbonate und Hydrogencarbonate gibt es in der Natur in großen Mengen. Das bekannteste ist der Kalkstein ($CaCO_3$). Aus Kalkstein bestehen ganze Gebirge. Reiner Kalkstein ist weiß, z. B. als Kalk oder als weißer Mamor. Meist ist er aber z. B. mit Ton gemischt und dann braun oder grau. Auch Schneckenhäuser, Muscheln, Korallen und Eierschalen bestehen aus Calciumcarbonat.

Verwitterung von Kalkstein • Calciumcarbonat ist in Wasser praktisch unlöslich. Dennoch werden Figuren aus Kalkstein, ja sogar Gebirge abgetragen. Regenwasser enthält nämlich immer etwas Kohlensäure. Und Säuren reagieren mit Kalk. In diesem Fall entsteht dabei Calciumhydrogencarbonat:

$$CaCO_3 + H_2CO_3 \rightarrow Ca(HCO_3)_2$$

Calciumhydrogencarbonat ist gut wasserlöslich und wird vom Regenwasser mitgenommen.

Wasserhärte • Dieses gelöste Calciumhydrogencarbonat ist ein Bestandteil der sogenannten Wasserhärte. Wasser aus Brunnen in Regionen mit Kalksteingebirgen, z. B. in der Schwäbischen Alb, ist also meist hart.

> Die Salze der Kohlensäure heißen Carbonate bzw. Hydrogencarbonate. Calciumcarbonat ist das wichtigste Beispiel. Calciumhydrogencarbonat ist Teil der Wasserhärte.

Tropfsteine • Kalkgebirge sind durch die Auflösung des Kalksteins von Spalten und Höhlen durchzogen. Dort tropft das harte Wasser oft von der Decke und lässt Tropfsteine wachsen. Es findet dort nämlich die umgekehrte Reaktion statt wie bei der Auflösung von Kalkstein:

$Ca(HCO_3)_2 \rightarrow CaCO_3 + H_2CO_3$

Die gebildete Kohlensäure zerfällt in Wasser und Kohlenstoffdioxid. Kalkstein bleibt zurück.
Auf die gleiche Weise führt hartes Wasser auch zu Kalkablagerungen in Wasserrohren oder in Kaffeemaschinen.

> Aus Calciumhydrogencarbonat kann in Tropfsteinhöhlen oder Wasserrohren wieder Kalkstein werden.

Andere Carbonate • Natriumcarbonat (Na_2CO_3) mit dem Handelsnamen Soda wird schon seit dem Altertum verwendet. Die Ägypter nutzten es z. B. bei der Mumifizierung ihrer Pharaonen. Heute ist es ein wichtiger Grundstoff der chemischen Industrie. Es ist an der Herstellung von Glas, Seifen, Waschmitteln und manchen Farbstoffen beteiligt.
Natriumhydrogencarbonat ($NaHCO_3$) mit dem Handelsnamen Natron wird ebenfalls vielfältig verwendet. Es ist Bestandteil im Backpulver, in Brausepulver, in Zahnpasta oder in Sportgetränken. Dabei hat es oft die Aufgabe, ein Gas freizusetzen, nämlich Kohlenstoffdioxid.

das Carbonat
das Hydrogencarbonat
die Wasserhärte

2 Auch Fossilien bestehen oft aus Kalkstein.

Aufgaben

1 ○ Nenne Vorkommen von Calciumcarbonat in der Natur.

2 ◐ Beschreibe die Entstehung von Wasserhärte in Gegenden, in denen es viel Kalkgestein gibt.

3 ◐ Hartes Wasser führt nicht nur zur Bildung von Tropfsteinen in Höhlen, sondern auch zu Kalkablagerungen an Küchengeräten. Erkläre, wie diese Ablagerungen zustande kommen.

4 ● Calciumcarbonat kann man durch Säurezugabe nachweisen. Es kommt dann zu einem Aufschäumen. Erkläre, welches Gas für dieses Aufschäumen verantwortlich ist.

Salze der Kohlensäure

Material A

Carbonate und Säuren

Materialliste: Reagenzgläser, durchbohrter Stopfen mit gewinkeltem Glasröhrchen, Reagenzglasständer, Spatel, Pipette, Calciumcarbonat, Kalkstein, Eierschalen, Muscheln, verdünnte Salzsäure ⚠️, Kalkwasser

Gib eine Spatelspitze Calciumcarbonat und verdünnte Salzsäure in ein Reagenzglas. Leite das entstehende Gas in Kalkwasser. Untersuche entsprechend auch die anderen Stoffe.

1 ○ Protokolliere deine Beobachtungen.

2 ◐ Erkläre die Reaktion und formuliere eine Reaktionsgleichung.

3 ◐ Erkläre, wie Kalkränder im Haushalt oder eine verkalkte Kaffeemaschine gereinigt werden können.

Material B

Kalkflecken auf Marmor

Herr Meyer will Kalkflecken auf einer Fensterbank aus Marmor wegputzen. Er nimmt einen Essigreiniger und überlegt, ob so ein Reiniger dazu geeignet ist.

1 ◐ Erkläre, weshalb der Essigreiniger ungeeignet sein könnte.

Material C

Backpulver verstehen

Materialliste: 2 Reagenzgläser, Klammer, durchbohrter Stopfen mit gewinkeltem Glasröhrchen, Gasbrenner, Becherglas, Spatel, Natriumhydrogencarbonat, Kalkwasser, Weinsäure ⚠️, Spülmittel

[1] Backpulver enthält oft Natriumhydrogencarbonat.

Gib 2 cm hoch Natriumhydrogencarbonat in ein Reagenzglas und erhitze vorsichtig. Leite das entstehende Gas in ein Reagenzglas mit Kalkwasser und beobachte.

Gib je eine Spatelspitze Natriumhydrogencarbonat und Weinsäure in das Becherglas und mische gut. Gieße dann 2 mL Wasser mit einigen Tropfen Spülmittel darüber.

1 ◐ Notiere Beobachtungen und eine Reaktionsgleichung.

2 ◐ Erkläre, warum Backpulver Gebäck locker macht.

Material D

Eigenes Brausepulver

Achtung • Versuch nur im Klassenzimmer durchführen!

Materialliste: Natriumhydrogencarbonat und Citronensäure ⚠️ aus der Apotheke, Zucker, Pappbecher, Teelöffel

Mischt kleine Mengen der Feststoffe und gebt dann etwas Wasser hinzu. Führt ausnahmsweise auch Geschmacksproben durch.

1 ○ Protokolliert verschiedene Mischungen und eure Beobachtungen.

2 ● Versucht eure Brausemischungen zu optimieren.

Material E

Der Kalkkreislauf in der Natur

Du kennst bereits den ständigen Wasserkreislauf in der Natur: Flüssiges Wasser, z. B. im Meer, verdunstet zu Wasserdampf. Der Wasserdampf kondensiert zu Regentropfen. Der Regen ergibt schließlich einen Fluss, der dann wieder ins Meer fließt ...
Auch auch Kalk, Calciumhydrogencarbonat und Kohlenstoffdioxid bilden zusammen einen ähnlichen Kreislauf.

1 ● Beschreibe anhand von Bild 2, wie Kalkgebirge ständig aufgelöst und gleichzeitig aber auch neu gebildet werden.

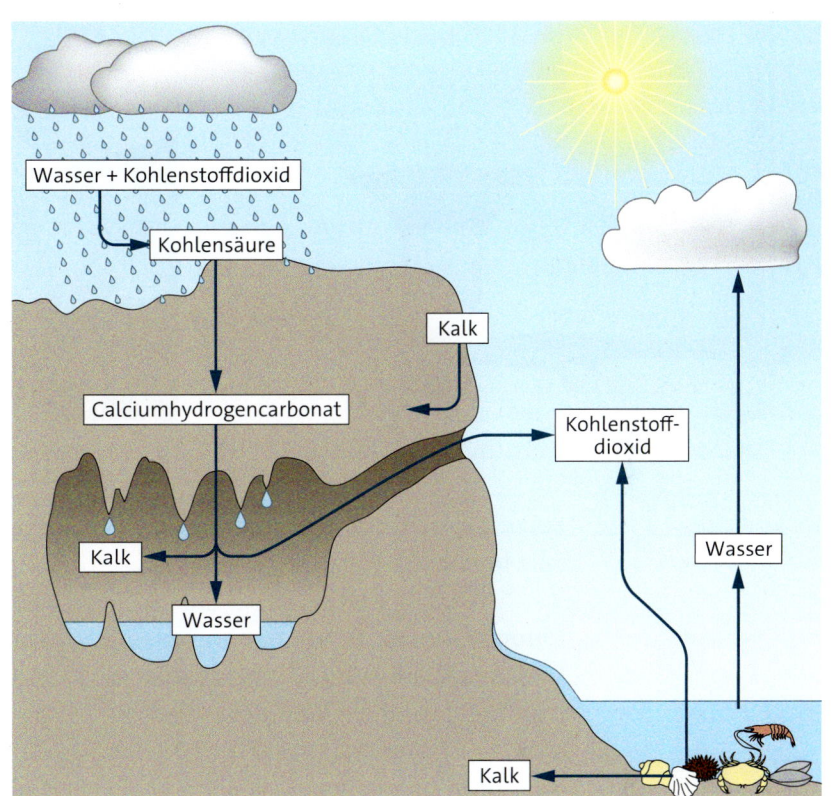

2 Meere und Kalkgebirge „verschwinden" ständig und bilden sich neu.

Material F

Hin und Zurück

Lies den nebenstehenden Text.

1 ◐ Erkläre, warum sich Kalkablagerungen vor allem an Geräten bilden, in denen Leitungswasser erhitzt wird.

2 ● Notiere mögliche Gründe, warum sich Tropfsteine nur in wenigen Höhlen bilden.

Auflösung und Entstehung von Kalk

Kalk kann durch Kohlensäure aufgelöst werden. Es gibt aber auch die umgekehrte Reaktion. Dabei entsteht Kalk – und Kohlensäure wird freigesetzt.
Das ist in der Chemie häufig. Es gibt eine Hinreaktion und umgekehrt auch eine Rückreaktion.

Manchmal läuft die Hinreaktion besser ab, manchmal aber auch die Rückreaktion. Das hängt von den äußeren Bedingungen ab, z.B. vom Druck oder von der Temperatur. Bei unserem Beispiel begünstigt eine hohe Temperatur die Rückreaktion:

$$\text{Kalk} + \text{Kohlensäure} \underset{\text{Wärme}}{\overset{\text{Kälte}}{\rightleftharpoons}} \text{Calciumhydrogencarbonat}$$

Salzsäure und andere Säuren

1 Der „Springbrunnenversuch"

2 Ameisensäure färbt Indikatorpapier rot.

Salzsäure heißt so, weil man sie aus Salz herstellen kann.

Chlorwasserstoff • Wenn man konzentrierte Schwefelsäure auf Kochsalz tropft, entsteht ein Gas: Chlorwasserstoff. Es ist farblos und stark ätzend. In Wasser ist es extrem gut löslich und bildet dabei Salzsäure.

Der „Springbrunngenversuch" • Dieser Versuch zeigt, wie gut Chlorwasserstoff in Wasser löslich ist. → 1
Man füllt einen Rundkolben mit diesem Gas. Sobald ein paar Tropfen Wasser in den Kolben kommen, löst sich sofort viel Gas darin. Im Kolben bildet sich also ein Unterdruck. Deshalb spritzt in Bild 1 das Wasser hoch in den Kolben.
Wenn man dem Wasser Universalindikator zugibt, schlägt seine ursprünglich grüne Farbe nach Rot um. Dies zeigt die Bildung von Salzsäure im Kolben an.

Eigenschaften von Salzsäure • In einem Liter Wasser können sich bis zu 400 Liter Chlorwasserstoffgas lösen. Dann ist konzentrierte Salzsäure entstanden. Sie heißt auch „rauchende" Salzsäure, weil sie über dem offenen Gefäß mit der Luftfeuchtigkeit Nebel bildet.
Salzsäure reagiert wie andere Säuren mit Kalk und mit Metallen. Dabei bilden sich ihre Salze, die Chloride.
Eine Mischung von konzentrierter Salzsäure mit konzentrierter Schwefelsäure wird „Königswasser" genannt. Es reagiert sogar mit Gold, der „Königin der Metalle" und löst es auf.
In der Natur kommt Salzsäure außer in Vulkanseen vor allem im Magen von Menschen und Wirbeltieren vor. In der Industrie ist sie eine der wichtigsten Grundchemikalien.

> **Chlorwasserstoff löst sich gut in Wasser. Dabei entsteht Salzsäure.**

die **Salzsäure**
der **Chlorwasserstoff**
die **Ameisensäure**
die **Essigsäure**
das **Nichtmetalloxid**

Andere Säuren in der Natur • In der Natur kommen weitere wichtige Säuren vor: Ameisensäure dient nicht nur Ameisen zur Verteidigung, sondern spielt auch bei anderen Tieren und Pflanzen eine Rolle, z. B. bei Brennnesseln. Essigsäure ist in starker Verdünnung als Haushaltsessig bekannt. Da Ameisensäure und Essigsäure sehr gut biologisch abbaubar sind, nutzt man sie in vielen Reinigungsmitteln.

Saurer Regen • In den 1980er Jahren stellte man mit Erschrecken fest, dass der Regen immer mehr Säure enthielt. Der pH-Wert des Regens lag immer weiter unter pH = 7. Dies bedrohte vor allem die Umwelt; man befürchtete ein allgemeines „Waldsterben". Was war geschehen?

Nichtmetalloxide • Wenn man Kohlenstoff verbrennt, entsteht Kohlenstoffdioxid. Dies kann mit Wasser eine Säure bilden: Kohlensäure. Ähnlich ist es, wenn man Schwefel verbrennt. Dabei entsteht Schwefeldioxid, das mit Wasser z. B. Schwefelsäure bilden kann. Allgemein gilt: Die Oxide von Nichtmetallen (Kohlenstoff, Schwefel, Stickstoff …) sind Vorläufer von Säuren. In der Industrie oder in Automotoren werden sehr viel Nichtmetalle verbrannt, z. B. Kohlenstoff in Treibstoffen oder Schwefel als Verunreinigung von Kohle. Die Abgase enthalten also viel Nichtmetalloxide. Zusammen mit Luftfeuchtigkeit ergibt das sauren Regen.

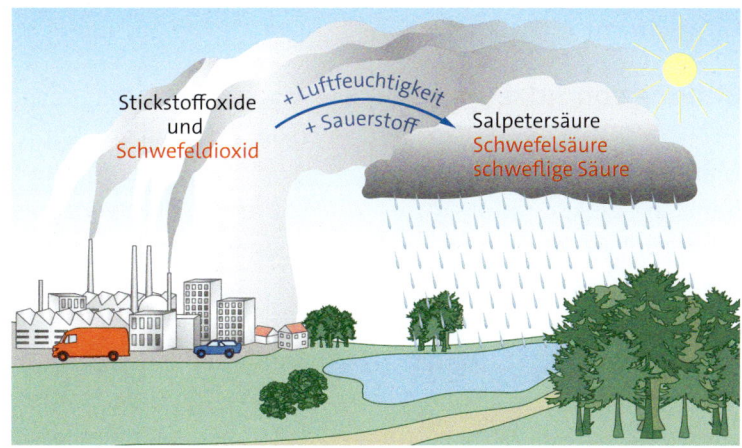

3 Entstehung von saurem Regen

Heutzutage aber hat man dieses Problem weitgehend in den Griff bekommen. Man verwendet jetzt z. B. Treibstoffe mit geringerem Schwefelanteil, es gibt Entschwefelungsanlagen in Kraftwerken und die Autos sind nun mit Abgaskatalysatoren ausgerüstet. Der pH-Wert des Regens liegt heute wieder deutlich näher an pH = 7.

Die Oxide von Nichtmetallen reagieren mit Wasser zu Säuren.

Aufgaben

1 ○ Nenne Eigenschaften von Salzsäure.

2 ◉ Erkläre, warum Wasser nach dem Einleiten von Chlorwasserstoffgas den elektrischen Strom leitet.

3 ◉ Beschreibe mit eigenen Worten, wie Abgase zu saurem Regen führen können.

Salzsäure und andere Säuren

Material A

Bildung von Salzen

Materialliste: Magnesiumband, Zinkgranulat, Kupferpulver, verdünnte Salzsäure, 3 Reagenzgläser, Reagenzglasständer, Pipette, Spatel

Gib in je ein Reagenzglas 2 cm Säure und 2 cm Magnesiumband, ein Korn Zink bzw. eine Spatelspitze Kupferpulver. Beobachte. Dampfe die Lösungen nach der Reaktion ein.

1. Benenne die entstandenen Salze.

Materialliste: Magnesiumoxid, Zinkoxid, Kupferoxid, verdünnte Salzsäure, 3 Reagenzgläser, Reagenzglasständer, Spatel

Gib in je ein Reagenzglas 2 cm Säure und eine Spatelspitze der Metalloxide. Dampfe die Lösungen nach der Reaktion ein.

2. Benenne auch hier die entstandenen Salze.

3. Formuliere einen Merksatz, auf welchen verschiedenen Wegen Salze entstehen können.

Material C

Feststoffe als Säuren

Bei Säuren denkt man immer an Flüssigkeiten. Aber auch Gase können Vorläufer von Säuren sein, z. B. Chlorwasserstoff oder Schwefeldioxid. Dies gilt auch für Feststoffe.

Materialliste: Zitronensäure, Ascorbinsäure (Vitamin C), Indikatorpapier

Untersuche die beiden Säuren mit trockenem und mit feuchtem Indikatorpapier.

1. Zitronensaft besteht zu etwa 6 % aus Zitronensäure. Erkläre, weshalb man ihn trotzdem trinken kann.

2. Versuche zu erklären, warum das trockene Indikatorpapier keine Säuren anzeigte.

Material B

Geschwefelte Früchte

Viele Früchte, z. B. Aprikosen, sind nur ein paar Tage lang haltbar. Durch Trocknen und durch Behandlung mit dem Gas Schwefeldioxid kann man ihre Haltbarkeit verlängern. Untersuche verschiedene Trockenfrüchte mit feuchtem Indikatorpapier.

1. Versuche zu erklären, wieso Schwefeldioxid die Haltbarkeit erhöht.

2. Erkläre, weshalb das Schwefeln von Früchten umstritten ist.

1 Haltbar durch Schwefeldioxid

2 Zitronensäure – ein Feststoff

Methode

3 Nachweis von Chlorid-Ionen

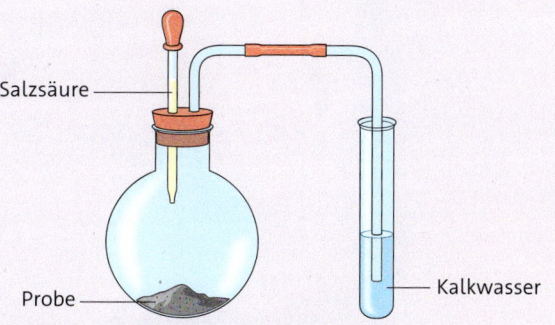

4 Nachweis von Carbonat-Ionen

Analytik – wir identifizieren Ionen

Kaum ein Bereich der Chemie ist so vielfältig wie die Analytik. Ob Verschmutzungen in Gewässern oder Belastungen in Böden, Pestizide in Lebensmitteln oder Schadstoffe im Kinderspielzeug – immer ist das Urteil der analytischen Chemiker gefragt. Sie untersuchen, wie viel von welchen Stoffen in einer Probe enthalten ist.
Du hast bereits Metall-Ionen durch Flammenfärbung nachgewiesen. Hier lernst du weitere klassische Analysen kennen und kannst sie ausprobieren.

Chloridnachweis

Materialliste: Silbernitrat-Lösung (0,1-molar), Reagenzglas, Pipette, Probe

Gib in das Reagenzglas ca. 3 cm hoch von der Lösung, die getestet werden soll. Tropfe dazu mit der Pipette einige Tropfen der Silbernitrat-Lösung. Ein weißer Niederschlag besteht aus schwer löslichem Silberchlorid und weist somit Chlorid-Ionen nach. → 3

Sulfatnachweis

Materialliste: verdünnte Salzsäure ⚠, Bariumchlorid-Lösung ⚠, Reagenzglas, Pipette, Probe

Gib zu der Testlösung zuerst einige Tropfen Salzsäure. Füge dann tropfenweise Bariumchlorid-Lösung zu. Ein weißer Niederschlag von Bariumsulfat weist Sulfat-Ionen nach.

Carbonatnachweis

Materialliste: verdünnte Salzsäure, Kalkwasser, Aufbau wie Bild 4, Probe

Gib zu der Probe 1–2 mL Salzsäure. Leite das entstehende Gas in Kalkwasser. Wenn die Probe Carbonat-Ionen enthält, bildet sich Kohlenstoffdioxid, das in Kalkwasser einen weißen Niederschlag gibt.
Diesen Nachweis verwenden auch Geologen, um Gesteine auf Kalk (Calciumcarbonat) zu testen. Dabei wird nur Salzsäure auf die feste Probe getropft. Das Kohlenstoffdioxid wird durch Aufschäumen sichtbar.

Die Laugen

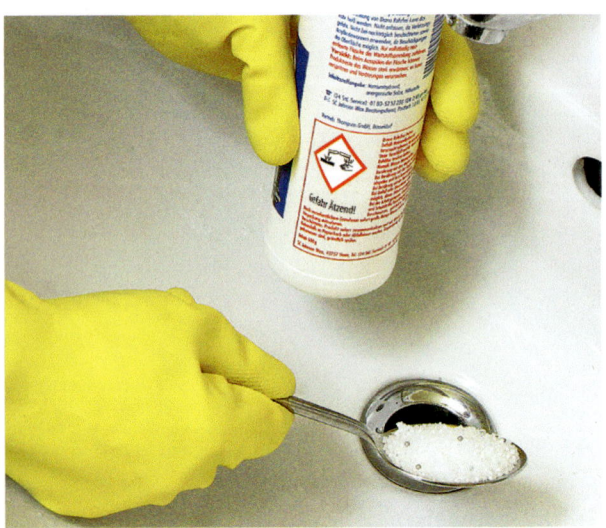

1 Rohrreiniger zersetzen Schmutz.

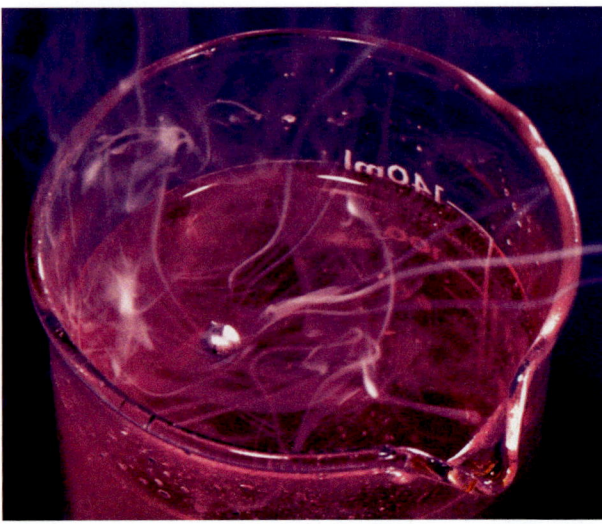

2 Hier reagiert Natrium mit Wasser.

Wenn man Rohrreiniger oder Backofensprays mit einem Indikator untersucht, stellt man fest, dass sie gar keine Säuren enthalten, sondern stark alkalisch reagieren.

Hydroxid-Ionen • Laugen enthalten OH^--Ionen. Diese Ionen nennt man auch Hydroxid-Ionen.
Festes Natriumhydroxid (NaOH) ist z. B. in Rohrreinigern enthalten. Wenn man dieses in Wasser gibt, bildet sich Natronlauge.

Laugen sind aggressiv • Laugen greifen viele Stoffe an. Dies kann helfen, um z. B. die Rückstände im Abflussrohr aufzulösen. In Backofensprays helfen Laugen, hartnäckige Verschmutzungen zu beseitigen.
Sogar alte Farben und Lacke kann man mit Abbeizmitteln entfernen. Diese enthalten meist starke Laugen. Daher heißt dieser Vorgang auch „Ablaugen".

Laugen aus Alkalimetallen • Laugen entstehen auch, wenn Alkalimetalle mit Wasser reagieren.
Diese Reaktion verläuft unterschiedlich stark. Die Reaktion von Lithium mit Wasser ist noch recht langsam. Natrium reagiert schon stärker. → 2
Bei Kalium sieht man meist schon eine Feuererscheinung durch brennenden Wasserstoff. Dieser entsteht bei der Reaktion und kann sich dabei entzünden.

Laugen aus Erdalkalimetallen • Auch die Elemente der 2. Hauptgruppe, die Erdalkalimetalle, reagieren mit Wasser ähnlich, aber nicht so heftig. Die bekannteste Lauge der Erdalkalimetalle ist die Calciumlauge (Kalkwasser). Sie dient z. B. zum Nachweis von Kohlenstoffdioxid.

> Laugen entstehen u. a. bei der Reaktion von Metallen mit Wasser.

Laugen aus Metalloxiden • Laugen kann man auch aus den Oxiden von Metallen gewinnen. So lässt sich z. B. Calciumlauge gut aus Calciumoxid herstellen, das man in Wasser gibt.

Calciumoxid + Wasser
→ Calciumhydroxid (gelöst)

Hydroxide • Wenn man Laugen eindampft, sieht man feste, salzartige Rückstände. Diese entstehen, weil sich die Ionen der Laugen zu einem Ionengitter zusammenlagern. → 3

Wasserlösliche Hydroxide • Viele Hydroxide sind wasserlöslich. Wenn man sie in Wasser gibt, wird das Ionengitter aufgelöst und es entstehen Laugen.
In vielen Fällen sind diese Hydroxide auch hygroskopisch: Wenn man sie nicht geschützt aufbewahrt, nehmen sie Luftfeuchtigkeit auf und lösen sich darin. → 4

Schwer lösliche Hydroxide • Es gibt aber auch Hydroxide, die sich nur schlecht in Wasser lösen.
Ein Beispiel ist Calciumhydroxid. Wenn man also Calciumlauge aus Calcium oder aus Calciumoxid herstellen will, entsteht erst einmal ein trübes Gemisch. Dieses muss man filtrieren. Erst dann erhält man die klare Calciumlauge.

> Laugen entstehen auch bei der Reaktion von Metalloxiden mit Wasser oder beim Lösen von Metallhydroxiden in Wasser.

das Hydroxid

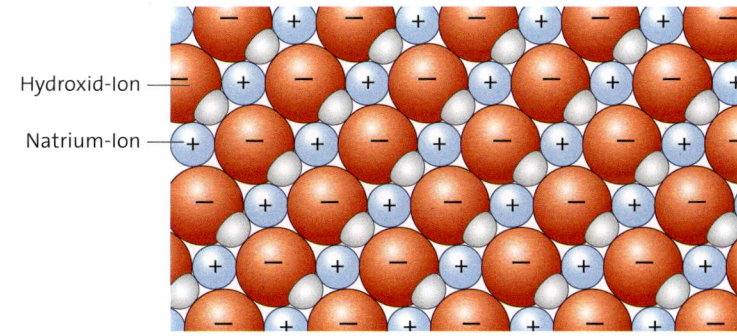

3 Modelldarstellung von festem Natriumhydroxid

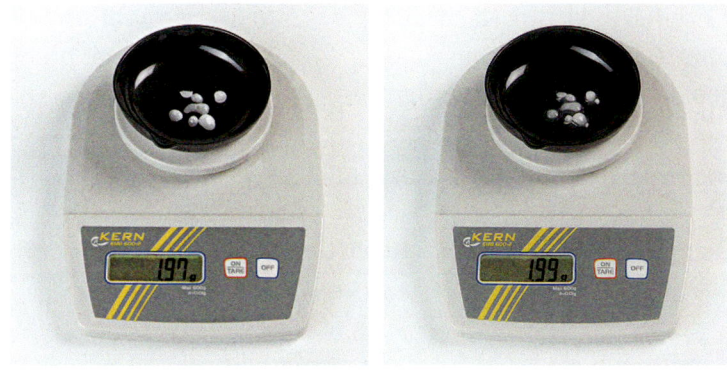

4 Natriumhydroxid – zu Beginn und zwei Stunden später

Aufgaben

1 ○ Nenne den Bestandteil von Rohrreinigern, der die Rückstände im Abflussrohr angreift.

2 ○ Nenne mehrere Reaktionen, bei denen Laugen entstehen.

3 ◐ Erläutere, was Hydroxide sind. Wie entstehen sie?

4 ● Was geschieht beim „Ablaugen" von alten Farben? Welche Eigenschaften der Lauge macht man sich hier zunutze?

Die Laugen

Material A

Auf der Suche nach Laugen

Materialliste: Reagenzglas, Universalindikator, Kernseife, Waschlotion, Backofenspray, Schmierseife, Waschmittel

Untersuche die einzelnen Stoffe im Reagenzglas mit je 2 Tropfen Indikator. Nach jeder Untersuchung muss das Reagenzglas gut gespült werden.

Feste Stoffe müssen vorher in Wasser gelöst werden.

1 ○ Protokolliere deine Versuchsergebnisse. Nenne die Stoffe, die (in Wasser gelöst) Laugen enthalten.

2 ◐ Erkläre, warum Seifenwasser im Auge brennt.

Name des Hydroxids	Name der Lauge	Ionen in der Lösung
Natriumhydroxid/Ätznatron	Natronlauge/Natriumlauge	Na^+, OH^-
Kaliumhydroxid/Ätzkali	Kalilauge/Kaliumlauge	K^+, OH^-
Calciumhydroxid	Kalkwasser/Calciumlauge	Ca^{2+}, $2\,OH^-$
Bariumhydroxid	Barytwasser/Bariumlauge	Ba^{2+}, $2\,OH^-$

1 Übersicht über einige Hydroxide und Laugen

Material B

Einen Rohrreiniger untersuchen

Materialliste: Reagenzglas, Pinzette, Universalindikator, Rohrreiniger

Trenne mit der Pinzette die einzelnen Bestandteile des Rohrreinigers. Untersuche diese dann jeweils durch Lösen in Wasser und mit dem Indikator.

1 ● Nenne einen Bestandteil, der reinigungsaktiv ist.

2 Stoffe in einem Rohrreiniger

Material C

Kalkwasser selbst herstellen

Materialliste: Becherglas (ca. 200 mL), Filterpapier, Trichter und passender Erlenmeyerkolben, Trinkhalm, Spatel, Calciumoxid ⚠ ❗

Löse eine Spatelspitze Calciumoxid im Becherglas in ca. 100 mL Wasser. Filtriere das entstandene Gemisch in den Erlenmeyerkolben. Das Filtrat ist eine klare Lösung.

Blase mehrmals vorsichtig mit dem Trinkhalm ausgeatmete Luft in das selbst hergestelle Kalkwasser.

Achtung • Nicht am Trinkhalm saugen!

1 ● Erkläre, warum das Filtrieren beim Herstellen von Kalkwasser notwendig ist.

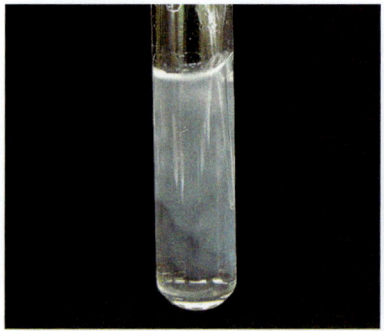

3 Trübung von Kalkwasser

Material D

Laugen herstellen

Materialliste: 4 Reagenzgläser, Reagenzglasständer, Gasbrenner, Pinzette, Schleifpapier, Spatel, Magnesiumband, Magnesiumoxid, Calcium ⚠, Universalindikator

Gib 2 cm gut angeschliffenes Magnesiumband im Reagenzglas in 2 mL Wasser. Füge 2 Tropfen Indikator hinzu und beobachte. Erwärme dann das Reagenzglas leicht und beobachte erneut.
Wiederhole den Versuch mit ein wenig Magnesiumoxid. Stelle dann ein Reagenzglas mit 4 mL Wasser und etwas Indikator in das Reagenzglasgestell. Gib 2 Körnchen Calcium mit der Pinzette hinein.
Fange das entstehende Gas auf, indem du ein weiteres Reagenzglas mit einer Klammer über das erste Reagenzglas hältst. Mache damit die Knallgasprobe.

1 ◐ Protokolliere und vergleiche die Ergebnisse der Teilversuche.

2 ◐ Erkläre, warum es hier zur Entstehung von Laugen kommt.

Material E

Trockene Hydroxide

Materialliste: Leitfähigkeitsmessgerät, Becherglas, Uhrglas, Indikatorpapier, Natriumhydroxid-Plätzchen ⚠

Untersuche ein Natriumhydroxid-Plätzchen auf Leitfähigkeit. Löse es dann in Wasser und miss erneut. Untersuche außerdem ein Natriumhydroxid-Plätzchen zuerst mit trockenem, dann auch mit feuchtem Indikatorpapier.

1 ◐ Erkläre die Beobachtungen.

Material F

Der technische Kalkkreislauf

Calciumhydroxid ist in Kalkmörtel enthalten. Kalkmörtel reagiert beim Hausbau allmählich zu Kalkstein, der die Mauersteine fest verbindet.

1 ● Bild 4 stellt dar, wie Calciumhydroxid in der Technik gewonnen wird. Erkläre die Zusammenhänge in dem Bild mit Wortgleichungen. Versuche auch Symbolgleichungen zu erstellen.

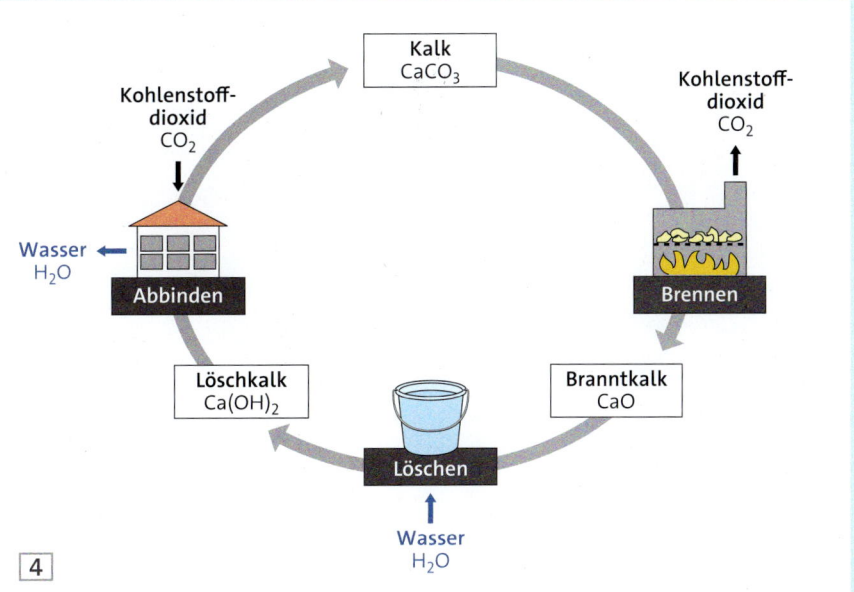

4

Die Laugen

Erweitern und Vertiefen

Ammoniak

Alkalische Reaktion • Ammoniak ist in manchen Reinigern enthalten. Es hat einen typisch stechenden Geruch.
Die Formel von Ammoniak lautet NH_3. Es gibt also kein „OH" in der Formel und Ammoniak dürfte somit auch keine Lauge bilden. Trotzdem reagiert Ammoniak alkalisch. Ammoniak reagiert nämlich mit Wasser.

$$NH_3 + H_2O \rightarrow NH_4^+ + OH^-$$

Bei dieser Reaktion entstehen OH^--Ionen. Die entstehende Lauge nennt man Ammoniakwasser.

Eigenschaften • Ammoniak ist bei Raumtemperatur ein Gas. Es ist gut wasserlöslich, aber nur ein kleiner Teil reagiert mit Wasser zur Lauge. Als „Salmiakgeist" bezeichnet man ca. 10%iges Ammoniakwasser.
Ammoniak sollte nicht eingeatmet werden. Auf der Haut verursacht es starke Reizungen.

Ammoniak bildet Salze • In Bild 1 steht konzentriertes Ammoniakwasser neben konzentrierter Salzsäure. Das aufsteigende Ammoniak reagiert mit den Salzsäuredämpfen.

$$NH_3 + HCl \rightarrow NH_4Cl$$

Das Ammoniumchlorid (NH_4Cl) ist ein Feststoff und bildet einen weißen Rauch. → [1]
So lässt sich Ammoniak leicht nachweisen. Ammoniumchlorid ist ein Salz. Es besteht aus positiven Ammonium-Ionen (NH_4^+) und negativen Chlorid-Ionen (Cl^-).

Verwendung von Ammoniumsalzen • Ammoniumchlorid ist oft in Lakritz als Geschmacksverstärker enthalten. In Salmiakpastillen wirkt es schleimlösend.
Hirschhornsalz ist ein Gemisch aus Ammoniumhydrogencarbonat und Ammoniumcarbonat. Es wird im Handel als Backtreibmittel verkauft.

[1] Konzentriertes Ammoniakwasser und konzentrierte Salzsäure nebeneinander

Erweitern und Vertiefen

Geben und Nehmen von Protonen

Protonen aufnehmen • Was genau geschieht, wenn Ammoniak mit Wasser reagiert? Das Ammoniakmolekül nimmt dann ein H^+-Ion, ein Proton, auf. → 2

Das Ammoniakmolekül ist also ein Protonenakzeptor, ein „Protonenaufnehmer". Dies ist typisch für Teilchen, die alkalisch reagieren. Auch das Hydroxid-Ion (OH^-), das typische Teilchen der Laugen, kann Protonen aufnehmen. Dies geschieht z. B. bei Neutralisationsreaktionen. Dann nimmt das OH^--Ion ein Proton auf und wird zu einem Wassermolekül. → 3

Protonen abgeben • Natürlich muss es auch Teilchen geben, die Protonen abgeben. Das ist typisch für Säuren. In Bild 3 ist es das Oxonium-Ion (H_3O^+), also das typische Säureteilchen, das ein Proton abgibt.
Säureteilchen sind Protonendonatoren, also „Protonengeber". Sie übertragen Protonen auf ihre Gegenspieler, die Protonenakzeptoren.

Wasser in der Mitte • Auch Wassermoleküle können Protonen abgeben. Dies geschieht, wenn ein Protonenakzeptor als Reaktionspartner vorhanden ist, z. B. in Bild 2.
Wassermoleküle können aber auch Protonen aufnehmen. Dies ist dann der Fall, wenn ein Protonendonator in der Nähe ist, z. B. ein Chlorwasserstoffmolekül.
Wassermoleküle stehen in ihren Reaktionen also in der Mitte zwischen sauren und alkalischen Teilchen. Daher ist Wasser neutral.

Aufgaben

1 ○ Erkläre die Begriffe Protonendonator und Protonenakzeptor.

2 ● Ammonium-Ionen können Protonen abgeben. Beschreibe so wie in Bild 3 die Reaktion von Ammoniumchlorid mit Kalilauge.

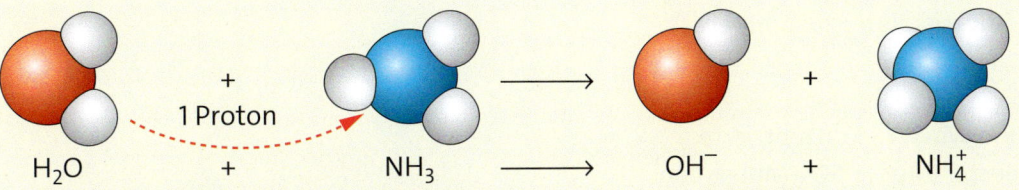

2 Ein Wassermolekül überträgt ein Proton auf ein Ammoniakmolekül.

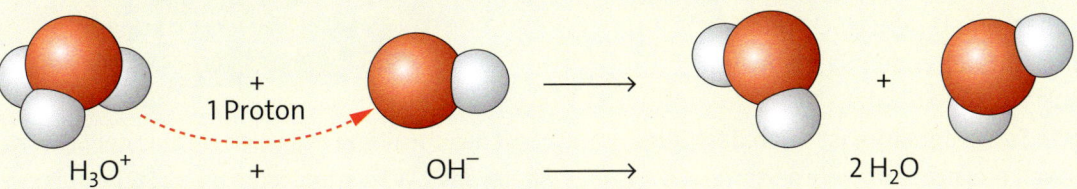

3 Ein Oxonium-Ion überträgt ein Proton auf ein Hydroxid-Ion.

Säuren und Laugen – ätzende Flüssigkeiten?

Zusammenfassung

Eigenschaften • Säuren haben ebenso wie die Laugen eine Reihe von gemeinsamen Eigenschaften. → 1
Die H_3O^+-Ionen sind für die gemeinsamen Eigenschaften der Säuren, die OH^--Ionen für die gemeinsamen Eigenschaften der Laugen verantwortlich.

Unterschiede • Verschiedene Säuren unterscheiden sich im negativ geladenen Säurerest-Ion. Verschiedene Laugen unterscheiden sich in einem positiv geladenen Ion (oft Metall-Ion).

Eigenschaft	Säuren	Laugen
Ionen in Lösung	H_3O^+	OH^-
leiten elektrischen Strom	ja	ja
Färbung Universalindikator	rot bis gelb	blau bis blaugrün
pH-Wert	0 bis fast 7	über 7 bis 14
reagieren mit	unedlen Metallen und Kalk	
Besonderheiten	schmecken sauer	fühlen sich seifig an

1 Eigenschaften von Säuren und Laugen

Die Neutralisation • Wenn Säuren und Laugen zusammentreffen, lagern sich die H_3O^+-Ionen der Säure und die OH^--Ionen der Lauge zusammen. Dabei bildet sich neutrales Wasser.

Salzbildung bei der Neutralisation • Die negativ geladenen Rest-Ionen der Säure und die positiv geladenen Ionen der Lauge bilden ein Salz. Bei der Neutralisation entsteht also eine Salzlösung. Wird diese eingedampft, lagern sich die Ionen zu Ionengittern (= Salzkristallen) zusammen.

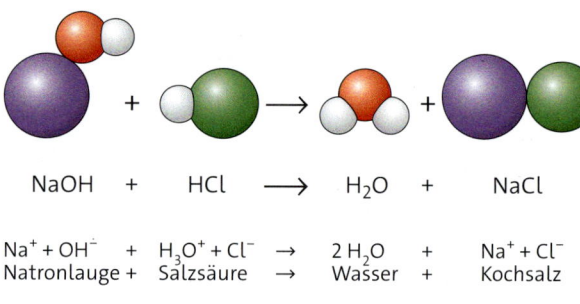

NaOH + HCl ⟶ H_2O + NaCl

$Na^+ + OH^-$ + $H_3O^+ + Cl^-$ → $2\,H_2O$ + $Na^+ + Cl^-$
Natronlauge + Salzsäure → Wasser + Kochsalz

2 Neutralisation von Salzsäure und Natronlauge

Schwefelsäure und Wasser • Konzentrierte Schwefelsäure besteht aus H_2SO_4-Molekülen. Erst wenn diese mit Wasser reagieren, entstehen die H_3O^+-Ionen der Säure. Dabei können zwei Säurerest-Ionen entstehen: HSO_4^- und SO_4^{2-}. Die aus ihnen entstehenden Salze heißen Hydrogensulfate und Sulfate.
Konzentrierte Schwefelsäure ist auch deshalb gefährlich, weil sie aus sehr vielen Stoffen Wasser zur Verdünnung abspaltet und die Stoffe dadurch völlig zerstört.

3 Calciumsulfat (= Gips) ist ein Salz der Schwefelsäure, das 2 Wassermoleküle pro $CaSO_4$ einlagern kann. Dies wird als Formel so ausgedrückt: $CaSO_4 \cdot 2\,H_2O$

Salzsäure • Das Chlorwasserstoffgas (HCl) löst sich gut in Wasser. Dabei entsteht die Salzsäure. Ihre Salze sind die Chloride mit dem Säurerest-Ion Cl^-.

Andere wichtige Säuren • In der Natur und im Haushalt begegnen wir weiteren Säuren: Kohlensäure in saurem Sprudel, Essigsäure in Reinigern, in Haushaltsessig und Konserven. Propionsäure, Benzoesäure und Sorbinsäure werden als Konservierungsmittel verwendet und verschiedene Fruchtsäuren wie Citronensäure oder Äpfelsäure kommen in Früchten vor.

Name der Säure	Säurerest-Ion	Name ihrer Salze
Salzsäure	Cl^-	Chloride
Schwefelsäure	HSO_4^- SO_4^{2-}	Hydrogensulfate Sulfate
Kohlensäure	HCO_3^- CO_3^{2-}	Hydrogencarbonate Carbonate
Essigsäure	H_3CCOO^-	Acetate

4 Säuren und ihre Salze

Wie entstehen Säuren? • Die Oxide von Nichtmetallen reagieren mit Wasser zu Säuren.

Ein Beispiel • Die Bildung von schwefliger Säure im „sauren Regen"
Oxidbildung bei der Verbrennung:

$S + O_2 \rightarrow SO_2$

Bildung der Säure:

$SO_2 + H_2O \rightarrow H_2SO_3$

5 Der saure Regen schädigt Bäume.

Wie entstehen Laugen? • Laugen bilden sich bei der Reaktion von Wasser mit Metallen oder auch mit Metalloxiden. Laugen entstehen außerdem beim Lösen von festen Hydroxiden in Wasser.

Beispiele:
Natrium + Wasser → Natronlauge + Wasserstoff

Calciumoxid + Wasser → Calciumlauge

Natriumhydroxid + Wasser → Natronlauge

Name der Lauge	Name des festen Hydroxids	Ionen in der Lösung
Natronlauge	Natriumhydroxid	Na^+ und OH^-
Calciumlauge (Kalkwasser)	Calciumhydroxid (Löschkalk)	Ca^{2+} und OH^-
Kalilauge	Kaliumhydroxid (Ätzkali)	K^+ und OH^-

6 Einige wichtige Laugen

Säuren und Laugen – ätzende Flüssigkeiten?

Teste dich! (Lösungen im Anhang)

1 ○ Nenne gemeinsame Eigenschaften von Säuren.

2 ○ Nenne gemeinsame Eigenschaften von Laugen.

3 ○ Welche Ionen sind für die gemeinsamen Eigenschaften von Säuren, welche für die gemeinsamen Eigenschaften von Laugen verantwortlich?

4 ○ Was gibt der pH-Wert an?

5 ○ Welche pH-Werte haben Säuren, welche Laugen?

6 ○ Bei welchem pH-Wert ist eine Lösung neutral?

7 ◐ Welche Säure ist stärker: konzentrierte Essigsäure (pH 2,5) oder die Magensäure (ca. pH 1,5)?

8 ○ Wie kann man den pH-Wert einer Lösung bestimmen?

9 ◐ Wofür stehen die Buchstaben A, B und C in der Zeichnung? → 1

10 ◐ Was ist ein Säurerest-Ion?

11 ◐ Übertrage die Tabelle von Bild 2 in dein Heft und fülle sie aus.

12 ◐ Erkläre den Begriff „Neutralisation".

13 ◐ Welche Stoffe entstehen bei einer Neutralisation?

14 ● Das Salz Natriumsulfat entstand bei einer Neutralisation. Welche Säure und welche Lauge haben reagiert?

15 ● Das Flugzeug im Bild 3 wurde als Maßnahme gegen den sauren Regen eingesetzt. Erkläre, was es verteilt haben könnte.

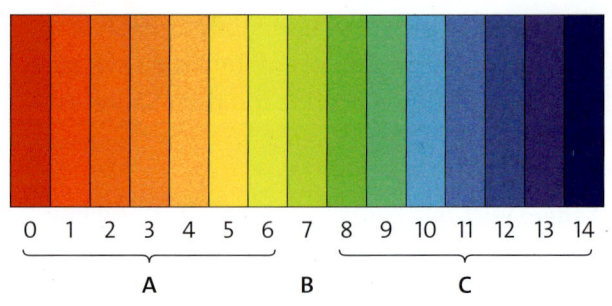

1 pH-Skala

Name der Säure	Ionen in Lösung	Name der Salze
Salzsäure		
	H_3O^+ und SO_4^{2-}	
		Hydrogen-carbonate
Essigsäure		
	H_3O^+ und HSO_4^-	

2 Säuren und ihre Salze

3 Maßnahme gegen das Waldsterben

16 ◐ Erkläre, warum konzentrierte Schwefelsäure schwere Verletzungen verursachen kann. → 4

17 ○ Nenne Stoffe, die mit Schwefelsäure produziert werden.

18 ◐ Erkläre die folgende Formel: $CuSO_4 \cdot 5\,H_2O$. Beschreibe den Aufbau dieses Stoffs.

19 ○ Welche Ionen finden wir in einer Flasche Salzsäure?

20 ○ Nenne einige Säuren, die in der Natur vorkommen.

21 ◐ Was macht die Berührung mit Brennnesseln so unangenehm? → 5

22 ◐ Wie können Säuren hergestellt werden?

23 ◐ Erkläre die Entstehung des sauren Regens.

24 ◐ Nenne Möglichkeiten, um Laugen herzustellen.

25 ● Im Bild rechts reagiert Natrium mit Wasser. Der Indikator Phenolphthalein zeigt einen pH-Wert oberhalb von 9. Erkläre die Reaktion und schreibe sie als Symbolgleichung. → 6

26 ◐ Was ist ein Hydroxid?

27 ◐ Beschreibe die Herstellung von Kalkwasser.

28 ○ Nenne Anwendungen von Laugen.

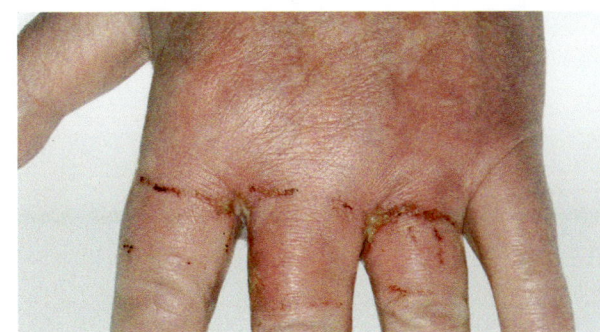

4 Verätzung der Haut durch konzentrierte Schwefelsäure

5 Brennnessel

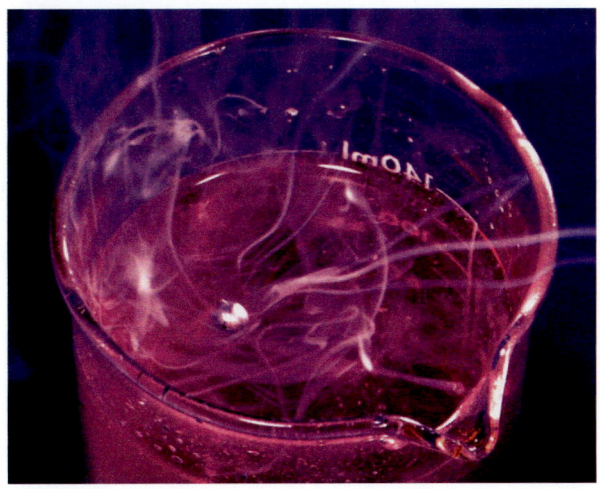

6 Natrium reagiert mit Wasser.

Kohlenstoff – der Molekülbauer

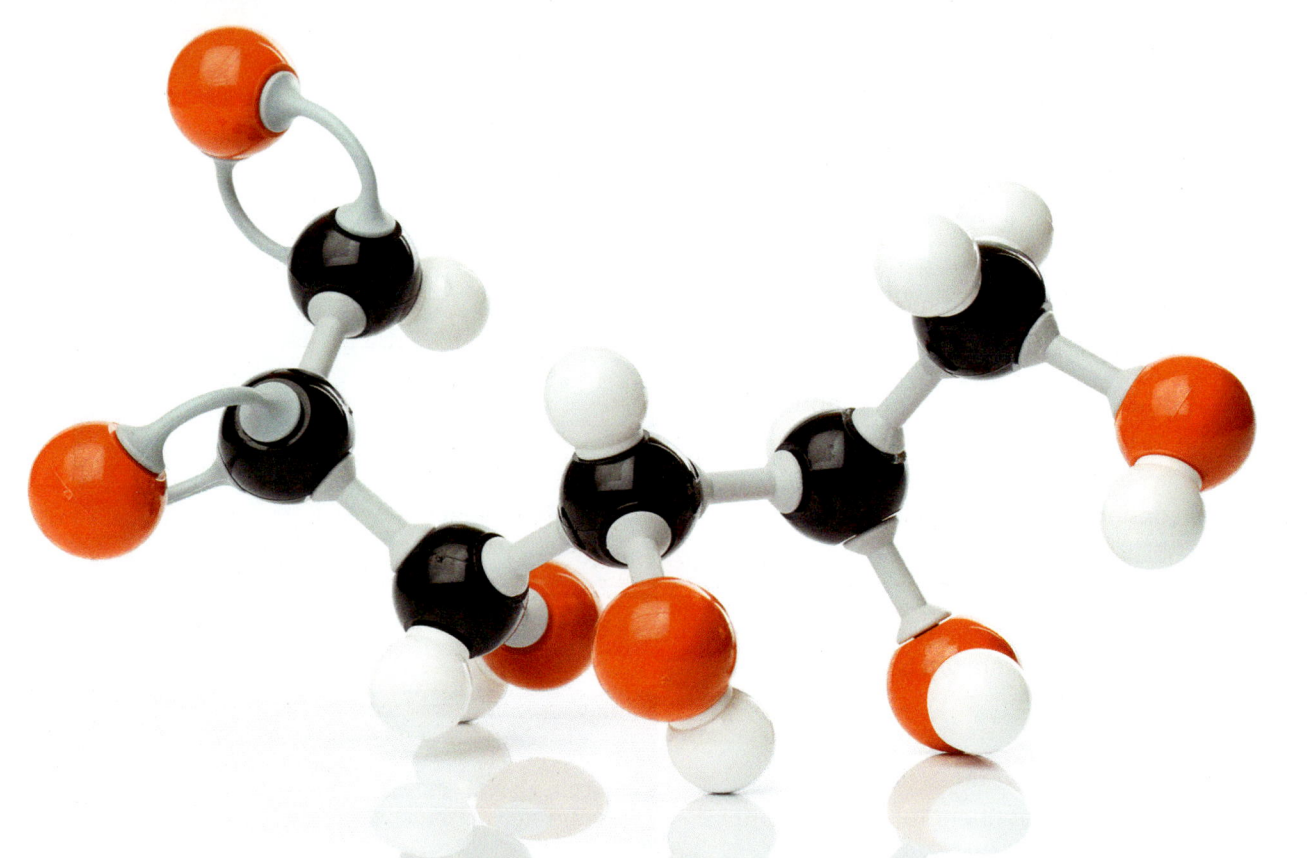

Keine Atomsorte kann sich so gut zu Ketten- oder Ringmolekülen verbinden wie Kohlenstoff.

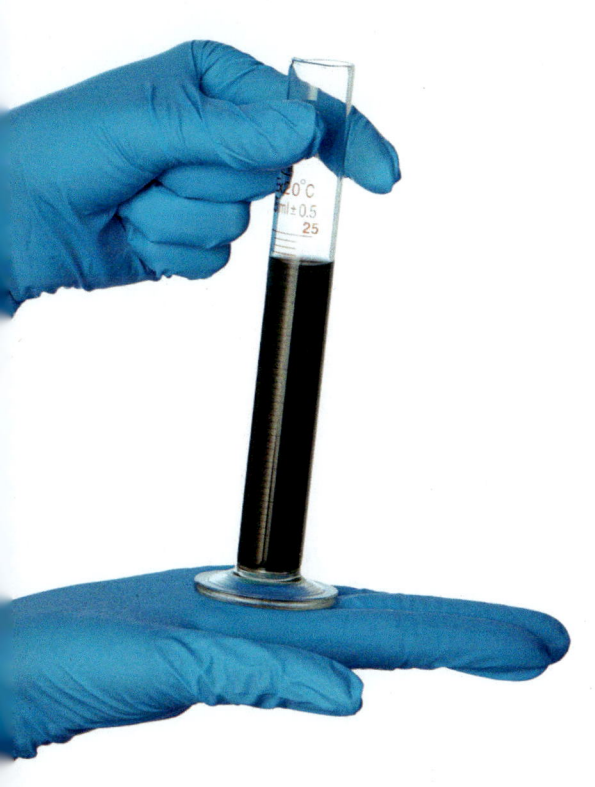 

Erdöl besteht aus vielen verschiedenen ketten- und ringförmigen Molekülen.

Auch Alkoholmoleküle enthalten jeweils zwei verknüpfte Kohlenstoff-Atome.

Methanmoleküle – sehr energiereich

1 Erdgas ist ein wichtiger Energieträger, nicht nur beim Kochen.

Unser Energiebedarf ist riesig. Warme Häuser, warmes Wasser und elektrische Energie rund um die Uhr. Wo kommt diese Energie her?

Primärenergie • Verkehr, Industrie und Haushalte brauchen große Mengen an Energie. Der gesamte Energieverbrauch wird als Primärenergieverbrauch bezeichnet. Den größten Anteil daran tragen in Deutschland derzeit Erdöl und Erdgas. → 2

Erdgas • Werfen wir einen genaueren Blick auf das Erdgas: Erdgas ist aus chemischer Sicht einfach aufgebaut. Es besteht hauptsächlich aus Methan (CH_4). Je nach Lagerstätte enthält es 75 bis 99 % Methan. Der Rest entfällt z. B. auf Ethan (C_2H_6), Schwefelwasserstoff (H_2S) oder Stickstoff (N_2).

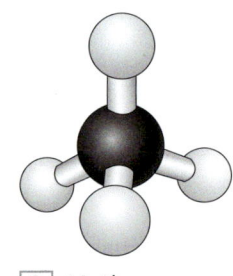

3 Methan

Erdgaslagerstätten • Erdgas findet man, wie der Name schon sagt, in der Erde.
Entstanden ist es vor vielen Millionen Jahren. Auf dem Boden urzeitlicher Meere lagerten sich tote Pflanzen und Tiere ab. Nach der Überlagerung mit Schlamm zersetzten Bakterien die Stoffe. Auch Hitze und Druck unter immer dickeren Gesteinsschichten veränderten die Stoffe. Schließlich

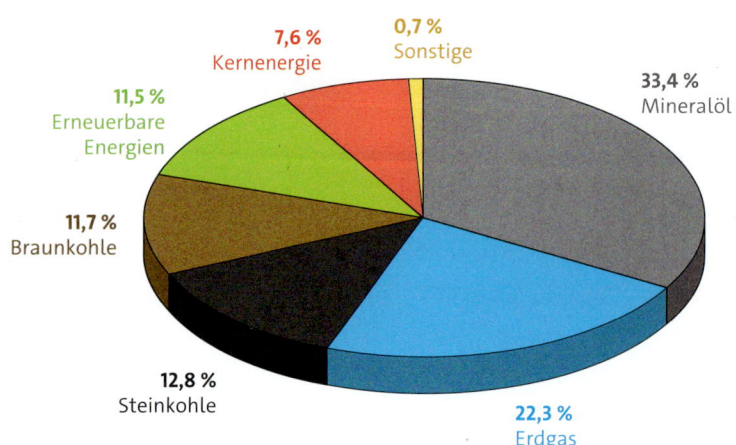

2 Primärenergiemix in Deutschland

Kohlenstoff – der Molekülbauer

die **Primärenergie**
das **Erdgas**
das **Methan**

wurde das Gas aus diesen Schichten herausgepresst und stieg auf bis zu undurchlässigen Erdschichten. → 4
Ganz ähnlich ist auch Erdöl entstanden. Daher findet man diese beiden Stoffe auch immer zusammen.

Verwendung • Es gibt eine ganz einfache Eigenschaft von Methan, warum man es in so großem Maß nutzt: Es ist leicht brennbar und die Reaktion der Verbrennung verläuft exotherm. Die frei werdende Wärme wird entweder direkt zum Heizen genutzt oder in Gaskraftwerken wird Wasser verdampft. Der Wasserdampf wird dann auf Turbinen geleitet, die einen Generator zur Stromerzeugung antreiben. Etwa 11 % des Stroms in Deutschland werden derzeit so erzeugt.

Methan und Treibhauseffekt • Bei der Verbrennung von Methan entsteht Kohlenstoffdioxid:
Methan + Sauerstoff
→ Wasser + Kohlenstoffdioxid
$CH_4 + 2\,O_2 \rightarrow 2\,H_2O + CO_2$

Kohlenstoffdioxid ist ein klimaschädliches Gas. Da es bei sehr vielen menschlichen Aktivitäten entsteht, ist es Hauptverursacher des Klimawandels.
Methan selbst ist ebenfalls ein klimaschädliches Gas. Es wirkt pro Molekül viel stärker als Kohlenstoffdioxid. Allerdings enthält die Atmosphäre bis jetzt nur sehr wenig Methan. Daher halten sich seine Auswirkungen in Grenzen.

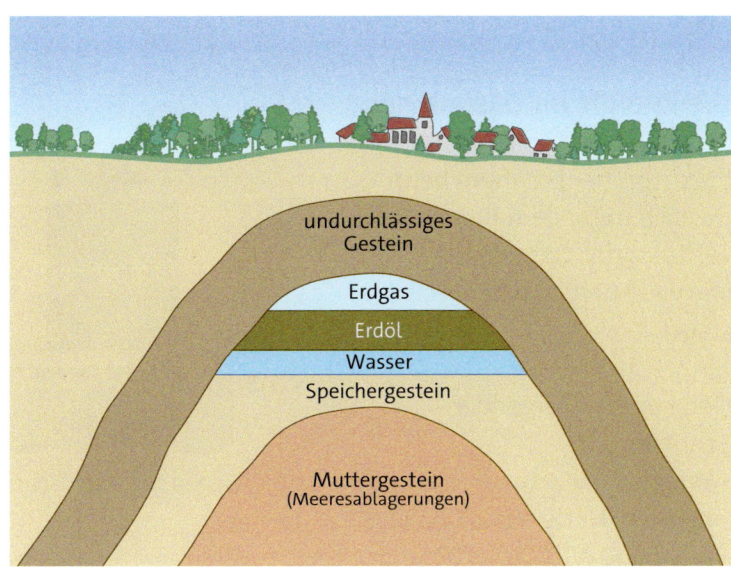

4 Erdgaslagerstätte

Erdgas besteht vor allem aus Methan. Es ist ein wichtiger Energieträger. Bei seiner Nutzung entsteht klimaschädliches Kohlenstoffdioxid.

Aufgaben

1 ○ Gib an, woraus Erdgas besteht.

2 ◐ Nenne zehn Vorgänge, bei denen du im Lauf eines Tages zum Primärenergieverbrauch Deutschlands beiträgst.

3 ● Familie Hansen hat eine Gasheizung im Keller, die auch das Warmwasser bereitet. Erkläre, warum es immerhin ein kleiner Schritt gegen den Klimawandel ist, wenn die Hansens nur noch duschen, statt zu baden.

Methanmoleküle – sehr energiereich

Material A

Die Energie im Gas messen

In Kartuschenbrennern befindet sich unter dem Brenner verflüssigtes Gas. Finde heraus, wie viel Energie in dem Gas steckt.

Gehe dazu in folgenden Schritten vor:
- Wiege den Kartuschenbrenner. Notiere das Ergebnis.
- Fülle 400 mL Wasser ab und miss die Temperatur. Notiere diesen Messwert.
- Erhitze das Wasser mithilfe des Kartuschenbrenners für 90 Sekunden und miss erneut die Temperatur des Wassers. Notiere auch diesen Wert.
- Wiege zum Abschluss den Brenner erneut. Notiere den Wert.

1 Wiegen des Kartuschenbrenners

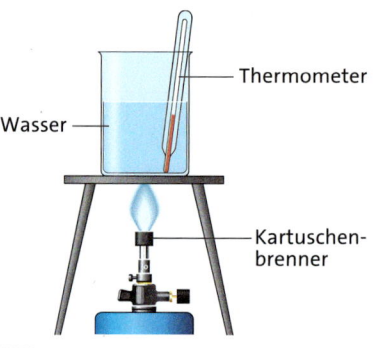

2 Erhitzen des Wassers

1 ○ Gib an, wie viel Gas verbrannt wurde. Gib außerdem an, um wie viel Grad das Wasser erwärmt wurde.

2 Um 1 mL Wasser um 1 Grad zu erwärmen, braucht man 4,2 Joule Energie.
a ◐ Berechne, wie viel Energie dem Wasser zugeführt wurde.
b ● Berechne, wie viel Energie in 100 g Gas enthalten sind.

> **Die Einheit Joule**
> In Joule werden Energiemengen angegeben. Ein Joule entspricht z. B. ungefähr der Energie, die man braucht, um eine Tafel Schokolade (100 g) um einen Meter hochzuheben.

Material B

Wie viel Kohlenstoffdioxid lässt sich einsparen?

3 Duschen oder baden?

Wenn man 1 Liter Wasser mit Erdgas um 1 Grad erwärmt, entstehen ungefähr 0,23 g Kohlenstoffdioxid.

1 ○ Berechne, wie viel Kohlenstoffdioxid entsteht, wenn du 10 Liter um 5 Grad erwärmst.

2 Angenommen, beim Duschen braucht man 25 Liter Wasser, beim Baden 120 Liter. Das Wasser wird jeweils von 16 auf 35 °C erwärmt.
a ◐ Berechne, wie viel Kohlenstoffdioxid bei einem einmaligen Duschen bzw. Baden entsteht.
b ● Schätze ab, wie viel Kohlenstoffdioxid du pro Jahr einsparen könntest, wenn du auf Baden verzichtest.

Material C

Technologie für den Klimaschutz?

Familie Hansen hat in eine solarthermische Anlage investiert. Diese dient der Warmwasserbereitung und soll den Klimawandel bremsen.

1 🔍 Schaue dir den schematischen Aufbau der Anlage in Bild 4 an und notiere die Aufgaben folgender Bauteile: Gasheizung, Kollektor, Pufferspeicher, Pumpe, Wärmetauscher.

2 🔍 Beschreibe mit eigenen Worten das Funktionsprinzip dieser Anlage.

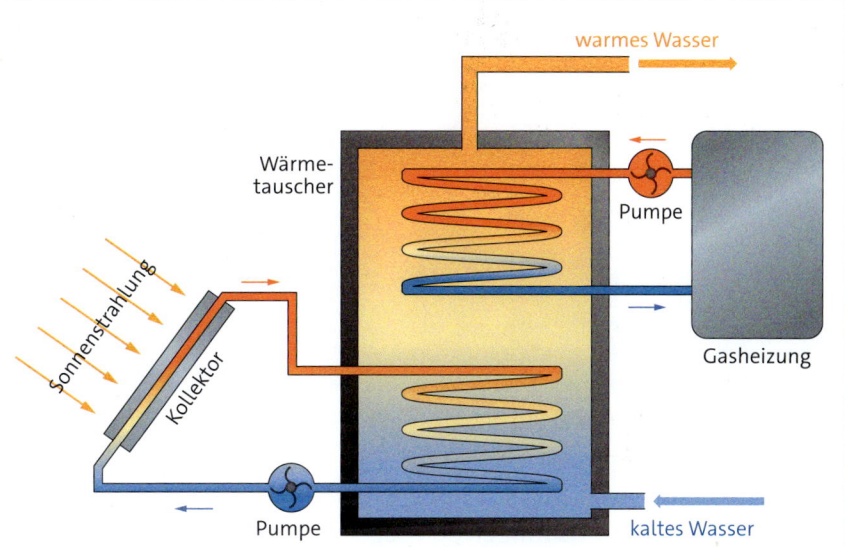

4 Warmwassererzeugung mit Erdgas und Solarthermie

3 ● Der Bundestag will Technologien fördern, die den Klimawandel bremsen. Gib den Abgeordneten eine begründete Empfehlung, ob solche Anlagen mit Steuergeldern gefördert werden sollten.

Material D

Sinnvoller Umgang mit Energie?

Der Zeitungsbericht rechts stellt ein Problem vor, das bei der Erdölförderung auftritt.

1 ● Verfasse einen Leserbrief als Antwort auf diesen Artikel. Verwende dein Fachwissen zu den Themen Erdgas und Klimawandel, um deine Meinung zu begründen.

Abfackeln von Erdgas – totaler Unsinn?

Bevor man Erdgas verkaufen kann, muss man viel Geld in Förderanlagen stecken: Das Gas muss aus der Lagerstätte geleitet, dann gereinigt und schließlich in langen Pipelines zum Kunden gepumpt werden. Wenn nur wenig Erdgas in einer Lagerstätte ist, lohnt sich dieser Aufwand nicht.
Bei der Förderung von *Erdöl* ist das oft der Fall. In vielen Erdölfeldern steckt nämlich auch etwas Erdgas. Mit diesem Erdgas machen manche Erdölkonzerne einfach Folgendes: Sie fackeln es ab.

Methan und seine „Verwandten"

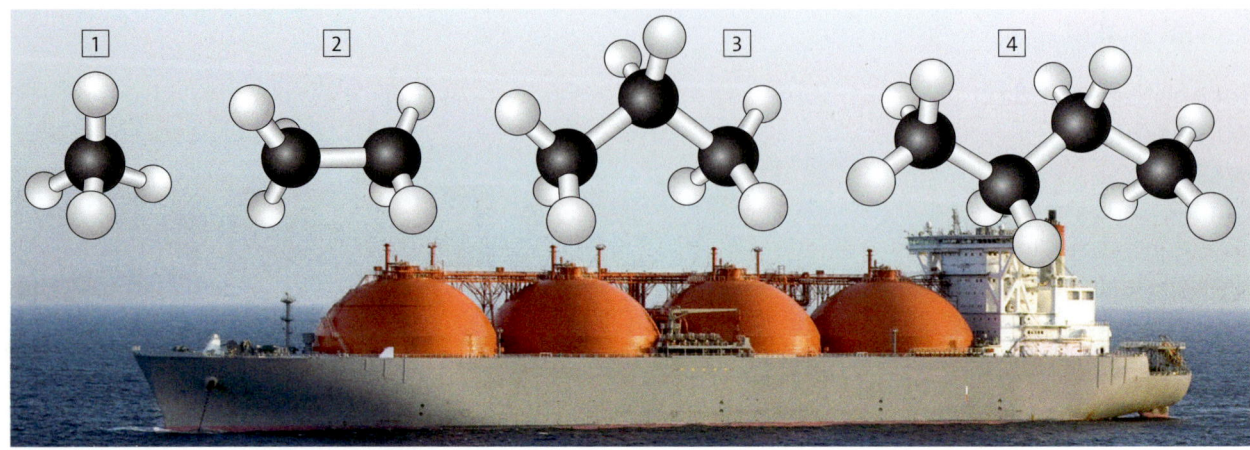

[1] Die ersten vier Moleküle der Alkane; Transport von verflüssigtem Methan

Methan hat die Formel CH_4. Es gehört somit zu den sogenannten Kohlenwasserstoffen.

Kohlenstoff bildet Ketten • Kohlenwasserstoffe sind Stoffe, die aus Kohlenstoff und Wasserstoff aufgebaut sind. Zu dieser Gruppe gehört Methan, das ein Kohlenstoff-Atom und vier Wasserstoff-Atome besitzt. → [1]

Jedes Kohlenstoff-Atom bildet vier Bindungen zu Bindungspartnern aus. Im Fall von Methan sind an das Kohlenstoff-Atom vier Wasserstoff-Atome gebunden.

Es gibt auch Moleküle, die aus mehreren Kohlenstoff-Atomen bestehen, z. B. Ethan (C_2H_6). Die beiden Kohlenstoff-Atome sind über eine Einfachbindung miteinander verbunden. Jedes Kohlenstoff-Atom hat außerdem drei Wasserstoff-Atome als Bindungspartner. Wenn weitere Kohlenstoff-Atome hinzukommen, werden diese über Einfachbindungen verknüpft und bilden eine Kette.

Alkane • Kohlenwasserstoffe, die nur Einfachbindungen enthalten, zählt man zu der Stoffgruppe der Alkane. Ihre Namen enden auf -an. Manche ihrer Namen leiten sich aus dem Griechischen ab gemäß der Anzahl an Kohlenstoff-Atomen (z. B. penta = fünf, Pentan hat fünf Kohlenstoff-Atome). Allgemein ist C_nH_{2n+2} die Summenformel der Alkane. Dabei steht n für die Anzahl der Kohlenstoff-Atome.

Homologe Reihe • Ähnlich gebaute Stoffe, z. B. die Alkane, kann man in einer homologen Reihe anordnen. Die Formel der Alkane nimmt dabei immer um eine CH_2-Einheit zu.

Aufgaben

1 ○ Erkläre den Begriff „Kohlenwasserstoffe".

2 ◐ Begründe, ob der Stoff $C_{17}H_{34}$ ein Alkan ist.

Kohlenstoff – der Molekülbauer

> der Kohlenwasserstoff
> die Kettenlänge
> das Alkan
> die homologe Reihe

Material A

Eine logische Struktur

Name	Anzahl C-Atome
Methan	1
Ethan	2
Propan	3
Butan	4
Pentan	5
Hexan	6
Heptan	7
Octan	8
Nonan	9
Decan	10

2 Homologe Reihe der Alkane

Kohlenstoff steht in der 4. Hauptgruppe des Periodensystems. Er bildet daher vier Elektronenpaarbindungen aus, um den Edelgaszustand zu erreichen.
Wasserstoff ist als Bindungspartner des Kohlenstoffs gut geeignet. Aber auch Bindungen zu anderen Kohlenstoff-Atomen sind kein Problem.

1 ○ Begründe, warum sich die Alkane immer um eine CH_2-Einheit unterscheiden.

2 ◐ Übernimm die Tabelle von Bild 1 in dein Heft und setze die homologe Reihe bis Decan fort. Recherchiere die Siedetemperaturen und die Aggregatzustände der Alkane im Internet oder in einem Lexikon.

3 ◐ Berechne die Formel der Alkane mit 12, 23 und 37 Kohlenstoff-Atomen.

Material B

Modelle bauen

1 ● Modelle helfen dabei, sich den Aufbau von Molekülen vorzustellen. In Bild 3 siehst du verschiedene Materialien aus dem Alltag, die man zum Modellbau nutzen kann.

a ○ Wähle Materialien aus, die dir zum Nachbau folgender Molekülmodelle geeignet erscheinen: Methan, Butan und Heptan. Achte darauf, für die Atome und für die Bindungen in einem Molekül jeweils immer dasselbe Material zu verwenden.

b ◐ Baue Methan noch einmal mit einem anderen Baumaterial. Denke daran, dass die Bindungen nicht unbedingt dargestellt werden müssen. Vergleiche die beiden Methanmodelle.

c ● Bewerte die Baumaterialien. Welche eignen sich gut, welche weniger gut zum Darstellen von Atomen und Molekülen?

3 Materialien zum Atombau

Verwandt und doch so unterschiedlich

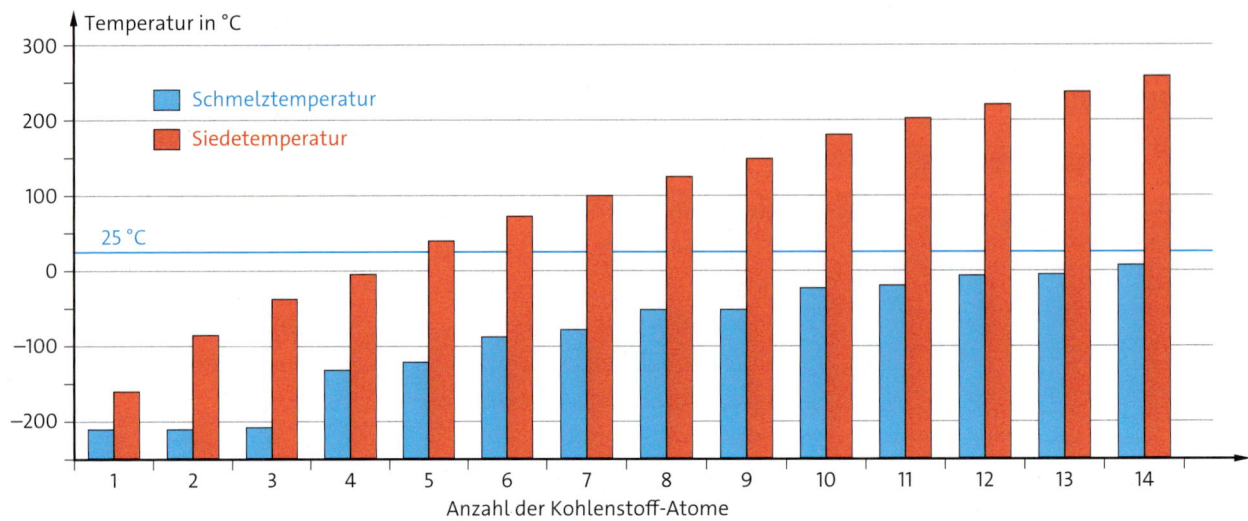

1 Siedetemperaturen der Alkane

Manche Alkane sind bei Raumtemperatur gasförmig, andere nicht. Das liegt an der Kettenlänge der Moleküle.

Siedetemperatur • Je größer die Kettenlänge der Alkanmoleküle, desto höher ist die Siedetemperatur. → **1**
Die kurzkettigen Alkane Methan bis Butan sind bei Raumtemperatur gasförmig. Pentan bis Nonan sind dünnflüssig, während längerkettige Alkane zähflüssig sind.
Ab einer Kettenlänge von ca. 17 Kohlenstoff-Atomen sind die Alkane fest und wachsartig. Gemische aus festen Alkanen werden als Paraffine bezeichnet und als Kerzenwachs verwendet.

Entflammbarkeit • Je länger die Kohlenstoffkette ist, desto schwerer lassen sich die Alkane entzünden. Längerkettige Alkane rußen beim Brennen stärker. Daher nutzt man sie nicht so gern zur Energiegewinnung.

Viskosität • Die Viskosität beschreibt die Zähflüssigkeit eines Stoffs. Alkane mit längeren Molekülketten (ab ca. elf Kohlenstoff-Atome) sind ölig bis sehr zähflüssig. Sie werden deshalb oft als Schmierstoffe eingesetzt.

Kräfte zwischen Alkanmolekülen • Die Eigenschaften der Alkane kann man so erklären: Es gibt Anziehungskräfte zwischen den Molekülen, vor allem bei den langkettigen Alkanen. Kann es sich dabei um Dipolkräfte handeln? Dazu muss man sich die Elektronegativitätswerte anschauen: Die Elektronegativität von Kohlenstoff liegt bei 2,5 und die von Wasserstoff bei 2,1. Der Unterschied beträgt also nur 0,4. Das bedeutet, dass die C-H-Bindung nur ganz schwach polar ist. Dipolkräfte können daher kaum eine Rolle spielen. Es muss noch andere Kräfte zwischen den Molekülen geben.

Van-der-Waals-Kräfte • Man denkt immer, dass die Elektronen in Atomen ganz gleichmäßig verteilt sind. → 2 Die Elektronen bewegen sich aber ständig und Atome oder Moleküle stoßen auch gegeneinander. Daher sind Atome oder Moleküle oft für einen kurzen Moment „verformt". → 3 In diesen Momenten gibt es in den Teilchen Bereiche mit positiven und mit negativen Teilladungen. Dies führt zu kurzzeitigen Anziehungskräften zwischen den Teilchen.
Diese Anziehungskräfte sind insgesamt schwach. Man nennt sie Van-der-Waals-Kräfte nach dem niederländischen Physiker Johannes Diderik van der Waals, der sie entdeckt hat.

Mehr Atome, mehr Van-der-Waals-Kräfte • Wenn die Kettenlänge größer ist, wirken auch mehr Van-der-Waals-Kräfte zwischen den Molekülen. → 4 Langkettige Moleküle haften daher stärker aneinander.
Um langkettige Alkane gasförmig werden zu lassen, muss man diese Anziehungskräfte überwinden. Dazu ist mehr Energie nötig als bei kurzkettigen Alkanen. Deshalb sind die Siedetemperaturen deutlich höher. Auch die Viskosität und die Entflammbarkeit eines Stoffs hängen davon ab, wie viele Van-der-Waals-Kräfte es zwischen den Molekülen gibt.

> Van-der-Waals-Kräfte sind schwache Anziehungskräfte zwischen Teilchen. Je größer die Moleküle sind, desto mehr Van-der-Waals-Kräfte gibt es.

2 Zwei „normale" Helium-Atome

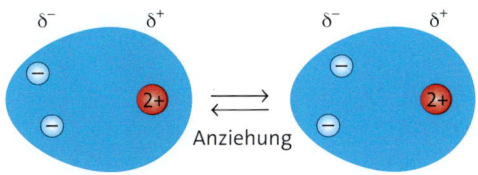
3 Zwei „verformte" Helium-Atome können sich gegenseitig anziehen.

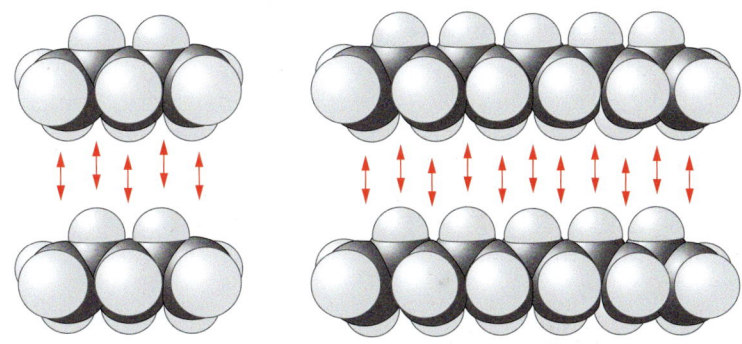
4 Je größer die Moleküle, desto mehr Van-der-Waals-Kräfte

5 Kerzenwachs besteht aus langkettigen Kohlenwasserstoffen.

Aufgabe

1 ○ Nenne Beispiele für gasförmige und für flüssige Alkane.

Verwandt und doch so unterschiedlich

Material A

Flammenvergleich

In einem Lehrerversuch werden Methan ⚠, Wundbenzin (Gemisch aus Pentan/Hexan, ⚠⚠⚠⚠) und Paraffin (Gemisch aus langkettigen Alkanen) entzündet und verbrannt. Bild 1 zeigt die Flammentypen, die man dabei beobachten kann.

[1] Flammenvergleich von Alkanen

1 ◯ Ordne die Flammen den drei Stoffen zu.

2 ● Erkläre die unterschiedlichen Flammentypen der drei Stoffe und gehe dabei auf ihren Aufbau ein.

3 ◯ Paraffin kann man nicht mit einem Streichholz entzünden. Dazu braucht man höhere Temperaturen und oft einen Docht. Deshalb wird Paraffin als Kerzenwachs eingesetzt. Erkläre.

Material B

Diagramme zeichnen

1 ◯ Stelle die in Tabelle 2 aufgelisteten Messwerte der ausgewählten Alkane in geeigneten Diagrammen dar.

Name des Alkans	Schmelz-temperatur	Dichte (als Flüssigkeit)
Methan	−183 °C	0,42 $\frac{g}{mL}$
Butan	−138 °C	0,58 $\frac{g}{mL}$
Hexan	−95 °C	0,65 $\frac{g}{mL}$
Octan	−57 °C	0,70 $\frac{g}{mL}$

[2] Eigenschaften einiger Alkane

Material C

Polar oder unpolar?

Je größer die Differenz zwischen den Elektronegativitätswerten zweier Atome ist, desto polarer ist die Bindung.

1 ◯ Berechne die Elektronegativitätsdifferenz folgender Bindungen: H–H, H–F, H–Cl, H–Br, H–O, O–O, C–O, C–Cl, C–N. Sortiere die Bindungen anschließend aufsteigend nach ihrer Polarität.

H 2,1							He –
Li 1,0	Be 1,5	B 2,0	C 2,5	N 3,0	O 3,5	F 4,0	Ne –
Na 0,9	Mg 1,2	Al 1,5	Si 1,8	P 2,1	S 2,5	Cl 3,0	Ar –
K 0,8	Ca 1,0	Ga 1,6	Ge 1,8	As 2,0	Se 2,4	Br 2,8	Kr –
Rb 0,8	Sr 1,0	In 1,7	Sn 1,8	Sb 1,9	Te 2,1	I 2,5	Xe –
Cs 0,7	Ba 0,9	Tl 1,8	Pb 1,8	Bi 1,9	Po 2,0	At 2,2	Rn –

[3] Elektronegativitätswerte im Periodensystem der Elemente

2 ● Es gibt Zusammenhänge zwischen den Elektronegativitätswerten der Elemente und ihrem Atombau. Finde diese Zusammenhänge in Tabelle 3 und beschreibe sie.

Kohlenstoff – der Molekülbauer

Erweitern und Vertiefen

Wasser und Alkane – getrennte Welten

Löslich in Wasser • Man gibt Zucker in Wasser, rührt ein wenig, und schon hat sich der Zucker im Wasser gelöst. Die einzelnen Zuckermoleküle sind nun zwischen den Wassermolekülen verteilt. → 4

Bei einer Reihe von Stoffen ist es ähnlich, z. B. bei Kochsalz. Auch seine Teilchen verteilen sich zwischen den Wassermolekülen.

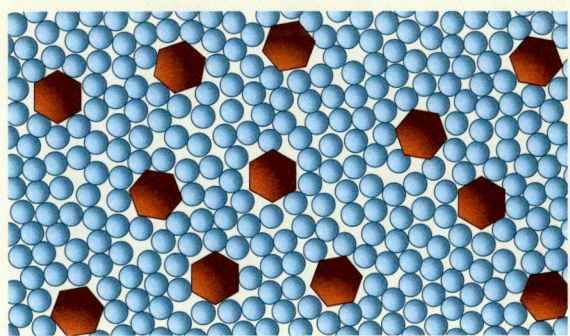

4 Zucker in Wasser gelöst als Modelldarstellung

Löslich in Alkanen • Man gibt Pflanzenöl in ein flüssiges Alkan, rührt ein wenig, und schon hat sich das Pflanzenöl gelöst. Die einzelnen Ölmoleküle sind nun zwischen den Alkanmolekülen verteilt.

Bei einer Reihe von Stoffen ist es ähnlich, z. B. bei Fett. Fett löst sich problemlos in Alkanen.

5 Pflanzenöl löst sich nicht in Wasser.

Unlöslich • Alkane, Öl oder Fett lösen sich aber nicht in Wasser. Sie schwimmen auf dem Wasser. → 5 Und die Stoffe, die sich in Wasser lösen, lösen sich nicht in Alkanen. Für viele Stoffe gilt: Sie lösen sich entweder in Wasser oder in Alkanen, nicht aber in beidem.

Die Ursache • Woran liegt es, dass sich Alkanmoleküle nicht zwischen Wassermolekülen verteilen können? Dies liegt daran, dass die Wassermoleküle zu sehr zusammenhalten. Es gibt nicht genug Kräfte, die die Alkanmoleküle zwischen die Wassermoleküle ziehen würden. Bei Zucker ist das anders: Zuckermoleküle können Wasserstoffbrücken zu Wassermolekülen ausbilden. Diese Kräfte ziehen die Zuckermoleküle zwischen die Wassermoleküle.

Aufgaben

1 ◐ Erkläre, was in der Küche mit „Fettaugen auf der Suppe" gemeint ist.

2 ◐ Lege eine Tabelle an, welche Stoffe in Wasser und welche in Alkanen löslich sind. Trage möglichst viele Stoffe ein.

3 ◐ Zeichne Bild 5 als Modelldarstellung auf der Teilchenebene.

4 ● Begründe, warum sich Pentan problemlos in Hexan löst.

Doppelt und dreifach gebunden

1 Ethan, Ethen und Ethin – wichtige Grundstoffe der chemischen Industrie

Die Alkane haben nur Einfachbindungen. Es gibt aber auch Kohlenwasserstoffe mit Doppel- und Dreifachbindungen zwischen den Kohlenstoff-Atomen.

Alkene • Kohlenwasserstoffe mit einer doppelten Elektronenpaarbindung nennt man Alkene. Ihre Namen leiten sich von den Alkanen mit der Endsilbe -en ab. In der Lewis-Schreibweise wird die Doppelbindung mit einem doppelten Strich dargestellt. → **2**
Wegen der Doppelbindung besitzen Alkene grundsätzlich zwei Wasserstoff-Atome weniger als die entsprechenden Alkane.

Alkine • Ein Kohlenstoff-Atom kann sogar bis zu drei Elektronenpaarbindungen zu einem anderen Kohlenstoff-Atom eingehen. Wenn eine C≡C-Dreifachbindung vorhanden ist, spricht man von einem Alkin. Die Namen der Alkine leiten sich ebenfalls von den Alkanen ab, allerdings mit der Endsilbe -in. Ihnen fehlen vier Wasserstoff-Atome im Vergleich zum Alkan.

Ungesättigt • Die Alkane bezeichnet man als gesättigt. Die Alkene und Alkine dagegen nennt man ungesättigt, da sich an die Doppel- bzw. Dreifachbindung noch weitere Atome anlagern können.

> Kohlenwasserstoffe, die eine Doppel- bzw. Dreifachbindung aufweisen, nennt man Alkene bzw. Alkine.

2 Ethen in Lewis-Schreibweise

Aufgaben

1 ○ Beschreibe die Unterschiede zwischen Alkanen, Alkenen und Alkinen.

2 ◐ Nenne den Namen des Stoffs mit der Formel C_4H_6.

3 ◐ Erkläre den Unterschied zwischen gesättigten und ungesättigten Kohlenwasserstoffen.

> das Alken
> das Alkin
> gesättigt
> ungesättigt

Material A

Homologe Reihen

Auch die Alkene und Alkine bilden homologe Reihen.

Name	Summenformel	Strukturformel
Ethen	C_2H_4	H₂C=CH₂
Propen	...	$CH_2=CH-CH_3$
...	...	

[3] Homologe Reihe der Alkene

1 ◐ Fertige eine Tabelle bis Decen/Decin für die Alkine und Alkene an. Nimm Bild 3 zu Hilfe.

2 ◐ Begründe, warum es die Stoffe Methen und Methin nicht gibt.

3 ◐ Recherchiere die Siedetemperaturen der ersten vier Alkene bzw. Alkine. Was fällt dir auf? Beschreibe.

4 ◐ Für die Alkane gilt die allgemeine Formel C_2H_{2n+2}. Finde die allgemeine Formel für die Alkene und für die Alkine. Wähle zwei eigene Beispielstoffe und gib die Formeln an.

[4] Struktur von Hexen (H₂C=CH–CH₂–CH₂–CH₂–CH₃)

Material B

Moleküle darstellen

So viele Kohlenwasserstoffe – da kommt es darauf an, den Überblick zu bewahren.

1 ○ Zeichne Ethan, Ethen und Ethin in Lewis-Schreibweise und vergleiche die Moleküle miteinander.

2 ◐ Zeichne das Alken Buten. Was fällt dir auf?

3 ● Zeichne Hepten. Wie viele Möglichkeiten gibt es?

4 ◐ Baue mithilfe eines Molekülbaukastens nacheinander folgende Kohlenwasserstoffe: Methan, Octen, Butin.

[5] Molekülbaukasten

5 ● Baue das Molekül Octan. Lass das Molekül nun in zwei kurzkettigere Moleküle zerfallen. Welche Möglichkeiten findest du?

6 ● Benenne den abgebildeten Kohlenwasserstoff. → [6]

$H-C≡C-CH(H)-H$ (mit CH₃-Gruppe)

[6] Wie lautet der Name dieses Kohlenwasserstoffs?

Verzweigte Ketten

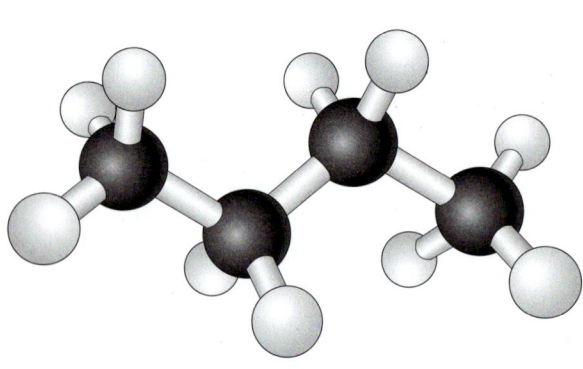
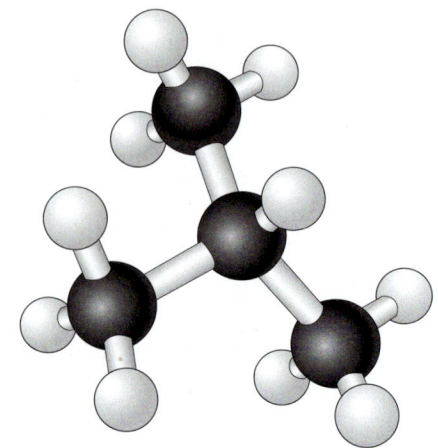

1 Zweimal Butan und doch nicht gleich?

Butan hat die Formel C_4H_{10}. Aber wenn man ein Molekül mit dieser Formel zeichnen will, gibt es plötzlich zwei Möglichkeiten.

Isomerie • Für Butan lassen sich zweierlei Strukturen zeichnen. Die Summenformel ist aber für beide Moleküle gleich. → 1
Beide Moleküle bestehen aus vier Kohlenstoff- und zehn Wasserstoff-Atomen, aber der Aufbau und die Stoffeigenschaften sind verschieden. Zum Beispiel sind die Schmelz- und Siedetemperaturen nicht genau gleich. Dies nennt man Isomerie. Beide Moleküle sind Isomere des Butans.

> Verbindungen, die die gleiche Formel, aber eine unterschiedliche Struktur haben, nennt man Isomere.

Nomenklatur • Um die Moleküle trotzdem unterscheiden zu können, benennt man sie unterschiedlich. Dazu gibt es bestimmte Regeln:
Wenn die Kohlenstoff-Atome des Moleküls in einer Linie liegen, spricht man von einem n-Kohlenwasserstoff, z. B. von n-Butan. Das n steht für normal bzw. für unverzweigt: Es gibt nur eine Kohlenstoffkette.
Das verzweigte Butan heißt i-Butan oder Isobutan. Das i bedeutet, dass es sich um einen verzweigten Kohlenwasserstoff handelt, ein Isomer des n-Butans.
Die systematische Benennung der Kohlenwasserstoffe nennt man Nomenklatur.

> Als Nomenklatur bezeichnet man die systematische Benennung der Kohlenwasserstoffe.

Aufgaben

1 ⭕ Erkläre den Begriff Isomerie.

2 🌢 Benenne und zeichne zwei Isomere von Pentan.

Kohlenstoff – der Molekülbauer

die Isomerie
die Nomenklatur

Methode

Kohlenwasserstoffe benennen

1. Nur das Kohlenstoffgerüst beachten. Die längste Kohlenstoffkette im Molekül suchen. Die Anzahl der C-Atome bestimmt den Namen des Stoffs und bildet den Stammnamen.

2. Die Seitenketten benennen. Die Anzahl der C-Atome bestimmt den Namen der Seitenkette. Seitenketten erhalten die Endung -yl.
Die Seitenketten alphabetisch ordnen.

3. Die Anzahl der Seitenketten bestimmen und mit den griechischen Zahlwörtern Di-, Tri-, Tetra- oder Penta- kennzeichnen.

4. Die Bezeichnung der Seitenketten dem Stammnamen voranstellen.

5. Die Hauptkette nummerieren. Die Verknüpfungsstellen der Seitenketten mit der Hauptkette mit Ziffern angeben.
Wenn es mehrere Möglichkeiten der Bezifferung gibt (z. B. indem man von links oder von rechts zählt), nimmt man die kleineren Ziffern.

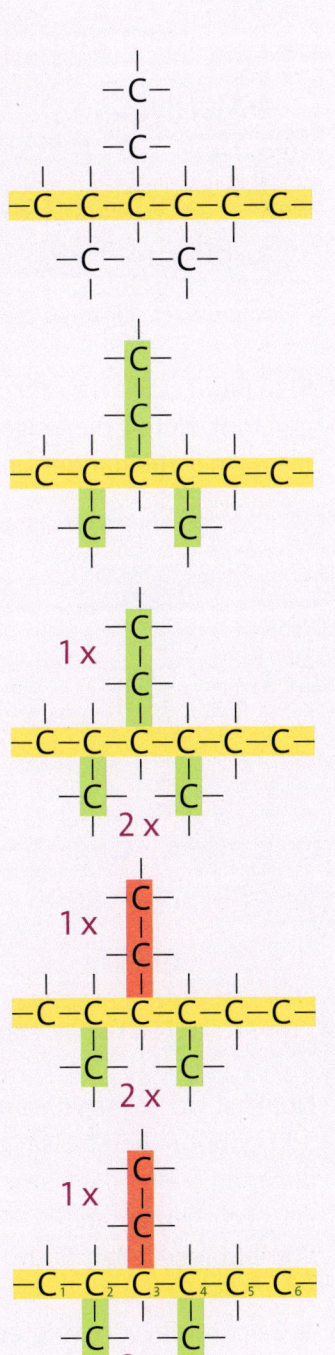

Am Beispiel:
Die längste Kette hat 6 C-Atome:
→ Hexan

Es gibt 2 Arten von Seitenketten, die an die Hauptkette geknüpft sind:
→ Ethyl-methyl
(Ethyl leitet sich von Ethan ab, Methyl von Methan.)

Es gibt eine Ethyl- und zwei Methylgruppen:
→ Ethyl-dimethyl

→ Ethyl-dimethylhexan

Der komplette Name lautet:
3-Ethyl-2,4-dimethylhexan

Zusatzregel Bei Alkenen und Alkinen die Lage der Mehrfachbindung angeben. Beispiel: Bei 2-Buten liegt die Doppelbindung zwischen dem zweiten und dritten C-Atom.

Verzweigte Ketten

Material A

Isomere oder nicht?

Isomere kann man sehr gut mit dem Molekülbaukasten darstellen.

n-Pentan · 2,2-Dimethylpropan · 3-Methylpentan · 2,3-Dimethylbutan · 3,4-Dimethylhexan · 2-Methylbutan · 3-Ethylpentan · n-Hexan

1 ○ Baue 3-Ethylhexan. Gib an, von welchem n-Alkan es ein Isomer ist.

2 ◐ Baue alle möglichen Isomere des Heptans. Wie viele gibt es?

3 ◐ In Bild 1 sind acht Alkane genannt. Nenne diejenigen, die isomer zueinander sind.

4 ● Richtig oder falsch? 3,4-Dimethylheptan ist ein Nonan-Isomer. Begründe.

1 Isomere oder „Einzelgänger"?

Material B

Moleküle systematisch zeichnen und benennen

Gehe beim Zeichnen und beim Benennen der Kohlenwasserstoffe gemäß den Regeln auf der vorherigen Seite vor.

1 ○ Zeichne die Strukturen folgender Moleküle:
- 2-Methylpentan
- 2,2,4-Trimethylhexan
- 3-Ethyl-2-Methylpentan
- 3-Ethyl-2,2-Dimethylpentan
- n-Nonan

2 ◐ Benenne die in Bild 2 dargestellten Moleküle.

3 ● Noah und Lisa streiten sich über das Molekül in Bild 3.

2 Die Struktur ist klar. Wie aber lautet der Name?

Noah ist sich sicher, dass es 3-Ethylbutan heißt. Lisa dagegen meint, der Name sei 3-Methylpentan. Wer hat recht? Begründe.

4 ● Zeichne ein verzweigtes Alken und versuche es eindeutig zu bennenen.

3 Noahs Molekül

Kohlenstoff – der Molekülbauer

Erweitern und Vertiefen

Auch Ringe sind möglich

Cycloverbindungen • Kohlenstoff bildet Ketten, lange Ketten, verzweigte Ketten – und auch Ringe. Kohlenstoffverbindungen sind daher wirklich sehr vielfältig. Man kennt bereits mehrere Millionen an verschiedenen Kohlenwasserstoffen. Ringförmige Verbindungen nennt man Cycloverbindungen.

Mit Mehrfachbindungen • Auch in ringförmigen Molekülen gibt es nicht nur Einfachbindungen. Es kann im Ring auch Doppel- und Dreifachbindungen geben. Man spricht dann also entweder von Cycloalkanen, von Cycloalkenen oder von Cycloalkinen.

Formeln • Die allgemeine Formel der Cycloalkane lautet C_nH_{2n}.
Das ist übrigens die gleiche Formel wie bei kettenförmigen Alkenen. Zum Beispiel hat Cyclopentan die gleiche Summenformel wie Penten, nämlich jeweils C_5H_{10}.
Daraus folgt, dass diese beiden Moleküle Isomere sind: Cyclopentan hat die gleiche Formel wie Penten, aber eine ganz andere Struktur und auch z. B. eine andere Siedetemperatur.

Kohlenhydrate • Zur großen Gruppe der cyclischen Kohlenwasserstoffe gehören auch alle Kohlenhydrate. Kohlenhydrate sind ein wesentlicher Bestandteil unserer Ernährung. En Beispiel ist Traubenzucker, auch Glucose genannt. → 5 Auch unser Haushaltszucker ist ein Kohlenhydrat. Vor allem aber bestehen viele Grundnahrungsmittel (Brot, Nudeln, Kartoffeln) überwiegend aus Kohlenhydraten.

4 Cyclohexan und Cyclohexen

5 Glucose – ein Kohlenhydrat

Aufgaben

1 ○ Zeichne die Strukturen von Cyclopentan und Cycloheptan und gib ihre Formeln an.

2 ◐ Zeichne die Strukturen zweier Isomere von C_8H_{16}.

3 ◐ Zeichne die Strukturformeln von Cyclopenten und Cyclooctin. Gib auch die Summenformeln dieser Stoffe an.

4 ● Ermittle die allgemeinen Formeln der Cycloalkene und der Cycloalkine.

Erdöl – zu schade zum Verbrennen

1 Benzin – ein Produkt aus Erdöl

Erdöl ist gar nicht ein einziger chemischer Stoff. Es ist ein Gemisch aus sehr vielen Stoffen.

Zusammensetzung • Je nachdem, wo auf der Welt das Erdöl gefördert wird, ist es anders zusammengesetzt. Es ist jedoch immer ein Gemisch verschiedener Kohlenwasserstoffe: Kurzkettige, langkettige und verzweigte Moleküle sowie Cycloverbindungen sind in unterschiedlichen Mengen darin vorhanden. Andere Stoffe wie Schwefelverbindungen sind ebenfalls im Erdöl zu finden.

Energieträger • Mit 33 % hat Erdöl den größten Anteil am deutschen Primärenergieverbrauch. An der Stromerzeugung ist es aber kaum beteiligt. → 3 Wie passt das zusammen? Erdöl ist in anderen Bereichen kaum zu ersetzen. Als Heizöl und vor allem als Treibstoff für Autos, Flugzeuge und Schiffe sind Erdölprodukte vorerst noch ziemlich unverzichtbar. Der größte Teil des Erdöls wird für diese Zwecke verbrannt.

Rohstoff • Erdöl ist aber nicht nur ein Brennstoff. Es dient auch als Rohstoff für viele Alltagsprodukte: Kunststoffe, Lacke, Farben, Klebstoffe, DVDs und z. B. auch viele Medikamente und viele Kleidungsstoffe werden aus Erdöl hergestellt. → 2

2 Erdölprodukte

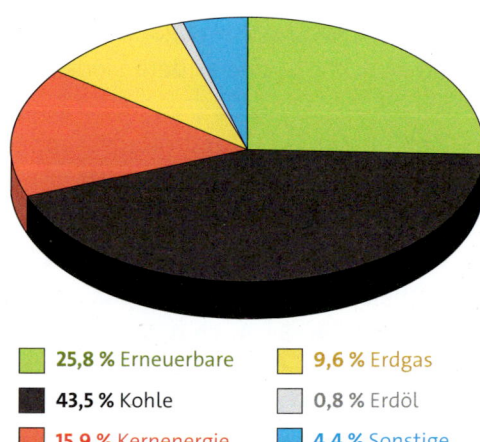

25,8 % Erneuerbare   9,6 % Erdgas
43,5 % Kohle   0,8 % Erdöl
15,9 % Kernenergie   4,4 % Sonstige

3 Strommix Deutschland 2014

256 | Kohlenstoff – der Molekülbauer

das Erdöl
die Erdölreserve
die Pipeline

Verbrennung von Erdölprodukten • Bei der Verbrennung von Erdölprodukten handelt es sich um exotherme Reaktionen. Dabei entstehen immer Wasser und das klimaschädliche Gas Kohlenstoffdioxid.
Es entstehen auch noch weitere Produkte, da die Verbrennung der Kraftstoffe nie komplett abläuft. Das giftige Kohlenstoffmonooxid und andere giftige Gase sind die wichtigsten Schadstoffe. Seit Mitte der 1980er Jahre werden Kraftfahrzeuge mit Katalysatoren ausgerüstet. Diese sorgen dafür, dass die Verbrennung der Kraftstoffe viel besser abläuft. Dann bleiben fast nur noch Kohlenstoffdioxid und Wasser als Reaktionsprodukte übrig.
Das Entstehen des Treibhausgases Kohlenstoffdioxid können die Katalysatoren aber auch nicht verhindern.

Gibt es genug Erdöl? • Die Erdölreserven sind begrenzt. Schätzungen, wie lange die Vorräte noch reichen, sind schwierig. Denn der Verbrauch und das Auffinden neuer Reserven sind kaum vorhersagbar. Man geht aber zurzeit davon aus, dass die Reserven in ca. 50 Jahren aufgebraucht sein könnten.

Schäden durch Erdöl • Erdöl wird von den Förderstätten mit Pipelines und großen Tankern transportiert. Wenn es durch Unfälle in die Umwelt gelangt, kann dies extreme Schädigungen für die Umwelt bedeuten.

> Erdöl ist ein bedeutender Energieträger und ein wichtiger Rohstoff für viele Produkte.
> Bei der Verbrennung entsteht das klimaschädliche Kohlenstoffdioxid.

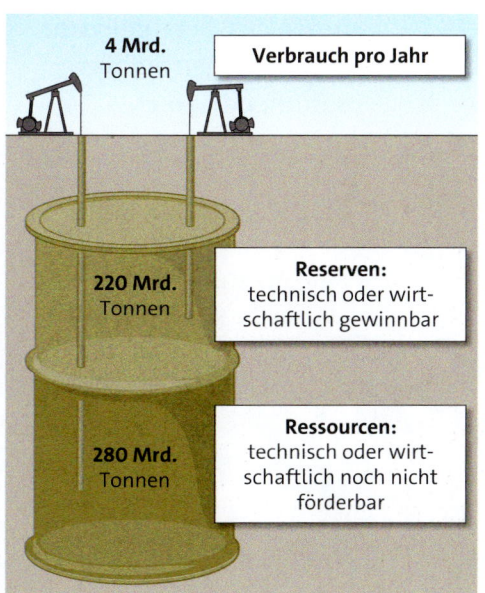

4 Erdölreserven weltweit 2014

Aufgaben

1 ○ Nenne Verwendungsmöglichkeiten des Rohstoffs Erdöl.

2 ◐ Stelle dir einen Tag ohne Erdölprodukte vor. Berichte, worauf du alles verzichten müsstest.

3 ◐ Werte Bild 4 aus. Wie lange reichen demnach die Erdölreserven?

4 ● Die Nutzung öffentlicher Verkehrsmittel wird als Schritt gegen den Klimawandel angepriesen. Was ist deine Meinung dazu? Begründe sie.

Erdöl – zu schade zum Verbrennen

Material A

Erdöl kann die Umwelt verschmutzen

Wenn es beim Transport von Erdöl einen Unfall gibt, kann der wertvolle Rohstoff in die Umwelt gelangen und schwere Schäden verursachen.

Als Modellsubstanz für Erdöl kannst du Motorenöl ⬥⬥ verwenden. Geh sparsam mit dem Öl um und gib die Reste zur fachgerechten Entsorgung deiner Lehrkraft.

1 Wie stark verschmutzt Öl das Wasser? Befülle dazu ein großes Becherglas mit 1 Liter Wasser. Gib nun mit der Tropfpipette tropfenweise Öl hinzu. Rühre nach jedem Tropfen um und rieche an dem Becherglas.
a ○ Nach wie vielen Tropfen kannst du das Öl riechen?
b ● 1 Tropfen Öl entspricht einem Volumen von ungefähr 1 mL. Es gibt Supertanker, die bis zu 650 Millionen Liter Rohöl aufnehmen können. Rechne hoch, wie viel Liter Wasser ein solcher Tanker im Fall eines Unglücks verseuchen würde.

2 Wie wirkt sich Öl auf Seevögel aus? Befülle dazu ein Becherglas mit Wasser. Gieße nun etwas Öl darauf, sodass sich eine dünne Schicht des Öls auf dem Wasser bildet. Tauche dann eine Vogelfeder zur Hälfte in das Becherglas.
a ○ Vergleiche und beschreibe die beiden Hälften der Vogelfeder.
b ◐ Verwende deine Beobachtungen, um die Auswirkungen eines Tankerunglücks auf die Seevögel zu beschreiben.

3 Wie wirkt sich Öl auf den Boden aus? Befülle dazu zwei kleine Blumentöpfe mit Erde. Gib in den ersten 20 mL Wasser und einige Kressesamen. In den zweiten gibst du ebenfalls Kressesamen, aber anstelle des Wassers 20 mL Öl. Vergiss nicht, die Töpfe zu beschriften. Befeuchte die beiden Töpfe in den kommenden sieben Tagen regelmäßig mit Wasser.
a ○ Erstelle ein Beobachtungstagebuch, bei dem du an jedem Tag deine Beobachtungen notierst.
b ◐ Stelle dir vor, es gibt einen Riss in einer Pipeline und große Mengen Öl treten aus. Beschreibe die Auswirkungen auf das betroffene Gebiet.

1 Rayong Beach, Thailand, am 31. Juli 2013

2 Nach einem Ölunfall in den Niederlanden

Material B

Erdöl ist nicht gleich Erdöl

Man stellt sich Erdöl als dunkle, zähflüssige Masse vor. Das kann so sein, muss es aber nicht. Je nachdem, aus welcher Region das Erdöl stammt, kann es hell und dünnflüssig oder sogar schwarz und fest sein.

1 ○ „Viskosität" beschreibt, wie dick- oder dünnflüssig eine Flüssigkeit ist. Je größer die Viskosität, desto dickflüssiger die Substanz. Sortiere die Erdöle aus Angola, Arabien, Russland und Venezuela nach der Viskosität – beginnend mit der geringsten.

2 ◐ Die Viskosität der Erdöle hängt vom Verhältnis der kurzkettigen zu den längerkettigen Kohlenwasserstoffen ab. Begründe, ob Erdöl aus der Nordsee oder aus Australien einen größeren Anteil an langkettigen Kohlenwasserstoffen hat.

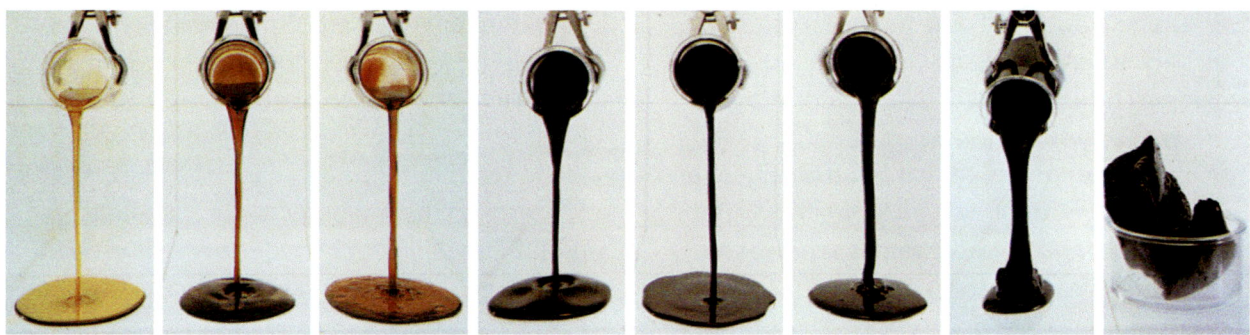

3 Erdöl aus unterschiedlichen Fördergebieten

Material C

Wo stehen wir?

Bild 4 zeigt die Entwicklung des Primärenergieverbrauchs in≈Deutschland.

1 ◐ Nenne 10 Fakten, die du aus dem Diagramm entnehmen kannst.

2 ● Zeichne das Diagramm für die Zeit bis 2030, wie du es dir wünschst. Nenne Maßnahmen zur Realisierung.

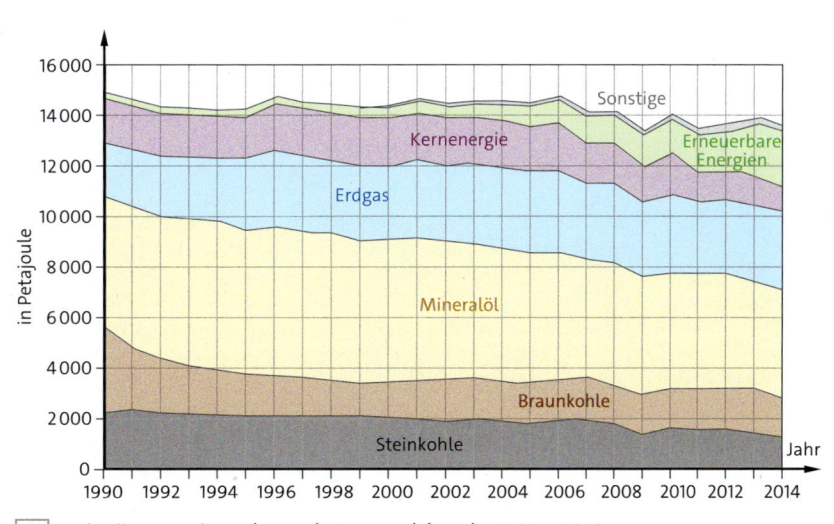

4 Primärenergieverbrauch Deutschlands 1993–2013

Erdöl – zu schade zum Verbrennen

Erweitern und Vertiefen

Von der Lagerstätte zur Tankstelle

Vorkommen • Erdöl kann man in vielen Teilen der Erde finden. → [1] Da die Nachfrage nach Erdöl weiter wächst und auch der Preis in den letzten Jahren ziemlich hoch war, sucht man ständig nach neuen Quellen.

Dabei ist man auf große Mengen an Ölsand gestoßen. Ölsand ist ein Gemisch aus sandkorngroßen Mineralien, Wasser und Erdöl. Das enthaltene Erdöl weist eine hohe Viskosität auf, ist also sehr zähflüssig. Um das Öl aus dem Gemisch zu gewinnen, wird heißer Wasserdampf zugeführt. Dieser sorgt dafür, dass der Ölanteil dünnflüssiger wird und anschließend vom Rest getrennt werden kann. Das Verfahren steht aber in der Kritik, weil es sehr wasser- und energieaufwendig ist.

Gewinnung • Um das Erdöl an die Oberfläche zu holen, muss zunächst gebohrt werden. An der Spitze steht ein Bohrmeißel. → [2] Daran angeschlossen ist das Bohrgestänge. Dieses ist innen hohl. Durch den Hohlraum wird eine Bohrflüssigkeit gepumpt und wieder nach oben gespült. Dabei wird das Bohrmaterial mit nach oben getragen.

Sobald man an der erdöltragenden Schicht angelangt ist, wird das Erdöl zunächst vom hohen Druck von allein nach oben gepresst. Wenn etwa 10–15 % der Lagerstätte entleert sind, wird weiteres Öl mit Pumpen nach oben befördert. Später wird dann Wasser in die Fundstelle gepresst, um den Druck wieder zu erhöhen und noch mehr Öl aus der Lagerstätte zu gewinnen.

Aufgabe

1 ◎ Ermittle mithilfe eines Atlas oder des Internets die Ölreserven der Nordsee und vergleiche sie mit denen Saudi-Arabiens.

Aufgabe

2 ◎ Informiere dich über die verschiedenen Arten von Bohrinseln: Hubbohrinseln, Halbtaucherbohrinseln und Bohrschiffe.

Land	Anteil an den weltweiten Reserven
Venezuela	20,1 %
Saudi-Arabien	17,9 %
Kanada	12,6 %
Iran	10,5 %
Irak	9,6 %
Kuwait	6,8 %
VAE	6,6 %
Russland	4,8 %
Libyen	3,2 %
Nigeria	2,5 %

[1] Reserven an herkömmlichem Erdöl 2014

[2] Bohrmeißel

Transport • Grundsätzlich muss man unterscheiden, ob das Erdöl über Land oder über den Seeweg transportiert werden soll.
Beim Landweg geschieht dies über Pipelines. Das sind Rohre mit einem Durchmesser zwischen 0,5 und 1,0 m. Von Pumpen angetrieben strömt das Öl mit ca. 3–5 $\frac{km}{h}$ durch die Rohre.
Öltanker sind gigantische Frachtschiffe. Große Tanker sind etwa einen halben Kilometer lang! Aufgrund der katastrophalen Auswirkungen eines Unfalls müssen heute alle Tanker eine doppelte Hülle haben. Weiterhin ist festgelegt, dass sie bei einem Notstoppmanöver innerhalb von maximal 20 Schiffslängen zum Stehen kommen müssen. Dies kann allerdings fast eine halbe Stunde dauern!

Aufgabe

3 ○ Berechne, wie lang die Strecke ist, die ein Supertanker zum Anhalten braucht. Vergleiche diese Strecke mit deinem Schulweg.

Verarbeitung • Der wichtigste Schritt in Erdölraffinerien ist die Auftrennung des Erdöls in einzelne Gruppen, die Fraktionen. Jede Fraktion enthält Kohlenwasserstoffe mit einem bestimmten Siedetemperaturbereich.
Zum Auftrennen wird das Erdöl auf ca. 300–400 °C erhitzt. Im Fraktionierturm steigt das Gemisch hoch und kühlt ab. Jede Fraktion kondensiert auf einer bestimmten Höhe im Turm. Dort wird die Fraktion dann in flüssigem Zustand abgenommen.
Der Rückstand aus sehr langkettigen Bestandteile wird bei Unterdruck und hohen Temperaturen gasförmig gemacht. Danach werden auch seine Bestandteile aufgrund der unterschiedlichen Siedetemperaturen getrennt.

Aufgabe

4 ● Nenne fünf Erdölfraktionen und erkläre mithilfe von Bild 4 das Funktionsprinzip der fraktionierten Trennung.

3 Öltanker

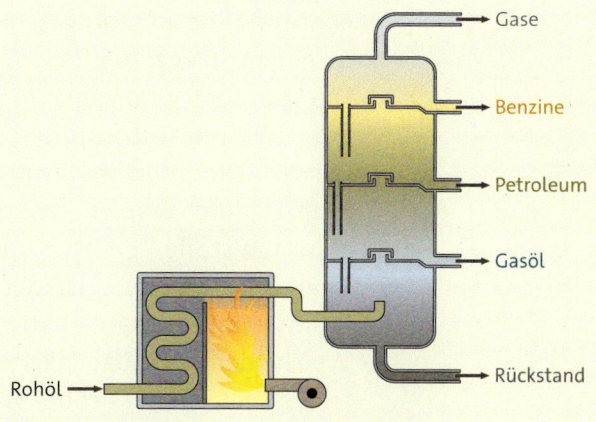

4 Fraktionierte Trennung von Erdöl

Kohlenstoffdioxid und Treibhauseffekt

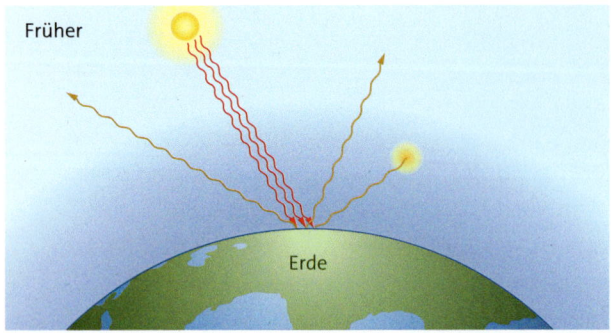
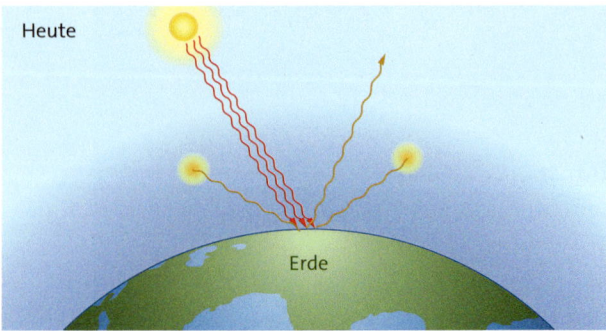

1 Was mit der Wärmestrahlung der Sonne geschieht – früher und heute

Jeder hat längst vom Klimawandel gehört. Die Gründe zu verstehen ist aber nicht ganz einfach.

Wärmestrahlung • Es beginnt damit, dass Wärmestrahlung von der Sonne kommt. Man muss wissen, dass es unterschiedliche Arten der Wärmestrahlung gibt. Das kann man sich ähnlich vorstellen wie beim Licht. Es gibt blaues, rotes und grünes Licht – Licht ist also nicht einfach gleich Licht. Wenn Wärmestrahlung auf einen Stoff trifft, gibt es drei Möglichkeiten:
• Die Strahlung geht hindurch (Transmission).
• Die Strahlung wird umgelenkt wie an einem Spiegel (Reflexion).
• Die Strahlung wird von dem Stoff aufgenommen (Absorption).
• Bei der Absorption erwärmt sich der Stoff. Dadurch wird er – wie alle erwärmten Stoffe – selbst zum Wärmestrahler. Je wärmer er ist, desto mehr Wärmestrahlung gibt er ab.
• Welche der drei Möglichkeiten eintritt, hängt von der Art der Wärmestrahlung und vom Stoff ab, auf den sie trifft.

Die Erde als Treibhaus • Die Wärmestrahlung der Sonne trifft auf die Atmosphäre der Erde. Sie geht dort nahezu ungehindert hindurch und trifft dann auf die Erdoberfläche. Dort wird ein großer Teil der Wärmestrahlung absorbiert. Die Erde wird also wärmer und gibt nun selbst mehr Wärmestrahlung ab – allerdings eine andere Art als die der Sonne.
Weil es eine andere Art der Wärmestrahlung als die der Sonne ist, werden Teile dieser Wärmestrahlung nun von der Erdatmosphäre absorbiert. → 1
Dadurch erwärmt sich die Atmosphäre. Das ist der Treibhauseffekt! Dieser Effekt ist aber natürlich und ermöglicht uns das Leben, wie wir es kennen. Ohne diesen natürlichen Treibhauseffekt wäre es auf der Erde viel zu kalt.
Was nun aber sehr gefährlich ist: Wir verändern die Zusammensetzung der Atmosphäre. Mehr Kohlenstoffdioxid wird in die Atmosphäre gegeben, wodurch mehr Wärmestrahlung absorbiert wird. Als Folge steigt die durchschnittliche Temperatur.

der **Treibhauseffekt**
die **Wärmestrahlung**
die **Transmission**
die **Reflexion**
die **Absorption**

Blick in die Vergangenheit • Wissenschaftler haben in der Antarktis Eisbohrkerne gewonnen. Durch Untersuchung des uralten Materials konnten sie den Kohlenstoffdioxidgehalt der letzten 400 000 Jahre ermitteln und auch die Temperatur, die jeweils herrschte. → 2
Es ist festzuhalten, dass der Gehalt an Kohlenstoffdioxid in dieser langen Zeit noch nie so hoch war wie heute!

Folgen • Mögliche Folgen des Klimawandels sind: längere Dürren an manchen Orten, aber auch stärkere Überschwemmungen an anderen Teilen der Erde, heftigere Stürme, Anstieg des Meeresspiegels durch Abschmelzen des Landeises …

Warum mehr Kohlenstoffdioxid? • Es gibt einen natürlichen Kohlenstoffkreislauf. Wesentliche Faktoren sind dabei Fotosynthese und Zellatmung. Sie halten den Kohlenstoffdioxidgehalt der Atmosphäre eigentlich auf einem recht gleichmäßigen Wert. Viel Kohlenstoff ist aber auch fest gebunden in Kohle, Erdöl und Erdgas. Seit etwa 200 Jahren geben die Menschen durch Verbrennen dieses Kohlenstoffs immer mehr Kohlenstoffdioxid in die Atmosphäre ab. Als Folge steigt der Anteil an Kohlenstoffdioxid in unserer Lufthülle.

> Wir erhöhen den Anteil an Kohlenstoffdioxid in der Atmosphäre. Dies hat einen Anstieg der Temperatur zur Folge.

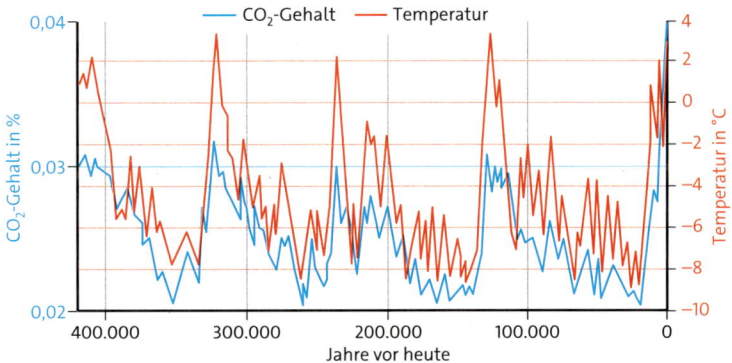

2 Zusammenhang zwischen Kohlenstoffdioxidgehalt und Durchschnittstemperatur in den letzten 400 000 Jahren

3 Verbrennung gebundenen Kohlenstoffs

Aufgaben

1 ○ Gib an, was mit Wärmestrahlung passieren kann, wenn sie auf einen Stoff trifft.

2 ◐ Begründe, warum die Wärmestrahlung der Sonne von der Atmosphäre nicht absorbiert wird, die der Erde aber zumindest teilweise.

3 ◐ Ziehe Schlüsse aus dem Diagramm in Bild 2 und notiere sie.

Kohlenstoffdioxid und Treibhauseffekt

Material A

Transmission oder Absorption?

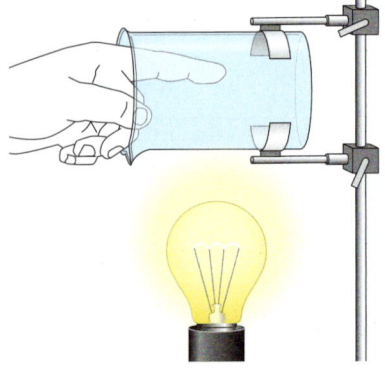

[1] Versuch zu Transmission und Absorption von Wärmestrahlung

1 Untersuche, wie sich Glas gegenüber Wärmestrahlung verschiedener Strahler verhält.

a ○ Halte deinen Finger 3 cm über eine heiße Herdplatte. Kannst du die Wärmestrahlung spüren? Wiederhole den Versuch, halte aber jetzt den Finger 3 cm über eine heiße Glühlampe.

b ◐ Wiederhole die unter a beschriebenen Versuche. Halte aber diesmal eine Schicht Glas zwischen deinen Finger und die Wärmequelle. → [1] Beschreibe deine Beobachtungen.

c ○ Halte ein Becherglas jeweils für 10 Sekunden in 2 cm Abstand über die Wärmequellen. Fasse das Glas dann vorsichtig an. Was stellst du fest?

d ◐ Erkläre die Beobachtungen unter Verwendung der Begriffe Transmission und Absorption.

Material B

Modellversuch zum Treibhauseffekt

Untersuche, ob eine Atmosphäre mit viel Kohlenstoffdioxid tatsächlich zu einer Erwärmung führt.

1 ◐ Baue den Versuch wie in Bild 2 auf. Ordne den Begriffen Sonne, Wolken, Atmosphäre und Erdboden zu, welche Teile des Versuchsaufbaus ihnen entsprechen.

2 ◐ Miss 15 Minuten lang alle 60 Sekunden die Temperatur in dem Styroporgefäß, das mit Luft gefüllt ist.

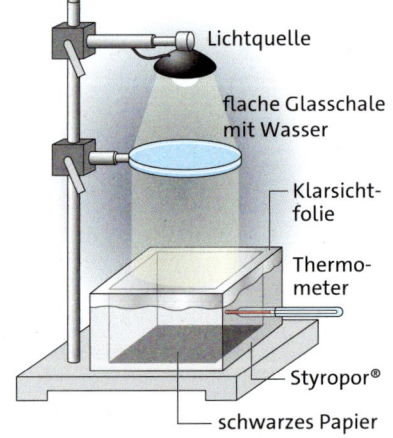

[2] Treibhauseffekt simulieren

Stelle die Messergebnisse tabellarisch und grafisch dar. Du kannst dafür auch ein Tabellenkalkulationsprogramm verwenden.

3 ◐ Wiederhole den Versuch. Fülle aber diesmal das Styroporgefäß mit Kohlenstoffdioxid. Trage die Messergebnisse in ein Diagramm ein. Welche Schlussfolgerungen kannst du ziehen?

4 ● Es gibt andere Treibhausgase, z. B. Methan ⚠. Untersuche die Treibhauswirkung dieses Gases.
Bewerte aus deinen Ergebnissen folgende Maßnahmen bei der Erdölförderung bezüglich des Klimawandels: Ablassen von Erdgas in die Umwelt, Abfackeln von Erdgas, Auffangen von Erdgas.

Material C

Anstieg des Meeresspiegels

Zwischen dem Eis im Nordpolgebiet und dem Eis im Südpolgebiet gibt es einen großen Unterschied: Das Eis im Norden schwimmt im Wasser, das im Süden liegt auf dem Festland.

1. ○ Gib 4 Eiswürfel in ein Glas mit Wasser. Markiere den Pegelstand mit einem Folienschreiber. Lass das Eis schmelzen und vergleiche den Pegelstand mit dem zu Beginn.

2. ○ Fülle ein Glas etwa zur Hälfte mit Wasser. Markiere den Pegelstand. Gib nun 4 Eiswürfel hinzu. Vergleiche den Pegelstand mit dem zuvor.

3. ◐ Begründe, ob das Schmelzen am Nord- oder am Südpol zu einem Anstieg des Meeresspiegels führt.

4. ● Was würde passieren, wenn sich der Meeresspiegel durch den Klimawandel um 1m hebt? Beantworte diese Frage mithilfe eines Atlas.

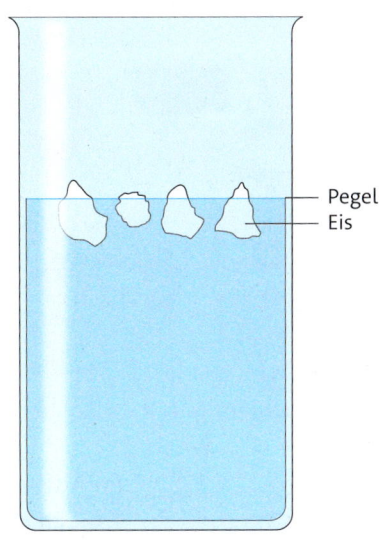

3 Modellversuch zum Abschmelzen des Polareises

Material D

Ich und der Klimawandel

Der Klimawandel lässt sich kaum rückgängig machen. Aber, und das ist wichtig: Jeder hat einen Einfluss darauf, wie stark der Klimawandel sein wird.

1. ◐ Übertrage die Tabelle von Bild 4 in dein Heft und fülle sie aus.

2. ◐ Ergänze die Tabelle um mehrere Zeilen und trage weitere Tätigkeiten ein. Tausche deine Tabelle mit der deines Tischnachbarn aus. Besprecht eure Lösungsideen.

Tätigkeit	Verstärkt den Klimawandel	Ist ein Beitrag gegen den Klimawandel	Hat keinen Einfluss auf den Klimawandel	Begründung
Abschalten von Stand-by	?	?	?	?
Eine Wanderung unternehmen	?	?	?	?
In den Urlaub fliegen	?	?	?	?
Glühlampen durch LED ersetzen	?	?	?	?
Roden von Wäldern	?	?	?	?
Fußball spielen	?	?	?	?

4 Einflüsse auf den Klimawandel

Was steckt im Alkohol?

 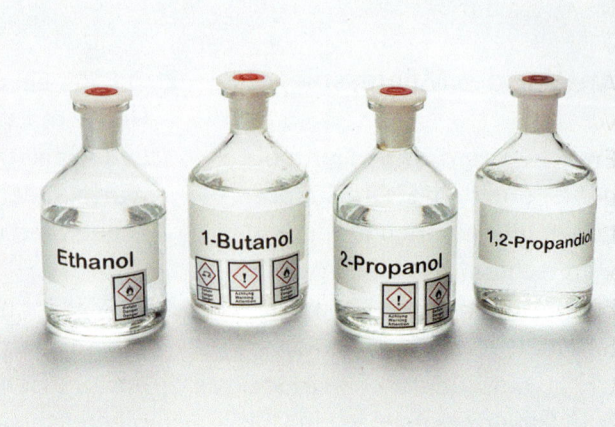

[1] Alkohol im Alltag – Alkohol im Labor

Im Alltag ist mit „Alkohol" meist der Trinkalkohol gemeint, der in Bier oder Wein enthalten ist.
In der Chemie ist mit „Alkoholen" eine besondere Gruppe von Kohlenwasserstoffen gemeint.

Funktionelle Gruppen • In Kohlenwasserstoffen kann ein Wasserstoff-Atom durch andere Atome oder Atomgruppen ersetzt sein, z. B. durch eine Hydroxylgruppe. → [2]
Kohlenwasserstoffe, die eine Hydroxylgruppe haben, gehören zur Stoffgruppe der Alkohole, oft auch Alkanole genannt.
Die Hydroxylgruppe kann man auch OH-Gruppe nennen. Sie bestimmt die Eigenschaften des Alkohols. Deshalb wird sie als funktionelle Gruppe bezeichnet. Ein Alkoholmolekül kann auch mehrere Hydroxylgruppen besitzen.

> Stoffe, die als funktionelle Gruppe eine oder mehrere Hydroxylgruppen haben, nennt man Alkohole.

Alkanole • Die Namen der Alkanole leiten sich von den entsprechenden Alkanen mit der Endsilbe -ol ab. Butanol ist also ein Alkohol mit vier Kohlenstoff-Atomen.
Der Trinkalkohol ist Ethanol. Seine Formel lautet C_2H_5OH. Die Hydroxylgruppe steht am Ende der Formel, damit sie gut erkennbar ist. Alkohole bilden ebenfalls eine homologe Reihe.

Wertigkeit und Klassifizierung • Wenn ein Alkohol eine OH-Gruppe hat, spricht man von einem einwertigen Alkohol. Sind zwei OH-Gruppen vorhanden, ist er zweiwertig, bei drei OH-Gruppen dreiwertig usw.
Außerdem muss man sich das Kohlenstoff-Atom anschauen, an das die OH-Gruppe gebunden ist. Wenn dieses Kohlenstoff-Atom nur einen Kohlenstoffnachbarn hat, ist es ein primärer Alkohol. Wenn es zwei Kohlenstoffnachbarn besitzt, spricht man von einem sekundären, bei drei Nachbarn von einem tertiären Alkohol. → [3]

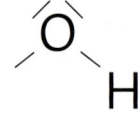

[2] Hydroxylgruppe

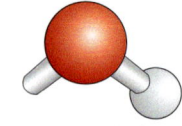

[3] Ein sekundärer Alkohol

Kohlenstoff – der Molekülbauer

> die **funktionelle Gruppe**
> die **Hydroxylgruppe**
> das **Alkanol**
> **hydrophil**
> **lipophil**

Löslichkeit von Ethanol • Alkohole sind vielseitige Lösungsmittel. Während Alkane sich nicht in Wasser, aber hervorragend in Öl lösen, stellt man bei Ethanol fest, dass es sich in beidem gut löst.

Das liegt am Molekülbau: Die Hydroxylgruppe ist hydrophil („wasserliebend") und der Alkanrest C_2H_5– ist lipophil („fettliebend"). → 4

Um zu entscheiden, ob ein Stoff hydrophil oder lipophil ist, müssen die Bindungen betrachtet werden. Stark polare Bindungen sind hydrophil, da sie den Bindungen im Wassermolekül ähnlich sind. Unpolare Bindungen sind dagegen lipophil.

Allgemein gilt also: Wenn sich die Bindungen in Flüssigkeiten ähnlich sind (beide polar bzw. beide unpolar), lösen sich die beiden Flüssigkeiten. Wenn sie unterschiedlich polar sind, lösen sie sich nicht.

> Ähnliche Flüssigkeiten lösen sich ineinander. „Gleiches löst sich in Gleichem gern."

Siedetemperatur • Ethanol siedet bei 78 °C. Das entsprechende Alkan, nämlich Ethan, siedet schon viel früher, bei −89 °C.

Dieser Unterschied kann nur an der funktionellen Gruppe liegen: Hydroxylgruppen sind durch Teilladungen am Sauerstoff-Atom und am Wasserstoff-Atom stark polar. Dadurch bilden sich – wie bei Wassermolekülen – zwischen den Ethanolmolekülen Wasserstoffbrücken aus. → 5

4 Löslichkeit von Ethanol

5 Wasserstoffbrücken im Ethanol

Diese halten die Moleküle zusammen. Daher siedet Ethanol nicht so einfach wie Ethan, in dem es nur die schwächeren Van-der-Waals-Kräfte gibt.

> Funktionelle Gruppe bestimmen die Stoffeigenschaften, z. B. die Löslichkeit und die Siedetemperatur.

Aufgaben

1 ○ Nenne mehrere Eigenschaften der Stoffgruppe Alkohole.

2 ◐ Erkläre, was eine funktionelle Gruppe ist.

3 ◐ Zeichne einen zweiwertigen und einen sekundären Alkohol. Worin liegen die Unterschiede?

Was steckt im Alkohol?

Material A

Ist Ethanol brennbar?

Um herauszufinden, ob Ethanol brennbar ist, führt man folgenden Versuch durch.

Materialliste: Ethanol ⚠, Porzellanschale, Streichhölzer, Tropfpipette, feuerfeste Unterlage

Stelle die Porzellanschale auf die Unterlage und gib mithilfe der Pipette ca. 5 Tropfen Ethanol in die Schale.
Entzünde das Ethanol mit den Streichhölzern und beobachte.

1 Ethanolkamin

2 Flambieren von Kirschen

1 ◐ Kamine gibt es auch ohne Holz – nämlich die sogenannten Ethanolkamine. → 1
Erkläre die Funktionsweise dieser neuartigen Kamine.

2 ◐ Brennenden Alkohol gibt es auch beim Flambieren von Speisen. → 2
Ist nach dem Flambieren noch Alkohol in der Speise? Erkläre.

Material B

Bestimmung der Siedetemperatur von Ethanol

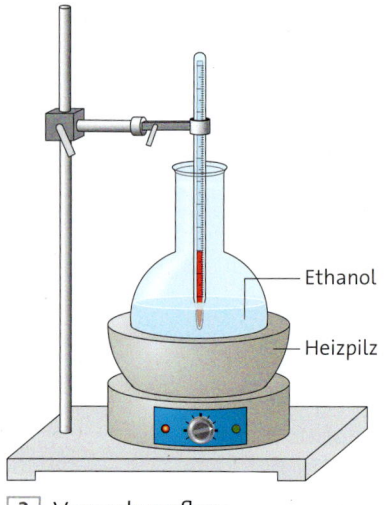

3 Versuchsaufbau

Materialliste: Ethanol ⚠, Rundkolben, Thermometer, Heizpilz, Stativ

Fülle ca. 100 mL Ethanol in den Rundkolben und befestige den Rundkolben am Stativ. Setze einen Heizpilz, den du ebenfalls am Stativ befestigst, darunter. Erhitze langsam, bis der Alkohol zu sieden beginnt. Miss die Temperatur mit dem Thermometer und notiere sie dir.

1 ○ Erstelle ein Versuchsprotokoll.

2 ○ Recherchiere mithilfe des Buchs den offiziellen Wert der Siedetemperatur von Ethanol und vergleiche ihn mit deinem Ergebnis.

3 ● Mit dem gleichen Versuchsaufbau kann man auch die Siedetemperatur von Wasser messen. Als Ergebnis erhält man allerdings einen Messwert von ca. 100 °C.
Versuche zu erklären, warum Wasser bei einer höheren Temperatur siedet als Ethanol.

Material C

Löslichkeit in Fett und Wasser

Wenn man zwei Flüssigkeiten vermengt, mischen sie sich oder es bilden sich zwei getrennte Phasen. → 4
Eine Mischung ist ein homogenes Gemisch, eine Phasenbildung ein heterogenes Gemisch.

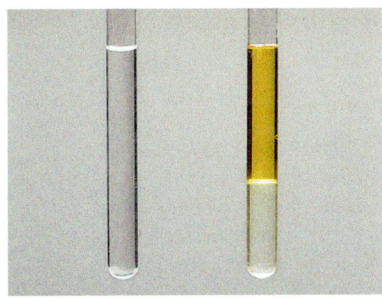

4 Mischung und Phasenbildung

Materialliste: Ethanol, Speiseöl, Wasser, 3 Reagenzgläser, 3 Stopfen, Reagenzglasständer, Pipette, Becherglas

Fülle (ohne Pipette!) in das erste Reagenzglas ca. 1 cm hoch Speiseöl ein. Gib genauso viel Wasser hinzu und setze den Stopfen auf.
Schüttle das Reagenzglas kräftig, indem du den Daumen auf den Stopfen hältst. Beobachte die Mischung.
Gib in das zweite Reagenzglas 1 cm hoch Speiseöl und in das dritte 1 cm hoch Wasser. Füge jeweils mithilfe der Pipette die gleiche Menge Ethanol hinzu. Verschließe und schüttle.

1 ◯ Notiere deine Versuchsbeobachtungen in einer Tabelle. Um welche Art von Gemischen handelt es sich jeweils?

2 ◼ Erkläre das Lösungsverhalten von Ethanol in Wasser und in Öl. Nimm dazu auch die Seiten 168/169 zu Hilfe.

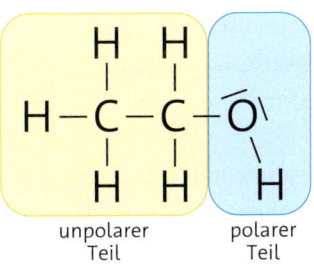

5 Ethanolmolekül

Material D

Bestimmung der Dichte von Ethanol

Die Dichte eines Stoffs ist der Quotient von Masse und Volumen. → 6
So hat 1 Liter Wasser, das 1 kg wiegt, eine Dichte von $1\,\frac{kg}{L}$. Aber welche Dichte hat Ethanol?

Materialliste: Ethanol, Glasschale, Pipette, Waage

Ermittle die Masse von 10 mL Ethanol. Wiege dazu zuerst die leere Glasschale. Gib danach mithilfe der Pipette exakt 10 mL in die Schale. Wiege nun die Schale erneut.
Bestimme aus der Gewichtsdifferenz die Masse von 10 mL Ethanol.

1 ● Berechne die Dichte von Ethanol und vergleiche mit dem offiziellen Wert von $0{,}79\,\frac{g}{mL}$.

6 Versuchsmaterial und Formel

Was steckt im Alkohol?

Erweitern und Vertiefen

Alkohol ganz alltäglich?

Chemikalie und Genussmittel • Alkohol findet man in vielen Produkten, z. B. in Arzneimitteln, Parfüms oder Putzmitteln. Am häufigsten begegnet er uns jedoch in alkoholischen Getränken. Wegen seiner berauschenden und teilweise auch entspannenden Wirkung wird er seit Jahrtausenden oft konsumiert. Die Auswirkungen auf den Körper werden dabei oft übersehen.
In geringen Mengen gilt Alkohol als Genussmittel. In größeren Mengen wirkt er aber als Zellgift. Der Abbau im Körper dauert mehrere Stunden.

Auswirkungen • Kurzfristige Wirkungen von Alkohol, z. B. eine verringerte Sehfähigkeit, sind in Tabelle 2 dargestellt. Wie stark sich ein Schluck Alkohol auf den Promillegehalt im Blut auswirkt, ist bei jedem Menschen unterschiedlich. Dies hängt z. B. vom Körpergewicht und vom Geschlecht ab.
Wenn man oft Alkohol trinkt, kommt es zu langfristigen Wirkungen. Durch den Giftstoff werden Organe geschädigt, Gehirnzellen abgetötet und der Blutdruck erhöht, was zu einem Herzinfarkt führen kann.
Abhängigkeit ist eine weitere Gefahr. Da die Alkoholsucht ein schleichender Prozess ist, wird sie oft unterschätzt und nicht rechtzeitig bemerkt.
Alkoholabhängige sind meist zuerst psychisch abhängig. Probleme werden scheinbar durch den Alkohol gelöst. Dies führt zur körperlichen Abhängigkeit, in der ein Leben ohne Alkohol für den Abhängigen unmöglich erscheint.

1 Ohne Alkohol keine Stimmung?

Promille im Blut	Auswirkungen
0,2–0,5	Puls und Atmung beschleunigt, Blutgefäße erweitert, Wärmegefühl, verringerte Schmerzempfindung, Geschmackssinn und Sehfähigkeit etwas verringert
0,5–1,5	Selbstüberschätzung, schlechtere Muskelkoordination, eingeschränktes Reaktions- und Erinnerungsvermögen
1,5–3,0	Hemmungslosigkeit, geweitete Pupillen, rotes Gesicht, Übelkeit, Erbrechen
3,0–4,0	Alle Sinne betäubt, völlige Orientierungslosigkeit
über 4,0	Gefahr von Koma, Atemstopp und Herzstillstand

2 Auswirkungen von Alkohol

Aufgaben

1 ○ Nenne mögliche Ursachen für den hohen Alkoholkonsum in unserer Gesellschaft.

2 ● „Alkohol ist eine Droge." Nimm begründet Stellung zu dieser Aussage.

Erweitern und Vertiefen

Gewinnung von Alkohol

Gärung • Trinkalkohol (Ethanol) wird durch alkoholische Gärung hergestellt. Dabei reagieren zuckerhaltige Lösungen mithilfe von Hefe zu Ethanol und Kohlenstoffdioxid.

$C_6H_{12}O_6 \rightarrow 2\ C_2H_5OH + 2\ CO_2$
Traubenzucker → Ethanol + Kohlenstoffdioxid

Dies geschieht unter Sauerstoffabschluss. Wenn Sauerstoff vorhanden wäre, würde der Zucker – wie in unserem Körper – in Wasser und Kohlenstoffdioxid umgewandelt.

> Alkohol gewinnt man durch alkoholische Gärung.

Destillation • Bei der alkoholischen Gärung entstehen maximal 18%ige Ethanol-Lösungen. Bei einem höheren Anteil würden nämlich die Hefezellen absterben.
Um hochprozentigen Alkohol (Schnaps) zu erhalten, destilliert man Ethanol-Lösungen. → 3
Dadurch wird das Ethanol vom Wasser getrennt und der Anteil des Alkohols im Destillat erhöht sich auf bis zu 96 %.

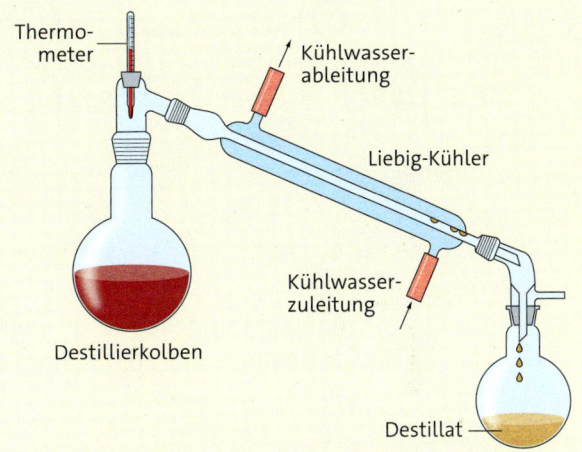

3 Die Destillation von Wein liefert Branntwein.

Aufgaben

1 ○ Beschreibe den Vorgang der alkoholischen Gärung.

2 ◐ Wie könnte man zeigen, dass nach der Destillation wirklich fast reiner Alkohol entstanden ist? Notiere einen Vorschlag.

3 ● Erkläre, wie das Trennverfahren Destillation funktioniert. → 3

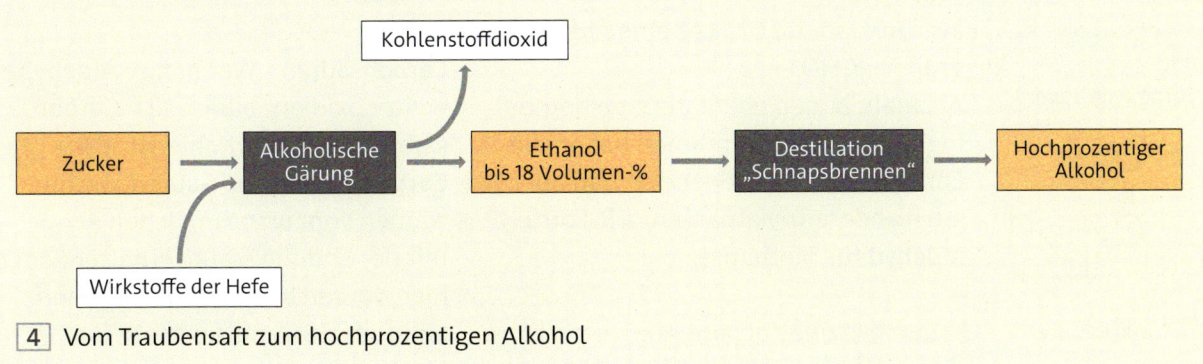

4 Vom Traubensaft zum hochprozentigen Alkohol

Weitere funktionelle Gruppen

1 Alkanole können zu Alkanalen und dann zu Alkansäuren reagieren.

Moleküle sind vielfältig – auch weil es eine Reihe von funktionellen Gruppen gibt.

Aldehydgruppe

Oxidation von Ethanol • Ethanol kann zu Ethanal reagieren. Das ist ebenfalls ein flüssiger Kohlenwasserstoff. Diese Reaktion kann man als Reaktion mit Sauerstoff formulieren:

$$2\ C_2H_5OH + O_2 \rightarrow 2\ C_2H_4O + 2\ H_2O$$

Ketogruppe

Deshalb spricht man hier von einer Oxidation. Der Alkohol wird oxidiert.

Alkanale • Ethanal gehört zu einer Stoffgruppe, die man Alkanale oder Aldehyde nennt. Diese Stoffe haben als funktionelle Gruppe eine Aldehydgruppe –CHO. → **2**

Carboxylgruppe

Alkanale bilden ebenfalls eine homologe Reihe. Die Stoffnamen haben die Endsilbe -al. Oft verwendet man aber auch andere Trivialnamen, z. B. Formaldehyd für Methanal.

2 Funktionelle Gruppen

| Durch Oxidation von Alkoholen können Alkanale (Aldehyde) entstehen.

Alkanone • Alkanone werden auch Ketone genannt. Diese Stoffe haben als funktionelle Gruppe eine Ketogruppe. → **2**
Ketone entstehen, wenn man sekundäre Alkohole oxidiert.
Auch die Stoffgruppe der Ketone bildet eine homologe Reihe. Die Namen der Stoffe sind wie bei den Alkanen, haben aber die Endsilbe -on.
Das bekannteste Keton ist das Lösungsmittel Aceton, auch Propanon genannt. Es ist z. B. in vielen Nagellackentfernern enthalten.

| Durch Oxidation sekundärer Alkohole entstehen Alkanone (Ketone).

Carbonsäuren • Wenn man Aldehyde weiter oxidiert, bilden sich Carbonsäuren (Carbon = Kohlenstoff). → **1**
Carbonsäuren sind Säuren, die ihren Namen vom ursprünglichen Alkan mit der Endung -säure erhalten. Auch hier werden aber oft Trivialnamen benutzt, z. B. Ameisensäure für Methansäure.

das **Alkanal**
der **Aldehyd**
das **Alkanon**
das **Keton**
die **Carbonsäure**

Ethansäure ist in verdünnter Form in Essig enthalten. Daher trägt sie auch den Alltagsnamen Essigsäure. Die funktionelle Gruppe der Carbonsäuren ist die sogenannte Carboxylgruppe –COOH. → 2

In Wasser gelöst zeigen Carbonsäuren saure Eigenschaften. Deshalb wird Essig oder Essigessenz in vielen Haushalten verwendet, um beispielsweise Kalkablagerungen durch die Säure zu lösen.

> Durch Oxidation von Aldehyden entstehen Carbonsäuren.

Polarität • Alle drei funktionellen Gruppen enthalten eine sogenannte Carbonylgruppe C=O.
Diese Gruppe ist stark polar. Die Siedetemperaturen von Aldehyden, Ketonen und Alkansäuren sind daher höher als die der entsprechenden Alkane.

Löslichkeit • Wie groß ist die Löslichkeit der Carbonsäuren in Wasser? Man stellt fest, dass sie bei Methansäure am größten ist. Mit zunehmender Kettenlänge sinkt aber der Einfluss der polaren funktionellen Gruppe und die Säuren sind zunehmend in Öl oder Fett löslich. → 3
Das Lösungsverhalten der Aldehyde und Ketone verhält sich ähnlich.

Fettsäuren • Viele langkettige Carbonsäuren, z. B. Palmitinsäure und Stearinsäure, sind am Aufbau von Fetten beteiligt. Sie werden deshalb auch Fettsäuren genannt.

Name	Formel	Schmelztemperatur	Löslichkeit in Wasser	Hexan
Methansäure (Ameisensäure)	HCOOH	8 °C		
Ethansäure (Essigsäure)	CH_3COOH	17 °C	nimmt zu ↑	nimmt zu ↓
Butansäure (Buttersäure)	C_3H_7COOH	–5 °C		
Hexadecansäure (Palmitinsäure)	$C_{15}C_{31}COOH$	63 °C		
Octadecansäure (Stearinsäure)	$C_{17}H_{35}COOH$	71 °C		

3 Eigenschaften einiger Carbonsäuren

4 Ethansäure im Alltag

Aufgaben

1 ○ Erstelle die homologe Reihe für die Alkanale bis zum Decanal.

2 ◐ Zeichne Propan, Propanol, Propanal, Propanon und Propansäure. Markiere und benenne jeweils die funktionelle Gruppe.

3 ● Beschreibe die Bildung von Butanon – auch mit Reaktionsgleichung.

Weitere funktionelle Gruppen

Material A

Der Säure auf der Spur

In Lebensmitteln sind viele Carbonsäuren zu finden. Dazu zählt auch die Ascorbinsäure, die man eher unter dem Namen Vitamin C kennt. Mithilfe von Teststäbchen kann man den Vitamin-C-Gehalt in Lebensmitteln bestimmen.

Materialliste: Reagenzgläser, Reagenzglasständer, Wasser, verschiedene Fruchtsäfte, Vitamin-C-Tablette, Ascorbinsäure, Vitamin-C-Teststäbchen

Prüfe mithilfe der Teststäbchen verschiedene Lebensmittelproben im Reagenzglas. Löse auch ein Stück der Brausetablette in Wasser auf und miss den Vitamin-C-Gehalt. Gib auch etwas Ascorbinsäure in ein Reagenzglas und teste die Lösung ebenfalls.

1 ⃝ Fertige ein Protokoll an, in dem du deine Beobachtungen tabellarisch festhältst.

2 ⃝ Vergleiche deine Ergebnisse mit den Zahlen in Bild 1.

Lebensmittel	Vit. C pro 100 g
Petersilie	160 mg
Paprika	90 mg
Spinat	70 mg
Orange	50 mg
Kalbsleber	40 mg
Tomate	38 mg
Kartoffel	17 mg
Apfel	12 mg
Milch	1 mg
Nudeln	0 mg

1 Gehalt an Vitamin C

Material B

Konservierung mit Essig

Es gibt viele Möglichkeiten, Lebensmittel haltbar zu machen, z. B. Räuchern bei Fischen, Zuckern bei Marmelade oder Säuern bei Essiggurken.
Im folgenden Versuch können Birnen, Kirschen, Paprika, Kürbis usw. eingelegt und mit Essig konserviert werden.

Materialliste: Obst/Gemüse, Essig, Wasser, verschiedene Kräuter, Edelstahltopf, Heizplatte, Messer, Messbecher, Kochlöffel, Glas mit Schraubverschluss, Geschirrtuch

Wasche das Obst und zerkleinere es mit dem Messer. Bereite den Essigsud zu, indem du 0,5 Liter Essig und 0,25 Liter Wasser im Topf mischst. Gib die Kräuter hinzu und koche den Sud auf. Gib das Obst hinein und koche es, bis es gar ist. Reinige die Gläser und fülle das gare Obst hinein. Lass den Essigsud noch einmal aufkochen und gib ihn anschließend heiß in die Gläser, bis das Obst komplett bedeckt ist. Verschließe die Gläser luftdicht, stelle sie für 5 min auf den Kopf und lass sie dann unter einem Geschirrtuch abkühlen.

2 Eingelegtes Gemüse

1 ⃝ Erstelle ein eigenes Beschriftungsetikett für dein Schraubglas.

2 ● Nenne mögliche Gründe, weshalb Essig als Konservierungsmittel wirkt.

Kohlenstoff – der Molekülbauer

Material C

Alkohol, Aldehyd, Keton oder Carbonsäure?

In Bild 3 siehst du die Strukturen verschiedener Moleküle.

1. 🔵 Fertige eine Tabelle mit drei Spalten an und sortiere die Moleküle nach ihrer funktionellen Gruppe. Benenne die Moleküle mit ihrem chemischen Namen. Recherchiere, ob sie im Alltag auch Trivialnamen haben.

2. 🔵 Zeichne mögliche Strukturen zu der Formel C_3H_6O und benenne sie.

3. ⚫ Recherchiere die Siedetemperaturen von Ethanol, Ethanal und Ethansäure. Erkläre die Unterschiede.

4. ⚫ Bild 4 zeigt ein dir unbekanntes Molekül. Triff Vorhersagen über die vermutlichen Eigenschaften des Stoffs.

3 Verschiedene Strukturen

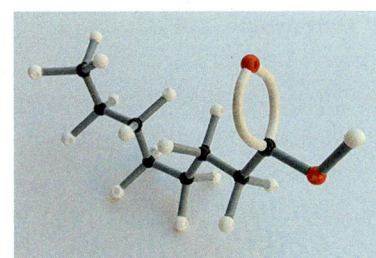

4 Ein „Mystery-Molekül"

Material D

Oxidation eines primären Alkohols

Materialliste: Kupferdrahtnetzrolle, Tiegelzange, Weithalserlenmeyerkolben, Heizplatte, Ethanol ⚠, Brenner

Erwärme auf der Heizplatte ca. 100 mL Ethanol bis zum Sieden. Erhitze die Kupferdrahtnetzrolle mit der Tiegelzange über dem Brenner, bis sie glüht. Führe die heiße, oxidierte Kupferdrahtnetzrolle in die Ethanoldämpfe ein und beobachte. Ziehe die Kupferdrahtnetzrolle anschließend wieder aus dem Gefäß heraus und beobachte sie.
Führe sie danach wieder in die Ethanoldämpfe ein und beobachte erneut.

1. ⚪ Erstelle ein Versuchsprotokoll.

2. ⚫ Erkläre deine Beobachtungen und formuliere eine Reaktionsgleichung.

5 Versuchsaufbau

Weitere funktionelle Gruppen

Methode

Struktur-Lege-Technik

In Bild 1 findest du viele Begriffe rund um das Thema „Kohlenwasserstoffe". Fertige auf einem Blatt Papier eine Tabelle mit diesen Begriffen an und schneide die einzelnen Kärtchen anschließend aus.
Lege die Kärtchen nun auf dem Tisch aus und versuche die Begriffe in Gruppen zu ordnen. Wenn du meinst, dass einzelne Gruppen etwas miteinander zu tun haben, probierst du, die Karten in einer passenden Struktur auszulegen. Zum Beispiel kannst du Überschriften benennen oder mehrere Begriffe miteinander „vernetzen".
Eine „richtige" Struktur gibt es nicht, sondern es sind viele Lösungen möglich. Wichtig ist, dass du anschließend mit deinen Mitschülern über die verschiedenen Strukturen redest und deine Struktur erläuterst.

Aufgaben

1 ○ Ergänze deine Kärtchen um mindestens sechs weitere Begriffe aus dem Kapitel.

2 ◐ Vergleiche deine Kärtchen mit einem Mitschüler. Welche Struktur hat er/sie gelegt?

3 ● Erstelle aus deinen Kärtchen eine Mind-Map und übertrage sie in dein Heft.

4 ◐ Erkläre einem Mitschüler den Begriff eines Kärtchens, ohne diesen Begriff dabei zu verwenden. Wenn der Mitschüler den Begriff errät, erhältst du die Karte. Wenn nicht, dann legt ihr die Karte zur Seite. Spielt abwechselnd. Wer am Ende die meisten Karten hat, gewinnt.

Doppelbindung	Einfachbindung	Dreifachbindung	Kohlenwasserstoffe
Alkane	Alkene	Alkine	C_nH_{2n}
C_nH_{2n-2}	C_nH_{2n+2}	steigende Siedetemperaturen	ungesättigt
Methan	Aceton	Propanol	Ethansäure
Ethanol	Propanal	Ethin	Isomere
Octan	Löslichkeit	Van-der-Waals-Kräfte	Elektronegativität
Alkohole	flüssig	Alkanale	Alkanone
Hexen	78 °C	Summenformel	Strukturformel
Nagellackentferner	Reinigungsmittel	Heizöl	Konservierung
zweiwertig	funktionelle Gruppe	gasförmig	tertiär

1 Begriffskärtchen

Material E

Wie heißt der Stoff denn?

Auch Kohlenwasserstoffe mit funktionellen Gruppen werden systematisch nach den üblichen Regeln (→ S. 272) benannt. Am wichtigsten ist dabei die funktionelle Gruppe. Sie erhält eine möglichst kleine Ziffer → 3 und eine spezielle Endung → 2 am Namen. Wenn es in einem Molekül mehrere gleiche funktionelle Gruppen gibt, fügt man die griechischen Zahlwörter di, tri, tetra, penta, hexa usw. zu. (Beispiel: 1,4-Butandiol). Doppel- und Dreifachbindungen sind wie funktionelle Gruppen zu behandeln, haben aber eine geringere Priorität.

Kohlenwasserstoff	Funktionelle Gruppe	Endung
Alkanole (Alkohole)	–OH	-ol
Akanale (Aldehyde)	–CHO	-al
Alkanone (Ketone)	–CO	-on
Alkansäuren (Carbonsäuren)	–COOH	-säure

2 Vier wichtige Gruppen von Kohlenwasserstoffen mit funktionellen Gruppen

1 ⭘ Zeichne die Strukturformel von 4-Methyl-1-Pentanol.

2 ◐ Benenne den Kohlenwasserstoff in Bild 4.

3 ● Zeichne folgende Moleküle:
a) 2,3,4-Pentantriol
b) 3-Methyl-3-hexen
c) Methanal
d) 3-Butensäure
e) 3-Methylhexanal

3 Formel von 2-Hexanol

4 Wie lautet der Name?

Material F

Verwandt und doch verschieden

Propan, Propanol und Propanon sind aufgrund ihrer Kohlenstoffkettenlänge miteinander „verwandt". Dennoch unterscheiden sie sich in einigen Eigenschaften.

1 ⭘ Zeichne die drei Moleküle in dein Heft und kennzeichne die funktionellen Gruppen.

2 ◐ Stelle zu jedem der drei Stoffe Vermutungen an, wie gut oder wie schlecht er sich in Wasser löst.

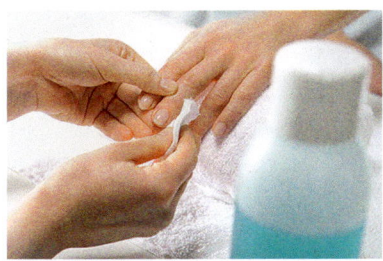

5 Propanon (Aceton) im Alltag

3 ● Ordne die Siedetemperaturen den drei Stoffen zu und begründe deine Entscheidung:
97 °C, –42 °C, 56 °C.

4 ● Eine weitere Verwandte ist die Propionsäure (Propansäure). Zeichne diese entsprechend ihrer Siedetemperatur und ihrem Lösungsverhalten ein.

Kohlenstoff – der Molekülbauer

Zusammenfassung

Kohlenwasserstoffe • Sehr viele Stoffe in unserer Welt enthalten Kohlenstoff und Wasserstoff. Dies liegt an der Vierbindigkeit des Kohlenstoffs. Es können sich Ketten mit Einfach-, Zweifach- und Dreifachbindungen bilden und es gibt auch verzweigte Ketten und Ringstrukturen. Die Benennung dieser vielfältigen Stoffe erfolgt nach festen Regeln. Dabei wird immer wieder auf die Namen der unverzweigten Kohlenwasserstoffe – die Alkane – zurückgegriffen.

[1] Einige Vertreter der vielen Kohlenwasserstoffe

Erdöl und Erdgas • Erdöl und Erdgas bestehen aus Kohlenwasserstoffen. Diese Stoffe sind wichtige Energieträger. Die Energie, die beim Verbrennen frei wird, nutzen wir zum Heizen, zur Stromgewinnung oder als Treibstoffe für Fahrzeuge.
Bei der Verbrennung entstehen als Abgase hauptsächlich Wasser und Kohlenstoffdioxid. Diese Stoffe sind zwar ungiftig, Kohlenstoffdioxid ist aber der Hauptverursacher des vom Menschen verursachten Treibhauseffekts.

[2] Erdölprodukte sind wichtige Energieträger – aber mit Vorsicht zu „genießen".

Funktionelle Gruppen • Die Moleküle von Kohlenwasserstoffen können auch sogenannte funktionelle Gruppen enthalten. Diese verleihen dem jeweiligen Stoff typische Eigenschaften. Die Hydroxylgruppe der Alkohole sorgt z. B. für die gute Wasserlöslichkeit des Ethanols.
• die Aldehydgruppe der Alkanale (–CHO)
• die Ketogruppe der Alkanone (–COC–)
• die Carboxylgruppe der Alkansäuren (–COOH)

[3] Methanol, Methanal und Methansäure

Teste dich! (Lösungen im Anhang)

1 ○ Ergänze in deinem Heft folgende Summenformeln von Alkanen:
C_9H $C_{32}H$ CH_{24} CH_{60}

2 Folgende Summenformeln gehören zu Alkenen: $C_{17}H_{34}$ $C_{29}H_{58}$ $C_{56}H_{112}$
a ○ Gib die allgemeine Summenformel der Alkene an.
b ○ Hier siehst du Summenformeln einiger Alkine: C_9H_{16} $C_{24}H_{46}$ $C_{55}H_{108}$
Gib die allgemeine Summenformel der Alkine an.

3 In Bild 4 sind zwei Isomere von Hexan abgebildet.
a ◐ Erkläre an diesem Beispiel den Begriff Isomer.
b ◐ Zeichne die Strukturformeln drei weiterer Isomere von Hexan.

4 Für die Benennung von Kohlenwasserstoffen gibt es genaue Regeln.
a ● Zeichne die Strukturformel von 4-Ethyl-2,2,3,3-Tetramethyloctan.
b ● Benenne den Kohlenwasserstoff aus Bild 5.

5 Der Treibhauseffekt gilt als eine der größten Herausforderungen der Menschheit im 21. Jahrhundert.
a ◐ Nenne drei zu erwartende Folgen des Klimawandels.
b ◐ Nenne drei Dinge, die du in deinem täglichen Leben tun kannst, um den Klimawandel nicht weiter zu fördern. Begründe die Wirksamkeit deiner gewählten Beispiele.
c ● Bild 6 zeigt eine häufig verwendete Darstellung zum Treibhauseffekt. Diese enthält aber Fehler. Was ist nicht korrekt?

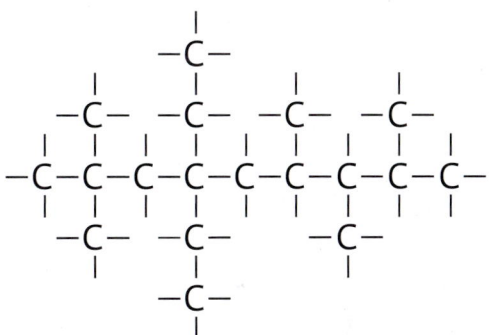

4 Zwei Isomere von Hexan

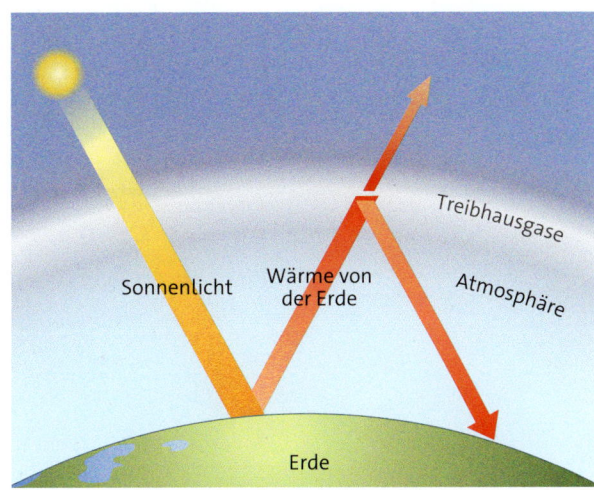

5 Kohlenwasserstoffe können verzweigte Ketten bilden.

6 Der Treibhauseffekt – eine Zeichnung mit Fehlern

Fit für den Chemie-Job?

Könntest du bald eine Ausbildung in der Chemie anfangen?

Welche Labormethoden müsstest du noch lernen?

Wie arbeiten die Profis in der chemischen Industrie?

Katalysatoren ermöglichen Reaktionen

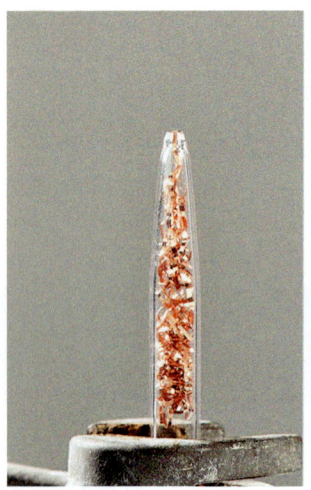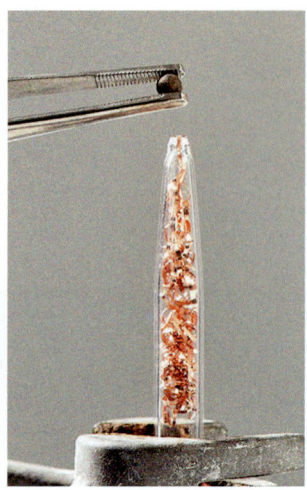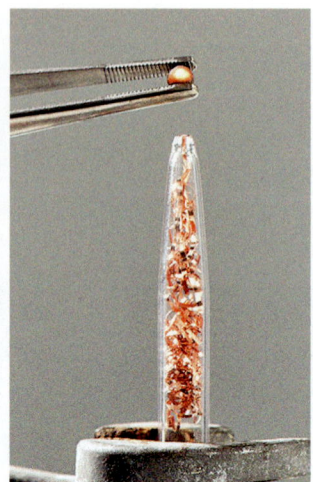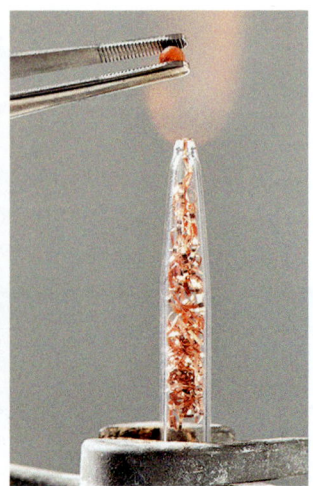

1 Wasserstoff strömt unsichtbar aus der Flasche – und brennt, sobald ein Platinkatalysator dazukommt.

Wer in der chemischen Industrie arbeiten will, muss chemische Reaktionen steuern können. Das schafft man z. B. mit Katalysatoren.

Reaktionen werden möglich • Wasserstoff kann mit Sauerstoff reagieren. Das geschieht aber nur, wenn z. B. ein Zündfunke genug Aktivierungsenergie liefert. Wenn aber ein Katalysator vorhanden ist, gelingt die Reaktion auch ohne Zündfunken. → 1
Bei Anwesenheit von Katalysatoren ist nämlich weniger Aktivierungsenergie nötig. Die Reaktion startet dann schon bei Raumtemperatur.
Katalysatoren – hier das Edelmetall Platin – gehen bei der Reaktion nicht verloren. Sie liegen am Ende wieder so vor, wie sie am Anfang waren.

Autokatalysatoren • Im Automotor entstehen giftige Abgase, z. B. Kohlenstoffmonooxid. Aber auch hier können Katalysatoren helfen. Die Autokatalysatoren zwischen Motor und Auspuff enthalten Edelmetalle. Diese Edelmetalle wirken als Katalysator und ermöglichen chemische Reaktionen zwischen den Abgasen. Die Abgase reagieren auf diese Weise zu weniger schädlichen Stoffen, z. B. zu Kohlenstoffdioxid.

> Katalysatoren ermöglichen Reaktionen, indem sie die Aktivierungsenergie herabsetzen. Sie werden dabei nicht verbraucht.

Aufgaben

1 ◐ „Autokatalysatoren filtern die Schadstoffe aus den Abgasen."
Nimm begründet Stellung zu dieser Aussage.

2 ◐ Begründe, warum man Katalysatoren nicht von Zeit zu Zeit ersetzen muss.

der Katalysator
das Platin

Material A

Der Autokatalysator

1. ● Stelle dir vor, du wärst Mitarbeiter/-in eines Herstellers von Autokatalysatoren. Die Chefin beauftragt dich, ein Faltblatt zu entwerfen. Es soll mögliche Kunden über Aufbau und Wirkungsweise eines Katalysators informieren. Berücksichtige dabei folgende Aspekte:
   - Allgemeine Informationen über Katalysatoren
   - Informationen zu Abgasen
   - Aufgabe des Autokatalysators
   - Hinweise zum Aufbau des Trägerkörpers

   Recherchiere und nutze das Schülerbuch, z. B. die Materialien auf dieser Seite.

Material B

Trägerkörper

Katalysatoren werden meist auf einen porösen, wabenförmigen Trägerkörper aufgebracht. Warum?
Der Katalysator funktioniert nur, wenn die Stoffe, die reagieren sollen, auch mit ihm in Kontakt kommen. Je größer die Oberfläche des Katalysators ist, desto höher ist die Wahrscheinlichkeit dafür. Dazu dient die Wabenstruktur. Berechne es selbst an einem Beispiel. Stelle dir vor, der Träger ist ein Würfel. Die Kantenlänge des Würfels ist 10 cm. Die Oberfläche des Würfels besteht dann aus 6 Seiten, die jeweils eine Fläche von 100 cm^2 haben, also insgesamt 600 cm^2.

Der Würfel wird nun durch drei gerade Schnitte (von oben, von vorne und von der Seite) in acht Würfelchen zerschnitten. Sie haben jeweils eine Kantenlänge von 5 cm. → [2]

1. ◐ Berechne, wie groß nun die gesamte Oberfläche ist.

2. ● Wie groß wäre die Gesamtoberfläche, wenn man die acht Würfelchen erneut durch drei Schnitte unterteilen würde?

[2] Würfel aus acht Würfelchen

Material C

Kann man Zucker zum Brennen bringen?

[3] Entzünden von Zucker

Führt diesen Versuch in Partnerarbeit durch. Einer hält ein Stück Würfelzucker mit der Tiegelzange über einer Unterlage. Der Partner versucht, den Zucker mit einem Streichholz zu entzünden. Wiederholt dann den Versuch mit einem Stück Zucker, das ihr leicht befeuchtet und in Asche getaucht habt.

1. ○ Erstellt ein Versuchsprotoll.

2. ◐ Welche Reaktion läuft bei der Wiederholung des Versuchs ab, die vorher offensichtlich nicht ablaufen konnte? Erklärt, warum die Reaktion beim zweiten Versuch ablief.

3. ● Erstellt Energiediagramme für beide Versuche. Erklärt damit die Beobachtungen. → S. 89

Chemische Reaktionen planen

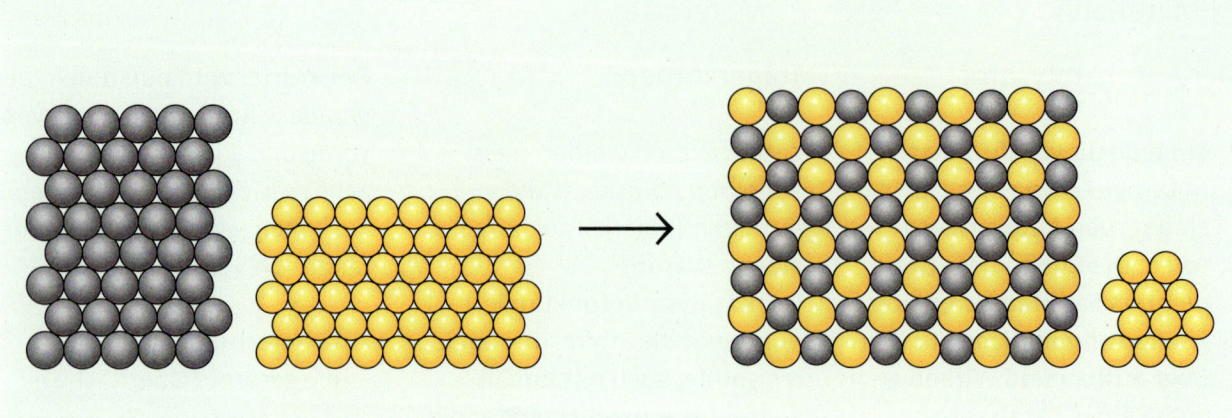

[1] Hier reagieren Eisen und Schwefel miteinander. Man hat aber zu viel Schwefel genommen ...

Wer in chemischen Berufen arbeiten will, muss chemische Reaktionen vernünftig planen können. In Bild 1 hat es z. B. nicht gut geklappt.

Reaktion von Eisen und Schwefel • Es sollen 10 g Eisen mit Schwefel reagieren. Wie viel Schwefel muss man zum Eisenpulver hinzugeben?
Zunächst muss man wissen, wie viele Eisen-Atome mit Schwefel-Atomen reagieren. Dies erfährt man aus der Reaktionsgleichung:

Fe + S → FeS

Dieser kann man entnehmen, dass ein Atom Eisen mit einem Atom Schwefel reagiert. Trotzdem kann man aber nicht einfach 10 g Eisen und 10 g Schwefel zusammengeben. Das ginge nur, wenn ein Eisen-Atom genauso viel wiegen würde wie ein Schwefel-Atom.

Atommasse • Im Periodensystem stehen auch die Atommassen. → [2]

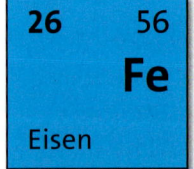

[2] Eisen, Schwefel

Ein Eisen-Atom wiegt 56 u und ein Schwefel-Atom 32 u. Die Einheit u ist eine sehr kleine Gewichtseinheit: 1 u = 0,000000000000000000000000166 g.

Das Mol • Nimmt man die Menge von $6{,}022 \cdot 10^{23}$ Atomen einer Sorte, so wiegen diese so viel Gramm, wie die Atommasse angibt. $6{,}022 \cdot 10^{23}$ Eisen-Atome wiegen also 56 g.
Die Zahl $6{,}022 \cdot 10^{23}$ nennt man 1 Mol. Aus den Atommassen der Atome einer Verbindung kann man die Masse eines Mols der Verbindung ermitteln.
So hat 1 mol FeS eine Masse von 88 g (56 g + 32 g).

Mengenberechnung • Zurück zu unserem Problem: Wie viel Schwefel muss man zu 10 g Eisen geben? Aus Reaktionsgleichung und Atommassen kann man schließen: 56 g Eisen reagieren mit 32 g Schwefel. Das heißt: $56 : 32 = 10 : x$, wobei x der gesuchten Menge Schwefel entspricht.

Fit für den Chemie-Job?

die Atommasse
das Mol
die Konzentration

Wenn man diese Gleichung nach x auflöst, erhält man:

$x = 10 \cdot 32 : 56$

Wenn man dies ausrechnet, weiß man, dass 5,7 g Schwefel zu den 10 g Eisen gegeben werden müssen.

Konzentrationen • Wenn man Stoffe in Wasser oder in anderen Flüssigkeiten löst, kann man die Konzentration auf unterschiedliche Weise angeben. Bekannt ist die Angabe in $\frac{g}{L}$. Häufig findet man auch die Angabe in $\frac{mol}{L}$. Was bedeutet das? Beispiel: In einem Liter Wasser sind 29,25 g Kochsalz (NaCl) gelöst. Die Konzentration beträgt dann 29,25 $\frac{g}{L}$. Wie viel $\frac{mol}{L}$ sind das? Dazu berechnet man erst einmal die Molmasse (= Masse von einem Mol) von NaCl. Aus dem Periodensystem entnimmt man für Na = 23,0 u und Cl = 35,5 u. Dies ergibt eine Molmasse von 58,5 g für NaCl. Nun teilt man die 29,25 g durch die Molmasse von 58,5 g und kommt dabei auf 0,5. Man weiß jetzt, dass 0,5 mol Natriumchlorid in einem Liter Wasser gelöst sind. Die Konzentration beträgt also 0,5 $\frac{mol}{L}$. Man sagt auch: Die Lösung ist 0,5-molar.

> Eine Stoffportion von $6,022 \cdot 10^{23}$ Teilchen nennt man 1 Mol.
> Die Atommasse in g entspricht der Masse von 1 mol des jeweiligen Stoffs.
> Eine 1-molare Lösung enthält 1 mol des gelösten Stoffs in 1 Liter.

Man möchte die Reaktion von Zink mit Schwefel durchführen. Dabei sollen 15 g Zinkpulver eingesetzt werden. Wie viel Schwefel muss man hinzugeben?

1. Reaktionsgleichung notieren:
   $Zn + S \rightarrow ZnS$

2. Molmassen ermitteln:
   Zink = 65   Schwefel = 32

3. Massenverhältnis ermitteln und mit gegebenem Zink in Beziehung setzen:
   $65 : 32 = 15 : x$

4. Nach x auflösen:
   $x = 15 \cdot 32 : 65$

5. Lösung ausrechnen:
   $x = 7,4$
   Man muss 7,4 g Schwefel hinzugeben.

3 Weiteres Beispiel für eine Mengenberechnung

Aufgaben

1 ○ Wie viel wiegen: 1 mol Natrium (Na); 2 mol Gold (Au); 0,5 mol Quecksilber (Hg)?
Nimm jeweis das Periodensystem zu Hilfe.

2 ◐ Gib an, wie viel 3 mol Chlormoleküle (Cl_2) und wie viel 6 mol Methanmoleküle (CH_4) wiegen.

3 ● Berechne, wie viel Gramm HCl in 2 Litern einer 1-molaren Salzsäure gelöst sind.

Chemische Reaktionen planen

Material A

Masse und Molmasse

1. ○ Gib an, wie viel 3 mol Kalium, 2 mol Nickel und 3,5 mol Schwefel wiegen.

2. ◐ Ermittle die Masse von je 5,5 mol Kaliumchlorid (KCl) und Kaliumpermanganat ($KMnO_4$).

3. ◐ Berechne, wie viel mol der Stoffproben vorliegen:
   - bei 145,2 g Ge
   - bei 299,25 g Rb

Material B

Konzentrationsangaben

1. ◐ Gib bei den folgenden Salzlösungen jeweils die Konzentration in $\frac{mol}{L}$ an:
   - bei einer Lithiumchlorid-Lösung (LiCl) mit der Konzentration 42,4 $\frac{g}{L}$
   - bei einer Aluminiumchloridlösung ($AlCl_3$) mit der Konzentration 400,5 $\frac{g}{L}$
   - bei einer Kupfersulfat-Lösung ($CuSO_4$) mit der Konzentration 79,85 $\frac{g}{L}$

2. ◐ Umgekehrt kann man aber auch $\frac{mol}{L}$ in $\frac{g}{L}$ umrechnen.
   Gib jeweils die Konzentration in $\frac{g}{L}$ an:
   - bei einer 2-molaren Rubidiumchlorid-Lösung (RbCl)
   - bei einer 0,5-molaren Kaliumnitrat-Lösung (KNO_3)
   - bei einer 1,6-molaren Natriumphosphat-Lösung (Na_3PO_4)
   - bei einer 0,07-molaren Calciumdihydrogenphosphat-Lösung $Ca(H_2PO_4)_2$

Material C

Berechnungen bei chemischen Reaktionen

Aus wirtschaftlichen Gründen werden bei der Förderung von Erdöl große Mengen an Methan (CH_4) abgefackelt: jährlich etwa 96 000 000 t.

1. ○ Ermittle die Molmassen von Methan, Sauerstoff, Kohlenstoffdioxid und Wasser.

2. ◐ Gib die Reaktionsgleichung für die Verbrennung des Methans an (*Tipp:* Als Reaktionsprodukte entstehen Kohlenstoffdioxid und Wasser.)

Gib an, in welchem Massenverhältnis Methan und Kohlenstoffdioxid bei dieser Reaktion stehen.
Berechne, wie viel Tonnen Kohlenstoffdioxid durch das Abfackeln des Methans jährlich entstehen.

3. ● Bei der Fotosynthese wird Kohlenstoffdioxid nach folgender Reaktionsgleichung abgebaut:

$$6\ CO_2 + 6\ H_2O \rightarrow C_6H_{12}O_6 + 6\ O_2$$

Ermittle das Massenverhältnis von Kohlenstoffdioxid zu Sauerstoff bei dieser Reaktion.

Ein großer Baum produziert im Jahr ca. 5 000 kg Sauerstoff. Berechne, wie viel Kohlenstoffdioxid er dabei abbaut.
Wie viele Bäume bräuchte man, um das Kohlenstoffdioxid, das beim Abfackeln von Erdgas entsteht, wieder abzubauen?

1 Abfackeln von Erdgas

Methode

Lösungen verdünnen

In keinem Labor gibt es jede Lösung in passender Konzentration. Aber aus einer hoch konzentrierten Lösung, der sogenannten Stammlösung, kann man passend verdünnen.

Beispiel 1: Aus einer 3-molaren Salzsäure sollen 300 mL einer 0,5-molaren Salzsäure hergestellt werden.

Folgende Gleichung hilft dabei:

$$c_s \cdot V_s = c_g \cdot V_g$$

Dabei steht c für die Konzentration und V für das Volumen. Die kleinen Buchstaben s und g stehen für Stammlösung und gewünschte Lösung.
Drei der vier Variablen sind schon bekannt:
$3\,\frac{mol}{L} \cdot V_s = 0{,}5\,\frac{mol}{L} \cdot 300\,mL$
Auflösen nach V_s ergibt:

$$V_s = \frac{0{,}5\,\frac{mol}{L} \cdot 300\,mL}{3\,\frac{mol}{L}} = 50\,mL$$

Konkret bedeutet dies, dass man 50 mL der Stammlösung abmisst und dann mit Wasser auf 300 mL auffüllt.

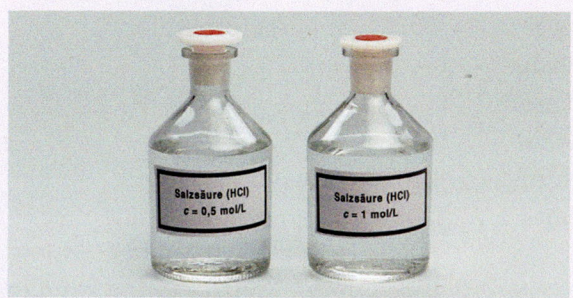

2 Säuren mit verschiedenen Konzentrationen

Beispiel 2: Im Säureschrank findet man eine 30%ige Salzsäure. Aus ihr sollen 250 mL einer 1-molaren Salzsäure hergestellt werden.

Die Angabe 30 % bezieht sich auf das Gewicht. Eine 30%ige Salzsäure hat bei 20 °C die Dichte $1{,}149\,\frac{kg}{L}$. Das heißt: 1 Liter wiegt 1,149 kg. 30 % davon sind HCl:
1,149 kg · 0,30 = 0,3447 kg = 344,7 g
Wir wissen nun: 344,7 g HCl sind in 1 L gelöst. Die Molmasse von HCl beträgt $36{,}5\,\frac{g}{mol}$. Wenn man die Masse an gelöstem HCl durch die Molmasse teilt, weiß man, wie viel mol HCl in 1 L gelöst sind:

$$\frac{344{,}7\,g}{36{,}5\,\frac{g}{mol}} = 9{,}4\,mol$$

Unsere Stammsäure ist also 9,4-molar.
Nun kann man wie in Beispiel 1 weiterrechnen:
$9{,}4\,\frac{mol}{L} \cdot V_s = 1\,\frac{mol}{L} \cdot 250\,mL$

$$V_s = \frac{1\,\frac{mol}{L} \cdot 250\,mL}{9{,}4\,\frac{mol}{L}} = 26{,}6\,mL$$

Aufgaben

1 ◐ Erläutere, wie man aus einer 5-molaren Natronlauge 250 mL einer 1-molaren und 500 mL einer 0,5-molaren Natronlauge herstellt.

2 ● Aus einer 20%igen Salpetersäure HNO_3 (Dichte bei 20 °C = $1{,}115\,\frac{kg}{L}$) sollst du 100 mL einer 2-molaren Salpetersäure herstellen. Berechne V_s und beschreibe dein Vorgehen.

Konzentrationen ermitteln

[1] Hier wird eine Titration durchgeführt: Zu einer Säure wird Lauge zugetropft – genau bis zur Neutralisation.

Im Schrank steht eine alte Flasche mit Salzsäure – ohne Etikett. Wie könnte man die Konzentration ermitteln?

Mit Indikatoren? • Mithilfe von Indikatoren kann der pH-Wert der unbekannten Säure bestimmt werden. Natürlich liegt er im sauren Bereich. Gibt man eine Lauge hinzu, so wird der pH-Wert zunächst auf 7 steigen und dann in den basischen Bereich übergehen. Dies gilt aber für alle Säuren. Über die exakte Konzentration der Säure sagt das noch nichts aus.

Durch Titration! • Beim Titrieren gibt man zu der Säure so lange eine Lauge, bis genau pH 7 erreicht hat. An diesem sogenannten Äquivalenzpunkt weiß man, dass gleich viele OH^--Ionen zugegeben wurden, wie H^+-Ionen vorhanden waren. Wichtig ist dabei, dass man die Konzentration und die Menge der zugegebenen Lauge – und auch die Menge der Säure – genau kennt.

Auswertung der Titration • Um die Auswertung zu veranschaulichen, hier ein konkretes Beispiel:
Von der unbekannten Säure wurden 10 mL in einen Erlenmeyerkolben gegeben und mit Universalindikator versetzt. Aus einer Bürette wurde 1-molare Lauge zugetropft, bis der Äquivalenzpunkt (pH 7) erreicht war. Dies war im Beispiel nach 20 mL Lauge der Fall.
Im Äquivalenzpunkt gilt:

$$c_{Säure} \cdot V_{Säure} = c_{Lauge} \cdot V_{Lauge}$$

Eingesetzt und nach der Konzentration der Säure aufgelöst ergibt sich:

$$c_{Säure} = \frac{1\frac{mol}{L} \cdot 20\,mL}{10\,mL} = 2\frac{mol}{L}$$

Die Säure war also 2-molar.

> Durch Titration mit einer Lösung bekannter Konzentration kann man die Konzentration unbekannter Lösungen ermitteln.

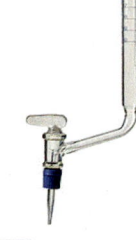

[2] Bürette

die Titration

Material A

Einen Indikator selbst herstellen und eichen

Einen guten Indikator kann man leicht herstellen – aus Rotkohl. Die passende Farbskala kann man ebenfalls mit Maßlösungen selbst erstellen.

3 Rotkohl als Indikator

1 ○ Gib etwa 500 mL Wasser in ein großes Becherglas und einige Stücke Rotkohl dazu. Koche dieses Gemisch ungefähr 10 min lang und filtriere es dann.
Tipp: Eingefroren in eine Eiswürfelform ist der Indikator haltbar und gut portionierbar.

2 ● Wenn du eine eigene Farbskala erstellen willst, brauchst du Maßlösungen. Stelle dazu folgende Lösungen her:
0,1-molare HCl, 1-molare NaOH ⚠, 5%ige Essigsäure (Haushaltsessig), 1%ige NaHCO$_3$, 1%ige Na$_2$CO$_3$. Durch Mischungen der Lösungen erhältst du bestimmte pH-Werte. Damit kannst du deinen Rotkohlindikator eichen.

Lösung A (+ Lösung B)	pH
10 mL HCl	1,7
10 mL Essig	2,8
2 mL Essig + 8 mL H$_2$O	3,7
10 mL H$_2$O	5,8
1 mL NaHCO$_3$ + 9 mL H$_2$O	7,1
10 mL NaHCO$_3$	8,0
1 mL Na$_2$CO$_3$ + 9 mL H$_2$O	8,7
5 mL Na$_2$CO$_3$ + 5 mL H$_2$O	10,5
10 mL NaOH	13,2

4 Herstellung von Maßlösungen

Material B

Eine Titration durchführen

Es stehen verschiedene Natronlaugen ⚠ auf dem Pult. Die Konzentrationen sind alle unbekannt.
Du hast eine Titrationsapparatur und 1-molare Salzsäure. Als Indikator kannst du Rotkohlsaft verwenden. Ermittle die Konzentration einer der Laugen.

Achtung • Unbedingt Schutzbrille und Handschuhe tragen. Es könnten hoch konzentrierte Laugen dabei sein!

1 ◐ Zeichne und beschrifte einen Versuchsaufbau.

2 ● Führe die Titration durch und berechne die Konzentration der untersuchten Lauge.

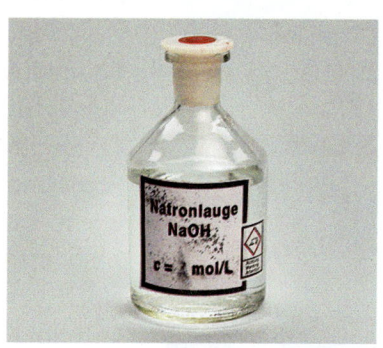

5 Lauge unbekannter Konzentration

Hightechchemie

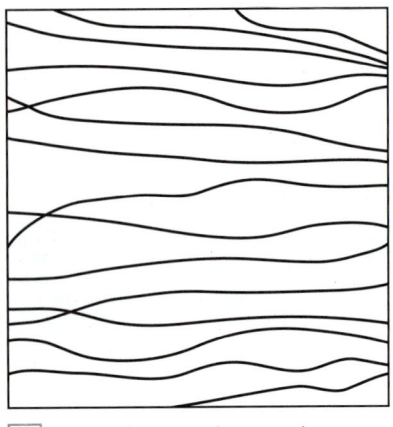
1 Modell eines Thermoplasts

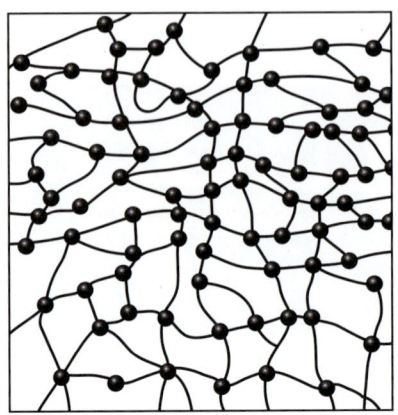
2 Modell eines Duroplasts

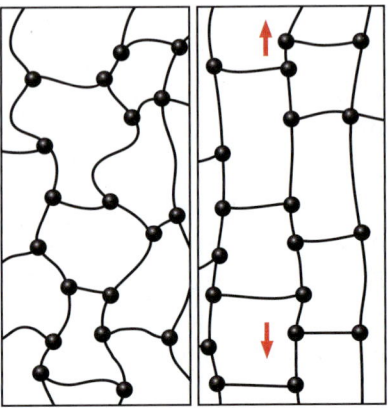
3 Modell eines Elastomers

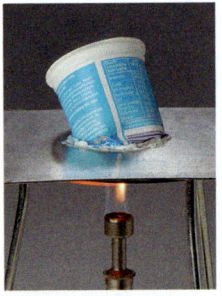
4 Thermoplast

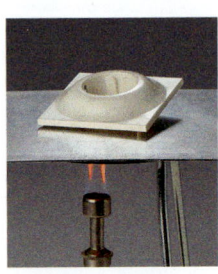
5 Duroplast

6 Elastomer

Wer in der Chemie arbeiten will, wird oft auch mit ganz neuen Materialien zu tun haben, z. B. mit neuartigen Kunststoffen oder auch mit Nano-
5 materialien.

Der erste Kunststoff • Früher wurden Billardkugeln aus Elfenbein hergestellt, also aus den Stoßzähnen von Elefanten. 1870 ärgerte sich ein reicher
10 Billardspieler darüber, dass die Kugeln nicht perfekt rund waren. Er bot 10 000 Dollar für die Entwicklung eines besseren Materials. John Wesley Hyatt gelang es schließlich, das
15 gewünschte Material zu erschaffen. Durch chemische Behandlung von Baumwolle stellte er den ersten Kunststoff her: Celluloid.
Celluloid diente auch als Material für
20 Fotofilme und Kinostreifen. Es ist aber leicht entflammbar. Deshalb hat es in Kinos längst ausgedient.
Noch werden Tischtennisbälle aus Celluloid produziert. Allerdings wird
25 gerade auf ein neues Material – einen anderen Kunststoff – umgestellt.

Was sind Kunststoffe? • Für alle Kunststoffe gilt, dass sie aus Makromolekülen bestehen. Makromoleküle sind
30 Moleküle, die aus mehreren Tausend Atomen bestehen. Kunststoffe werden industriell hergestellt.

Arten von Kunststoffen • Die Kunststoffe lassen sich in drei Gruppen
35 einteilen:
- *Thermoplaste:* Diese Kunststoffe werden beim Erwärmen weich und lassen sich verformen. Sie bestehen aus langen Kettenmolekülen, die
40 nebeneinanderliegen und nicht miteinander verbunden sind. → 1
- *Duroplaste:* Diese Kunststoffe verändern ihre Form beim Erwärmen nicht. Sie bestehen aus einem
45 einzigen riesigen Molekül, das engmaschig verknüpft ist. → 2
- *Elastomere:* Diese Kunststoffe verformen sich unter Krafteinwirkung. Nach der Krafteinwirkung gehen sie
50 wieder in ihre ursprüngliche Form zurück. Sie bestehen aus einem weitmaschigen Netzmolekül. → 3

Fit für den Chemie-Job?

der Thermoplast
der Duroplast
der Elastomer
die Polymerisation
die Nanotechnologie

Wie stellt man Kunststoffe her?

Wenn man sich den Aufbau von Polyvinylchlorid (PVC) anschaut, erkennt man, dass immer gleiche Atomgruppen aufeinanderfolgen. → 7
Ausgangsstoff sind einzelne Moleküle, die sogenannten Monomere. Beim PVC ist dies Vinylchlorid. → 8
Bei der Herstellung wird durch den Einsatz eines Katalysators die Doppelbindung gespalten und die Vinylchloridmoleküle lagern sich aneinander. Einen solchen Vorgang nennt man Polymerisation. → 9
Polymerisationen sind typisch für die Herstellung von vielen Kunststoffen.

Nanotechnologie

Ein neuer Zweig der Chemie beschäftigt sich mit extrem kleinen Gegenständen. Die Vorsilbe „Nano" beschreibt sehr kleine Größen im Bereich von 0,000 000 001 m. → 10
„Nanopartikel" bestehen nur aus ziemlich wenigen Atomen.
Bei so winzigen Dingen treten Überraschungen auf. Ein Beispiel ist der Lotuseffekt: An Oberflächen, die mit bestimmten Nanopartikeln überstreut sind, bleibt Schmutz kaum haften. Was könnte der Grund für solche Überraschungen sein?
Dazu ein Beispiel: In einem Klumpen Eisen ist jedes Atom rundum von anderen Atomen umgeben. Anders in einem Nanopartikel, das z. B. aus nur 17 Eisen-Atomen besteht. Dort liegen viele Atome und ihre Außenelektronen frei an der Oberfläche des Partikels. Dies verleiht dem Nanopartikel ungewöhnliche chemische Eigenschaften.

7 Polyvinylchlorid (PVC)

8 Vinylchlorid

9 Reaktion von Vinylchlorid zu Polyvinylchlorid (PVC)

Symbol	Name	Wert
m	Milli	10^{-3} = 0,001
μ	Mikro	10^{-6} = 0,000 001
n	Nano	10^{-9} = 0,000 000 001

10 Einige Größenvorsilben

Kunststoffe bestehen aus Makromolekülen.
Die Nanotechnologie ist ein neues Forschungsfeld. Sie beschäftigt sich mit winzigen Strukturen, bei denen überraschende Effekte auftreten.

Aufgaben

1 ○ Nenne drei Gruppen von Kunststoffen und beschreibe ihre Eigenschaften.

2 ◐ Erkläre mit eigenen Worten, was man unter Nanotechnologie versteht.

Hightechchemie

Material A

Herstellung eines Kunststoffs

Materialliste: Becherglas, Gasbrenner, Tiegelzange, Teelichthülle, Citronensäure ⚠

In ein Becherglas wird etwa 2 cm hoch Citronensäure gegeben. Die Säure wird mit einem Gasbrenner so lange erhitzt, bis die Gasentwicklung geringer wird und die Schmelze sich dunkelgelb färbt. → 1

1. ○ Führe den Versuch wie beschrieben durch. Gieße die Schmelze mithilfe einer Tiegelzange in eine Teelichthülle. Beschreibe den entstandenen Kunststoff.

2. ○ Tauche ein Streichholz in die Schmelze und versuche Fäden zu ziehen. Wiederhole den Versuch nach 15 Minuten.

1 Verfärbung der Schmelze

Material B

Kunststoffe klassifizieren

Nimm Proben von:
- Polyethylenterephthalat (PET), z. B. Getränkeflasche
- Polyethen (PE), z. B. Plastiktüte
- Polypropen (PP), z. B. Joghurtbecher
- Polyamid (PA), z. B. Dübel
- Aminoplast (UF), z. B. alte Steckdose oder Lichtschalter

1. ○ Untersuche, ob es sich um Thermoplaste oder Duroplaste handelt. Erwärme dazu (im Abzug!) die verschiedenen Proben vorsichtig mit einem Heißluftföhn.

2. ◐ Bestimme die Dichte der Kunststoffproben. Zur Verfügung hast du eine Waage, einen Messzylinder, Wasser und ein Überlaufgefäß.

3. ◐ Stelle die Ergebnisse der Untersuchungen übersichtlich in einer Tabelle dar.

Material C

Kunststoffmüll im Meer

2 Seemöwe mit Plastikmüll

Im Meer sammeln sich Unmengen von Kunststoffmüll. Das Bundesumweltamt schätzt, dass es ca. 80 Millionen Tonnen Plastik in den Weltmeeren gibt. Davon lagern rund 70 % auf dem Meeresgrund, 15 % schwimmen auf dem Meer und 15 % werden an die Strände gespült. Vögel und andere Tiere nehmen den Müll auf und sterben daran.

1. ◐ Berechne, welche Mengen an Kunststoffmüll sich am Meeresgrund, auf dem Meer und an den Stränden befinden. Stelle die Ergebnisse in einem Diagramm dar.

2. ◐ Beschreibe, wie der Müll ins Meer gelangen konnte.

3. ● In Irland gibt es eine Steuer von 19 Cent auf Einwegplastiktüten. Sollte diese Steuer in der ganzen EU eingeführt werden?

Erweitern und Vertiefen

Nanotechnologie – heute und morgen

Was heute schon gemacht wird • Es gibt bereits eine Vielzahl von Anwendungen der Nanotechnologie. Einige kannst du hier kennenlernen:

Antifouling: Bei Schiffen ist der Bewuchs der Rümpfe mit Mikroorganismen ein großes Problem. Traditionell wird dies mithilfe von giftigen Substanzen bekämpft. Nanostrukturierte Oberflächen verringern den Bewuchs deutlich und sparen somit giftige Substanzen.

Brandschutzfenster: Man kann moderne Brandschutzfenster bedenkenlos auf der einen Seite berühren, während auf der anderen Seite ein Brand herrscht. Dies gelingt durch Nanoporen, die die Wärmeleitung durch eingeschlossene Gasteilchen deutlich verringern.

UV-Schutz: Der Lichtschutzfaktor von Sonnencremes konnte durch Nanoteilchen aus Zinkoxid und Titandioxid massiv erhöht werden – weitaus mehr, als es durch traditionelle Mittel möglich gewesen wäre.

3 Sehr hoher Lichtschutzfaktor

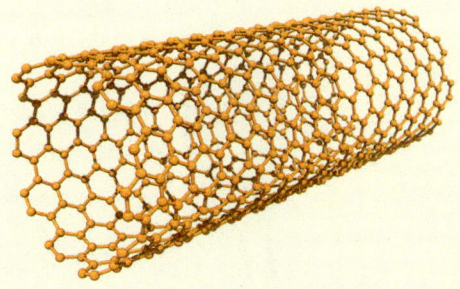

4 Nanoröhre aus Kohlenstoff – leicht und stabil

Was künftig angestrebt wird • Die Nanotechnologie bietet viele Chancen, z. B.:

Leichtbau: Gewichtsreduzierung ist wichtig, um Treibstoff zu sparen. Durch Nanotechnologie sind extrem leichte und dennoch sehr stabile Bauteile herstellbar. Diese könnten im Auto- und Flugzeugbau Verwendung finden.

Nanoporen: Um Stoffe anzulagern, sollten Speicherstoffe eine möglichst große Oberfläche im Verhältnis zu ihrer Masse haben. Aktivkohle galt in dieser Eigenschaft jahrelang als unerreichbar. Neu entwickelte Nanowürfel übertreffen die Aktivkohle aber deutlich. So kann man künftig vielleicht große Mengen Wasserstoff speichern und transportieren – im Hinblick auf die Klimakrise und die Chancen des Energieträgers Wasserstoff eine wichtige künftige Anwendung.

Zahnmedizin: Der Verschluss von feinen Kanälchen in Zähnen dient der Schmerzbehandlung. Mit zahnfremden Materialien findet allerdings keine dauerhafte Verbindung statt. Einige Nanomaterialien haben in Tests nun deutlich bessere Verbindungen gezeigt.

Batterie – chemische Energie mal anders

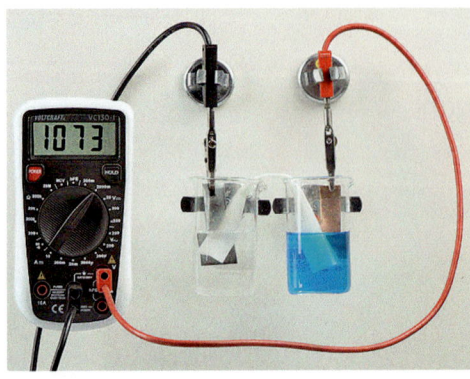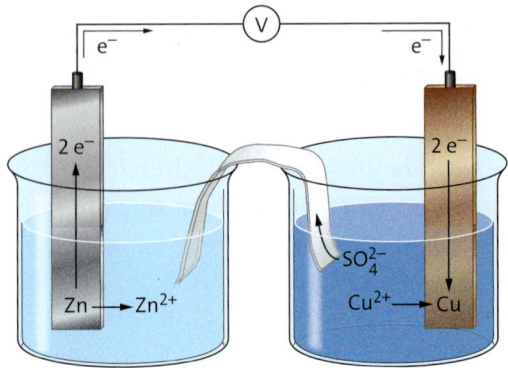

1 Das Daniell-Element – eine einfache Batterie

Chemische Energie wird meistens in Wärme umgewandelt. Manchmal braucht man aber die Umwandlung in elektrische Energie. Auch das ist möglich – mit Batterien.

Eine einfache Batterie • Eine einfache Batterie ist das sogenannte Daniell-Element. Es besteht aus Metallstiften – einer aus Zink, der andere aus Kupfer. Diese werden als Elektroden bezeichnet. Die Elektroden stecken in einer leitfähigen Flüssigkeit – dem Elektrolyten.
Beim Daniell-Element steckt die Zinkelektrode in einer Lösung aus Zinksulfat, die Kupferelektrode in einer aus Kupfersulfat. Beide Lösungen werden durch ein in Kaliumnitrat-Lösung getränktes Filterpapier verbunden. → 1

Wie funktioniert diese Batterie? •
Beim Zinkstift trennen sich von Zink-Atomen jeweils zwei Elektronen ab:

$$Zn \rightarrow Zn^{2+} + 2\,e^-$$

Die Abgabe von Elektronen nennt man in der Elektrochemie Oxidation.

Die Elektronen wandern durch das Kabel zum Kupferblech. Aus der Kupfersulfatlösung kommen Kupfer-Ionen an den Metallstift und nehmen die Elektronen auf:

$$Cu^{2+} + 2\,e^- \rightarrow Cu$$

Die Aufnahme der Elektronen nennt man in der Elektrochemie Reduktion. Um die Ladungen zwischen den Bechergläsern auszugleichen, gehen Sulfat-Ionen (SO_4^{2-}) durch das Filterpapier aus der Kupfersulfatlösung in die Zinksulfatlösung. Mit der Zeit löst sich der Zinkstift auf und die Batterie funktioniert nicht mehr.

Aufgaben

1 Gib an, ob Zink oder Kupfer das edlere Metall ist.

2 Elektronenspender werden Donatoren genannt, Elektronenaufnehmer Akzeptoren. Gib an, wer im Daniell-Element Donator und wer Akzeptor ist.

die Elektrode
der Elektrolyt
die Oxidation
die Reduktion

Material A

Versuche mit dem Daniell-Element

Baue ein Daniell-Element auf. Dazu brauchst du auch:
- 1-molare Kupfersulfat-Lösung
- 1-molare Zinksulfat-Lösung
- 1-molare Kaliumnitrat-Lösung

1 ◐ Miss die Spannung am Daniell-Element. Schließe einen kleinen Elektromotor an und beobachte.

2 ◐ Wische die Elektroden trocken und wiege sie anschließend. Verbinde deine Batterie über Nacht und wiege die Elektroden nach dem Trockenwischen erneut.

3 ● Schließe eine Glühbirne (4 V und 0,1 A) an deine Batterie an und beobachte. Versuche mithilfe anderer Experimentiergruppen und deren Batterien die Glühlampe zum Leuchten zu bringen.

4 ● Miss die Spannung an einer Flachbatterie. → 2 Beschreibe, wie sie aufgebaut sein könnte.

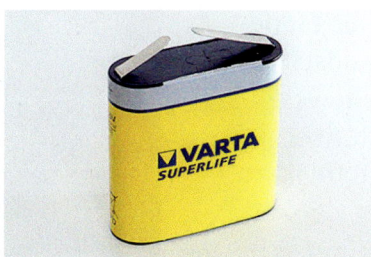

2 Flachbatterie

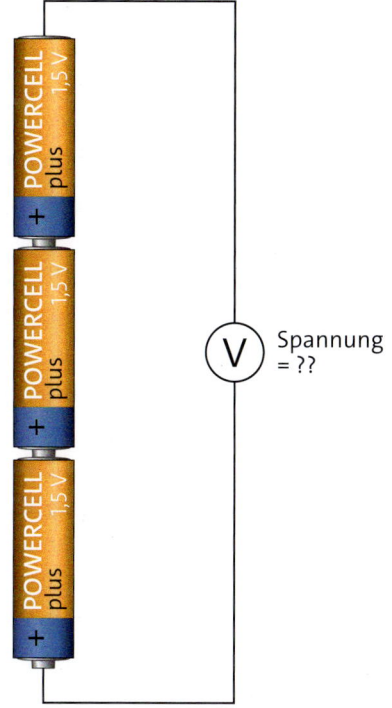

3 Was geschieht, wenn man mehrere Batterien in Reihe schaltet?

Material B

Mit Fachbegriffen umgehen

In der Elektrochemie versteht man unter Oxidation die Abgabe von Elektronen. Die Aufnahme von Elektronen wird als Reduktion bezeichnet. Der Ort, an dem die Oxidation abläuft, ist die Anode. Kathode nennt man den Ort, an dem die Reduktion stattfindet.

1 ◐ Skizziere den Aufbau des Daniell-Elements und ordne dabei folgende Begriffe zu: Elektronendonator, Elektronenakzeptor, Oxidation, Reduktion, Anode, Kathode.

2 ◐ Der Text rechts über die Natrium-Schwefel-Batterie enthält zwei Fehler. Schreibe den Text ab und korrigiere dabei die Fehler.

Natrium-Schwefel-Batterie

Natrium ist ein sehr unedles Metall. Es gibt leicht sein Außenelektron ab und dient als Elektronendonator. Beim Natrium befindet sich also die Kathode.
Bei dieser Batterie wird Schwefel oxidiert. Schwefel ist somit ein Elektronenakzeptor.

Fit für den Chemie-Job?

Zusammenfassung

Chemische Reaktion sind planbar • Um chemische Reaktionen so ablaufen zu lassen, wie man es will, muss man einiges beachten. Es müssen z. B. die passenden Mengen der Reaktionspartner genommen werden. Diese lassen sich mithilfe der Reaktionsgleichung und der Molmassen ermitteln.
Bei einigen Reaktionen hilft ein Katalysator, diejenigen Reaktionen ablaufen zu lassen, die man wünscht. Ansonsten würden nämlich andere unerwünschte Reaktionen ablaufen.

1 Wabenkörper eines Autoabgaskatalysators

Neue Werkstoffe • Seit etwa 100 Jahren ist es auch eine Aufgabe von Chemikern, neue Stoffe zu entwickeln. Eine ganze Reihe von Kunststoffen sind aus unserem Alltag nicht mehr wegzudenken. Sie sind billig und praktisch, aber oft gehen wir zu sorglos mit diesen Stoffen um. Riesige Abfallberge sind die Folge.
Eine neue Forschungsrichtung beschäftigt sich mit Nanostoffen – kleinsten Strukturen. Dabei treten oft überraschende Eigenschaften auf. Oberflächen, an denen kein Schmutz haftet, sind ein Beispiel für nanobehandelte Stoffe.

2 Eine Plastiktüte dort, wo sie nicht hingehört

Batterien • Durch geschickte Versuchsanordnungen kann man einige exotherme Reaktionen so ablaufen lassen, dass dabei Elektronen kontrolliert von einem Reaktionspartner auf den anderen übertragen werden. Die Übertragung der Elektronen ist ein elektrischer Strom, den man z. B. für Taschenlampen nutzen kann.
Batterien bestehen aus zwei verschiedenen Metallen und einer leitfähigen Flüssigkeit – dem Elektrolyten.

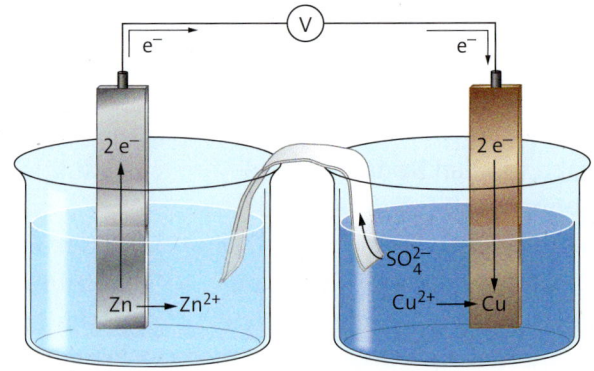
3 Das Daniell-Element – eine einfache Batterie

Teste dich! (Lösungen im Anhang)

1 ○ Berechne jeweils, wie viel 1 mol Quecksilber (Hg), 2 mol Silber (Ag), 5 mol Antimon (Sb), 3 mol Ammoniak (NH_3) und 2,56 mol Kaliumpermanganat ($KMnO_4$) wiegen.

2 ○ Berechne jeweils, wie viel mol 104 g Chrom (Cr), 156 g Kalium (K), 54 g Aluminium (Al) und 120 g Methan (CH_4) sind.

3 Konzentrationsangaben gibt es in $\frac{g}{L}$ oder in $\frac{mol}{L}$.
a ◐ Gib die Konzentration in $\frac{g}{L}$ an:
einer 2-molaren Kochsalz-Lösung (NaCl)
einer 4,5-molaren Lithiumchlorid-Lösung (LiCl)
b ◐ Gib die Konzentration in $\frac{mol}{L}$ an:
einer Lösung mit 37 $\frac{g}{L}$ Kaliumchlorid (KCl)
und einer Lösung mit 16 $\frac{g}{L}$ Kupfersulfat ($CuSO_4$).

4 ◐ Zur Bestimmung der Konzentration einer unbekannten Salzsäure wird mit einer 1-molaren Natronlauge titriert. Als Vorlage wurden 10 mL der unbekannten Salzsäure vorgegeben. Der Universalindikator in der Salzsäure schlug nach Grün um, nachdem 5 mL der Natronlauge verbraucht waren. Berechne die Konzentration der unbekannten Salzsäure.

5 ◐ Man will die Reaktion von Schwefel und Zink ablaufen lassen. → 5 Folgende Reaktionsgleichung beschreibt diese Reaktion:
Zn + S → ZnS
Es wurden 2 g Zink abgewogen. Berechne, wie viel Schwefel zugegeben werden muss.

6 ● Aus 30%iger Salzsäure (Dichte bei 20 °C = 1,149 $\frac{kg}{L}$) soll ein Liter 1-molare Salzsäure hergestellt werden. Erläutere, wie man dabei vorgehen muss.

4 Titration zur Bestimmung des pH-Werts

5 Start einer Zink-Schwefel-Rakete

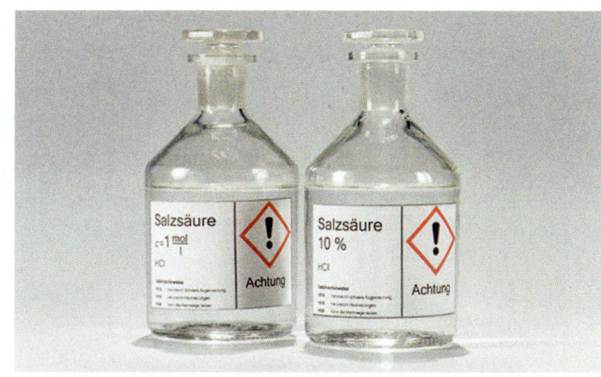

6 Salzsäure mit Gehaltsangaben

Anhang

Berufe mit Chemie

Chemikant/-in

Ausbildungsdauer: 3,5 Jahre

Erwarteter Schulabschluss: überwiegend mittlerer Schulabschluss, teilweise auch Hauptschulabschluss

Wichtige Schulfächer: Chemie, Physik, Mathematik

Ausbildungsvergütung: 850–1140 €

Art der Ausbildung: duale Ausbildung

Tätigkeiten: Chemikanten stellen aus Rohstoffen in großindustriellen Anlagen chemische Erzeugnisse wie Farben, Waschmittel oder Kosmetika her. Dazu messen sie die Rohstoffe ab, befüllen die Apparaturen, steuern und überwachen die Anlagen.
Es werden Proben entnommen und auf Qualität überprüft. Der gesamte Fertigungsablauf wird jeweils durch die Chemikanten protokolliert.
Die Durchführung kleinerer Reparaturen an den Anlagen sind ebenfalls Aufgaben der Chemikanten.

Weiterbildungsmöglichkeiten: Industriemeister oder Techniker

Chemielaborant/-in

Ausbildungsdauer: 3,5 Jahre

Erwarteter Schulabschluss: Hochschulreife oder guter mittlerer Bildungsabschluss

Wichtige Schulfächer: Chemie, Physik, Biologie, Mathematik und Englisch

Ausbildungsvergütung: 850–1140 €

Art der Ausbildung: duale Ausbildung

Tätigkeiten: Chemielaboranten untersuchen Stoffe und Produkte auf ihre Qualität. Weiterhin stellen sie Stoffgemische her, entwickeln und optimieren Syntheseverfahren. Es werden Messungen durchgeführt, Versuchsabläufe protokolliert und am Computer ausgewertet.
Für Chemielaboranten ist Arbeitssicherheit ein wichtiges Thema, da häufig mit gefährlichen Stoffen hantiert wird.
Exaktes Arbeiten ist eine absolute Grundvoraussetzung in diesem Beruf.

Weiterbildungsmöglichkeiten: Industriemeister oder Techniker. Unter bestimmten Voraussetzungen ist auch ohne Hochschulreife eine Studienzulassung möglich.

1 Steuerung und Überwachung von Anlagen

2 Überprüfung der Warenqualität

Chemisch-technische(r) Assistent/-in (CTA)

Ausbildungsdauer: 2 Jahre

Erwarteter Schulabschluss: in der Regel mittlerer Schulabschluss

Wichtige Schulfächer: Chemie, Physik, Mathematik, Informatik

Ausbildungsvergütung: –

Art der Ausbildung: Berufsfachschule

Tätigkeiten: CTAs haben sehr ähnliche Aufgaben wie Chemielaboranten. Sie untersuchen Proben von Rohstoffen oder Produkten auf ihre Qualität, setzen Versuchsreihen an und führen diese durch. Dabei werden die Ergebnisse protokolliert und teilweise mit dem Computer ausgewertet.
Chemisch-technische Assistenten stellen Stoffgemische her und entwickeln oder optimieren Syntheseverfahren. Exaktes Arbeiten und die Beachtung der Arbeitssicherheit sind unabdingbar für CTAs.

Weiterbildungsmöglichkeiten: Industriemeister oder Techniker. Unter bestimmten Voraussetzungen ist auch ohne Hochschulreife eine Studienzulassung möglich.

Pharmazeutisch-techn. Assistent/-in (PTA)

Ausbildungsdauer: 2,5 Jahre

Erwarteter Schulabschluss: in der Regel mittlerer Schulabschluss

Wichtige Schulfächer: Chemie, Biologie, Mathematik, Deutsch

Ausbildungsvergütung: schulische Ausbildung ohne Vergütung. Praktikanten erhalten 670 €.

Art der Ausbildung: Berufsfachschule und Praktikum

Tätigkeiten: PTAs stellen unter Aufsicht der Apotheker Salben und Medikamente her. Ebenfalls unter Aufsicht verkaufen sie verschreibungspflichtige Medikamente.
Der Verkauf nicht verschreibungspflichtiger Medikamente und die Beratung der Kunden zur Anwendung der Produkte gehören ebenfalls zum Tätigkeitsfeld der Pharmazeutisch-technischen Assistenten.
Einfache physikalische und chemische Arzneimittelanalysen werden von PTAs durchgeführt.

Weiterbildungsmöglichkeiten: Industriemeister Fachrichtung Chemie oder Pharmazie

3 Arbeit im Labor

4 Beschäftigung in Apotheken

Übersicht über die Bindungsarten

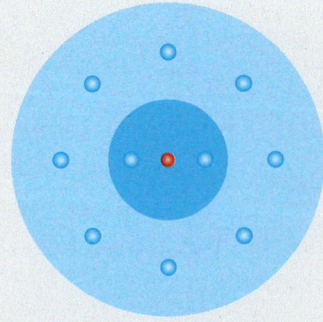

[1] Edelgaszustand (Beispiel Neon-Atom)

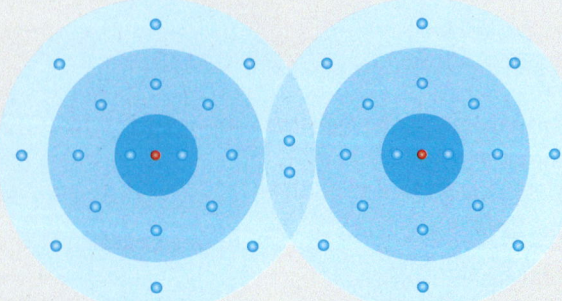

[2] Elektronenpaarbindung (Beispiel Chlormolekül)

Bindungen als Schlüssel zur Vielfalt

Es gibt zwar lediglich knapp 120 verschiedene Atomsorten, wohl aber sind über 5 000 000 verschiedene Stoffe bekannt. Diese Vielfalt ergibt sich dadurch, dass sich Atome verbinden können.
Grundantrieb der Atome bei Bindungen ist es immer, den Edelgaszustand zu erreichen. Dieser ist dann erreicht, wenn die äußerste Elektronenschale voll besetzt ist.
Zur Erinnerung: Die innerste Schale ist dann voll besetzt, wenn zwei Elektronen den Kern auf ihr umkreisen. Bei der zweiten und dritten Bahn müssen jeweils acht Elektronen enthalten sein, damit diese Schalen voll sind. → [1]
Die Elektronen, die sich auf der äußersten Bahn befinden, werden als Außen- oder Valenzelektronen bezeichnet.

Es gibt drei Arten von Bindungen, durch die dieser Zustand erreichbar ist:
- Elektronenpaarbindung
- Ionenbindung
- Metallbindung

Auf dieser Doppelseite kannst du dir nochmals einen Überblick über die drei verschiedenen Bindungsarten verschaffen.

Elektronenpaarbindung

Wenn zwei Atome aufeinandertreffen, denen jeweils höchstens vier Elektronen fehlen, damit die äußerste Bahn voll besetzt ist, dann gehen diese eine Elektronenpaarbindung ein. Dabei geben beide Atome jeweils ein Elektron in die gemeinsame Bindung. Dieses Elektronenpaar gehört dann zu beiden Atomkernen. → [2]

Ein Atom kann bis zu vier solcher Elektronpaarbindungen eingehen – entweder mit verschiedenen „Partnern" oder auch bis zu drei Bindungen mit einem „Partner".

Durch die gemeinsamen Elektronenpaare sind die Atome miteinander zu Molekülen verbunden.

Man unterscheidet bei den Elektronenpaarbindungen zwischen unpolaren und polaren Bindungen. Bei polaren Bindungen können sich Dipole ausbilden, wie es z. B. beim Wassermolekül der Fall ist.

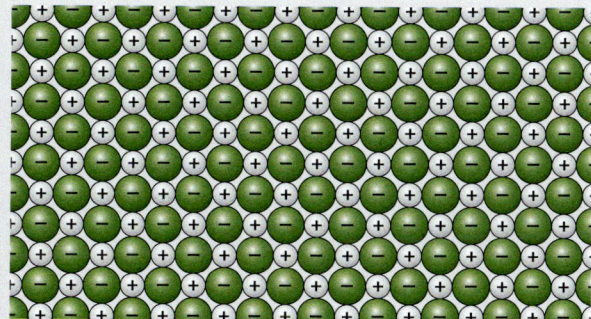

[3] Ionenbindung (Beispiel Natriumchlorid)

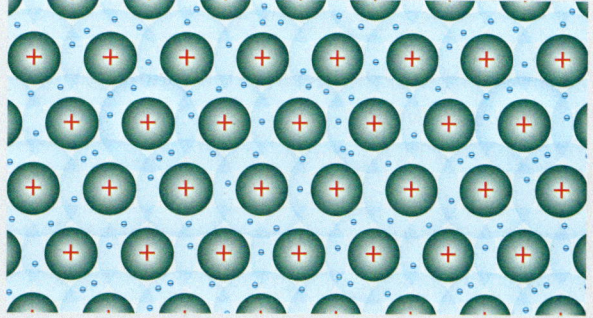

[4] Metallbindung

Ionenbindung

Es kommt vor, dass einem Atom genau so viele Elektronen zum Edelgaszustand fehlen, wie ein Reaktionspartner zu viel zum Edelgaszustand hat. So ein Fall liegt bei Natrium und Chlor vor.

Hier gibt das Natrium-Atom ein Elektron an das Chlor-Atom ab. Dadurch werden die ursprünglich elektrisch neutralen Atome geladen: das Natrium positiv, das Chlor negativ. Diese geladenen Teilchen nennt man Ionen.

Die unterschiedlich geladenen Ionen ziehen sich an und sind dadurch miteinander verbunden. → [3]

Atome können bis zu drei Elektronen abgeben bzw. aufnehmen. Dieser Elektronenaustausch kann mit einem oder mit mehreren Reaktionspartnern erfolgen. Aluminium gibt z. B. drei Elektronen ab, die von drei Chlor-Atomen aufgenommen werden können.

Metallbindung

Eine der wichtigsten Eigenschaften von Metallen ist die hervorragende elektrische Leitfähigkeit. Diese lässt sich durch die Art der chemischen Bindung erklären, die die Metall-Atome zusammenhält.

Die Metall-Atome ordnen sich in einem dreidimensionalen Gitter an. Dabei geben die Atome jeweils sämtliche Außenelektronen ab. Diese bilden ein sogenanntes Elektronengas, das sich zwischen den Atomen ausbreitet. Die Elektronen lassen sich dabei nicht mehr einzelnen Atomen zuordnen. → [4]

Die Anziehung der positiv geladenen Atomrümpfe zu den Elektronen im Elektronengas sorgt für den stabilen Zusammenhalt.
Die freien Elektronen sind innerhalb des Metallgitters leicht beweglich und stehen beim Anlegen einer Spannung für den Ladungstransport zur Verfügung.

Informationen zu den ersten 18 Elementen

Wasserstoff (H)

Wasserstoff ist bei Zimmertemperatur ein geruch- und farbloses Gas. Mit einer Dichte von $0{,}09 \frac{g}{L}$ ist es das Element mit der geringsten Dichte überhaupt.

Aufgrund dieser Eigenschaft wurde es früher benutzt, um Zeppeline zu füllen. Allerdings ist Wasserstoff brennbar, was 1937 zum Unglück des Zeppelins „Hindenburg" führte.

Wasserstoff wird bei −252 °C flüssig und bei −259 °C fest.

Das Wasserstoff-Atom hat die Masse von 1 u. Der Kern des Wasserstoff-Atoms enthält ein Proton.

Lithium (Li)

Lithium ist das Metall mit der geringsten Dichte ($0{,}53 \frac{g}{cm^3}$). Mit einem Haushaltsmesser lässt sich Lithium schneiden, wobei die Schnittkanten silbrig weiß glänzen. Dieser Glanz verschwindet an der Luft nach einigen Minuten.

Wenn man Lithium zu Wasser gibt, kann man beobachten, wie es mit dem Wasser reagiert.

Lithium schmilzt bereits bei 181 °C und wird bei 1 330 °C gasförmig.

Lithium-Atome haben eine Masse von 7 u. Im Kern dieser Atome befinden sich 3 Protonen.

Helium (He)

Helium ist ein ausgesprochen reaktionsträges Gas. Es ist farb- und geruchlos. Seine Dichte ist mit $0{,}18 \frac{g}{L}$ weitaus geringer als die von Luft.

Diese Eigenschaft in Kombination damit, dass Helium nicht brennbar ist, macht Helium zum idealen Füllgas für Ballons.

Helium wird erst bei einer Temperatur von −269 °C flüssig. Bei normalem Druck wird es auch bei weiterer Abkülung nicht fest.

Helium-Atome haben eine Masse von 4 u. Der Kern der Helium-Atome enthält zwei Protonen.

Beryllium (Be)

Beryllium ist ein stahlgraues, sehr hartes und bei Raumtemperatur sehr sprödes Metall. Es hat eine Dichte von $1{,}85 \frac{g}{cm^3}$ und gehört zur Gruppe der Leichtmetalle.

Wenn man es auf eine Temperatur von mindestens 1 287 °C erwärmt, wird es flüssig. Erwärmt man es weiter, so kann man feststellen, dass es ab 2 969 °C in den gasförmigen Zustand übergeht.

Ein Beryllium-Atom hat im Kern 4 Protonen und eine Masse von 9 u.

Bor (B)

Bor ist ein sehr hartes Element. Von allen Elementen ist nur Kohlenstoff in der Form des Diamanten härter. Bor ist ein reaktionsträger Stoff, der erst bei hohen Temperaturen mit anderen Stoffen reagiert. Die Dichte von Bor beträgt $2{,}46 \frac{g}{cm^3}$.

Will man Bor in flüssiger Form vorliegen haben, so muss man es auf eine Temperatur von 2076 °C erwärmen. Die Siedetemperatur liegt bei 3930 °C.

Bei einer Masse von 11 u weisen Bor-Atome im Kern 5 Protonen auf.

Stickstoff (N)

Stickstoff ist ein farb- und geruchloses Gas mit einer Dichte von $1{,}25 \frac{g}{L}$. Mit rund 78 % ist es der Hauptbestandteil unserer Atmosphäre. Da Stickstoff ein reaktionsträges Element ist, verwendet man es als Schutzgas für feuergefährliche Stoffe.

Will man flüssigen Stickstoff haben, so muss man diesen Stoff auf eine Temperatur von −196 °C bringen. Festen Stickstoff erhält man ab −210 °C.

Mit 7 Protonen im Kern beträgt die Masse eines Stickstoff-Atoms 14 u.

Kohlenstoff (C)

Kohlenstoff ist ein ausgesprochen interessantes Element. Es kommt in mehreren Formen vor: als Kohle, als Graphit, wie man es aus Bleistiftminen kennt (Dichte $2{,}26 \frac{g}{cm^3}$), oder als Diamant (Dichte $3{,}51 \frac{g}{cm^3}$). Bei Raumtemperatur ist Kohlenstoff reaktionsträge, bei höheren Temperaturen geht er mit sehr vielen Elementen Bindungen ein.

Kohlenstoff schmilzt erst bei 3547 °C und wird bei 4827 °C gasförmig.

Mit 6 Protonen im Kern bringt es ein Kohlenstoff-Atom auf eine Masse von 12 u.

Sauerstoff (O)

Sauerstoff ist ein farb- und geruchloses Gas, mit einer Dichte von $1{,}43 \frac{g}{L}$. Mit rund 21 % ist es das zweithäufigste Element unserer Atmosphäre. Für sehr viele Organismen ist Sauerstoff lebensnotwendig.

Im Handel erhält man Sauerstoff in blauen Stahlflaschen.

Will man Sauerstoff verflüssigen, so muss man diesen Stoff auf −183 °C abkühlen. Bei einer weiteren Abkühlung auf −218 °C wird Sauerstoff fest.

Ein Sauerstoffatom hat im Kern 8 Protonen und eine Masse von 16 u.

Informationen zu den ersten 18 Elementen

Fluor (F)

Das bei Raumtemperatur gasförmige, leicht gelbliche und giftige Fluor ist das reaktivste aller Elemente. Bei Raumtemperatur reagiert es mit fast allen bekannten Stoffen unter Flammenbildung. Fluor hat eine Dichte von $1{,}7\,\frac{g}{L}$.

Bei $-220\,°C$ hat Fluor seinen Schmelzpunkt und bei anschließender Erwärmung auf $-188\,°C$ wird es gasförmig.

Mit 9 Protonen im Kern weist ein Fluor-Atom eine Masse von 19 u auf.

Natrium (Na)

Natrium ist ein Feststoff. Es bildet sehr schnell eine Oxidschicht und deshalb ist die silberweiße Farbe von Natrium nur an frischen Schnittflächen erkennbar. Aufgrund seiner hohen Reaktionsfreudigkeit mit Luft und mit Wasser wird Natrium in Paraffinöl aufbewahrt. Bei einer Atommasse von 23 u besitzt ein Natrium-Atom 11 Protonen.

Aufgrund der Dichte von $0{,}97\,\frac{g}{cm^3}$ zählt Natrium zu den Leichtmetallen.

Die Schmelztemperatur von Natrium liegt bei $98\,°C$ und es siedet bei $890\,°C$.

Neon (Ne)

Das Gas Neon ist ein farbloses, geruchloses und äußerst reaktionsträges Element. Es hat eine Atommasse von 20 u und besitzt im Atomkern 10 Protonen.

Auf der Erde kann man Neon nur relativ selten finden, im Weltraum dagegen gehört es zu den drei häufigsten Elementen.

Die Schmelz- und die Siedetemperatur von Neon liegen sehr dicht beieinander. Neon schmilzt bei $-249\,°C$ und siedet bei $-246\,°C$.

Bekannt ist Neon vor allem wegen seiner Bedeutung als Füllgas für Leuchtstoffröhren. Die Dichte dieses Gases liegt bei $0{,}90\,\frac{g}{L}$.

Magnesium (Mg)

Magnesium-Atome haben eine Atommasse von 24 u und besitzen im Atomkern jeweils 12 Protonen.

Magnesium ist ein silberweißes, festes und unedles Metall. Die Dichte dieses Metalls beträgt $1{,}74\,\frac{g}{cm^3}$, deshalb zählt man Magnesium zu den Leichtmetallen.

Nach dem Entzünden verbrennt Magnesium mit blendend weißem Licht zu einem weißen Pulver (Magnesiumoxid). Diesen Lichteffekt macht man sich u. a. bei Feuerwerken zunutze.

Magnesium siedet bei $1\,110\,°C$ und seine Schmelztemperatur beträgt $650\,°C$.

Aluminium (Al)

Aluminium ist ein silberweißes, unedles Leichtmetall mit einer Dichte von $2,7 \frac{g}{cm^3}$. Es ist ein guter Wärme- und Stromleiter und besitzt eine Atommasse von 27 u.

Aufgrund seiner geringen Dichte und der Korrosionsbeständigkeit wird Aluminium oft zur Herstellung von Auto- und Flugzeugteilen eingesetzt.

Aluminium ist das dritthäufigste Element der Erde und hat 13 Protonen in seinem Atomkern.

Bei ca. 660 °C schmilzt das Metall und die Siedetemperatur liegt bei 2 470 °C.

Phosphor (P)

Phosphor ist ein Nichtmetall mit 15 Protonen in den Atomkernen. Die Atommasse beträgt 31 u.

Phosphor gibt es in verschiedenen Formen: Weißer Phosphor ist sehr giftig und hat eine Dichte von $1,8 \frac{g}{cm^3}$. Die Dichte von rotem Phosphor dagegen ist mit $2,2 \frac{g}{cm^3}$ etwas größer. Außerdem gibt es noch violetten und schwarzen Phosphor.

Für den Menschen von besonderer Bedeutung ist eine Phosphorverbindung, die ein Bestandteil der DNA, unser Erbinformation, ist.

Die Siedetemperatur von weißem Phosphor liegt bei 280 °C, er schmilzt bei 44 °C.

Silicium (Si)

Silicium ist ein dunkelgrauer, metallisch glänzender, fester Stoff. Er ist heutzutage ein unverzichtbarer Bestandteil von Elektrogeräten, wie Fernsehern, Radios, Handys und Computern.

Bei einer Temperatur von 1 410 °C beginnt dieses Halbmetall zu schmelzen und ab 2 357 °C wird Silicium gasförmig.

Aufgrund seiner großen Vorkommen in zahlreichen Verbindungen ist Silicium das zweithäufigste Element der Erde. Es hat eine Dichte von $2,3 \frac{g}{cm^3}$.

Mit seinen 14 Protonen im Kern hat es eine Atommasse von 28 u.

Schwefel (S)

Schwefel ist ein leuchtend gelber und geruchloser Stoff, der oft am Kraterrand von Vulkanen zu finden ist. Das Nichtmetall mit einer Dichte von $2,1 \frac{g}{cm^3}$ hat eine Atommasse von 32 u.

Bei einer Temperatur von 115 °C beginnt der feste Stoff zu schmelzen, die Siedetemperatur liegt bei 445 °C.

Schwefel verbrennt mit schwachblauer Flamme zu dem stechend riechenden Gas Schwefeldioxid.

Im Atomkern eines Schwefel-Atoms befinden sich 16 Protonen.

Informationen zu den ersten 18 Elementen

Chlor (Cl)

Das gelbgrüne, stechend riechende Gas Chlor ist vor allem Schwimmbadbesuchern bekannt. Da bereits wenige Milligramm Chlor in einem Liter Wasser Krankheitserreger abtöten können, wird es zur Desinfektion in das Badewasser gegeben.

Mit einer Dichte von $3{,}22\,\frac{g}{L}$ ist Chlor ca. 2,5-mal schwerer als Luft.

Chlor ist sehr giftig, besitzt in seinem Atomkern 17 Protonen und hat eine Atommasse von 35 u.

Das Element Chlor liegt als zweiatomiges Molekül vor.

Die Siedetemperatur beträgt −35 °C, das Element schmilzt bei −102 °C.

Argon (Ar)

Argon ist ein reaktionsträges Gas, das in seinem Atomkern 18 Protonen besitzt.

Die Dichte von Argon beträgt $1{,}78\,\frac{g}{L}$.

Siede- und Schmelztemperatur des Elements liegen sehr dicht beieinander. Bei −186 °C beginnt flüssiges Argon gasförmig zu werden und bei −189 °C wird festes Argon flüssig.

Wie Neon wird auch Argon in Leuchtstoffröhren verwendet.

Argon ist in kleinen Mengen in unserer Luft enthalten und hat eine Atommasse von 40 u.

Lösungen der Testaufgaben

Rundgang durch den Fachraum – S. 25

1.
   - Die Versuchsanleitung vor jedem Experiment genau durchlesen.
   - Immer die Schutzbrille tragen.
   - Nicht im Sitzen arbeiten.
   - Immer mit kleinen Mengen arbeiten.
   - Alle Geräte nach dem Versuch reinigen und wieder aufräumen.

2.
   1. Stellschrauben für Gas- und Luftzufuhr kontrollieren und gegebenenfalls schließen.
   2. Gaszufuhr über einen Schlauch mit dem Gashahn verbinden.
   3. Gashahn durch gleichzeitiges Drücken und Drehen öffnen.
   4. Feuerzeugflamme an den Flammenaustritt halten und Stellschraube für Gaszufuhr öffnen.
   5. Stellschraube für Luftzufuhr öffnen.

3. Pipette – Messzylinder – Becherglas

4. ätzend – verstärkt Feuer – explosiv
Gase unter Druck – organschädigend – umweltgefährlich
entzündlich – giftig – gesundheitsgefährdend

5. Würde man dies nicht tun, so bestünde die Gefahr, dass Schal oder Kordel unbemerkt in die Flamme gelangen und sich entzünden.

6.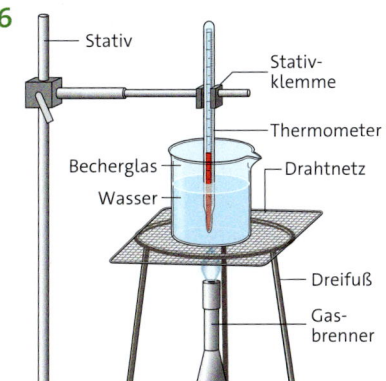

7. a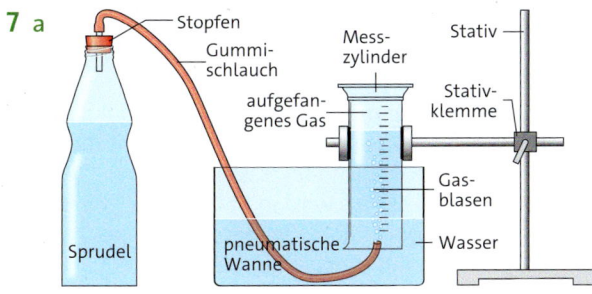

b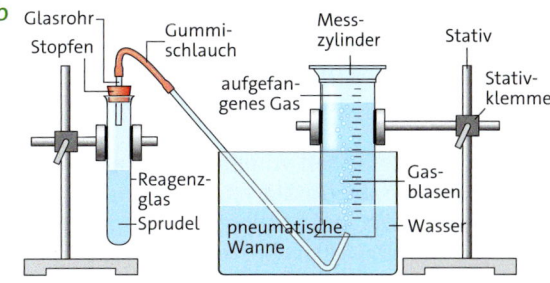

Eine Welt aus Stoffen – S. 63

1. Glas: durchsichtig, kein Geruch, in Wasser nicht löslich, schmilzt bei ca. 800 °C, leitet nicht den elektrischen Strom, bei 20 °C fest
Salz: weiß, kein Geruch, in Wasser gut löslich, schmilzt bei ca. 800 °C, leitet nicht den elektrischen Strom, bei 20 °C fest
Mehl: weiß, kein Geruch, in Wasser nicht löslich, zersetzt sich beim Erhitzen, leitet nicht den elektrischen Strom, bei 20 °C fest
Wasser: durchsichtig, kein Geruch, schmilzt bei 0 °C, leitet geringfügig den elektrischen Strom, bei 20 °C flüssig
Speiseöl: gelblich, öliger Geruch, in Wasser nicht löslich, schmilzt bei zwischen ca. −30 °C und 0 °C, leitet nicht den elektrischen Strom, bei 20 °C flüssig
Marmor: weiß, kein Geruch, in Wasser nicht löslich, zersetzt sich bei starkem Erhitzen, leitet nicht den elektrischen Strom, bei 20 °C fest

2. Zuckerwasser kann durch Eindampfen in Wasser und Zucker getrennt werden.
Steinsalz muss zuerst aufgelöst und dann filtriert werden, damit man es in Gestein, Salz und Wasser trennen kann. Lehmwasser kann durch Filtrieren in Lehm und Wasser getrennt werden. Salatsauce wird in einem Scheidetrichter in Essig und Öl getrennt.

3. Die drei Aggregatzustände heißen fest, flüssig und gasförmig. Der Aggregatzustand hängt von der Temperatur des Stoffs und vom Druck ab.

4. Beim Schmelzen beginnen sich die kleinsten Teilchen schneller zu bewegen, ihr Abstand vergrößert sich und ihr Zusammenhalt wird schwächer. Der Stoff wird mit zunehmender Teilchenbewegung flüssig.

Lösungen der Testaufgaben

5 Wasserdampf wird an einer kalten Scheibe wieder zu flüssigem Wasser – Kondensieren.
Fett wird beim Erhitzen flüssig – Schmelzen.
Wasser wird zu Wasserdampf – Verdampfen oder Verdunsten.
Das Gas Wasserstoff wird beim Einfüllen in eine Druckgasflasche flüssig – Kondensieren.
Schokolade zerfließt in der Sonne – Schmelzen.
Ein Eiswürfel wird in der Sonne zu Wasser und anschließend gasförmig – Schmelzen und Verdunsten.

6 Olivenöl hat eine Schmelztemperatur zwischen −10 °C und 20 °C. Die Schmelztemperatur von Sonnenblumenöl liegt unter −10 °C, die von Margarine oberhalb von 20 °C.

7 Teilchen des Zuckers werden von den Wasserteilchen angestoßen und weggerissen. Sie schwimmen dann einzeln im Wasser herum. Eine Zeichnung dazu findest du auf Seite 50 im Buch (Bild 2).

8 Die Luft besteht aus Stickstoff, Sauerstoff, Edelgasen, Kohlenstoffdioxid und sonstigen Spurengasen.

9 Die Flamme des Feuerzeugs ist nicht heiß genug, um die Zündtemperatur von Kohle zu erreichen. Deshalb wird Grillanzünder benötigt.
Wenn sie das Luftloch schließt, gelangt nicht mehr so viel Sauerstoff an die Kohle. Dadurch verbrennt die Kohle nicht mehr so gut und die Verbrennung wird verlangsamt. Das Grillfeuer kann so länger benutzt werden.

10 Beim Löschen mit Wasser werden der brennbare Stoff und der Sauerstoff, der für die Verbrennung benötigt wird, unter die Zündtemperatur abgekühlt. Das Wasser kann auch den brennbaren Stoff vom Sauerstoff abschotten, indem es den brennenden Stoff einhüllt.
Auch Löschschaum trennt den brennbaren Stoff vom Sauerstoff ab und kühlt die Temperatur der Luft und des brennenden Materials herunter.

Chemische Reaktion – was ist das? – S. 81

1 Die Mitschülerin hat recht, es findet eine chemische Reaktion statt. Im Motor wird Benzin mit Sauerstoff zu Kohlenstoffdioxid und Wasser verbrannt. Es findet eine Stoffumwandlung statt.

2 Beim Eisenfeilen findet keine chemische Reaktion statt, da die Eisenspäne auch weiterhin nur aus Eisen bestehen. Es findet also keine Stoffumwandlung statt.
Beim Kuchenbacken findet eine chemische Reaktion statt, da aus dem weichen Teig, der aus vielen Einzelzutaten besteht, ein fester, trockener und einheitlicher Kuchen wird. Dabei findet eine Stoffumwandlung statt.
Das Auflösen der Brausetablette ist ebenfalls eine chemische Reaktion, da auch hier neue Stoffe entstehen (z. B. gasförmiges Kohlenstoffdioxid).

3 Der Teig der Pizza besteht aus vielen Einzelzutaten, die sich beim Backen zu einem festen Teig umwandeln.

4 a Holz + Sauerstoff → Kohlenstoffdioxid + Asche
b Aus dem braunen, festen Holz werden grauweiße, poröse Asche und grauer Rauch. Es hat eine Stoffumwandlung stattgefunden. Beim Verbrennen von Holz sind außerdem auch Flammen zu beobachten, die Wärme an die Umgebung abgeben. Es wird also auch Energie freigesetzt.
c Die Würstchen und der Teig verändern ihre Farbe und ihren Geschmack. Es findet eine Stoffumwandlung und damit eine chemische Reaktion statt.

5 a Die Modelle vereinfachen die Sachinhalte und helfen bei der Erklärung von Zusammenhängen.
b Sie hat nicht recht. Denn es kann auch chemische Reaktionen geben, an denen drei oder mehr Teilchensorten beteiligt sind.
c Die Zeichnung findest du auf Seite 71 im Buch (Bild 4).

6 a Beim Verbrennen von Holz findet eine chemische Reaktion mit dem Sauerstoff in der Luft statt.
b Im Holz ist Kohlenstoff eingebaut.
c Kohlenstoffdioxid lässt sich durch Kalkwasser nachweisen.
d Die Zeichnung müsste ähnlich wie Bild 4 auf Seite 77 aussehen, nur müsste das Teelicht durch die brennende Tonne ersetzt werden.
Der Rauch des Feuers wird in Kalkwasser geleitet, wo sich dann ein trüber Niederschlag zeigen müsste, wenn Kohlenstoffdioxid entsteht.

Chemische Reaktionen und Energie – S. 101

1 Das Schema findest du auf Seite 99 im Buch (Bild 3).

2 Der Sauerstoff wird mit der Luft eingeatmet. In der Lunge gelangt er dann in den Blutkreislauf. Der Zucker ist Bestandteil der Nahrung. Über Mund und Speiseröhre gelangt die Nahrung in den Magen. Dort und im Darm wird die Nahrung zersetzt und gelangt vom Darm in den Blutkreislauf. Über das Blut kommen Sauerstoff und Zucker dann in die Körperzellen.

3 a Lageenergie, wenn das Fahrrad auf dem Berg steht; Bewegungsenergie, wenn das Fahrrad hinabrollt; thermische Energie, wenn das Fahrrad abgebremst wird oder ausrollt
b Dann ist die Energie in Wärme umgewandelt worden.

4 a Es handelt sich um eine exotherme Reaktion, da Energie frei wird.
b Durch das Knicken des Metallplättchens wird Energie zugeführt, damit die Reaktion in Gang kommt. Es handelt sich also um Aktivierungsenergie.
c Das Energiediagramm findest du auf Seite 89 im Buch (Bild 3).

5 Bei der Heizung regelt ein Thermostat die Temperatur. Wenn die Temperatur unter den Sollwert sinkt, so wird der Brennerkessel angeworfen und es wird nachgeheizt. Wenn die Temperatur über dem Sollwert liegt, bleibt der Brenner aus. Durch ein offen stehendes Fenster entweicht die Wärme nach draußen und es muss nachgeheizt werden. Das Schließen des Fensters verhindert also ein Nachheizen. Da beim Heizen z. B. Erdgas verbrannt wird, entsteht dabei Kohlenstoffdioxid. Dies verstärkt den Klimawandel.

Metalle – wertvoll und wichtig – S. 125

1 Verformbarkeit, Wärmeleitfähigkeit, glänzende Oberfläche, elektrische Leitfähigkeit

2 Edelmetalle gehen kaum chemische Reaktionen ein; Beispiele: Gold, Silber, Platin.
Unedle Metalle gehen chemische Reaktionen ein; Beispiele: Zink, Eisen, Blei.

3 Mit den Magneten können die wertvollen Metalle Nickel, Cobalt und Eisen von dem restlichen Müll getrennt und danach wiederverwertet werden.

4 Bleirohre sind biegsam und weich. Deshalb hat man sie früher als Wasserleitungen verwendet. Weil sich aber Bleiteilchen im Wasser lösen und zu Vergiftungen führen, wurden Bleirohre gesetzlich verboten.

5 Malachit ist ein Kupfererz. Es kann in Kupferoxid umgewandelt werden. Wenn Kupferoxid zu Kupfer reagiert, nennt man dies eine Reduktion. Die umgekehrte Reaktion, also die Reaktion von Kupfer mit Sauerstoff zu Kupferoxid, nennt man eine Oxidation. Oft laufen Reduktion und Oxidation gleichzeitig ab, z. B. bei der Reaktion von Kupferoxid und Kohlenstoff zu Kupfer und Kohlenstoffdioxid. In diesem Fall wird Kupferoxid reduziert und Kohlenstoff oxidiert.

6 Gold hat eine Dichte von $19{,}32 \frac{g}{cm^3}$. Wenn die Krone aus Gold ist, muss sie also ein Volumen von genau $100\ cm^3$ haben. Dies kann man mit einem Überlaufversuch testen: Man füllt ein großes Becherglas bis zum Rand völlig mit Wasser, gibt die Krone hinein, fängt das überlaufende Wasser in einem Messzylinder auf und liest das Volumen ab.

7 Viele Metalle, die brennbar sind (also mit Sauerstoff reagieren), können auch mit Wasser reagieren. Durch das Löschwasser wird dann also die chemische Reaktion nur vergrößert und der Brand verschlimmert sich. Mit Beton, Sand oder Kohlenstoffdioxid reagieren Metalle dagegen nicht. Diese Stoffe können also zum Löschen genutzt werden.

8 Im Hochofen wird nicht nur Kohle verbrannt. Es findet vor allem auch die Reaktion von Kohlenstoffmonooxid mit Eisenoxid statt. Auch diese Reaktion ist exotherm und setzt zusätzliche Energie frei.

9 Legierungen entstehen durch Zusammenschmelzen von einem Metall mit mindestens einem weiteren Stoff.
Legierungen haben oft andere Eigenschaften als die reinen Metalle.
Messing hat einen goldenen Glanz und wird häufig für Musikinstrumente verwendet.
Lötzinn wird verwendet, weil es den elektrischen Strom gut leitet und sich relativ leicht schmelzen lässt.
Stahl ist eine Eisenlegierung, die neben Eisen vor allem Kohlenstoff und andere Metalle enthält.
Gold, Silber und Kupfer sind wertvolle Edelmetalle und werden deshalb auch für Medaillen bei Sportereignissen verwendet.
Blei ist ein Schwermetall mit einer hohen Dichte ($11{,}3 \frac{g}{cm^3}$).

Lösungen der Testaufgaben

Die Ordnung der Elemente – S. 155

1

Element	Protonen	Neutronen	Elektronen
N	7	7	7
Pb	82	125	82
U	92	146	92

2 a Es handelt sich um ein Chlor-Atom.
b Nein, es befindet sich nicht im Edelgaszustand, da auf der äußersten Schale nur 7 Elektronen sind. Mit 8 Elektronen wäre die äußerste Schale voll und damit im Edelgaszustand.
c Kohlenstoff: 2 Elektronen in der ersten und 4 Elektronen in der zweiten Schale
Magnesium: 2 Elektronen in der ersten, 8 Elektronen in der zweiten und 2 Elektronen in der dritten Schale
Chlor: 2 Elektronen in der ersten, 8 Elektronen in der zweiten und 7 Elektronen in der dritten Schale
d

Element	Protonen	Neutronen	Elektronen
Na	11	12	11
Br	35	45	35
Ar	18	22	18

e Calcium: 4. Periode, 2. Hauptgruppe, 20 Protonen, 20 Neutronen, 20 Elektronen
Selen: 4. Periode, 6. Hauptgruppe, 34 Protonen, 45 Neutronen, 34 Elektronen
Argon: 3. Periode, 8. Hauptgruppe, 18 Protonen, 22 Neutronen, 18 Elektronen

3

Li·   A̤l·   ·S̲·

4 a Die Bindigkeit gibt an, wie viele Elektronenpaarbindungen ein Atom eingeht, um in den Edelgaszustand zu gelangen.
b Silicium: vierbindig; Brom: einbindig; Phosphor: dreibindig
c Die richtige Formel lautet CH_4. Da Kohlenstoff vierbindig ist, muss ein Kohlenstoff-Atom genau vier Elektronenpaarbindungen eingehen, um in den Edelgaszustand zu kommen. Wasserstoff ist einbindig. Ausschließlich bei der Formel CH_4 ist die Bedingung erfüllt, dass alle Atome im Molekül den Edelgaszustand erreichen.

Wasser – genau untersucht – S. 175

1 Eisenoxid (aus Eisen und Sauerstoff); Kupferoxid (aus Kupfer und Sauerstoff); Kohlenstoffmonooxid (aus Kohlenstoff und Sauerstoff)

2 a Siehe Seite 159, Bild 2.
b Am Minuspol entsteht das Gas Wasserstoff. Wenn man die chemische Formel von Wasser (H_2O) betrachtet, sieht man, dass 2 Wasserstoff-Atome mit einem Sauerstoff-Atom verbunden sind. Wenn dieses Molekül nun aufgespalten wird, erhält man 2 Wasserstoff-Atome und ein Sauerstoff-Atom. Deshalb entsteht am Minuspol doppelt so viel Gas wie am Pluspol.

3 a Natrium + Wasser
$\rightarrow$ Natriumhydroxid + Wasserstoff
b $2\,Na + 2\,H_2O \rightarrow 2\,NaOH + H_2$

4 Siehe Seite 165, Bild 4.
Reaktionsgleichung: $2\,H_2 + O_2 \rightarrow 2\,H_2O$

5 Wasser ist ein Dipol.
Wasser ist nach außen neutral.
Wasser kann man herstellen.

6 Es müssen polare Bindungen im Molekül vorhanden sein, die zu einer positiven und einer negativen Teilladung im Molekül führen. Außerdem dürfen die Mittelpunkte der positiven und der negativen Teilladungen nicht an der gleichen Stelle zusammenfallen.

7 a CH_4: Elektronegativitätsunterschied: 0,4 – kein Dipol
b CO_2: Elektronegativitätsunterschied: 1,0 – aber trotzdem kein Dipol, weil die Mittelpunkte der positiven und der negativen Teilladungen zusammenfallen
c NH_3: Elektronegativitätsunterschied: 0,9 – Dipol
d NO_2: Elektronegativitätsunterschied: 0,5 – schwacher Dipol

8 Durch die Oberflächenspannung des Wassers entsteht zwischen dem Wasser und der Luft eine Grenzfläche, die wie eine dünne Haut vom Wasserläufer betreten werden kann.

9 Wasser besitzt eine gewinkelte Molekülstruktur, die Wasserstoffbrücken ausbildet. Dies führt im Eis zu einer sperrigen Struktur, die viel Raum einnimmt. Eis besitzt daher eine geringere Dichte als flüssiges Wasser. Deshalb schwimmen Eisberge auf Eis.

Salze – aus Ionen aufgebaut – S. 202

1 Kochsalz wird in unseren Regionen aus Bergwerken abgebaut. Im Mittelmeerraum wird Salz durch Verdunstung von Meerwasser in großen Becken gewonnen.

2 Ionen entstehen, wenn Außenelektronen eines Atoms auf ein anderes Atom überspringen.

3 a Salze haben hohe Schmelztemperaturen. Sie sind meist gut in Wasser löslich. Als Lösung oder Salzschmelze leiten sie den elektrischen Strom. Salze bilden Kristalle. Diese Kristalle sind sehr spröde.
b Die hohen Schmelztemperaturen werden durch die starke Anziehung der Ionen verursacht. Salze brechen trotzdem leicht, wenn durch einen Stoß gleich geladene Ionen nebeneinanderrutschen. Wassermoleküle können sich durch ihre Dipole gut um geladene Ionen herum anordnen.
Ionen sind Ladungsträger für elektrischen Strom, es sein denn, sie sitzen unbeweglich im Gitter. Die Kristallformen werden durch die Anordnung der Ionen in den Gittern verursacht.

4 a Der Strom liefert die Elektronen, um aus den Al^{3+}-Ionen wieder Atome zu bilden.
b Der Edelgaszustand des Ions ist energetisch sehr günstig. Um aus einem Ion wieder ein Atom zu bilden, ist daher viel Energie notwendig.

5 a KI
b Das Kalium-Ion ist einfach positiv geladen (K^+). Es hat 2 Elektronen in der ersten, 8 Elektronen in der zweiten und 8 Elektronen in der dritten Elektronenschale.

6 a Durch Elektrolyse wird das flüssige Natriumchlorid in Natrium und Chlor gespalten. Dabei sammelt sich das Natrium am Pluspol an:
$2\,NaCl \rightarrow 2\,Na + Cl_2$

7 a Mg^{2+} = Magnesium-Ion, Ca^{2+} = Calcium-Ion, Na^+ = Natrium-Ion, K^+ = Kalium-Ion, Cl^- = Chlorid-Ion, Br^- = Bromid-Ion, F^- = Fluorid-Ion, I^- = Iodid-Ion
b $MgCl_2$, $MgBr_2$, MgF_2, MgI_2, $CaCl_2$, $CaBr_2$, CaF_2, CaI_2, NaF, NaCl, NaBr, NaI, KI, KCl, KBr, KF
c Das Salz Kaliumchlorid ist aus positiv geladenen Kalium-Ionen und negativ geladenen Chlorid-Ionen zusammengesetzt, die sich gegenseitig anziehen und damit ein Ionengitter bilden.

Säuren und Laugen – ätzende Flüssigkeiten? – S. 236

1 Säuren ...
- reagieren mit unedlen Metallen und Kalk.
- leiten den elektrischen Strom (enthalten also Ionen).
- schmecken sauer (kein Geschmackstest!).
- färben Universalindikator rot bis gelb.

2 Laugen ...
- wirken ätzend.
- leiten den elektrischen Strom (enthalten also Ionen).
- fühlen sich seifig an.
- färben Universalindikator blaugrün bis blau.

3 Für die gemeinsamen Eigenschaften der Säuren sind die H_3O^+-Ionen verantwortlich, für die gemeinsamen Eigenschaften der Laugen die OH^--Ionen.

4 Der pH-Wert gibt die Stärke von Säuren bzw. Laugen an.

5 Säuren: pH-Wert 0 bis fast 7
Laugen: pH-Wert über 7 bis 14

6 Bei pH 7 ist eine Lösung neutral.

7 Die Magensäure ist stärker als die Essigsäure.

8 Den pH-Wert einer Lösung kann man mit Indikatoren bestimmen.

9 A = Säuren, B = neutrale Lösung, C = Laugen

10 Das Säurerest-Ion ist der Rest eines Säuremoleküls, der bleibt, wenn ein H^+-Ion abgespalten wird. Unterschiedliche Säuren haben verschiedene Säurerest-Ionen. Säurerest-Ionen sind negativ geladen.

11

Name der Säure	Ionen in Lösung	Name der Salze
Salzsäure	H_3O^+ und Cl^-	Chloride
Schwefelsäure	H_3O^+ und SO_4^{2-}	Sulfate
Kohlensäure	H_3O^+ und HCO_3^-	Hydrogencarbonate
Essigsäure	H_3O^+ und CH_3COO^-	Acetate
Schwefelsäure	H_3O^+ und HSO_4^-	Hydrogensulfate

Lösungen der Testaufgaben

12 Bei einer Neutralisation reagieren H_3O^+-Ionen der Säure und OH^--Ionen der Lauge zu neutralem Wasser. Das positiv geladene Ion der Lauge und das Säurerest-Ion bilden dabei ein Salz.

13 Bei der Neutralisation entstehen Wasser und ein Salz.

14 Dabei haben Natronlauge (Natriumlauge) und Schwefelsäure reagiert.

15 Das Flugzeug hat einen Stoff verteilt, der alkalisch reagiert und den sauren Regen neutralisiert.

16 Um sich zu verdünnen, greift die konz. Schwefelsäure die Haut an und zerstört sie. Dabei verdünnt sie sich mit dem entstehenden Wasser.

17 Kunstdünger, Waschmittel oder Farbstoffe werden mit Schwefelsäure produziert.

18 Die Formel bedeutet, dass im Ionengitter des Salzes Kupfersulfat pro Cu^{2+}-Ion und SO_4^{2-}-Ion fünf Wassermoleküle mit eingebaut sind.

19 In einer Flasche Salzsäure befinden sich H_3O^+-Ionen und Cl^--Ionen.

20 Ameisensäure, Essigsäure, Citronensäure, Weinsäure oder Äpfelsäure kommen in der Natur vor.

21 Dafür ist die Ameisensäure verantwortlich.

22 Säuren können aus Nichtmetalloxiden und Wasser hergestellt werden.

23 Wenn Nichtmetalloxide durch Verbrennung schwefelhaltigen Benzins oder schwefelhaltiger Kohle in die Luft gelangen und mit Wasser reagieren, entstehen verschiedene Säuren.

24 Laugen entstehen aus:
- Metallen und Wasser
- Metalloxiden und Wasser
- Hydroxiden und Wasser

25 Natrium reagiert mit Wasser zu Natronlauge (alkalisch) und Wasserstoff.
$2\,Na + 2\,H_2O \rightarrow 2\,Na^+ + 2\,OH^- + H_2$

26 Ein Hydroxid besteht aus negativ geladenen OH^--Ionen und positiv geladenen (Metall-)Ionen, die in einem Gitter zusammenhalten. Hydroxide sind daher fest. Beim Lösen in Wasser bildet sich eine Lauge.

27 Kalkwasser kann aus Calciumoxid und Wasser hergestellt werden. Nach der Reaktion muss es noch filtriert werden, da es schwer löslich ist.

28 Abflussreiniger, Backofenspray, Abbeizmittel sind Anwendungen von Laugen.

Kohlenstoff – der Molekülbauer – S. 279

1
C_9H_{20}
$C_{32}H_{66}$
$C_{11}H_{24}$
$C_{29}H_{60}$

2
a C_nH_{2n}
b C_nH_{2n-2}

3 a Isomere sind Stoffe mit der gleichen Summenformel, aber unterschiedlicher Strukturformel. Im Beispiel haben beide Isomere die Summenformel C_6H_{14}.

b [Strukturformeln zweier Isomere von C_6H_{14}]

4 a [Strukturformel]

b 4,4-Diethyl-2,2,6,7,8-Pentamethylnonan

5 a Anstieg des Meeresspiegels, vermehrte und stärkere Stürme, je nach Ort mehr Dürren oder auch mehr Überschwemmungen

b Bevorzugt duschen, statt zu baden, da die Erwärmung des Wassers viel Energie benötigt, die auch durch Kohlekraftwerke zur Verfügung gestellt wird
Fahrgemeinschaften bilden, mit den öffentlichen Verkehrsmitteln oder mit dem Fahrrad fahren, um Abgase zu vermeiden
Hauswasser durch eine solarthermische Anlage erwärmen, da hier bei der Wassererwärmung kein Kohlenstoffdioxid entsteht

c Zum einen befinden sich die Treibhausgase nicht wie eine Glocke irgendwo oben, sondern sind Teil der Atmosphäre. Vor allem aber wird nicht ein Teil der Wärmestrahlung der Erde von den Treibhausgasen in Richtung der Erdoberfläche reflektiert.

Fit für den Chemie-Job? – S. 297

1 1 mol Hg = 200,59 g
2 mol Ag = 215,74 g
5 mol Sb = 608,80 g
3 mol NH_3 = 51,12 g
2,56 mol $KMnO_4$ = 404,58 g

2 104 g Chrom = 2 mol
156 g Kalium = 4 mol
54 g Aluminium = 2 mol
120 g Methan = 7,5 mol

3 a 2-molare NaCl-Lösung = 116,88 $\frac{g}{L}$
4,5-molare LiCl-Lösung = 190,76 $\frac{g}{L}$
b 37 $\frac{g}{L}$ KCl = 0,5-molar
16 $\frac{g}{L}$ $CuSO_4$ = 0,1-molar

4 $c_{Säure} \cdot V_{Säure} = c_{Lauge} \cdot V_{Lauge}$
$c_{Säure} \cdot 10\,mL = 1\,\frac{mol}{L} \cdot 5\,mL$
$c_{Säure} \cdot 0,5\,\frac{mol}{L}$
Die Salzsäure war 0,5-molar.

5 1 mol Zink = 65,39 g
1 mol Schwefel = 32,07 g
Das Massenverhältnis von Schwefel zu Zink beträgt also 32,07 g : 65,39 g = 0,49.
Es müssen daher 0,49 · 2 g = 0,98 g Schwefel hinzugegeben werden.

6 1,149 kg · 0,30 = 344,7 g (Ein Liter der Salzsäure enthält 344,7 g HCl.)
344,7 g : 36,46 $\frac{g}{mol}$ = 9,44 mol (Die Salzsäure ist 9,45-molar.)
9,45-molar · x = 1-molar · 1 L
x = 0,106 L (Man benötigt 0,106 L der 30%igen Salzsäure.)
1 L – 0,106 L = 0,894 L (Diese Menge Wasser wird benötigt.)
Es müssen 0,106 Liter der 30%igen Salzsäure mit 0,894 Liter Wasser vermischt werden.

Einstufung von Gefahrstoffen nach der GHS-Verordnung

Mit dem neuen GHS (Globally Harmonised System of Classification and Labelling of Chemicals) werden die Kriterien für die Einstufung der Gefahrstoffe neu festgelegt und mit international einheitlichen Piktogrammen versehen. Neu ist auch die Verwendung der Signalworte „Gefahr" und „Achtung" für das Ausmaß der Gefahr: „Gefahr" bei hoher Gefährdung oder „Achtung" bei geringerer Gefährdung.

Gefahrenpiktogramm und Piktogrammcode	Mit dem Gefahrenpiktogramm gekennzeichnete Stoffe und Gemische	Signalwort	Kennzeichnung nach bisheriger Gefahrstoffverordnung	
			Gefahrensymbol	Gefahrenhinweise
GHS01	explosive und sehr gefährliche selbstzersetzliche Stoffe und Gemische sowie sehr gefährliche organische Peroxide	Gefahr oder Achtung	E	R2, R3
GHS02	entzündbare, selbsterhitzungsfähige und gefährliche selbstzersetzliche Stoffe und Gemische, pyrophore Stoffe sowie Stoffe und Gemische, die bei Berührung mit Wasser entzündbare Gase entwickeln	Gefahr oder Achtung	F+ oder F oder –	R12, R11 oder R10; R17; R15
GHS02	gefährliche organische Peroxide	Gefahr oder Achtung	O	R7
GHS03	Stoffe und Gemische mit oxidierender Wirkung	Gefahr oder Achtung	O	R8, R9
GHS04	Gase unter Druck	Achtung	–	
GHS05	Stoffe und Gemische, die korrosiv auf Metalle wirken	Achtung	–	
GHS05	Stoffe und Gemische, die schwere Verätzungen der Haut und/oder schwere Augenschäden verursachen	Gefahr	C oder Xi	R34, R35, R41
GHS06	lebensgefährliche und giftige Stoffe und Gemische	Gefahr	T+ oder T	R26, R27, R28 oder R23, R24, R25
GHS07	gesundheitsschädliche Stoffe und Gemische	Achtung	Xi	R20, R21, R22
GHS07	Stoffe und Gemische, die Haut- und/oder Augenreizungen verursachen und/oder allergische Hautreaktionen, Reizungen der Atemwege und/oder Schläfrigkeit und Benommenheit verursachen können	Achtung	Xi	R36, R37, R38; R43; R67
GHS08	Stoffe und Gemische, die bei Verschlucken und Eindringen in die Atemwege tödlich sein können und/oder eine Gefahr für die Gesundheit darstellen. Diese Stoffe und Gemische schädigen bestimmte Organe und/oder können Krebs erzeugen, die Fruchtbarkeit beeinträchtigen, das Kind im Mutterleib schädigen und/oder genetische Defekte und/oder beim Einatmen Allergien, asthmaartige Symptome oder Atembeschwerden verursachen.	Gefahr oder Achtung	T+ / Xn oder T	R45, R49, R40; R60, R62; R61, R63; R46; R39/…; R68/…; R48/…; R42; R33; R65
GHS09	Stoffe und Gemische, die sehr giftig oder giftig für Wasserorganismen sind	Achtung oder –	N	R50, R50/53 R51/53

Gefahrenhinweise, ergänzende Gefahrenmerkmale und ergänzende Kennzeichnungselemente

Gefahrenhinweise (H-Sätze)

Gefahrenhinweise für physikalische Gefahren

H200	Instabil, explosiv
H201	Explosiv, Gefahr der Massenexplosion.
H202	Explosiv; große Gefahr durch Splitter, Spreng- und Wurfstücke.
H203	Explosiv; Gefahr durch Feuer, Luftdruck oder Splitter, Spreng- und Wurfstücke.
H204	Gefahr durch Feuer oder Splitter, Spreng- und Wurfstücke.
H205	Gefahr der Massenexplosion bei Feuer.
H220	Extrem entzündbares Gas.
H221	Entzündbares Gas.
H222	Extrem entzündbares Aerosol.
H223	Entzündbares Aerosol.
H224	Flüssigkeit und Dampf extrem entzündbar.
H225	Flüssigkeit und Dampf leicht entzündbar.
H226	Flüssigkeit und Dampf entzündbar.
H228	Entzündbarer Feststoff.
H240	Erwärmung kann Explosion verursachen.
H241	Erwärmung kann Brand oder Explosion verursachen.
H242	Erwärmung kann Brand verursachen.
H250	Entzündet sich in Berührung mit Luft von selbst.
H251	Selbsterhitzungsfähig; kann in Brand geraten.
H252	In großen Mengen selbsterhitzungsfähig; kann in Brand geraten.
H260	In Berührung mit Wasser entstehen entzündbare Gase, die sich spontan entzünden können.
H261	In Berührung mit Wasser entstehen entzündbare Gase.
H270	Kann Brand verursachen oder verstärken; Oxidationsmittel.
H271	Kann Brand oder Explosion verursachen; starkes Oxidationsmittel.
H272	Kann Brand verstärken; Oxidationsmittel.
H280	Enthält Gas unter Druck; kann bei Erwärmung explodieren.
H281	Enthält tiefkaltes Gas; kann Kälteverbrennungen oder -verletzungen verursachen.
H290	Kann gegenüber Metallen korrosiv sein.

Gefahrenhinweise für Gesundheitsgefahren

H300	Lebensgefahr bei Verschlucken.
H301	Giftig bei Verschlucken.
H302	Gesundheitsschädlich bei Verschlucken.
H304	Kann bei Verschlucken und Eindringen in die Atemwege tödlich sein.
H310	Lebensgefahr bei Hautkontakt.
H311	Giftig bei Hautkontakt.
H312	Gesundheitsschädlich bei Hautkontakt.
H314	Verursacht schwere Verätzungen der Haut und schwere Augenschäden.
H315	Verursacht Hautreizungen.
H317	Kann allergische Hautreaktionen verursachen.
H318	Verursacht schwere Augenschäden.
H319	Verursacht schwere Augenreizung.
H330	Lebensgefahr bei Einatmen.
H331	Giftig bei Einatmen.
H332	Gesundheitsschädlich bei Einatmen.
H334	Kann bei Einatmen Allergie, asthmaartige Symptome oder Atembeschwerden verursachen.
H335	Kann die Atemwege reizen.
H336	Kann Schläfrigkeit und Benommenheit verursachen.
H340	Kann genetische Defekte verursachen <Expositionsweg angeben, sofern schlüssig belegt ist, dass diese Gefahr bei keinem anderen Expositionsweg besteht>.
H341	Kann vermutlich genetische Defekte verursachen <Expositionsweg angeben, sofern schlüssig belegt ist, dass diese Gefahr bei keinem anderen Expositionsweg besteht>.
H350	Kann Krebs erzeugen <Expositionsweg angeben, sofern schlüssig belegt ist, dass diese Gefahr bei keinem anderen Expositionsweg besteht>.
H350i	Kann beim Einatmen Krebs erzeugen.
H351	Kann vermutlich Krebs erzeugen <Expositionsweg angeben, sofern schlüssig belegt ist, dass diese Gefahr bei keinem anderen Expositionsweg besteht>.
H360	Kann die Fruchtbarkeit beeinträchtigen oder das Kind im Mutterleib schädigen <konkrete Wirkung angeben, sofern bekannt> <Expositionsweg angeben, sofern schlüssig belegt ist, dass die Gefahr bei keinem anderen Expositionsweg besteht>.
H360F	Kann die Fruchtbarkeit beeinträchtigen.
H360D	Kann das Kind im Mutterleib schädigen.
H360FD	Kann die Fruchtbarkeit beeinträchtigen. Kann das Kind im Mutterleib schädigen.
H360Fd	Kann die Fruchtbarkeit beeinträchtigen. Kann vermutlich das Kind im Mutterleib schädigen.
H360Df	Kann das Kind im Mutterleib schädigen. Kann vermutlich die Fruchtbarkeit beeinträchtigen.
H361	Kann vermutlich die Fruchtbarkeit beeinträchtigen oder das Kind im Mutterleib schädigen <konkrete Wirkung angeben, sofern bekannt> <Expositionsweg angeben, sofern schlüssig belegt ist, dass die Gefahr bei keinem anderen Expositionsweg besteht>.
H361f	Kann vermutlich die Fruchtbarkeit beeinträchtigen.
H361d	Kann vermutlich das Kind im Mutterleib schädigen.
H361fd	Kann vermutlich die Fruchtbarkeit beeinträchtigen. Kann vermutlich das Kind im Mutterleib schädigen.
H362	Kann Säuglinge über die Muttermilch schädigen.
H370	Schädigt die Organe <oder alle betroffenen Organe nennen, sofern bekannt> <Expositionsweg angeben, sofern schlüssig belegt ist, dass diese Gefahr bei keinem anderen Expositionsweg besteht>.
H371	Kann die Organe schädigen <oder alle betroffenen Organe nennen, sofern bekannt> <Expositionsweg angeben, sofern schlüssig belegt ist, dass diese Gefahr bei keinem anderen Expositionsweg besteht>.
H372	Schädigt die Organe <alle betroffenen Organe nennen> bei längerer oder wiederholter Exposition <Expositionsweg angeben, sofern schlüssig belegt ist, dass diese Gefahr bei keinem anderen Expositionsweg besteht>.
H373	Kann die Organe schädigen <alle betroffenen Organe nennen, sofern bekannt> bei längerer oder wiederholter Exposition <Expositionsweg angeben, wenn schlüssig belegt ist, dass diese Gefahr bei keinem anderen Expositionsweg besteht>.

Gefahrenhinweise für Umweltgefahren

H400	Sehr giftig für Wasserorganismen.
H410	Sehr giftig für Wasserorganismen mit langfristiger Wirkung.
H411	Giftig für Wasserorganismen, mit langfristiger Wirkung.
H412	Schädlich für Wasserorganismen, mit langfristiger Wirkung.
H413	Kann für Wasserorganismen schädlich sein, mit langfristiger Wirkung.

Ergänzende Gefahrenmerkmale

Physikalische Eigenschaften

EUH001	In trockenem Zustand explosionsgefährlich.
EUH006	Mit und ohne Luft explosionsfähig.
EUH014	Reagiert heftig mit Wasser.
EUH018	Kann bei Verwendung explosionsfähige/entzündbare Dampf/Luft-Gemische bilden.
EUH019	Kann explosionsfähige Peroxide bilden.
EUH044	Explosionsgefahr bei Erhitzen unter Einschluss.

Gesundheitsgefährliche Eigenschaften

EUH029	Entwickelt bei Berührung mit Wasser giftige Gase.
EUH031	Entwickelt bei Berührung mit Säure giftige Gase.
EUH032	Entwickelt bei Berührung mit Säure sehr giftige Gase.
EUH066	Wiederholter Kontakt kann zu spröder oder rissiger Haut führen.
EUH070	Giftig bei Berührung mit den Augen.
EUH071	Wirkt ätzend auf die Atemwege.

Umweltgefährliche Eigenschaften

EUH059	Die Ozonschicht schädigend.

Ergänzende Kennzeichnungselemente/Informationen über bestimmte Stoffe und Gemische

EUH201	Enthält Blei. Nicht für den Anstrich von Gegenständen verwenden, die von Kindern gekaut oder gelutscht werden könnten.
EUH201A	Achtung! Enthält Blei.
EUH202	Cyanacrylat. Gefahr. Klebt innerhalb von Sekunden Haut und Augenlider zusammen. Darf nicht in die Hände von Kindern gelangen.
EUH203	Enthält Chrom (VI). Kann allergische Reaktionen hervorrufen.
EUH204	Enthält Isocyanate. Kann allergische Reaktionen hervorrufen.
EUH205	Enthält epoxidhaltige Verbindungen. Kann allergische Reaktionen hervorrufen.
EUH206	Achtung! Nicht zusammen mit anderen Produkten verwenden, da gefährliche Gase (Chlor) freigesetzt werden können.
EUH207	Achtung! Enthält Cadmium. Bei der Verwendung entstehen gefährliche Dämpfe. Hinweise des Herstellers beachten. Sicherheitsanweisungen einhalten.
EUH208	Enthält <Name des sensibilisierenden Stoffes>. Kann allergische Reaktionen hervorrufen.
EUH209	Kann bei Verwendung leicht entzündbar werden.
EUH209A	Kann bei Verwendung entzündbar werden.
EUH210	Sicherheitsdatenblatt auf Anfrage erhältlich.
EUH401	Zur Vermeidung von Risiken für Mensch und Umwelt die Gebrauchsanleitung einhalten.

Sicherheitshinweise (P-Sätze)

Sicherheitshinweise – Allgemeines

P101	Ist ärztlicher Rat erforderlich, Verpackung oder Kennzeichnungsetikett bereithalten.
P102	Darf nicht in die Hände von Kindern gelangen.
P103	Vor Gebrauch Kennzeichnungsetikett lesen.

Sicherheitshinweise – Prävention

P201	Vor Gebrauch besondere Anweisungen einholen.
P202	Vor Gebrauch alle Sicherheitshinweise lesen und verstehen.
P210	Von Hitze/Funken/offener Flamme/heißen Oberflächen fernhalten. Nicht rauchen.
P211	Nicht gegen offene Flamme oder andere Zündquelle sprühen.
P220	Von Kleidung/.../brennbaren Materialien fernhalten/entfernt aufbewahren.
P221	Mischen mit brennbaren Stoffen/... unbedingt verhindern.
P222	Kontakt mit Luft nicht zulassen.
P223	Kontakt mit Wasser wegen heftiger Reaktion und möglichem Aufflammen unbedingt verhindern.
P230	Feucht halten mit ...
P231	Unter inertem Gas handhaben.
P232	Vor Feuchtigkeit schützen.
P233	Behälter dicht verschlossen halten.
P234	Nur im Originalbehälter aufbewahren.
P235	Kühl halten.
P240	Behälter und zu befüllende Anlage erden.
P241	Explosionsgeschützte elektrische Betriebsmittel/Lüftungsanlagen/Beleuchtung/... verwenden.
P242	Nur funkenfreies Werkzeug verwenden.
P243	Maßnahmen gegen elektrostatische Aufladungen treffen.
P244	Druckminderer frei von Fett und Öl halten.
P250	Nicht schleifen/stoßen/.../reiben.
P251	Behälter steht unter Druck: Nicht durchstechen oder verbrennen, auch nicht nach der Verwendung.
P260	Staub/Rauch/Gas/Nebel/Dampf/Aerosol nicht einatmen.
P261	Einatmen von Staub/Rauch/Gas/Nebel/Dampf/Aerosol vermeiden.
P262	Nicht in die Augen, auf die Haut oder auf die Kleidung gelangen lassen.
P263	Kontakt während der Schwangerschaft und der Stillzeit vermeiden.
P264	Nach Gebrauch ... gründlich waschen.
P270	Bei Gebrauch nicht essen, trinken oder rauchen.
P271	Nur im Freien oder in gut belüfteten Räumen verwenden.
P272	Kontaminierte Arbeitskleidung nicht außerhalb des Arbeitsplatzes tragen.
P273	Freisetzung in die Umwelt vermeiden.
P280	Schutzhandschuhe/Schutzkleidung/Augenschutz/Gesichtsschutz tragen.
P281	Vorgeschriebene persönliche Schutzausrüstung verwenden.
P282	Schutzhandschuhe/Gesichtsschild/Augenschutz mit Kälteisolierung tragen.
P283	Schwer entflammbare/flammhemmende Kleidung tragen.
P284	Atemschutz tragen.
P285	Bei unzureichender Belüftung Atemschutz tragen.
P231 + P232	Unter inertem Gas handhaben. Vor Feuchtigkeit schützen.
P235 + P410	Kühl halten. Vor Sonnenbestrahlung schützen.

Sicherheitshinweise – Reaktion

P301	BEI VERSCHLUCKEN:
P302	BEI BERÜHRUNG MIT DER HAUT:
P303	BEI BERÜHRUNG MIT DER HAUT (oder dem Haar):
P304	BEI EINATMEN:
P305	BEI KONTAKT MIT DEN AUGEN:
P306	BEI KONTAMINIERTER KLEIDUNG:
P307	BEI Exposition:
P308	BEI Exposition oder falls betroffen:
P309	BEI Exposition oder Unwohlsein:
P310	Sofort GIFTINFORMATIONSZENTRUM oder Arzt anrufen.
P311	GIFTINFORMATIONSZENTRUM oder Arzt anrufen.
P312	Bei Unwohlsein GIFTINFORMATIONSZENTRUM oder Arzt anrufen.
P313	Ärztlichen Rat einholen/ärztliche Hilfe hinzuziehen.
P314	Bei Unwohlsein ärztlichen Rat einholen/ärztliche Hilfe hinzuziehen.
P315	Sofort ärztlichen Rat einholen/ärztliche Hilfe hinzuziehen.
P320	Besondere Behandlung dringend erforderlich (siehe ... auf diesem Kennzeichnungsetikett).
P321	Besondere Behandlung (siehe ... auf diesem Kennzeichnungsetikett).
P322	Gezielte Maßnahmen (siehe ... auf diesem Kennzeichnungsetikett).
P330	Mund ausspülen.
P331	KEIN Erbrechen herbeiführen.
P332	Bei Hautreizung:
P333	Bei Hautreizung oder -ausschlag:
P334	In kaltes Wasser tauchen/nassen Verband anlegen.
P335	Lose Partikel von der Haut abbürsten.
P336	Vereiste Bereiche mit lauwarmem Wasser auftauen. Betroffenen Bereich nicht reiben.
P337	Bei anhaltender Augenreizung:
P338	Eventuell vorhandene Kontaktlinsen nach Möglichkeit entfernen. Weiter ausspülen.
P340	Die betroffene Person an die frische Luft bringen und in einer Position ruhig stellen, die das Atmen erleichtert.
P341	Bei Atembeschwerden an die frische Luft bringen und in einer Position ruhig stellen, die das Atmen erleichtert.
P342	Bei Symptomen der Atemwege:
P350	Behutsam mit viel Wasser und Seife waschen.
P351	Einige Minuten lang behutsam mit Wasser ausspülen.
P352	Mit viel Wasser und Seife waschen.
P353	Haut mit Wasser abwaschen/duschen.
P360	Kontaminierte Kleidung und Haut sofort mit viel Wasser abwaschen und danach Kleidung ausziehen.
P361	Alle kontaminierten Kleidungsstücke sofort ausziehen.
P362	Kontaminierte Kleidung ausziehen und vor erneutem Tragen waschen.
P363	Kontaminierte Kleidung vor erneutem Tragen waschen.
P370	Bei Brand:
P371	Bei Großbrand und großen Mengen:
P372	Explosionsgefahr bei Brand.
P373	KEINE Brandbekämpfung, wenn das Feuer explosive Stoffe/Gemische/Erzeugnisse erreicht.
P374	Brandbekämpfung mit üblichen Vorsichtsmaßnahmen aus angemessener Entfernung.
P375	Wegen Explosionsgefahr Brand aus der Entfernung bekämpfen.
P376	Undichtigkeit beseitigen, wenn gefahrlos möglich.
P377	Brand von ausströmendem Gas: Nicht löschen, bis Undichtigkeit gefahrlos beseitigt werden kann.
P378	... zum Löschen verwenden.
P380	Umgebung räumen.
P381	Alle Zündquellen entfernen, wenn gefahrlos möglich.
P390	Verschüttete Mengen aufnehmen, um Materialschäden zu vermeiden.
P391	Verschüttete Mengen aufnehmen.
P301 + P310	BEI VERSCHLUCKEN: Sofort GIFTINFORMATIONSZENTRUM oder Arzt anrufen.
P301 + P312	BEI VERSCHLUCKEN: Bei Unwohlsein GIFTINFORMATIONSZENTRUM oder Arzt anrufen.
P301 + P330 + P331	BEI VERSCHLUCKEN: Mund ausspülen. KEIN Erbrechen herbeiführen.
P302 + P334	BEI KONTAKT MIT DER HAUT: In kaltes Wasser tauchen/nassen Verband anlegen.
P302 + P350	BEI KONTAKT MIT DER HAUT: Behutsam mit viel Wasser und Seife waschen.
P302 + P352	BEI KONTAKT MIT DER HAUT: Mit viel Wasser und Seife waschen.
P303 + P361 + P353	BEI KONTAKT MIT DER HAUT (oder dem Haar): Alle kontaminierten Kleidungsstücke sofort ausziehen. Haut mit Wasser abwaschen/duschen.
P304 + P340	BEI EINATMEN: An die frische Luft bringen und in einer Position ruhig stellen, die das Atmen erleichtert.
P304 + P341	BEI EINATMEN: Bei Atembeschwerden an die frische Luft bringen und in einer Position ruhig stellen, die das Atmen erleichtert.
P305 + P351 + P338	BEI KONTAKT MIT DEN AUGEN: Einige Minuten lang behutsam mit Wasser spülen. Vorhandene Kontaktlinsen nach Möglichkeit entfernen. Weiter spülen.
P306 + P360	BEI KONTAKT MIT DER KLEIDUNG: Kontaminierte Kleidung und Haut sofort mit viel Wasser abwaschen und danach Kleidung ausziehen.
P307 + P311	BEI Exposition: GIFTINFORMATIONSZENTRUM oder Arzt anrufen.
P308 + P313	BEI Exposition oder falls betroffen: Ärztlichen Rat einholen/ärztliche Hilfe hinzuziehen.
P309 + P311	BEI Exposition oder Unwohlsein: GIFTINFORMATIONSZENTRUM oder Arzt anrufen.
P332 + P313	Bei Hautreizung: Ärztlichen Rat einholen/ärztliche Hilfe hinzuziehen.
P333 + P313	Bei Hautreizung oder -ausschlag: Ärztlichen Rat einholen/ärztliche Hilfe hinzuziehen.
P335 + P334	Lose Partikel von der Haut abbürsten. In kaltes Wasser tauchen/nassen Verband anlegen.
P337 + P313	Bei anhaltender Augenreizung: Ärztlichen Rat einholen/ärztliche Hilfe hinzuziehen.
P342 + P311	Bei Symptomen der Atemwege: GIFTINFORMATIONSZENTRUM oder Arzt anrufen.
P370 + P376	Bei Brand: Undichtigkeit beseitigen, wenn gefahrlos möglich.
P370 + P378	Bei Brand: ... zum Löschen verwenden.
P370 + P380	Bei Brand: Umgebung räumen.
P370 + P380 + P375	Bei Brand: Umgebung räumen. Wegen Explosionsgefahr Brand aus der Entfernung bekämpfen.
P371 + P380 + P375	Bei Großbrand und großen Mengen: Umgebung räumen. Wegen Explosionsgefahr Brand aus der Entfernung bekämpfen.

Sicherheitshinweise – Aufbewahrung

P401	... aufbewahren.
P402	An einem trockenen Ort aufbewahren.
P403	An einem gut belüfteten Ort aufbewahren.
P404	In einem geschlossenen Behälter aufbewahren.
P405	Unter Verschluss aufbewahren.
P406	In korrosionsbeständigem/... Behälter mit korrosionsbeständiger Auskleidung aufbewahren.
P407	Luftspalt zwischen Stapeln/Paletten lassen.
P410	Vor Sonnenbestrahlung schützen.
P411	Bei Temperaturen von nicht mehr als ... °C aufbewahren.
P412	Nicht Temperatur von mehr als 50 °C aussetzen.
P413	Schüttgut in Mengen von mehr als ... kg bei Temperaturen von nicht mehr als ... °C aufbewahren.
P420	Von anderen Materialien entfernt aufbewahren.
P422	Inhalt in/unter ... aufbewahren.
P402 + P404	In einem geschlossenen Behälter an einem trockenen Ort aufbewahren.
P403 + P233	Behälter dicht verschlossen an einem gut belüfteten Ort aufbewahren.
P403 + P235	Kühl an einem gut belüfteten Ort aufbewahren.
P410 + P403	Vor Sonnenbestrahlung geschützt an einem gut belüfteten Ort aufbewahren.
P410 + P412	Vor Sonnenbestrahlung schützen und nicht Temperaturen von mehr als 50 °C aussetzen.
P411 + P235	Kühl und bei Temperaturen von nicht mehr als ... °C aufbewahren.

Sicherheitshinweise – Entsorgung

P501	Inhalt/Behälter ... zuführen.

Entsorgungsratschläge (E-Sätze)

E 1	Verdünnen, in den Ausguss geben (WGK 0 bzw. 1)
E 2	Neutralisieren, in den Ausguss geben
E 3	In den Hausmüll geben, gegebenenfalls im Polyethylenbeutel (Stäube)
E 4	Als Sulfid fällen
E 5	Mit Calcium-Ionen fällen, dann E 1 oder E 3
E 6	Nicht in den Hausmüll geben
E 7	Im Abzug entsorgen
E 8	Der Sondermüllbeseitigung zuführen (Adresse zu erfragen bei der Kreis- oder Stadtverwaltung), Abfallschlüssel beachten
E 9	Unter größter Vorsicht in kleinsten Portionen reagieren lassen (z. B. offen im Freien verbrennen)
E 10	In gekennzeichneten Behältern sammeln: 1. „Organische Abfälle – halogenhaltig" 2. „Organische Abfälle – halogenfrei" dann E 8
E 11	Als Hydroxid fällen (pH = 8), den Niederschlag zu E 8
E 12	Nicht in die Kanalisation gelangen lassen
E 13	Aus der Lösung mit unedlem Metall (z. B. Eisen) als Metall abscheiden (E 14, E 3)
E 14	Recycling-geeignet (Redestillation oder einem Recyclingunternehmen zuführen)
E 15	Mit Wasser vorsichtig umsetzen, frei werdende Gase absorbieren oder ins Freie ableiten
E 16	Entsprechend den speziellen Ratschlägen für die Beseitigungsgruppen beseitigen

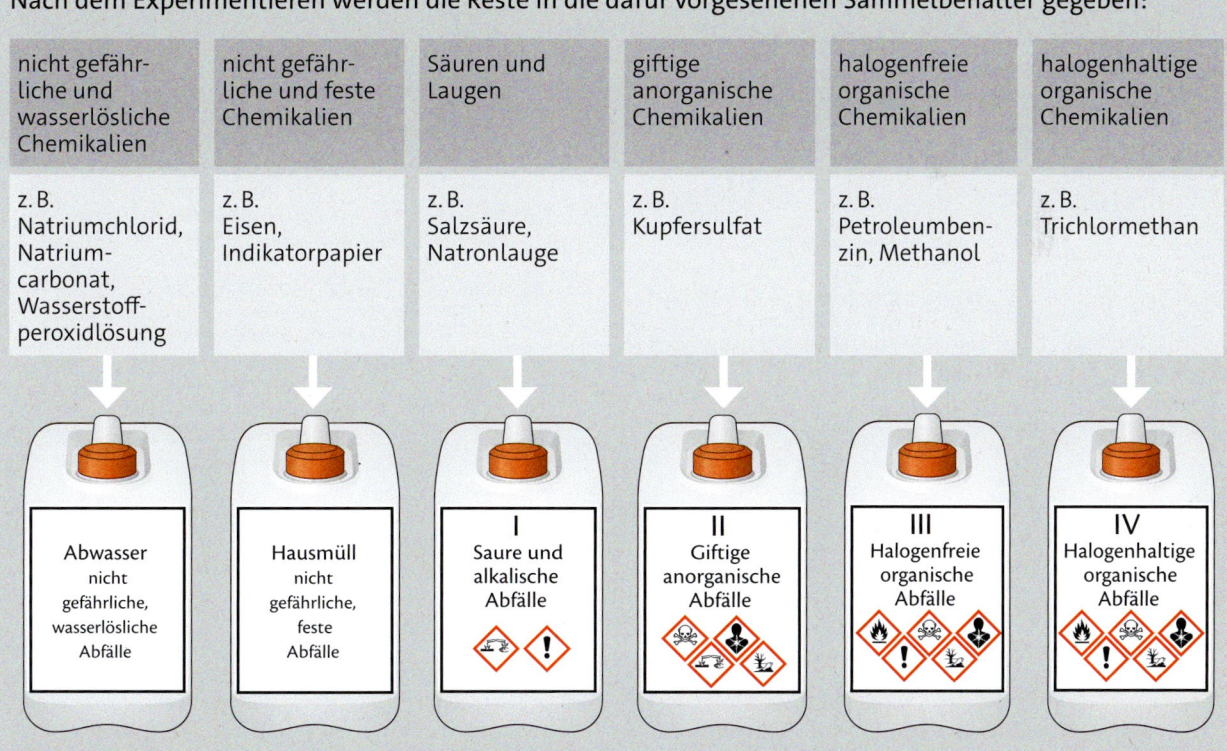

Entsorgung von Chemikalienabfällen

Nach dem Experimentieren werden die Reste in die dafür vorgesehenen Sammelbehälter gegeben:

Die weitere Behandlung und Entsorgung bzw. Übergabe der Abfälle zur Sondermüllentsorgung erfolgt durch die Lehrerin bzw. den Lehrer.

Gefahrstoffliste

Gefahrstoff	Signalwort	Piktogrammcode	H-Sätze und EUH-Sätze	E-Sätze
Aceton (Propanon)	Gefahr	GHS02 GHS07	H225 H319 H336 EUH066	1-10-14
Aluminium, Grieß	Gefahr	GHS02	H261	6-9
Aluminium, Pulver (stabilisiert)	Gefahr	GHS02	H261 H228	6-9
Aluminiumbromid, wasserfrei	Gefahr	GHS05 GHS07	H302 H314	2
Aluminiumchlorid, wasserfrei	Gefahr	GHS05	H314	2
Aluminiumiodid	Gefahr	GHS05	H314	2
Ameisensäure (Methansäure) $w \geq 90\%$	Gefahr	GHS05	H314	1-10
$10\% \leq w < 90\%$	Gefahr	GHS05	H314	1-10
$2\% \leq w < 10\%$	Achtung	GHS07	H315 H319	1-10
Ammoniak, wasserfrei	Gefahr	GHS04 GHS06 GHS05 GHS09	H221 H331 H314 H400	2-7
Ammoniaklösung $10\% \leq w < 25\%$	Gefahr	GHS05	H314	2
$5\% \leq w < 10\%$	Achtung	GHS07	H315 H319 H335	2
Ammoniumchlorid	Achtung	GHS07	H302 H319	2
Bariumchlorid	Gefahr	GHS06	H301 H332	1-3
Bariumchloridlösung $3\% \leq w < 25\%$	Achtung	GHS07	H302	1
Bariumhydroxid	Gefahr	GHS05 GHS07	H302 H314 H332	1-3
Bariumhydroxid-8-Wasser	Gefahr	GHS05 GHS07	H302 H314 H332	1-3
Bariumoxid	Achtung	GHS07	H302 H315 H319 H332	1-3
Benzoesäure	Achtung	GHS07	H302 H319	10-12
Benzol	Gefahr	GHS02 GHS08 GHS07	H225 H350 H340 H372 H304 H319 H315	10-12
Blei (bioverfügbar)	Gefahr	GHS07 GHS08	H302 H332 H360D H373	8
Blei(II)-acetat	Gefahr	GHS08 GHS09	H360Df H373 H410	8-14
Brennspiritus (Ethanol)	Gefahr	GHS02	H225	1-10
Brom	Gefahr	GHS06 GHS05 GHS09	H330 H314 H400	16
Bromthymolblaulösung (ethanolisch, $w = 0,1\%$)	Gefahr	GHS02	H225	10
Bromwasser $1\% \leq w < 5\%$	Gefahr	GHS06	H311 H330	16
Bromwasserstoff	Gefahr	GHS04 GHS05 GHS07	H314 H335	2
n-Butan	Gefahr	GHS02 GHS04	H220	2
Butan-1-ol	Gefahr	GHS02 GHS05 GHS07	H226 H302 H335 H315 H318 H336	7
Butansäure (Buttersäure)	Gefahr	GHS05	H314	10
Calcium	Gefahr	GHS02	H261	15
Calciumcarbid	Gefahr	GHS02	H260	15-16
Calciumchlorid	Achtung	GHS07	H319	1
Calciumhydroxid	Gefahr	GHS05	H318	2
Calciumoxid	Gefahr	GHS05	H318	2
Chlor	Gefahr	GHS06 GHS09	H331 H319 H335 H315 H400	16
Chlorethan (Ethylchlorid)	Gefahr	GHS02 GHS04 GHS08	H220 H351 H412	16
Chlormethan (Methylchlorid)	Gefahr	GHS02 GHS04 GHS08	H220 H351 H373	7-12
Chlorwasser, gesättigt $w \approx 0,7\%$	Achtung	GHS07	H332	16
Chlorwasserstoff	Gefahr	GHS04 GHS06 GHS05	H331 H314	2
Citronensäure	Achtung	GHS07	H319	3
Cyclohexan	Gefahr	GHS02 GHS08 GHS07 GHS09	H225 H304 H315 H336 H410	10-12

w: Massenanteil

Gefahrstoff	Signalwort	Piktogrammcode	H-Sätze und EUH-Sätze	E-Sätze
Dibenzoylperoxid	Gefahr	GHS01 GHS02 GHS07	H241 H319 H317	10-12
Diethylether (Ether)	Gefahr	GHS02 GHS07	H224 H302 H336 EUH019 EUH066	9-10-12
Eisen(III)-chlorid	Gefahr	GHS05 GHS07	H302 H315 H318	2
Eisen(II)-sulfat	Achtung	GHS07	H302 H319 H315	2
Eisen(II)-sulfatlösung $w \geq 25\%$	Achtung	GHS07	H302 H319 H315	2
Essigessenz	Gefahr	GHS05	H314	2-10
Essigsäure (Ethansäure) $w \geq 90\%$	Gefahr	GHS02 GHS05	H226 H314	2-10
$25\% \leq w < 90\%$	Gefahr	GHS05	H314	2-10
$10\% \leq w < 25\%$	Achtung	GHS07	H319 H315	2-10
Essigsäureethylester (Ethylacetat)	Gefahr	GHS02 GHS07	H225 H319 H336 EUH066	10-12
Ethan	Gefahr	GHS02 GHS04	H220	7
Ethanal (Acetaldehyd)	Gefahr	GHS02 GHS08 GHS07	H224 H351 H319 H335	9-10-12-16
Ethanallösung (Acetaldehydlösung) $w \geq 10\%$	Achtung	GHS08 GHS07	H351 H319 H335	9-10-12-16
Ethanol (Brennspiritus)	Gefahr	GHS02	H225	1-10
Ethen (Ethylen)	Gefahr	GHS02 GHS04 GHS07	H220 H336	7
Ethin (Acetylen)	Gefahr	GHS02 GHS04	H220 EUH006	7
Fehling'sche Lösung II	Gefahr	GHS05	H314	2
Formaldehydlösung s. Methanallösung				
n-Heptan	Gefahr	GHS02 GHS08 GHS07 GHS09	H225 H304 H315 H336 H410	10-12
n-Hexan	Gefahr	GHS02 GHS08 GHS07 GHS09	H225 H361f H304 H373 H315 H336 H411	10-12
Hexan-1-ol	Achtung	GHS07	H302	10
Hex-1-en	Achtung	GHS04	H280	10-12
Hex-1-in	Achtung	GHS04	H280	10-12
Iod	Achtung	GHS07 GHS09	H332 H312 H400	1-16
Iodwasserstoff	Gefahr	GHS04 GHS05	H314	1
Isobutanol (2-Methylpropan-1-ol)	Gefahr	GHS02 GHS05 GHS07	H226 H315 H318 H335	10
Kalium	Gefahr	GHS02 GHS05	H260 H314 EUH014	6-12-16
Kaliumcarbonat	Achtung	GHS07	H302 H319 H315 H335	1
Kaliumhydroxid (Ätzkali)	Gefahr	GHS05 GHS07	H302 H314	2
Kaliumhydroxidlösung (Kalilauge) $w \geq 5\%$	Gefahr	GHS05 GHS07	H302 H314	2
$2\% \leq w < 5\%$	Gefahr	GHS05	H314	2
$0{,}5\% \leq w < 2\%$	Achtung	GHS07	H319 H315	2
Kaliumnitrat	Gefahr	GHS03	H271	1
Kaliumnitrit	Gefahr	GHS03 GHS06 GHS09	H272 H301 H400	1-16
Kaliumpermanganat	Gefahr	GHS03 GHS07 GHS09	H272 H302 H410	1-6
Kaliumpermanganatlösung $w \geq 25\%$	Gefahr	GHS07 GHS09	H302 H410	1-6
Kohlenstoffmonooxid	Gefahr	GHS02 GHS04 GHS06 GHS08	H220 H360D H331 H372	7
Kupferacetat	Achtung	GHS07	H302	11
Kupfer(II)-chlorid	Gefahr	GHS06	H301 H319 H315 H335	11
Kupfer(II)-chloridlösung $3\% \leq w < 25\%$	Achtung	GHS07	H302	11

319

Gefahrstoffliste

Gefahrstoff	Signalwort	Piktogrammcode	H-Sätze und EUH-Sätze	E-Sätze
Kupfer(I)-oxid	Achtung	GHS07, GHS09	H302, H410	8-16
Kupfer(II)-oxid	Achtung	GHS07	H302	8-16
Kupfer(II)-sulfat, wasserfrei	Achtung	GHS07, GHS09	H302, H319, H315, H410	11
Kupfer(II)-sulfat-5-Wasser	Achtung	GHS07, GHS09	H302, H319, H315, H410	11
Kupfer(II)-sulfatlösung $w \geq 25\%$	Achtung	GHS07, GHS09	H302, H319, H315, H410	11
Lithium	Gefahr	GHS02, GHS05	H260, H314, EUH014	15-1
Lithiumchlorid	Achtung	GHS07	H302, H319, H315	1
Magnesium, Pulver (phlegmatisiert)	Gefahr	GHS02	H228, H261, H252	3
Magnesium, Späne	Gefahr	GHS02	H228, H261, H252	3
Mangan(IV)-oxid (Braunstein)	Achtung	GHS07	H332, H302	3
Methan	Gefahr	GHS02, GHS04	H220	7
Methanallösung (Formaldehydlösung) $w \geq 25\%$	Gefahr	GHS06, GHS08, GHS05	H351, H331, H311, H301, H314, H317, H335	10-12-16
$5\% \leq w < 25\%$	Gefahr	GHS06, GHS08	H351, H331, H311, H301, H319, H315, H317, H335	1-10
$0,2\% \leq w < 5\%$	Gefahr	GHS06, GHS08	H351, H331, H311, H301, H317	1-10
Methanol	Gefahr	GHS02, GHS06, GHS08	H225, H331, H311, H301, H370	1-10
Methansäure s. Ameisensäure				
Methansäuremethylester (Methylformiat)	Gefahr	GHS02, GHS07	H224, H332, H302, H319, H335	10-12
Natrium	Gefahr	GHS02, GHS05	H260, H314, EUH014	6-12-16
Natriumcarbonat	Achtung	GHS07	H319	1
Natriumhydroxid (Ätznatron)	Gefahr	GHS05	H314	2
Natriumhydroxidlösung (Natronlauge) $w \geq 5\%$				
$2\% \leq w < 5\%$	Gefahr	GHS05	H314	2
$0,5\% \leq w < 2\%$	Gefahr	GHS05	H314	2
	Achtung	GHS07	H315	1
Natriumnitrat	Gefahr	GHS03	H271	1
Nicotin	Gefahr	GHS06, GHS09	H310, H301, H411	10-16
n-Octan	Gefahr	GHS02, GHS08, GHS07, GHS09	H225, H304, H315, H336, H410	10-12
Oxalsäure	Achtung	GHS07	H312, H302	5
Oxalsäurelösung $w \geq 5\%$	Achtung	GHS07	H312, H302	5
Ozon	Gefahr	GHS04, GHS05, GHS07	H280, H314, H319, H335	7
n-Pentan	Gefahr	GHS02, GHS08, GHS07, GHS09	H225, H304, H336, H411, EUH066	10-12
Pentan-1-ol	Achtung	GHS02, GHS07	H226, H332	10-14
Petrolether	Gefahr	GHS02, GHS08	H225, H304, H412	10-12
Petroleum	Gefahr	GHS02, GHS08	H226, H304	10-12
Petroleumbenzin	Gefahr	GHS02	H225	10-12
Phenolphthaleinlösung (ethanolisch, $w > 1\%$)	Gefahr	GHS02	H225	1-10
Phosphor, rot	Gefahr	GHS02	H228, H412	6-9
Phosphor(V)-oxid	Gefahr	GHS05	H314	2
Phosphorsäure $w \geq 25\%$	Gefahr	GHS05	H314	2
$10\% \leq w < 25\%$	Achtung	GHS07	H319, H315	1
Propan	Gefahr	GHS02, GHS04	H220	7

Gefahrstoff	Signal-wort	Pikto-gramm-code	H-Sätze und EUH-Sätze	E-Sätze
Propanal	Gefahr	GHS02 GHS07	H225 H319 H335 H315	9-10-12-16
Propan-1-ol	Gefahr	GHS02 GHS05 GHS07	H225 H318 H336	10
Propan-2-ol	Gefahr	GHS02 GHS07	H225 H319 H336	10
Propanon s. Aceton				
Propansäure (Propionsäure) $10\% \leq w < 25\%$	Achtung	GHS07	H319 H315 H335	2
Resorcin (1,2-Dihydroxybenzol)	Achtung	GHS07 GHS09	H302 H319 H315 H400	10
Rohöl (synthetisch)	Gefahr	GHS02 GHS08 GHS07 GHS09	H224 H304 H315 H336 H351 H411	10-12
Salpetersäure $w \geq 65\%$	Gefahr	GHS03 GHS05	H272 H314	2
$20\% \leq w < 65\%$	Gefahr	GHS05	H314	2
$5\% \leq w < 20\%$	Gefahr	GHS05	H314	2
Salzsäure $w \geq 25\%$	Gefahr	GHS05 GHS07	H314 H335	2
$10\% \leq w < 25\%$	Achtung	GHS07	H315 H319 H335	2
Sauerstoff	Gefahr	GHS03 GHS04	H270	
Schiffs Reagenz	Achtung	GHS07	H319 H335	2
Schwefel	Achtung	GHS07	H315	3
Schwefeldioxid	Gefahr	GHS04 GHS06 GHS05	H331 H314	7
Schwefelsäure $w \geq 15\%$	Gefahr	GHS05	H314	2
$5\% \leq w < 15\%$	Achtung	GHS07	H319 H315	2
Schwefelwasserstoff	Gefahr	GHS02 GHS04 GHS06 GHS09	H220 H330 H400	2-7
Schwefelwasserstoff-lösung $0,1\% \leq w \leq 1\%$	Achtung	GHS07	H332	2
Schweflige Säure $5\% \leq w \leq 10\%$	Achtung	GHS07	H319 H3159 H335	2
Silbernitrat	Gefahr	GHS03 GHS05 GHS09	H272 H314 H410	12-13-14

Gefahrstoff	Signal-wort	Pikto-gramm-code	H-Sätze und EUH-Sätze	E-Sätze
Silbernitratlösung $5\% \leq w \leq 10\%$	Achtung	GHS07	H319 H315	12-13-14
Silberoxid	Gefahr	GHS03 GHS05	H271 H318 EUH044	12-13-14
Stickstoffdioxid	Gefahr	GHS04 GHS03 GHS06 GHS05	H270 H330 H314	7
Stickstoffmonooxid	Gefahr	GHS04 GHS06	H280 H310 H330	7
Strontiumchlorid	Achtung	GHS07	H302	1-11
Styrol	Achtung	GHS02 GHS07	H226 H332 H319 H315	10-12
Wasserstoff	Gefahr	GHS02 GHS04	H220	7
Wasserstoff-peroxidlösung $w \geq 70\%$	Gefahr	GHS03 GHS05 GHS07	H271 H332 H302 H314 H335	1-16
$50\% \leq w < 70\%$	Gefahr	GHS03 GHS05 GHS07	H272 H332 H302 H314 H335	1-16
$35\% \leq w < 50\%$	Gefahr	GHS05 GHS07	H332 H302 H315 H318 H335	1
$8\% \leq w < 35\%$	Gefahr	GHS05 GHS07	H332 H302 H318	1
$5\% \leq w < 8\%$	Achtung	GHS07	H332 H302 H319	1
Zink, Pulver, Staub (stabilisiert)	Achtung	GHS09	H410	3
Zinkbromid	Gefahr	GHS05 GHS09	H314 H400 H410	1-11
Zinkchlorid	Gefahr	GHS05 GHS07 GHS09	H302 H314 H410	1-11
Zinkchloridlösung $5\% \leq w < 10\%$	Achtung	GHS07	H319 H315	1-11
Zinkoxid	Achtung	GHS09	H410	3
Zinksulfat, wasserfrei	Gefahr	GHS05 GHS07 GHS09	H302 H318 H410	1-11
Zinn(II)-chlorid	Achtung	GHS07	H302 H315 H319 H335	1-11

Stichwortverzeichnis

Hinweis: Fett gedruckte Begriffe sind Lernwörter.

A

Abdampfschale 19
Absorption 262 f.
Abwasserreinigung 4, 43
Aggregatzustand 44 f., 48
- Teilchenmodell 45
- Temperaturen 45

Akkumulator (Akku)
- Energiegehalt 93
- laden/entladen 92 f.

Aktivierungsenergie 71, 89, 282
Aldehyde 272 f.
Alkalimetalle 228
alkalisch 207
Alkanale 272 f.
Alkane 244 f., 248
- Eigenschaften 246
- Flammentypen 248
- homologe Reihe 244 f.
- Löslichkeit 249
- Siedetemperatur 246

Alkanole 266 f.
Alkanone 272 f.
Alkene 250 f.
Alkine 250
Alkohol 266, 271 f.
- Auswirkungen 270
- Brennwert 166
- Gewinnung 271
- sekundärer 266

alkoholische Gärung 271
Aluminium 105, 112, 148
- Gewinnung 199
- Recycling 93
- Steckbrief 305

Aluminiumoxid 199
Ameisensäure 224 f.
Ammoniak 232
Ammoniumsalze 232
Analytik 227
Anode 295
Anschauungsmodell 131
Antifouling 293
Äquivalenzpunkt 288

Argon 143
- Steckbrief 306

Atome 128, 130, 132 f., 150 f., 180 f.
- Aufbau 136
- Durchmesser 130
- Kennzahlen 133, 135

Atomhülle 133, 135 f., 148
Atomkern 132, 135
Atommasse 132, 284 f.
Atommodelle 131 ff.
- Bohr-Modell 136, 139
- Dalton-Modell 128
- Demokrit-Modell 128
- Kern-Hülle-Modell 132 f.
- Kugelteilchenmodell 128
- Rutherford-Modell 132 f.
- Schalenmodell 136, 139
- Thomson-Modell 132

Atomsorten s. chemische Elemente
Ausgangsstoffe 66 f., 71
Außenelektronen 136, 139, 142, 180
- Schreibweise 148

Außenschale 180
Autokatalysator 282

B

Batterie 217, 294
Bauxit 199
Benzin 57, 164
- Brennwert 166

Beryllium, Steckbrief 302
Bewegungsenergie 84 f.
Bindigkeit 150 f., 153
Blei 105 ff., 119
- Steckbrief 107

Bodensatz 51
Bohr, N. 136, 139
Bor 303
Brandbekämpfung 60
Brandschneise 60
Brennerflamme 17
Brennstoffe 56 f., 256
Brennstoffzelle 164 f.
Bronze 119
Brown, R. 49
brownsche Bewegung 49
Bürette 289
Butan 252

C

Calciumcarbonat 220
Calciumhydrogencarbonat 220 f., 223
Carbonat 221
Carbonat-Ionen, Nachweis 218, 227
Carbonsäure 272 f.
Celluloid 290
Chemieberufe 298 f.
Chemiefachraum
- Experimentierregeln 10, 16
- Sicherheitseinrichtungen 11
- Verhaltensregeln 10

Chemikalien, Entsorgung 317
chemische Bindung
- Doppelbindung 150 f., 250
- Dreifachbindung 151, 250
- Einfachbindung 244
- Elektronenpaarbindung 150 f., 168, 172, 250, 300
- Ionenbindung 181, 301
- Mehrfachbindung 255
- polare 168, 173, 267
- unpolare 267

chemische Elemente (Atomsorten) 133, 140, 146 f., 158 f., 302 ff.
- Eigenschaften 140
- Flammenfärbung 145
- Ordnungsmerkmale 142
- Zerlegung 198

chemische Formeln 162
chemische Reaktion 66 f., 70 ff., 284
- Aktivierungsenergie 71, 89, 282
- mit Elektronenübergang 181
- endotherme 92, 98
- exotherme 89, 92, 94
- Gleichungen 163
- Katalysator 282
- Knallgasreaktion 164
- Mengenberechnung 284 f.
- Merkmale 67
- Modelle 70
- Oxidation 76, 110 f., 121
- Reaktionsgleichung 67
- Redoxreaktion 111, 114
- Reduktion 111
- Verbrennung 89

chemische Verbindung 158 f., 252
- Zerlegung 158

Chlor
- Eigenschaften 188
- Steckbrief 306

Chlorid-Ionen, Nachweis 227
Chloridnachweis 227
Chlorophyll 98
Chlorwasserstoff 224
Cycloverbindung 255

D

Dalton, J. 128
Daniell-Element 294
Demokrit 128
Destillation 271
Diamant 37
Dichte 36 f.
- Berechnung 36

Dichteanomalie 172
Diffusion 49
Dipol 168, 173
dissoziieren 214
Doppelbindung 150 f., 250
Dreifachbindung 151, 250
Duroplaste 290 f.

E

Edelgase 53
Edelgasregel 198
Edelgaszustand 143, 150 f., 180
Edelmetalle 105, 109 f.
Edelstahl 118
Eindampfen 39
Einfachbindung 244
Eisen 91, 105, 108, 114, 118
- Dichte 36
- Gewinnung 117
- Steckbrief 108

Eisenlegierung 118
Eisenoxid 114 ff.
Eisenschrott 121
Elastomere 290 f.
elektrische Energie 92
elektrische Leitfähigkeit
- Metalle 193
- Salze 186, 190

Elektrode 294
Elektrolyse 198 ff.
Elektrolyt 294

Elektromotor mit Brennstoffzelle 164
Elektronegativität 168, 173
- im Periodensystem 248

Elektronen 132 f., 139, 143
Elektronenakzeptor/-donator 294
Elektronengas 193
Elektronenpaarbindung 150 f., 168, 172, 250, 300
Elektronenschale 136, 143
Elektronenübergang 181
Elektronenverteilung nach Bohr 149
Element (Atomsorte) 133
- Elektronenverteilung 136, 149
- Kennzahlen 135

Elementsymbole 133
Eloxalverfahren 200
Emulsion 48
endotherm 92
Energie 84 f., 88 f., 92 ff.
- Aktivierungsenergie 71, 89, 282
- Berechnung 93
- Bewegungsenergie 84 f.
- elektrische 92
- Energiefreisetzung 88, 92
- Energiespeicherung 85, 87
- Energieumwandlung 84 f., 88
- erneuerbare 165
- Formen 84 f., 94
- Gewinnung 94 f.
- Lageenergie 84 f.
- Spannenergie 84
- thermische 84 f., 88, 92
- Wärmeenergie 71, 84

Energiediagramm 89
Energieträger 240, 256
- synthetische 167
- Wasserstoff 164 f.

Energieumwandlung 84 f., 88
Entflammbarkeit 246 f.
Entsorgungsratschläge 317
Erdalkalimetalle 228
Erdatmosphäre 52, 262 f.
Erdgas 240 f., 243
- Brennwert 166
- Lagerstätten 240 f.

Erdöl 240 f., 243, 257 ff.
- Erdölfraktionen 261
- Gewinnung 260
- Lagerstätten 260
- Transport 261
- Umweltschäden 257 f.
- Verarbeitung 261
- Verbrennung 257
- Viskosität 259
- Zusammensetzung 256

Erdölreserven 257, 260
Erlenmeyerkolben 18, 20
Erstarren 45
Erstarrungstemperatur 44
Erze 110
E-Sätze 317
Essigsäure (Ethansäure) 225, 273
Ethanol s. a. Alkohol
Ethen 251
exotherm 89
Experiment 30
Experimentieren
- Regeln 10, 16
- Verhaltensregeln 10

Exsikkator 217
Extrahieren 40

F

Fettbrand 61
Fettsäure 273
Feuer 56 f.
Feuerzeug 56
Filtrieren 39, 41
Flamme 17, 37
Flammenfärbung 145
Flammtemperatur 57
Fluor 150 f.
- Steckbrief 304

Fotosynthese 98 f.
Frischen 121
funktionelle Gruppen 266 f., 272
- Polarität 273

Funktionsmodell 131

Stichwortverzeichnis

G

Galvanotechnik 201
Gasbrenner 16 f., 187
Gase 218
- auffangen 19, 79
- lösen 50
- Nachweis 79, 159
- pneumatische Wanne 19

Gedankenmodell 130 f., 315
Gefahrenmerkmale 315
Gefahrenpiktogramme 314
Gefahrensymbole 11, 314
Gefahrstoffe 11, 314, 318 ff.
Gegenstand 28
gesättigt 250
Gesetz der konstanten Massenverhältnisse 75
Gesetz der Massenerhaltung 72
Gips 69, 215
Glasgeräte 22
Glimmspanprobe 54, 159
Glucose 255
Gold 105, 118
Goldlegierung 118
Größenvorsilben 291
Gruppe im Periodensystem 142

H

H₃O⁺-Ionen 211
Hämoglobin 108
Härte 33, 37, 105
Härteskala 33
Hauptgruppe im Periodensystem 143
Helium 143, 150
- Steckbrief 302

heterogen/homogen 48
Hightechchemie 290 f.
Hochofen 114 ff., 121
Hofmannscher Wasserzersetzungsapparat 158 f.
homologe Reihe 244 f., 272
H-Sätze 315
Hydratation 192
Hydrogencarbonat 221
Hydrogencarbonat-Ion 218
Hydrogensulfat-Ion 214 f.
hydrophil 267
Hydroxide 229 f.
Hydroxid-Ionen 210 f., 228, 233

Hydroxylgruppe 266 f.
hygroskopisch 214

I

Indikator 207, 209, 288
Iod 189
Ionen 181, 194
- Formelschreibweise 181

Ionenbindung 181, 301
Ionengitter 181, 184, 192
Ionengruppe 181, 184
Isomerie 252

J

Joule 242

K

Kalium
- Flammenfärbung 145
- Steckbrief 144

Kalk 208, 223
Kalkkreislauf 223
- technischer 231

Kalkstein 220 f.
Kalkwasser 77, 230
Kartuschenbrenner 242
Katalysator 282 f.
Kathode 295
Kern-Hülle-Modell 132 f.
Ketone 272 f.
Kettenbildung 252
Kettenlänge 244 ff.
- Kohlenwasserstoffe 253

Kläranlage 43, 212
Klimawandel 88, 164, 243, 262 f.
Knallgasprobe 159
Knallgasreaktion 164
Kochsalz 178, 184, 190
- Eigenschaften 188

Kohlenhydrate 255
Kohlensäure 218, 220, 225
Kohlenstoff 140
- Elektronegativität 246
- Nachweis 76
- Steckbrief 146, 303

Kohlenstoffdioxid 53, 76 f., 88, 95, 114, 116, 218, 241, 257, 263
- Nachweis 77

Kohlenstoffkreislauf 263

Kohlenstoffmonooxid 114 f.
Kohlenwasserstoffe 244 f., 256, 266, 276
- Bindungen 250
- cyclische 255
- funktionelle Gruppen 277
- gesättigte/ungesättigte 250
- Nomenklatur 252 f.

Koks 114 ff.
Kolbenprober 19
Kondensieren 45
Königswasser 224
Konservierung mit Essig 274
Konverter 121
Konzentration 285, 288
Kristalle 31
- Kupfersulfat 215
- Salze 178, 186, 190 f.

Kristallwasser 215
Kugelteilchenmodell 128
Kunststoffe 290 f.
Kunststoffmüll 292
Kupfer 75, 108, 140
- Eigenschaften 118 f.
- Flammenfärbung 145
- Steckbrief 108

Kupferoxid 111

L

Laborgeräte 18 f.
Laden/Entladen 92
Lageenergie 84 f.
Lauge 206 f., 228 ff.
- Eigenschaften 210

Lavoisier, A. L. 161
Legierung 118 f.
Leichtbau 293
Leichtmetalle 105
Leuchtstab 68
Lewis, G. N. 149
Lewis-Schreibweise 148 f., 151
lipophil 267
Lithium
- Steckbrief 302

Litium, Flammenfärbung 145
Lösevorgang 50, 73
Löslichkeit 51, 169, 186, 249, 267, 273

Lösung
- Konzentration 288
- Verdünnung 287

Lösungsmittel 267
Lotuseffekt 291
Lötzinn 119
Luft 53, 55, 95
- Atemluft 94

Luft-/Gaszufuhr 16, 52
Luftzufuhr 60

M

Magnesium
- Steckbrief 109, 304

Magnesiumoxid 189
Magnetismus 105
Malachit 110 f.
Masse 36
Massenzahl 133
Maßlösung 289
Materialien 28
Mehrfachbindung 255
Mendelejew, D. 142
Mengenberechnung 284 f.
Messing 119
Messzylinder 18, 20
- ablesen 129

Metallberufe 122 f.
Metallbindung 301
Metallbrand 112
Metalle 104 ff., 114, 118, 142
- Dichte 36
- Edelmetalle 105, 109 f.
- Eigenschaften 104 f.
- elektrische Leitfähigkeit 104, 193
- giftige 107
- Härte 105
- Legierung 118
- Oberfläche 104
- Schmelztemperatur 105 f.
- Stromfluss 193
- unedle 105, 114
- Verbrennung 112
- Verformbarkeit 104
- Wärmeleitfähigkeit 104, 193

Metall-Ionen 210 f.
Metalloxide 110, 229
Metallsulfide 110
Metallverbindung 110

Methan 241, 244
Methanmolekül 172, 240
Methoden
- Analytik 227
- Aussehen der Stoffe beschreiben 31
- Formeln verstehen 162
- Formeln von Salzen aufstellen 184
- Glas bearbeiten 22
- Kohlenwasserstoffe 253
- Lösungen verdünnen 287
- Mit pneumatischer Wanne arbeiten 79
- Multi-Interview 138
- Struktur-Lege-Technik 276
- Symbolgleichungen aufstellen 163
- Trennverfahren 39
- Versuchsprotokoll 15

Meyer, L. 142 f.
Mineraldünger 194 ff.
Mineralwasser 185
Modelle 70 f.
- Atommodelle 131 ff., 136, 139
- Kugelteilchenmodell 128
- Teilchenmodelle 45, 49 f., 70 f.

Mohs, F. 33
Mol 284 f.
Moleküle 151, 168 f., 173
- ringförmige 255

Molmasse 287
Monomere 291
Moos 99
Multi-Interview 138

N

Nachweisreaktionen 227
Nanoporen 293
Nanotechnologie 291, 293
Nanoteilchen 130
Natrium
- Eigenschaften 188
- Flammenfärbung 145
- Steckbrief 304

Natriumchlorid s. Kochsalz
Natriumhydroxid 229
Natrium-Schwefel-Batterie 295
Natron 221

Natronlauge 208
Nebel 48
Neon 304
Neutralisation 211
Neutron 133
Nichtmetalloxid 225
Nitrate 194 f., 197
Nitratgehalt, Berechnung 196
Nitrat-Ion 194
Nitrifikation 195
Nitrite 197
Nitrosamine 197
Nomenklatur 252
Not-Aus-Schalter 11

O

Oberflächenspannung 169
OH^--Ionen 211
Ordnungsmerkmale des Periodensystems 142 f.
Ordnungszahl 133, 143
Oxidation 76 f., 121, 272, 294
Oxide 76 f., 110, 225
Oxonium-Ionen 210 f., 233

P

Paraffin 58
Periodensystem der Elemente 142 f.
Phasenbildung 269
Phosphor 305
pH-Wert 207
Piktogrammcode 314
Pipeline 257
Pipette 18, 20, 23
Platinkatalysator 282
pneumatische Wanne 19, 79
Polymerisation 291
Polyvinylchlorid (PVC) 291
Prägestempel 118
Primärenergie 240 f.
Primärenergieverbrauch 259
Protokoll 14 f.
Protonen 132 f., 143, 233
Protonenakzeptor/-donator 233
P-Sätze 316 f.
Pulsmessung 96
Pumpspeicherwerk 85

Stichwortverzeichnis

Q
Quecksilber 107, 140

R
Raketentechnik 167
Rauch 48
Reaktionsgleichung 67
Reaktionsprodukt 66, 71 f., 115
Redoxreaktion 111, 114
Reduktion 111, 294
Reflexion 262 f.
Reinstoffe 38
Resublimieren 45
Ritzprobe 33
Roheisen 115 f., 121
Rohstahl 121
Rohstoffe 110, 256
Rost 108
Rotgold 118
Rotkohlindikator 207, 209, 289
Rückstoßprinzip 167
Rutherford, E. 132 f.

S
Salzbildner (Halogene) 188 f.
Salzbildung 180, 182
Salze 178 f., 186, 188
- Benennung 213
- Eigenschaften 178, 186, 190
- Filtrieren 41
- Formeln 184
- Gewinnung 41, 178
- in Lebensmitteln 179
- Lösevorgang 192
Salzlösung 198
Salzsäure 224 f.
- Eigenschaften 224
- konzentrierte 224
Sauerstoff 53, 57, 76, 94, 159
- Lewis-Schreibweise 151
- Nachweis 159
- Steckbrief 141, 147, 303

Säure 206 f., 224 f.
- Eigenschaften 206, 210
- Indikator 288
- Lösung 210
- verdünnen 209
saurer Regen 225
Säurerest-Ionen 210 f., 218, 220
Schalenmodell 136, 139
Scheidetrichter 39 f.
Schlacke 115 f.
Schmelzen 45, 50, 73
Schmelztemperatur 37, 44 ff., 105
- Salze 186, 190
Schwefel 75, 91, 140
- Steckbrief 305
Schwefeldioxid 226
Schwefelsäure 214 f., 225
- Anwendung 217
- konzentrierte 214 f.
- verdünnte 214 ff.
Schweißen 115
Schwermetalle 105
Sedimentieren 39
Sicherheitseinrichtungen 11
Sicherheitshinweise 316 f.
Siedesalz 178
Siedetemperatur 44 f., 246
Silber 109
Silicium 147, 305
Spannenergie 84
Springbrunnenversuch 224
Sprödigkeit 186, 191
Sprudelwasser 219
Stahl 115, 118 f., 121
Stickstoff 53, 195
- Lewis-Schreibweise 151
- Steckbrief 303
- Verwendung 54

Stickstofffixierung 194 f.
Stickstoffkreislauf 194 f.
Stoffe
- Aggregatzustand 44 f.
- brennbare 56 ff.
- Definition 28
- Dichte 36 f.
- Eigenschaften 30 f., 33 f., 36 f., 66 f.
- elektrische Leitfähigkeit 37
- Härte 33, 37
- Kennzeichnungselemente 315
- Konzentration 285, 288
- Lösevorgang 50
- Masse 36
- Oberfläche 30 f.
- Reinstoffe 38
- Rekorde 37
- Schmelztemperatur 37, 46
- Steckbrief 34, 36
- Stoffumwandlung 66
- Teilchenmodell 70
- Trennverfahren 38
- Verbrennung 88
- Volumen 36
- Zerteilungsgrad 57
- Zündtemperatur 57
- Zustandsänderung 44 f.
- Zustandsformen 30 f.
Stoffgemische 38 f., 48, 52 f.
- Aggregatzustand 48
- heterogene/homogene 48
- Kennzeichnungselemente 315
- Legierung 118 f.
- metallische 118 f.

Stoffsteckbriefe 34, 36
- Aluminium 305
- Argon 306
- Beryllium 302
- Blei 107
- Bor 303
- Chlor 306
- Eisen 108
- Fluor 304
- Helium 302
- Kalium 144
- Kohlenstoff 146, 303
- Kupfer 108
- Lithium 302
- Magnesium 109, 304
- Natrium 304
- Neon 304
- Phosphor 305
- Quecksilber 107
- Sauerstoff 141, 147, 303
- Schwefel 305
- Silber 109
- Silicium 147, 305
- Stickstoff 303
- Wasserstoff 146, 302

Strahlungsenergie 98
Streusalz 178 f.
Streuversuch von Rutherford 132 f.
Strommix 256
Stromzerlegung 158
Struktur-Lege-Technik 276
Sublimieren 45
Sulfat-Ionen 214 f.
- Nachweis 227

Sulfatnachweis 227
Sulfide 110
Suspension 48
Symbolgleichung 163

T

Teilchenmodell 45, 49 f., 70 f.
Temperatur-Zeit-Diagramm 47
thermische Energie 84 f., 88, 92
Thermitverfahren 115
Thermoplaste 290 f.
Thomson, J. J. 132
Titration 288
Transmission 262 f.
Treibhauseffekt 241, 262 f.
Treibstoffe 164 ff., 225
Trennverfahren 38 f., 43, 271
Tropfstein 221

U

unedle Metalle 105, 114
ungesättigt 250
UV-Schutz 293

V

Van-der-Waals-Kräfte 247
Verbrennung 53 f., 76, 256
Verbrennungsdreieck 57
Verdampfen 45
Verformbarkeit 104
Verkupfern 201
Versuchsprotokoll 15
Verzinken 120
Viskosität 246, 259
Vitamin C 274
Volumenmessung 36

W

Wabenstruktur 283
Waldbrand 60
Wärmeenergie 71, 84
Wärmeleitfähigkeit 104, 193
Wärmestrahlung 262 f.

Wasser 50, 53, 153, 158 f., 168 f.
- Aggregatzustand 44
- Dichteanomalie 172
- kondensiertes 55
- Löslichkeit 169, 249
- Nachweis 217

Wasserhärte 220
Wassermolekül 172, 192, 233
Wasserstoff 150 f., 158 ff., 164 ff.
- Brennwert 166
- Eigenschaften 164 f.
- Nachweis 159 f.
- Steckbrief 146, 302

Wasserstoffauto 165
Wasserstoffbrücke 169
Wasserzerlegung 158, 161
Weißgold 118
Wortgleichung 163

Z

Zellatmung 94, 98 f.
- Reaktionsgleichung 95

Zerteilungsgrad 57
Zink 112, 118
Zinn 119
Zucker 49 ff., 249
- Stoffumwandlung 69

Zündtemperatur 57

Bildquellenverzeichnis

Cover oben: Fotolia/Jürgen Fälchle, unten: Shutterstock/Suwit Ngaokaew, Mitte: sofarobotnik, Augsburg

a1pix/PM: S. 29/5

Agentur Focus/Dr P. Marazzi S. 237/4

akg/Science Photo Library S. 132/3, S. 142 /3, IAM: S. 128/3

Clip Dealer/Alexander Raths S. 299 /3, U. Gernhoefer: S. 215/2 r.

Colourbox S. 239/l., Jens Stolt: S. 117/2

Computergrafik Seidensticker, München: S. 116 /1

Corbis/Buntrock, Gerrit Ltd. 268/2, Visuals Unlimited: S. 191/6

Cornelsen Verlag GmbH: S. 259/3

Cornelsen/Boris Mahler: S. 94/2

Cornelsen/Heinz Mahler: S. 207/4, S. 290/6

Cornelsen/ Volker Minkus: S. 18/2, 4, S. 19/6, S. 21/5 und 6, S. 22/1, 2 und 3, S. 23 4-8, S. 47/4, S. 54/2, S. 59/5 und 6, S. 68/3, S. 72/2, S. 91/5a-e, S. 93/3, S. 97/3, 4 l., 4 r., S. 106/2, S. 112/2a-f, S. 113/3, 4, S. 134/2, S. 145/4a-g, S. 187/3, S. 188/1, 2, S. 189/3, 4, S. 198/1, 2, S. 214/1, S. 216/1 u. 2, S. 224/1, S. 227/3, S. 228/1, S. 232/1, S. 248/1, S. 266/1b, S. 269/4, S. 282/a-d, S. 283/3, S. 287/2, S. 288/2, S. 289/5, S. 292/1, S. 294/1, S. 297/6

Cornelsen/Stephan Röhl S. 28/2, S. 29/4, S. 32/1, 2, 3, S. 33/4 und 5, S. 35/3, S. 38/1, S. 40/3, S. 70/1, S. 81/5, S. 97/5, S. 111/3, S. 115/4, 130/2, S. 172/1, S. 182/1, S. 183/4, S. 185/5, S. 206/1 und 2, S. 216/4, S. 226/1, S. 230/2, S. 245/3, 256/2, S. 273/4, S. 283/2, S. 293/3, S. 295/2

Cornelsen/Volker Döring S. 12/2a 2b, S. 12, S. 17/5, S. 21/4, S. 24/3, S. 25/6, S. 69/5 l., S. 112/1, S. 168/2, S. 180/1, S. 228/1, S. 290/4, 5

ddp images S. 298/1, S. 299/4

Editorial Image, LLC/Alamy S. 146/2

F1online/Naturbild Johner S. 28/1

Fotolia/Aleksei Lazukov S. 125/4, BillionPhotos.com S. 125/3, chris32m S. 92/2, contrastwerkstatt S. 3/o., S. 8, Cpro S. 101/6, Dario Lo Presti S. 69/5 r., dom65 S. 234/3, fefufoto S. 147/3, Florin Cnejevici S. 200/2, Jürgen Fälchle Cover, Michael Tieck S. 80/1, Olexandr S. 20/2, ondrej83 S. 237/5, ottoheuer S. 289/3, Rainer Schmittchen S. 170/3, Robert Przybysz S. 277/5, Schlierner S. 196/1, singkham S. 215/2 l., sumire8 S. 18/1, Volker Z S. 168/1, Zerbor S. 123/5

Gerhard Wenschkewitz S. 230/3

Glow Images: S. 146/1, SCIENCE PHOTO LIBRARY S. 12/1, Westend61 S. 31/5

imago: S. 236/3, Florian Schuh S. 164/1

INTERFOTO/Sammlung Rauch S. 142/2

laif/Jock Fistick S. 150/1 l., Pascal SITTLER/REA: S. 268/1

mauritius images/BAO: S. 43/3, Josefine Clasen S. 31/4, Juice Images: S. 9/r., Phototake: S. 228/2, S. 237/6, Science Photo Library/WLADIMIR BULGAR: S. 298/2, Science Source: S. 72/1, sciencephotos: S. 217/7, United Archives: S. 132/2, S. 167/4

OKAPIA/Charles D. Winters S. 40/1

PantherMedia/Jens Brüggemann S. 122/2

picture alliance/dpa: S. 296/1, DUMONT: S. 117/3, picture alliance/ZB: S. 11/2

Quantum Didaktik oHG S. 251/5

Shutterstock/Africa Studio: S. 40/2, S. 218/1, AG-PHOTO: S. 41/4, Albert Russ: S. 185/3 u. 4, Alexandar Iotzov: S. 175/6, Alexey Losevich: S. 197/3, Alhovik: S. 37/3, alice-photo: S. 127/r., Allocricetulus: S. 114/2, Alvaro Trabazo Rivas: S. 195/6, AnastasiiaSer: S. 292/2, Andrey N Bannov: S. 105/3, Anton Gvozdikov: S. 118/1, AntonioFoto: S. 107/4, anya-ivanova: S. 280, Aquila: S. 235/5, Atelier_A: S. 31/6, behindlens: S. 52/1, bitt24: S. 83/L, bluesnote: S. 68/2, Celig: S. 48/3, Chepko Danil Vitalevich: S. 240/1b, Christopher Ewing: S. 134/1, cosma: S. 247/5, Crdjan: S. 96/1, D Russell: S. 78, S. 107/3, Dafinka: S. 51/3, Daniel Taeger: S. 63/3, Dariush M: S. 60/1, Decha Thapanya: S. 297/4, Denis Tabler: S. 55/5, S. 87/2c, diogoppr: S. 132/1 l., Dmitrij Skorobogatov: S. 31/3, donikz: S. 88/1, dp Photography: S. 109/3, Dr. Ajay Kumar Singh: S. 260/2, Dubova: S. 145/3, Dudaeva: S. 87/2a, Dusan Po S. 215/3, EcoPrint: S. 110/1, Edward Fielding: S. 90/2, Elovich: S. 81/4, Eremin Sergey: S. 65/r., Extezy: S. 144/2 l., Fablok: S. 109/4, S. 140/1 M., Fotana: S. 208/1, gameanna: S. 205/r., Gayvoronskaya_Yana: S. 215/2 M., S. 226/2, ggw1962: S. 9/l., Glovatskiy: S. 286/1, GoneWithTheWind: S. 203/3, Goodluz: S. 122/1, S. 123/3, Gouvi S. 44/1, grintan: S. 274/2, Gurov Vladimir: S. 119/2, Guryanov Andrey: S. 65/l., Henri Koskinen: S. 178/2, humbak: S. 56/2 o., hxdbzxy: S. 90/3, Iaroslav Neliubov: S. 131/4, Image Point Fr: S. 213/2, imagedb.com: S. 249/5, inacio pires: S. 5/u., S. 176, INSAGO S. 240/1a, Iryna Rasko: S. 50/1, Ivan Kireiev: S. 127/l., Jag_cz: S. 6/o., S. 204, James L. Davidson: S. 297/5, James Steidl: S. 87/2d, Jan Kaliciak: S. 217/5, Jostein Hauge: S. 4/o., S. 82, Jeremys78: S. 37/4 r., Jezper: S. 37/4 l., Jiri Hera: S. 177/r., Jiri Vaclavek: S. 186/1 r., Jörg Röse-Oberreich: S. 5/o., S. 156, Jose Gil: S. 261/3, juheIdeeID: S. 144/2 r., Juraj Kovac: S. 157/L., kai keisuke: S. 87/2g, kajornyot: S. 258/1, KAMONRAT: S. 217/6, Karl Allgaeuer: S. 205/L., kessudap: S. 281/r., K-Kwan Kwanchai: S. 20/1, Kochneva Tetyana: S. 56/1, Kozini: S. 73/3, Kzenon: S. 270/1, Lee Yiu Tung: S. 80/3, Leigh Prather: S. 87/2e, liza54500: S. 128/1, Marc Dietrich: S. 87/2b, MarcelClemens: S. 56/2 u., S. 140/2, Maridav: S. 94/1 r., Mario7: S. 169/6, Mark Oleksiy: S. 115/3, Maxx-Studio: S. 4/u., S. 30/2, S. 126, Melica: S. 178/1, MichaelJayBerlin: S. 6/u., S. 238, Michael Kraus: S. 108/2, miroha141: S. 108/1, motorolka: S. 281/L., nattawut thammasak: S. 281/L., NATTHAPRAPHANIN JUNTRAKUL: S. 58/1, Neirfy: S. 3/M., S. 26, Nejron Photo: S. 67/3, NNCreated: S. 195/5, Nneirda: S. 186/1 M., Ocean Image Photography: S. 77/3, ogwen: S. 293/4, olavs: S. 67/4, Oleksandr Kalinichenko: S. 244/1, olmarmar: S. 46/1, Only Fabrizio: S. 140/1 r., p_ponomareva: S. 3 u., S. 64, Peter Sobolev: S. 147/4, Phil McDonald S. 104/1, PHOTO FUN S. 221/2, Photo smile: S. 87/2f, pick S. 222/1, Piotr Krzeslak: S. 220/1, Pressmaster: S. 14/1, pterwort: S. 239/r., Polryaz: S. 15/5, r.classen: S. 281, RG-vc: S. 53/4, Reika: S. 111/2, Renata Sedmakova: S. 186/1 l., Rickshu: S. 54/1, Rich Carey: S. 296/2, Richard Peterson: S. 27/L., Rob Wilson: S. 256/1, ronfromyork: S. 105/2, rtem: S. 263/3, sa2324: S. 73/5, schankz:, S. 66/2, S. 68/1, science photo: S. 158/1, Shaiith: S. 266/1a, Singkham: S. 194/1, Skynavin: S. 123/4, smeola: S. 84/1, Smileus: S. 194/2, SOMKKU: S. 90/4, studioVin: S. 103/r., Sukharevskyy Dmytro: S. 66/1, sydeen: S. 73/4, Tadas Naujokaitis: S. 14/2, TAGSTOCK1: S. 48/2, tcly: S. 103/L., Thomas Barrat: S. 100/2, Tigergallery: S. 243/u., Triff S. 83/r., TTstudio: S. 250/1, Tyler Olson: S. 150/1 r., Vadim Sadovski: S. 34/2, vladimir salman: S. 114/1, waldru: S. 131/3, Warren Goldswain: S. 94/1 l., wasanajai: S. 140/1 L., WDG Photo: S. 98/1, wim claes: S. 258/2, wrangler: S. 76/2, Yan Simkin: S. 27/r. Yuangeng Zhang: S. 4/M., S. 102, S. 121/5

sofarobotnik, Augsburg: S. 1 u. 2

SZ Photo/Science Museum: S. 136/2

Th. Neubacher-Riens. S. 224

Topic Media/Angelika Antl: S. 177/l.

Ulrich Strunk: S. 275/4

Periodensystem der Elemente

- ■ Metall
- ■ Halbmetall
- ■ Nichtmetall

- schwarz = Feststoff
- weiß = Flüssigkeit
- rot = Gas
- hellblau = künstliches Element
- * = radioaktives Element

Periode	1 I. Hauptgruppe	2 II. Hauptgruppe	3 III. Nebengruppe	4 IV. Nebengruppe	5 V. Nebengruppe	6 VI. Nebengruppe	7 VII. Nebengruppe	8 VIII. Nebengruppe	9 VIII. Nebengruppe
1	1 H 1,01 Wasserstoff								
2	3 Li 6,94 Lithium	4 Be 9,01 Beryllium							
3	11 Na 22,99 Natrium	12 Mg 24,31 Magnesium							
4	19 K 39,10 Kalium	20 Ca 40,08 Calcium	21 Sc 44,96 Scandium	22 Ti 47,88 Titan	23 V 50,94 Vanadium	24 Cr 52,00 Chrom	25 Mn 54,94 Mangan	26 Fe 55,85 Eisen	27 Co 58 Cobalt
5	37 Rb 85,47 Rubidium	38 Sr 87,62 Strontium	39 Y 88,91 Yttrium	40 Zr 91,22 Zirconium	41 Nb 92,91 Niob	42 Mo 95,94 Molybdän	43 Tc* [98] Technetium	44 Ru 101,07 Ruthenium	45 Rh 102 Rhodium
6	55 Cs 132,91 Caesium	56 Ba 137,33 Barium	57 La 138,91 Lanthan ●	72 Hf 178,49 Hafnium	73 Ta 180,95 Tantal	74 W 183,84 Wolfram	75 Re 186,21 Rhenium	76 Os 190,23 Osmium	77 Ir 192 Iridium
7	87 Fr* [223] Francium	88 Ra* 226,03 Radium	89 Ac* 227,03 Actinium ●●	104 Rf* [261] Rutherfordium	105 Db* [262] Dubnium	106 Sg* [266] Seaborgium	107 Bh* [264] Bohrium	108 Hs* [277] Hassium	109 Mt Meitnerium

● Elemente der Lanthanreihe

6	58 Ce 140,12 Cer	59 Pr 140,91 Praseodym	60 Nd 144,24 Neodym	61 Pm* [145] Promethium	62 Sm 150 Samarium

●● Elemente der Actiniumreihe

7	90 Th* 232,04 Thorium	91 Pa* 231,04 Protactinium	92 U* 238,03 Uran	93 Np* [237] Neptunium	94 Pu Plutonium

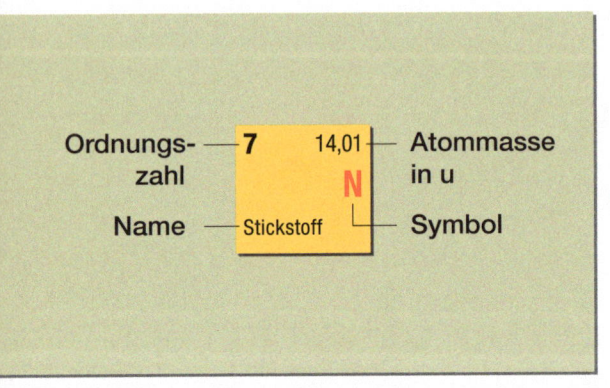

Ordnungszahl — 7, Atommasse in u — 14,01, Symbol — N, Name — Stickstoff